司马温公《通鉴》，亦天地一大文也。其结构之宏伟，其取材之丰赡，使后世有欲著通史者，势不能不据以为蓝本，而至今卒未有能愈之者焉。温公亦伟人哉！

——梁启超

◎ 彩图全解 ◎

资治通鉴

［北宋］司马光　撰

思履　主编

中国華僑出版社

·北京·

图书在版编目（CIP）数据

彩图全解资治通鉴 /（北宋）司马光撰；思履主编 .— 北京：中国华侨出版社，2013.6（2023.7 重印）

ISBN 978-7-5113-3759-7

Ⅰ. ①彩… Ⅱ . ①司… ②思… Ⅲ . ①中国历史—古代史—编年体 ②《资治通鉴》—注释 ③《资治通鉴》—译文 Ⅳ . ① K204.3

中国版本图书馆 CIP 数据核字（2013）第 141261 号

彩图全解资治通鉴

撰　　者：［北宋］司马光
主　　编：思　履
责任编辑：姜　婷
封面设计：冬　凡
文字编辑：黎　娜
美术编辑：韩立强
插图绘制：陆铭蓓　陈来彦　周　萱
经　　销：新华书店
开　　本：720mm × 1020mm　1/16开　印张：18　字数：583千字
印　　刷：三河市万龙印装有限公司
版　　次：2013 年 9 月第 1 版
印　　次：2023 年 7 月第 15 次印刷
书　　号：ISBN 978-7-5113-3759-7
定　　价：78.00 元

中国华侨出版社　北京市朝阳区西坝河东里 77 号楼底商 5 号　邮编：100028
发 行 部：（010）88893001　　传　　真：（010）62707370

前言

《资治通鉴》是中国第一部编年体通史，其内容上起周威烈王二十三年（前403年），下至后周显德六年（959年），囊括了16朝，1300多年的史事，并按朝代分为16纪。即《周纪》（五卷）、《秦纪》（三卷）、《汉纪》（六十卷）、《魏纪》（十卷）、《晋纪》（四十卷）、《宋纪》（十六卷）、《齐纪》（十卷）、《梁纪》（二十二卷）、《陈纪》（十卷）、《隋纪》（八卷）、《唐纪》（八十一卷）、《后梁纪》（六卷）、《后唐纪》（八卷）、《后晋纪》（六卷）、《后汉纪》（四卷）、《后周纪》（五卷）。加在一起，共294卷，其中隋唐五代的部分所占比重最大。

《资治通鉴》全书约300万字，以时间为纲，事件为目，内容涵盖了政治、军事、经济、文化、人物评价等多个方面。其所取材料除了正史以外，还有不少稗官野史、百家谱录、正集、别集、墓志、碑碣、行状、别传……周密而完备。和司马光一同编写该书的刘攽、刘恕、范祖禹都是当时著名的历史学家，其中刘攽负责战国、两汉部分；刘恕负责三国、南北朝部分；范祖禹负责隋、唐、五代部分。他们对浩如烟海的资料进行辨析、选择，然后交由司马光取舍要点、编辑定度，制成初稿。这样，在保证全书内容的丰富性和准确性的同时，又让彼此独立的材料系统化。

《资治通鉴》所引之书多达数百种，有极高的史学价值，但因为以“鉴前世之兴衰，考当今之得失”为目的，它又并非一部单纯叙述历史事件的书，而是有很强的政治功用。这还要从《资治通鉴》诞生的背景说起。北宋的建立，结束了中唐以后开始的战乱局面，再一次实现了国家的统一。然而，北宋的君主、大臣都十分清楚，于内，国家政治积弊甚多；于外，边疆地区极不稳定。对此，司马光、范祖禹等大臣心急如焚，他们试图用回顾历史、总结经验教训的方式，找到解决现实问题的出路。1066年司马光献给宋英宗一本书——《通志》，即《资治通鉴》的前身。该书记述了从周威烈王二十三年（前403年）到秦二世三年（前207年），共195年的历史，讲述了秦、楚、齐、燕、韩、赵、魏等7国的兴亡。司马光希望宋英宗能够从这本书中得到治世启发。

宋英宗对《通志》非常满意，遂命司马光写作《历代君臣事迹》。为此，他特地下诏设置书局，拨出专款，要司马光自选助手，专事编写，并允许司马光阅览皇家图书。司马光大为感动，用了19年的时间，于宋神宗元丰七年（1084年）将该书编写完成。不过，宋神宗并没有沿用当年英宗所定的书名，而是取“鉴于往事，有资于治道”之意，为该书定名“资治通鉴”。

由于这个缘故，《资治通鉴》的选材非常讲究，它“删削冗长，举撮机要，专取国家盛衰，系生民休戚……先后有伦，精粗不杂”。即使不抱任何目的地阅读它，人们也会在不知不觉中，形成自己的历史观，以善为法，以恶为戒。而其在叙事之后，还有议论，人们可以通过这些议论了解司马光所在时代的价值观。这些议论共186篇，司马光所作的占102篇，为“臣光曰”。历史学家陈垣认为，司马光“志在续《左氏传》，有所感触，亦仿左氏设辞‘君子曰’而称‘臣光曰’”。

无论是在史学史，还是在文学史上，《资治通鉴》都占有举足轻重的地位，其和司马迁的《史记》并称“史学双璧”。宋元之交的史学家胡三省称它：“为人君而不知《通鉴》，则欲治而不知自治之源，恶乱而不知防乱之术。为人臣而不知《通鉴》，则上无以事君，下无以治民。为人子而不知《通鉴》，则谋身必至于辱先，作事不足以垂后。”近代思想家梁启超评价它：“司马温公《通鉴》，亦天地一大文也。其结构之宏伟，其取材之丰赡，使后世有欲著通史者，势不能据以为蓝本，而至今卒未能愈之者焉。温公亦伟人哉！”

自《资治通鉴》后，以编年体为形式的史书多了起来。不少学者参考司马光编写《资治通鉴》的方法考辨史实，选取史料不限于正史实录，注重史据和史事的情理，掀起了一股考辨之风。而南宋的史学家袁枢更是从《资治通鉴》中得到启发，取编年体和纪传体的优点，创造了新的写史体例——纪事本末。

一部伟大的史书不只可以帮助人们知悉过去，它就像一条深沉舒缓的大河，人们可以临河照影，把它当作了解自己的镜子，也可以以身涉河，如渔夫捕鱼一般，于其中攫取自己需要的东西，或许还会得到自己想都未曾想过的宝藏。而纵览它的奔流之貌，人们还能借它来推求未来。

当然，读完300余万字的鸿篇巨著，并不是一件容易事，既需要坚强的毅力，还需要大量的时间。因此本书精选了其中极具代表性的、精彩的篇章，让人们能够以精达全、深入浅出地体悟整部《资治通鉴》的精神。由于在精选的同时，本书完好地保留了《资治通鉴》的通史体例，就确保了整部作品灵魂的完整性。

此外，阅读古代经典，语言文字是一大难关，古人的行文方式和今人有很大区别，再加上《资治通鉴》的语言虽然简繁得宜，飞扬生动，却并不通俗浅显，很多人对其望而却步。因此，本书在原文后面搭配了译文，帮助读者理解，并对全书进行了精编精校，保证了原文、译文的严谨性、准确性。

阅读既是获取知识、充盈思想、陶冶身心的过程，也是一种美妙的精神享受的过程。本书将原文、译文、插图以及图注，有机地结合起来，层次清晰，赏心悦目，将阅读古代经典由一件枯燥耗神的事变成一种愉悦身心的美好体验。

目录

司马光（1019—1086），初字公实，更字君实，号迂夫，晚号迂叟，司马池之子。汉族，出生于河南省光山县，原籍陕州夏县（今属山西夏县）涑水乡人，世称涑水先生。司马光是北宋政治家、文学家、史学家，历仕仁宗、英宗、神宗、哲宗四朝，卒赠太师、温国公，谥文正，主持编纂了中国历史上第一部编年体通史《资治通鉴》。

周纪

三家分晋

【导语】

"三家分晋"是指春秋末年，晋国被韩、赵、魏三家瓜分的事件，因此韩、赵、魏三国又被合称为"三晋"。

晋国在春秋时代曾是一个称霸的大国。到了春秋末年，周灵王十四年（公元前558年），晋国内一场长达数十年的公室与卿大夫争权的斗争，在晋悼公死后终于有了结果，晋国形成了韩、赵、魏、智、范、中行六卿专政的局面。六卿按照自己的意志行事，晋国的奴隶制度也逐渐被瓦解，国君的作用日益减小。

晋平公十四年（公元前544年），吴国的延陵季子出使晋，同晋国的赵文子、韩宣子、魏献子晤谈后，做出了这样的预言："晋国之政，卒归此三家矣。"其实，此时晋国的执政者除韩、赵、魏之外，还有范、中行、智氏三家。

在与晋公室的斗争中，六卿为与晋君争夺人民，采取亩制改革，废除井田制，取消奴隶式的劳役剥削制度。周敬王七年（公元前513年），六卿在法律制度上进行了重大改革。铸刑鼎，公布范宣子的刑书，以体现新兴地主阶级的意志，动摇了奴隶主阶级的政治地位，并且损害了他们的经济利益，这预示了奴隶制国家的灭亡。

六卿势钧力敌，相互约束，但心怀各异的六卿都在暗中准备扩张。周敬王二十三年（公元前497年），酝酿已久的六卿之间的兼并战争终于爆发了。赵、魏、韩、智联盟的一方，经过七八年的战争，终将范、中行二氏联盟的一方彻底消灭。周贞定王十六年（公元前453年），赵、魏、韩又联合将智氏消灭，逐渐形成了"三家分晋"的局面，成了与秦、齐、楚、燕一样的政治实体。从此，晋公室成了三家的附庸。公元前403年，周天子正式承认三家为诸侯，标志着战国时代的开始。这篇《三家分晋》讲的就是这个故事。

"三家分晋"是历史上具有划时代意义的重大事件，史学界以此作为东周时期春秋与战国的分界点。它是中国奴隶社会瓦解、封建社会确立的标志。

春秋五霸之一的晋国灭亡了，战国七雄中的韩、赵、魏三国产生了。由此，奴隶社会开始向封建社会过渡，七雄兼并的战国序幕也由此揭开。

【原文】

周威烈王二十三年（戊寅，公元前403年）

初命晋大夫魏斯、赵籍、韩虔为诸侯。

今晋大夫暴蔑其君，剖分晋国，天子既不能讨，又宠秩之，使列于诸侯，是区区之名分复不能守而并弃之也。先王之礼于斯尽矣！

或者以为当是之时，周室微弱，三晋强盛，虽欲勿许，其可得乎！是大不然。夫三晋虽强，苟不顾天下之诛而犯义侵礼，则不请于

周威烈王姬午分封晋国大夫魏斯、赵籍、韩虔为诸侯国君。

天子而自立矣。不请于天子而自立，则为悖逆之臣，天下苟有桓、文之君，必奉礼义而征之。今请于天子而天子许之，是受天子之命而为诸侯也，谁得而讨之！故三晋之列于诸侯，非三晋之坏礼，乃天子自坏之也。

【译文】

周威烈王二十三年（戊寅，公元前403年）

周威烈王姬午首次分封晋国大夫魏斯、赵籍、韩虔为诸侯国君。

这时晋国的三家大夫欺凌藐视国君，瓜分了晋国，作为天子的周王不仅不派兵征讨，反而还对他们加封赐爵，使他们列位于诸侯国君之中，这样做的结果，导致周王朝仅有的一点名分也不能再守定，而全部放弃了。周朝先王创下的礼教到此丧失殆尽！

有人认为当时周王室已经衰微了，而晋国三家强盛起来，就算周王不想承认他们，又怎么能做得到呢！这种说法是完全错误的。晋国三家虽然强悍，但如果他们打算不顾天下的指责公然侵犯礼义的话，就不会来请求周天子的批准，而是去自立为君了。不向天子请封而自立为国君，那就是叛逆之臣，天下如果有像齐桓公、晋文公那样的贤德诸侯，一定会尊奉周朝的礼义对他们进行征讨。现在晋国三家向天子请封，天子又批准了，他们就是奉天子之命而成为诸侯的，谁又能对他们加以讨伐呢！所以，晋国三家大夫僭位成为诸侯，不是晋国三家破坏了礼教，而是周天子自己毁坏了周朝的礼教啊！

【原文】

初，智宣子将以瑶为后。智果曰："不如宵也。瑶之贤于人者五，其不逮者一也。美鬓长大则贤，射御足力则贤，伎艺毕给则贤，巧文辩慧则贤，强毅果敢则贤；如是而甚不仁。夫以其五贤陵人而以不仁行之，其谁能待之？若果立瑶也，智宗必灭。"弗听，智果别族于太史，为辅氏。

赵简子之子，长曰伯鲁，幼曰无恤。将置后，不知所立，乃书训戒之辞于二简，以授二子曰："谨识之！"三年而问之，伯鲁不能举其辞；求其简，已失之矣。问无恤，诵其辞甚习；求其简，出诸袖中而奏之。于是简子以无恤为贤，立以为后。

【译文】

当初，智宣子准备立智伯为继承人，族人智果说："立智伯不如立智宵好。因为智伯比别人贤能的地方有五点，不如别人的地方有一点。他留有美髯，身材高大，是一贤；擅长射箭，驾车有力，是二贤；技能出众，才艺超群，是三贤；巧言善辩，文辞优美，是四贤；坚强刚毅，果断勇敢，是五贤。虽然他有如此的贤能，但唯独没有仁德之心。如果他运用这五种贤能去驾驭别人，而用不仁之心去做恶事，谁能拥戴他呢？如果立智伯为继承人，智氏宗族必定要遭灭门之灾。"智宣子不听智果的劝告。

智果向智宣子建议立智宵不立智瑶。

智果为了避灾，便向太史请求脱离智氏姓字族，改姓为辅氏。

赵国大夫赵简子的大儿子叫伯鲁，小儿子叫无恤。赵简子将要确立继承人，却不知道立哪一个更好，于是他把日常训诫之言刻写在两块竹简上，分别交给两个儿子，并嘱咐道："用心记住上面的这些话！"过了三年，赵简子叫来两个儿子，问他们竹简上的内容，大儿子伯鲁说不出来；让他拿出竹简，却早已丢失了。赵简子又问小儿子无恤，无恤熟练地将竹简上的话背出来；问他竹简在哪儿，他立即从袖中取出来奉上。通过这件事，赵简子认为无恤贤能，便立他为继承人。

【原文】

简子使尹铎为晋阳，请曰："以为茧丝呼？抑为保障乎？"简子曰："保障哉！"尹铎损其户数。简子谓无恤曰："晋国有难，而无以尹铎为少，无以晋阳为远，必以为归。"

赵简子派尹铎去治理晋阳。

及智宣子卒，智襄子为政，与韩康子、魏桓子宴于蓝台。智伯戏康子而侮段规。智国闻之，谏曰："主不备难，难必至矣！"智伯曰："难将由我。我不为难，谁敢兴之！"对曰："不然。《夏书》有之曰：'一人三失，怨岂在明，不见是图。'夫君子能勤小物，故无大患。今主一宴而耻人之君相，又弗备，曰'不敢兴难'，无乃不可乎！蜹、蚁、蜂、虿，皆能害人，况君相乎！"弗听。

【译文】

赵简子派尹铎去治理晋阳，尹铎请示说："您是打算让我去抽丝剥茧般地搜刮财富呢，还是去爱护那里的人民把那里建为一道使国家安全的屏障呢？"赵简子说："建为一道使国家安全的屏障。"尹铎到了晋阳，便去整理户籍，减少交税的户数，减轻百姓的负担。赵简子对儿子无恤说："晋国如果有祸乱，你不要嫌尹铎的地位低，不要怕晋阳路途遥远，一定要以他那里作为依靠。"

智宣子去世后，智伯继位执掌国政，一天，他与韩康子、魏桓子在蓝台饮宴。宴席间，智伯戏弄韩康子，又羞辱了他的国相段规。智伯的家臣智国听说此事，便劝谏道："主公，您不加提防，灾祸就一定会降临啊！"智伯说："别人的生死祸福都取决于我。我不给他们降灾祸就算不错了，谁还敢威胁我！"智国说："并不像您所说的那样。《夏书》上有这样的话说：'一个人多次犯错误，结下的仇怨岂能在明处，应该在它没有表现出来时就谨慎提防。'贤德的人只有在小事上谨慎戒备，才能避免招来大祸。现在主公在一次宴会上就得罪了人家的国君和国相，事后又不加戒备，还说'谁敢对我兴风作浪！'没有什么是不可能的！蚊子、蚂蚁、蜜蜂、蝎子是小虫子，却都能害人，何况是国君、国相呢！"智伯不听。

【原文】

智伯请地于韩康子，康子欲弗与。段规曰："智伯好利而愎，不与，将伐我；不如与之。彼狃于得地，必请于他人；他人不与，必向之以兵，然后我得免于患而待事之变矣。"康子曰：

“善。”使使者致万家之邑于智伯。智伯悦。又求地于魏桓子，桓子欲弗与。任章曰：“何故弗与？”桓子曰：“无故索地，故弗与。”任章曰：“无故索地，诸大夫必惧；吾与之地，智伯必骄。彼骄而轻敌，此惧而相亲；以相亲之兵待轻敌之人，智氏之命必不长矣。《周书》曰：‘将欲败之，必姑辅之；将欲取之，必姑与之。’主不如与之，以骄智伯，然后可以择交而图智氏矣，奈何独以吾为智氏质乎！”桓子曰：“善。”复与之万家之邑一。

段规劝说韩康子割地给智伯。

【译文】

智伯逼韩康子割地，韩康子想不给他。段规说：“智伯好利又任性，如果不给，他就会讨伐我们；不如答应他。他得到了土地会更加狂妄，一定会再向别人索要；别人不给，他必定会向对方实施武力，这样我们就可以免于祸患而等待事态的变化了。”韩康子说：“好。”于是派使者把一处有万户人家的城邑送给智伯。智伯很高兴。他又向魏桓子索取土地，魏桓子想不给。任章说：“为什么不给呢？”魏桓子说：“无故索取土地，所以不给。”任章说：“智伯无故索取土地，各个大夫必然恐惧；我们给了土地，智伯必然更加骄傲。他这样就会轻敌，我们这边因恐惧就会相互团结起来；用团结的军队来攻打轻敌的智伯，智氏的命数长不了了！《周书》上说：‘想要打败它，一定要暂且帮助它；想要得到它，一定要暂时给予它。’主公不如先答应智伯的要求，以助长他的骄横，然后我们可以选择盟友共同对付智氏，又何必我们一家现在去激怒他遭受出头鸟的打击呢！”魏桓子说：“好。”于是也把一块有万户人口的土地割让给智伯。

【原文】

智伯又求蔡、皋狼之地于赵襄子，襄子弗与。智伯怒，帅韩、魏之甲以攻赵氏。襄子将出，曰：“吾何走乎？”从者曰：“长子近，且城厚完。”襄子曰：“民罢力以完之，又毙死以守之，其谁与我！”从者曰：“邯郸之仓库实。”襄子曰：“浚民之膏泽以实之，又因而杀之，其谁与我！其晋阳乎，先主之所属也，尹铎之所宽也，民必

赵襄子前往晋阳。

和矣。”乃走晋阳。

【译文】

智伯又向赵襄子要求割让蔡、皋狼两个地方。赵襄子拒绝了他。智伯大怒，遂率韩、魏两家的兵马一起去攻打赵氏。赵襄子准备逃跑，问道：“我到哪里去呢？”随从的人说：“长子城离这里近，而且城墙坚厚完整。”赵襄子说：“百姓用尽了气力才修好城墙，现在又要他们舍生忘死地为我坚守，这时候谁能和我同心！”随从的人说：“邯郸城里的仓库充实，可以到那里去。”赵襄子说：“从老百姓那里搜刮粮食来充实仓库，又要使他们受战争之灾，有谁会来支持我！还是投奔晋阳去吧，那是先主嘱托过的地方，尹铎又待民宽厚，城里的百姓一定会和我们同舟共济的。”于是前往晋阳。

【原文】

三家以国人围而灌之，城不浸者三版；沉灶产蛙，民无叛意。智伯行水，魏桓子御，韩康子骖乘。智伯曰：“吾乃今知水可以亡人国也。”桓子肘康子，康子履桓子之跗，以汾水可以灌安邑，绛水可以灌平阳也。絺疵谓智伯曰：“韩、魏必反矣。”智伯曰：“子何以知之？”疵曰：“以人事知之。夫从韩、魏之兵以攻赵，赵亡，难必及韩、魏矣。今约胜赵而三分其地，城不没者三版，人马相食，城降有日，而二子无喜志，有忧色，是非反而何？”明日，智伯以絺疵之言告二子，二子曰：“此夫谗人欲为赵氏游说，使主疑于二家而懈于攻赵氏也。不然，夫二家岂不利朝夕分赵氏之田，而欲为危难不可成之事乎？”二子出，絺疵入曰：“主何以臣之言告二子也？”智伯曰：“子何以知之？”对曰：“臣见其视臣端而趋疾，知臣得其情故也。”智伯不悛。絺疵请使于齐。

【译文】

智伯、韩康子、魏桓子三家围住晋阳，并引晋水灌城，城墙没有被水浸没的地方只有三版；城中百姓的锅灶泡在水中，青蛙四处乱跳，但百姓都没有叛变的念头。一天，智伯巡视水势，魏桓子为他驾车，韩康子站在右边护卫。智伯说：“我今天才知道水可以让人亡国啊！”听到这话，魏桓子用臂肘碰了一下韩康子，韩康子也会意地踩了一下魏桓子的脚背，因为用汾水可以灌魏国都城安邑，用绛水可以灌韩国都城平阳。事后，智家的谋士絺疵对智伯说：“韩魏两家一定要反叛了！”智伯说：“你是怎么知道的？”絺疵说：“这是以人的常理推断出来的。我们联合韩、魏两家的军队攻打赵氏，一旦赵氏灭亡，随后灾难必然会降临到韩、魏两家。现在我们约定灭掉赵家后三家分割其地，晋阳城只剩三版没有淹没，城内宰马为食，指日就会降服。然而韩、魏二子并不欣喜，反倒面有忧色，这不是想反叛又是什么？”第二天，智伯把絺疵的话告诉了韩康子、魏桓子二人，二人说：“这一定是离间小人要替赵氏游说，使主公您对我们韩、魏二家产生怀疑而放松对赵氏的进攻。不然的话，我们二家难道对眼前就可分得的赵氏土地不感兴趣，反要去干那危险万分

智家的谋士絺疵对智伯说：韩魏两家一定要反叛了。

必不可成的事情吗？”二人出去了，絺疵进来说：“主公为什么把臣下的话告诉他们二人呢？”智伯惊奇地反问道：“你怎么知道的？”絺疵回答说：“我见他们神色慌张地看了我一眼就匆忙离去，因为他们知道我看穿了他们的心思，所以会有这种表现。”智伯仍不悔悟。于是絺疵请求让他出使齐国，以避大祸。

【原文】

赵襄子使张孟谈潜出见二子，曰：“臣闻唇亡则齿寒。今智伯帅韩、魏以攻赵，赵亡则韩、魏为之次矣。”二子曰：“我心知其然也；恐事未遂而谋泄，则祸立至矣。”张孟谈曰：“谋出二主之口，入臣之耳，何伤也！”二子乃潜与张孟谈约，为之期日而遣之。襄子夜使人杀守堤之吏，而决水灌智伯军。智伯军救水而乱，韩、魏翼而击之，襄子将卒犯其前，大败智伯之众，遂杀智伯，尽灭智氏之族。唯辅果在。

智伯、韩康子、魏桓子三家引水灌晋阳城。

【译文】

赵襄子派张孟谈秘密出城去见韩、魏二子，对二人说：“臣听说唇亡则齿寒。现在智伯率领韩、魏两家来围攻赵家，赵氏灭亡以后，就该轮到你们两家了。”韩康子、魏桓子二人说：“我们也知道会这样，只是怕事情还未发动，计谋就泄露出去，那样就要大祸临头了。”张孟谈道：“计谋出自二位主公之口，只有我一人听见，有什么可担心的呢？”于是韩、魏二人便秘密地和张孟谈商议，约定好起事的日子便送他回城了。这天夜里，赵襄子派人出城杀了智氏守堤的官吏，使大水决口倒灌智伯军营。智伯的军队为救水淹，顿时乱作一团，韩、魏两军乘机从两侧出击，赵襄子率领士卒从正面杀过去，大败智伯军，趁势杀死智伯，又将智家族人尽行诛灭。只有智果一家因改姓辅氏得以幸免。

【原文】

臣光曰：智伯之亡也，才胜德也。夫才与德异，而世俗莫之能辨，通谓之贤，此其所以失人也。夫聪察强毅之谓才，正直中和之谓德。才者，德之资也；德者，才之帅也。云梦之竹，天下之劲也；然而不矫揉，不羽括，则不能以入坚。棠谿之金，天下之利也；然而不镕范，不砥砺，则不能以击强。是故才德全尽谓之“圣人”，才德兼亡谓之“愚人”；德胜才谓之“君子”，才胜德谓之“小人”。凡取人之术，苟不得圣人、君子而与之，与其得小人，不若得愚人。何则？君子挟才以为善，小人挟才以为恶。挟才以为善者，善无不至矣；挟才以为恶者，恶亦无不至矣。愚者虽欲为不善，智不能周，力不能胜，譬之乳狗搏人，人得而制之。小人智足以遂其奸，勇足以决其暴，是虎而翼者也，其为害岂不多哉！夫德者人之所严，而才者人之所爱；爱者易亲，严者易疏，是以察者多蔽于才而遗于德。自古昔以来，国之乱臣，家之败子，才有余而德不足，以至于颠覆者多矣，岂特智伯哉！故为国为家者苟能审于才德之分而知所先后，又何失人之足患哉！

【译文】

臣司马光认为：智伯的灭亡，在于他才胜过德。才与德是不同的，而世俗之人往往把二者分辨不清，把二者一概而论，认为是贤明，于是就看错了人。所谓才，是指聪明、明察、刚强、坚毅；所谓德，是指正直、公道、平和待人。才，是德的辅助；德，是才的统帅。云梦地方的竹子，天下都称为刚劲，然而如果不矫正其曲，不配上羽毛箭镞，就不能成为利箭穿透坚物。棠谿地方出产的金属，是天下最尖锐的，然而如果不经熔烧铸造，不锻打出锋，就不能作为兵器击穿硬甲。所以，德才兼备的人才能称之为“圣人”；无德无才的人称之为“愚人”；德胜过才的人称之为“君子”；才胜过德的人称之为“小人”。选取人才的方法，如果找不到圣人、君子而委任，与其选择小人，不如选择愚人。为什么这样说呢？因为君子持有才干是把它用到善事上；而小人持有才干是用来作恶的。持有才干做善事的人，能处处行善；而凭借才干作恶的人，无恶不作了。愚人即使想作恶，因为智慧不济，能力不胜任，就好像小狗扑人，人还能制服它。而小人却有足够的阴谋诡计来发挥邪恶，又有足够的能力来逞凶施暴，智慧对他来说就如给恶虎添了翅膀，危害之大可想而知了！有德的人令人尊敬，有才能的人让人喜爱；对喜爱的人容易宠信专任，对尊敬的人容易疏远，所以察选人才者经常被人的才干所蒙蔽而忘了考察他的品德。自古至今，国家的乱臣奸佞，家族的败家浪子，因为才能有余而德行不足，导致家国覆亡的多了，又岂止智伯一个人呢！所以，治国治家的人如果能审察才与德两种不同的标准，知道选择的先后顺序，又何患失去人才呢！

【原文】

三家分智氏之田。赵襄子漆智伯之头，以为饮器。智伯之臣豫让欲为之报仇，乃诈为刑人，挟匕首，入襄子宫中涂厕。襄子如厕心动，索之，获豫让。左右欲杀之，襄子曰：“智伯死无后，而此人欲为报仇，真义士也，吾谨避之耳。”乃舍之。豫让又漆身为癞，吞炭为哑。行乞于市，其妻不识也。行见其友，其友识之，为之泣曰：“以子之才，臣事赵孟，必得近幸。子乃为所欲为，顾不易邪？何乃自苦如此？求以报仇，不亦难乎！”豫让曰：“既已委质为臣，而又求杀之，是二心也。凡吾所为者，极难耳。然所以为此者，将以愧天下后世之为人臣怀二心者也。”襄子出，豫让伏于桥下。襄子至桥，马惊；索之，得豫让，遂杀之。

【译文】

韩、赵、魏三家分了智氏的田地。赵襄子还把智伯的头颅涂上漆，当作自己的饮酒器具。智伯的家臣豫让想为主公报仇，就假扮为受过刑罚做苦工的人，怀揣匕首，混进赵襄子宫中打扫厕所。赵襄子在上厕所的时候，心里忽然感到一阵不安，就下令搜查，抓获了豫让。赵襄子的左右随从都想杀死豫让，赵襄子却说：“智伯死了，又没有什么后人，

赵襄子杀死智伯。

豫让吞下火炭使声音变得沙哑。

而此人还要为他报仇，真是一个义士，我小心躲避他就好了。”然后把豫让释放了。豫让又把自己的全身涂上漆，好像得了癞病一般，还吞下火炭使声音变得嘶哑。他在集市上乞讨，就连他的结发妻子见面也认不出来。豫让走到一位朋友面前，朋友认出他后大吃一惊，流着泪对他说：“以你的才干，如果投靠赵家，一定会得到重用，那时会有机会接近他。到时候你想做什么，还不是易如反掌吗？何苦自残形体以至于此呢？用这种方式来报仇，不是太难了吗？”豫让说：“如果我已经委身做赵家的臣子，而又找机会去刺杀他，这是对他怀有二心。我也知道现在这种做法，要报仇是极困难的。然而之所以还要这样做，是要后世那些为人臣子而心怀不忠的人感到羞愧。”有一天，赵襄子乘车出行，豫让就埋伏在他必经的桥下。赵襄子到了桥前，所骑的马突然受惊；于是下令搜索，捕获豫让，就杀了他。

【原文】

襄子为伯鲁之不立也，有子五人，不肯置后。封伯鲁之子于代，曰代成君，早卒；立其子浣为赵氏后。襄子卒，弟桓子逐浣而自立；一年卒。赵氏之人曰：“桓子立非襄主意。”乃共杀其子，复迎浣而立之，是为献子。献子生籍，是为烈侯。魏斯者，魏桓子之孙也，是为文侯。韩康子生武子；武子生虔，是为景侯。

韩借师于魏以伐赵，文侯曰：“寡人与赵，兄弟也，不敢闻命。”赵借师于魏以伐韩，文侯应之亦然。二国皆怒而去。已而知文侯以讲于己也，皆朝于魏。魏于是始大于三晋，诸侯莫能与之争。

【译文】

赵襄子因为赵简子没有立哥哥伯鲁为继承人，自己虽然有五个儿子，也不肯立为继承人。他封赵伯鲁的儿子于代国，称代成君，代成君早逝；又立其子赵浣为赵家的继承人。赵襄子死后，弟弟赵桓子驱逐了赵浣自立为国君；继位一年也死了。赵家的族人说：“赵桓子做国君本来就不是赵襄子的主意。”大家一起杀死了赵桓子的儿子，再次迎回了赵浣，拥立为国君，即赵献子。赵献子生子名赵籍，就是赵烈侯。魏斯，是魏桓子的孙子，就是魏文侯。韩康子生子名韩武子；武子又生韩虔，被封为韩景侯。

韩国向魏国借兵攻打赵国，魏文侯说：“我和赵国情同手足，我不能答应你。”赵国向魏国借兵攻击韩国，魏文侯也用同样的话拒绝了。韩、赵两国使者都怒气冲冲地离去。事后，两国得知魏文侯的外交政策是为了使两国和解，于是都开始向魏国朝贡。魏国于是开始成为魏、赵、韩三国之首，其他诸侯国都不能跟它争锋。

围魏救赵

【导语】

孙膑和庞涓是同门师兄弟，两人同在鬼谷子门下学习。后来，庞涓到了魏国，孙膑到了齐国，两个人不可避免地在战场上相遇。

齐、魏都是当时的强国，双方多次交兵，桂陵之战是两国间爆发的一场规模最大的战争。在交战中，齐国军师孙膑运用“批亢捣虚”的战法，撇开强点，攻击弱点，乘魏军长途跋涉、疲惫不堪之机，大破魏军。

齐国为巩固和扩张其领土范围，积极采取了一些富国强兵的政策，国力日渐强大。马陵之战，对齐国和魏国来说，都是具有决定性意义的一战。齐国以“深结韩之亲，晚承魏之弊”的策略，用减灶示弱，诱歼了魏军。齐国于桂陵之战和马陵之战中打败强魏，大获全胜，从根本上削弱了魏国的作战实力。齐国从此威震天下，形成了“诸侯东面朝齐”的局面。魏国开始走下坡路，失去了中原的霸权。

【原文】

周显王十六年（戊辰，公元前353年）

初，孙膑与庞涓俱学兵法，庞涓仕魏为将军，自以能不及孙膑，乃召之；至，则以法刑断其两足而黥之，欲使终身废弃。齐使者至魏，孙膑以刑徒阴见，说齐使者；齐使者窃载与之齐。田忌善而客待之，进于威王。威王问兵法，遂以为师。于是威王谋救赵，以孙膑为将；辞以刑余之人不可，乃以田忌为将而孙子为师，居辎车中，坐为计谋。

【译文】

周显王十六年（戊辰，公元前353年）

当初，孙膑与庞涓一起学兵法，庞涓到魏国做将军，他知道自己的才能不如孙膑，便召孙膑来魏国；孙膑刚到魏国，庞涓就设计依法砍断了孙膑的双脚，在脸上刺字，想使他终身成为废人。齐国使者来到魏国，孙膑以受刑待罪人的身份暗中与他相见，说动了齐国的使者；齐使偷偷地把孙膑藏在车中带回了齐国。齐国大臣田忌把孙膑奉为座上客，又推荐给齐威王。威王向他请教兵法，于是请他当老师。这时齐威王想出兵援救赵国，便任命孙膑为大将；孙膑以自己是个受过刑的人坚决推辞，齐威王便以田忌为大将、孙膑为军师，让他坐在帘车里，为田忌出谋划策。

庞涓设计陷害孙膑。

【原文】

田忌欲引兵之赵。孙子曰：“夫解杂乱纷纠者不控拳，救斗者不搏撠，批亢捣虚，形格势禁，则自为解耳。今梁、赵相攻，轻兵锐卒必竭于外，老弱疲于内；子不若引兵疾走魏都，据其街路，冲其方虚，彼必释赵以自救：是我一举解赵之围而收弊于魏也。”田忌从之。十月，邯郸降魏。魏师还，与齐战于桂陵，魏师大败。

孙膑向田忌献上“围魏救赵”之计。

【译文】

田忌将要率兵前往赵国。孙膑说：“排解两方的争斗，不能用拳脚将他们打开，更不能上手帮着一方打另一方，只能因势利导，乘虚而入，紧张的形势受到阻禁，自然就解除了。如今魏、赵两国攻战正激烈，精兵锐卒倾巢而出，国中只剩下老弱病残；您不如率军突袭魏国都城，占据交通要道，冲击他们空虚的后方，魏军一定会放弃攻赵而回兵救援：这样我们一举两得，既解了赵国之围，又给魏国以打击。”田忌听从了孙膑的计策。十月，赵国的邯郸城投降了魏国。魏军又急忙还师援救都城，在桂陵与齐国军队发生激战，结果魏军大败。

【原文】

魏庞涓伐韩。韩请救于齐。齐威王召大臣而谋曰：“蚤救孰与晚救？”成侯曰：“不如勿救。”田忌曰：“弗救则韩且折而入于魏，不如蚤救之。”孙膑曰：“夫韩、魏之兵未弊而救之，是吾代韩受魏之兵，顾反听命于韩也。且魏有破国之志，韩见亡，必东面而愬于齐矣。吾因深结韩之亲而晚承魏之弊，则可受重利而得尊名也。”王曰：“善。”乃阴许韩使而遣之。韩因恃齐，五战不胜，而东委国于齐。

【译文】

魏国庞涓率军攻打韩国。韩国派使者向齐国求救。齐威王召集大臣商议说：“是早救好呢，还是晚救好呢？”成侯邹忌建议：“不如不救。”田忌不同意，说：“我们坐视不管，韩国很快就会灭亡，被魏国吞并。还是早些出兵救援为好。”孙膑却说：“如今韩国、魏国的军队士气正是旺盛的时候，我们前去救援，其实是我们代替韩国承受魏国的打击，反而听命于韩国了。这次魏国有吞并韩国的野心，等到韩国感到亡国已经迫在眉睫时，一定会向东再来恳求齐国，那时我们再发兵，一来可以加深与韩国的亲密关系，二来则可以趁魏国军队疲弊之时给以痛击，这正是一举两得，名利双收。”齐威王说：“说得好！”于是暗中答应韩国使臣，让他先回去，却迟迟不出兵。韩国自以为有齐国来援救，便奋力抵抗，但经过五次大战都大败而归，只好把国家的命运寄托在东方齐国身上。

齐威王召集大臣商议救援韩国的事。

【原文】

齐因起兵，使田忌、田婴、田盼将之，孙子为师，以救韩，直走魏都。庞涓闻之，去韩而归。魏人大发兵，以太子申为将，以御齐师。孙子谓田忌曰："彼三晋之兵素悍勇而轻齐，齐号为怯。善战者因其势而利导之。《兵法》：'百里而趣利者蹶上将，五十里而趣利者军半至。'"乃使齐军入魏地为十万灶，明日为五万灶，又明日为二万灶。庞涓行三日，大喜曰："我固知齐军怯，入吾地三日，士卒亡者过半矣！"乃弃其步军，与其轻锐倍日并行逐之。孙子度其行，暮当至马陵。马陵道狭而旁多阻隘，可伏兵，乃斫大树，白而书之曰："庞涓死此树下！"于是令齐师善射者万弩夹道而伏，期日暮见火举而俱发。庞涓果夜到斫木下，见白书，以火烛之，读未毕，万弩俱发，魏师大乱相失。庞涓自知智穷兵败，乃自刭，曰："遂成竖子之名！"齐因乘胜大破魏师，虏太子申。

田忌为将军，孙膑为军师，前去救援韩国。

【译文】

齐国这时才发兵，任命田忌、田婴、田盼为将军，孙膑为军师，前去救援韩国，他们仍旧用老办法，直捣魏国的都城。庞涓听说后，急忙放弃攻打韩国，回兵救援国都。魏国集中了全部兵力，任命太子申为将军，抵抗齐国军队。孙膑对田忌说："魏、赵、韩一带的兵士向来剽悍勇猛，看不起齐国士兵，不过齐国士兵的名声也确实不佳。善于指挥作战的将军必须做到因势利导，扬长避短。《孙子兵法》上说：'从一百里外去奔袭会损失上将军，从五十里外去奔袭则只有一半军队能到达。'"于是就下令齐国军队进入魏国地界后，第一天做饭修造十万个灶，第二天减为五万个灶，第三天再减为两万个灶。庞涓率兵追击齐军三天，见到如此情形，大笑着说道："我早就知道齐兵生性胆怯，进入我国三天的时间，士兵就已逃散一多半了。"于是丢掉步兵，亲自率领轻兵锐卒日夜兼程追击齐军。孙膑估计魏军当晚将到达马陵。马陵这个地方道路狭窄而多险隘，可以埋伏重兵，孙膑便派人刮去一棵大树的树皮，在白树干上写上大字："庞涓死于此树下！"又从齐国军队中挑选万名优秀射箭手沿路埋伏，约定天黑后看见有火把亮光就万箭齐发。果然，庞涓在夜里赶到那棵树下，看见白树干上隐隐约约有字，便令人举火把照看，还未读完，便见两边箭如雨下，魏军顿时大乱，溃不成军。庞涓自知大势已去，便拔剑自刎了，临死前叹息道："到底让孙膑这小子成名了！"齐军乘势大破魏军，俘虏了魏国大将太子申。

齐军增兵减灶。

即墨之战

【导语】

公元前284年，燕昭王任命乐毅为上将军，统率燕、秦、韩、赵、魏五国的军队攻齐。齐湣王骄傲自恃，开始并未料到燕国会联合诸国攻齐，及至发现联军已攻入齐国时，才匆忙任命触子为将。触子率军渡过济水，西进拒敌。

双方在济水之西展开决战，史称“济西之战”。

齐军由于连年征战，士气低落。齐湣王为迫使将士死战，以挖祖坟、行杀戮的法令相威胁，更使将士离心、斗志消沉。结果，当联军进攻时，齐军一触即溃，遭到惨败。触子逃亡，不知下落，副将达子收拾残兵，退保都城临淄。

齐军主力被消灭后，秦、韩两军撤走。乐毅派魏军南攻宋地，命赵军北取河间，乐毅自率燕军向临淄实施战略追击，继续追歼齐军，并攻占了齐国的国都临淄。

齐湣王被迫出逃，后被楚相淖齿所杀。

乐毅攻克临淄后，采取德政，以收取民心。他申明军纪，严禁掳掠，废除了残暴法令和苛捐杂税。然后兵分五路，以彻底消灭齐军，占领齐国全境。仅六个月的时间，燕军就攻取了齐国七十余城，只剩下莒和即墨（今山东平度东南）两城未被攻克。

乐毅又重新调整部署，集中右军和前军攻莒，左军和后军攻即墨。即墨军民在守将战死之后，共推齐宗室田单为将，坚守抗燕。莒和即墨，成为齐国当时抗燕的两个坚强堡垒。燕军围攻莒和即墨一年未下，乐毅遂改用攻心战，命燕军撤至距两城九里的地方设营筑垒。并下令凡城中居民有出来的不加拘捕，有困难的予以赈济，以争取齐民。如此相持三年之久，两城依然未被攻下。此战即所谓的“即墨保卫战”，或曰“即墨之战”。

田单智谋超群，知己知彼，在国破城围、双方力量对比悬殊的形势下，坚守孤城，麻痹燕军。并且利用敌人的矛盾和弱点，积极创造反攻条件。在时机成熟时，田单下令以“火牛阵”进行夜间突袭，出其不意，攻其不备，最终战胜了燕军。

“即墨之战”是战国时期的著名战役之一，也成为中国战争史上以弱胜强的典型战例。

【原文】

燕师乘胜长驱，齐城皆望风奔溃。乐毅修整燕军，禁止侵掠，求齐之逸民，显而礼之。宽其赋敛，除其暴令，修其旧政，齐民喜悦。乃遣左军渡胶东、东莱；前军循泰山以东至海，略琅邪；右军循河、济，屯阿、鄄以连魏师；后军旁北海以抚千乘；中军据临淄而镇齐都。祀桓公、管仲于郊，表贤者之闾，封王蠋之墓。齐人食邑于燕者二十余君，有爵位于蓟者百有余人。六月之间，下齐七十余城，皆为郡县。

燕国军队乘胜长驱直入。

【译文】

燕国军队乘胜长驱直入，齐国大小城池望风崩溃。乐毅整肃燕军纪律，禁止侵掠，寻访齐国的隐士高人，致以荣誉礼待。还放宽人民赋税，革除苛刻的法令，恢复齐国过去治理国家的良好传统，齐国人民都十分喜悦。乐毅于是就调左军在胶东、东莱渡过胶水；前军沿着泰山脚下向东到达渤海，进攻琅邪；右军顺着黄河、济水而下，屯扎在东阿、鄄城，与魏国军队相连；后军靠近北海，安抚千乘；中军占据临淄，镇守齐国国都。他还亲自到城郊祭祀齐桓公、管仲，旌表齐国贤良人才所住里巷的大门，赐封王蠋的陵墓。经过收敛人心，齐国人接受燕国的封号、领取俸禄的有二十余人，接受燕国爵位的有一百多人。六个月之内，燕军攻下齐国七十余座城池，都设立郡县治理。

【原文】

初，燕人攻安平，临淄市掾田单在安平，使其宗人皆以铁笼傅车辖。及城溃，人争门而出，皆以辖折车败，为燕所擒；独田单宗人以铁笼得免，遂奔即墨。是时齐地皆属燕，独莒、即墨未下，乐毅乃并右军、前军以围莒，左军、后军围即墨。即墨大夫出战而死。即墨人曰："安平之战，田单宗人以铁笼得全，是多智习兵。"因共立以为将以拒燕。乐毅围二邑，期年不克，乃令解围，各去城九里而为垒，令曰："城中民出者勿获，困者赈之，使即旧业，以镇新民。"三年而犹未下。或谗之于燕昭王曰："乐毅智谋过人，伐齐，呼吸之间克七十余城，今不下者两城耳，非其力不能拔，所以三年不攻者，欲久仗兵威以服齐人，南面而王耳。今齐人已服，所以未发者，以其妻子在燕故也。且齐多美女，又将忘其妻子。愿王图之！"昭王于是置酒大会，引言者而让之曰："先王举国以礼贤者，非贪土地以遗子孙也。遭所传德薄，不能堪命，国人不顺。齐为无道，乘孤国之乱以害先王。寡人统位，痛之入骨，故广延群臣，外招宾客，以求报雠。其有成功者，尚欲与之同共燕国。今乐君亲为寡人破齐，夷其宗庙，报塞先仇，齐国固乐君所有，非燕之所得也。乐君若能有齐，与燕并为列国，结欢同好，以抗诸侯之难，燕国之福，寡人之愿也。汝何敢言若此！"乃斩之。赐乐毅妻以后服，赐其子以公子之服；辂车乘马，后属百两，遣国相奉而致之乐毅，立乐毅为齐王。乐毅惶恐不受，拜书，以死自誓。由是齐人服其义，诸侯畏其信，莫敢复有谋者。

【译文】

当初，燕国军队攻打齐国安平时，临淄市一个小官田单正在城中，他预先让家族人都用铁皮包上车轴头。到了城破的时候，人们争相涌出城门，都因为车轴相互碰断，车辆损坏难行，被燕军俘虏，只有田单一族因用铁皮包裹车轴得以幸免，逃到了即墨。当时齐国大部分地区都被燕军占领，仅有莒城、即墨未沦陷。乐毅于是就集中右军、前军包围莒城，集中左军、后军包围即墨。即墨大夫出阵战死。即墨人士说："安平之战，田单一族人因铁皮包

田单预先让家人用铁皮包上车轴头。

燕惠王即位后中了齐国的反间计，派骑劫代替乐毅统率部队。

轴得以保全，是因为田单足智多谋，熟悉兵事。”于是共同拥立田单为守将来抵御燕军。乐毅包围两城，一年未能攻克，于是就下令解除包围，左军、后军都退到即墨城外九里处修筑营垒，下令说：“城中的百姓出来不要抓捕他们，有饥饿的赈济他们，让他们各操旧业，以安抚新占地区的百姓。”过了三年，两城还未攻下。有人在燕昭王面前挑拨说：“乐毅智谋过人，进攻齐国，一口气攻克了七十余城。现在只剩下两座城没有攻破，不是他的兵力不能攻下，之所以三年未攻克，是他想倚仗兵威来收服齐国人心，自己好南面称王呀。如今齐国人心已服，他之所以还不行动，是因为他的妻子、儿子在燕国。况且齐国多有美女，他早晚将忘记妻子。希望大王早些防备！”燕昭王听罢下令设置盛大酒宴，拉出说此话的人斥责道：“先王倡导在全国礼待贤明的人，不是为了多得土地留给子孙。他不幸碰到继承人缺少德行，不能完成大业，使国内人民怨愤不从，无道的齐国趁着我们国家动乱之机残害先王。我即位以后，对此痛心疾首，所以才广泛邀请群臣，对外招揽宾客，以求报仇。能使我成功的人，我愿意和他分享燕国大权。现在乐毅亲自征战，为我大破齐国，平毁齐国宗庙，报了旧仇，齐国本来就应归乐毅所有，不是燕国该得到的。乐毅如果能拥有齐国，与燕国成为大周的诸侯国，两国结为友好邻邦，共同抵御其他诸侯国的来犯，这正是燕国的福气、我的心愿啊！你怎么敢说这种话呢！”于是将那人处死。又赏赐乐毅妻子以王后的服饰，赏赐他的儿子以王子的服饰，配备君王车驾乘马，及上百辆属车，派宰相送到乐毅那里，立乐毅为齐王。乐毅十分惶恐，不敢接受，一再拜谢，写下辞书，并宣誓以死效忠燕王。从此齐国人敬服乐毅的德义，各诸侯国也敬畏他的信义，没有敢再来算计乐毅的了。

【原文】

顷之，昭王薨，惠王立。惠王自为太子时，尝不快于乐毅。田单闻之，乃纵反间于燕，宣言曰：“齐王已死，城之不拔者二耳。乐毅与燕新王有隙，畏诛而不敢归，以伐齐为名，实欲连兵南面王齐。齐人未附，故且缓攻即墨以待其事。齐人所惧，唯恐他将之来，即墨残矣。”燕王固已疑乐毅，得齐反间，乃使骑劫代将，而召乐毅。乐毅知王不善代之，遂奔赵。燕将士由是愤惋不和。

【译文】

不久，燕昭王去世，燕惠王即位。惠王做太子的时候，就与乐毅有矛盾。田单听说了，便派人到燕国去施行反间计，散布说：“齐王已经死了，齐国的城池没有被攻下的只有两座了。乐毅和燕国新君有怨仇，害怕被杀而不敢回燕国，他以征伐齐国为名，实际上是想联合齐军在齐国南面称王。只是齐国的民众还没有归附，所以乐毅缓攻即墨是为了等待齐国民众归附他。齐国人所害怕的，是燕国改派其他大将来，到那时即墨城就破灭了。”燕惠王本来就怀疑乐毅，听了齐国挑拨离间的话，便派骑劫去代替乐毅统率部队，而且召乐毅回国。乐毅知道惠王派骑劫来代替他不怀好意，于是就投奔赵国去了。燕军将士为此都愤愤不平，内部开始不和。

【原文】

田单令城中人，食必祭其先祖于庭，飞鸟皆翔舞而下城中。燕人怪之，田单因宣言曰："当有神师下教我。"有一卒曰："臣可以为师乎？"因反走。田单起引还，坐东向，师事之。卒曰："臣欺君。"田单曰："子勿言也！"因师之。每出约束，必称神师。乃宣言曰："吾唯惧燕军之劓所得齐卒，置之前行，即墨败矣！"燕人闻之，如其言。城中见降者尽劓，皆怒，坚守，唯恐见得。单又纵反间，言："吾惧燕人掘吾城外冢墓，可为寒心！"燕军尽掘冢墓，烧死人。齐人从城上望见，皆涕泣，共欲出战，怒自十倍。

齐城上空飞鸟盘旋飞舞而下。

【译文】

田单命令城中的民众，在吃饭前必须先在庭院里祭祀他们的祖先，飞鸟争吃祭饭都盘旋落到城中。燕国人远远望见感到很惊讶，田单又让人散布说："就会有神师降临来教导我。"有个士兵说："我可以当神师吗？"说完话转身就跑。田单连忙起身拉他回来，请他坐在向东的上座，奉为神师。这个士兵说："我骗您的。"田单说："你不要说话了！"于是把他当神师。此后，每次发布号令，一定声称是神师教导的。田单又令人散布说："我只害怕燕国人割掉齐国俘虏的鼻子，作战时把他们赶到队伍的前面，那样即墨城就完了！"燕国人听到田单这番话，果然这样做了。即墨城里的人一见被俘的人全都被割去了鼻子，都十分愤怒，更加坚守城池，唯恐被俘。田单又派人施行反间计，说："我怕燕国人挖掘城外的祖坟，那样实在是让人心寒！"燕军又中计，把城外的坟墓都挖了，焚烧死尸。齐国人在城头上望见这一切，都悲愤得流泪抽泣，纷纷要求出战，怒气倍增。

【原文】

田单知士卒之可用，乃身操版、锸，与士卒分功；妻妾编于行伍之间；尽散饮食飨士。令甲卒皆伏，使老、弱、女子乘城，遣使约降于燕；燕军皆呼万岁。田单又收民金得千镒，令即墨富豪遗燕将，曰："即降，愿无虏掠吾族家！"燕将大喜，许之。燕军益懈。

【译文】

田单知道这时士卒都做好了死战的准备，于是就亲自拿着筑墙和掘土的工具，和士卒一道修筑工事；他将自己的妻妾也编入部队；

田单亲自拿着筑墙和掘土的工具，和士卒一道修筑工事。

又把吃的喝的全部分发给士卒。然后，他命令披甲的士卒全都埋伏起来，派老弱的兵丁和妇女们登城守卫，并派使者和燕国的军队相约投降的事宜；燕国将士齐声高呼万岁。田单又在城中百姓间募集到一千镒金银，让即墨城里的富豪们偷偷送给燕军将领，说："齐军就要投降了，希望贵军受降后不要掳掠我们的家族！"燕军将领非常高兴，便答应了他们的请求。燕军将士的戒备就渐渐松懈下来。

【原文】

田单乃收城中，得牛千余，为绛缯衣，画以五采龙文，束兵刃于其角，而灌脂束苇于其尾，烧其端，凿城数十穴，夜纵牛，壮士五千人随其后。牛尾热，怒而奔燕军。燕军大惊，视牛皆龙文，所触尽死伤。而城中鼓噪从之，老弱皆击铜器为声，声动天地。燕军大骇，败走。齐人杀骑劫，追亡逐北，所过城邑皆叛燕，复为齐。田单兵日益多，乘胜，燕日败亡，走至河上，而齐七十余城皆复焉。乃迎襄王于莒；入临淄，封田单为安平君。

【译文】

田单又派人在城里收集，得到一千多头牛，用深红色的薄绢披在牛身上，在上面画上五彩龙纹，在牛角上绑上锋利的刀子，把灌有油脂的干芦苇绑在牛尾上，点燃它的尾端，在城墙上凿了几十个洞，趁黑夜把牛放出去，五千名精壮的士卒跟随在牛群后面。那些牛的尾巴烧得疼痛难当，拼命地向燕军狂奔。燕国将士大惊失色，火光中隐约看到牛身上都有龙的花纹，被牛碰上的不是死就是伤。此时，即墨城里的人也聚众呐喊，老弱兵丁全都敲击铜器，发出的声响震天动地。燕军将士惊慌失措，纷纷败逃。齐国人杀死了燕军主将骑劫，追杀逃跑的燕军，一路上经过的城池全都背叛燕国，重新成了齐国的城邑。田单的兵力不断增加，乘胜追击，燕军天天都在逃跑，一直逃到黄河边上，齐国的七十多座城池都被田单收复了。于是，田单从莒迎回襄王；襄王回到临淄，封田单为安平君。

火牛在前，齐国精兵在后攻击燕军。

燕军将士惊慌失措，纷纷败逃。

长平之战

【导语】

战国中晚期，秦国任用商鞅实行变法，经过多代努力，国势日益强盛。秦国先后西并巴、蜀，东侵三晋，南攻荆楚，取得了军事、政治、外交各方面的胜利。至秦昭王时，秦国已成为战国七雄中实力最强的国家。当时秦周边的韩、魏、燕、赵四国，为了遏制秦的扩张，建立了盟友关系。其中，最强的是赵国，最弱的是魏国。秦采用“远交近攻”的战略，从公元前268年起，先出兵攻魏，迫使魏亲附于己。接着又大举攻韩，韩王异常恐惧，遂遣使入秦，表示愿意献上党郡（今山西长治）求和。上党太守冯亭不愿献地入秦，为了促成韩、赵两国联合抗秦，他将上党郡献给了赵国。赵王贪利受地，将上党并入了自己的版图。秦王闻之大怒，于公元前261年命左庶长王龁率军攻打上党，赵军不敌，退守长平（今山西高平西北）。赵王闻秦军东进，派大将廉颇率赵军主力抵达长平，以图夺回上党。战国时期规模空前的长平之战由此揭开序幕。

廉颇率赵军主力抵达长平，由于秦强赵弱，赵军屡战屡败。廉颇改变战略方针，转攻为守，依托有利地形，筑垒固守，以逸待劳，使秦军陷于疲惫。两军在长平一带相持不下。秦采用离间手段，派人去邯郸收买赵王的左右权臣，离间赵王与廉颇的关系。于是赵王命赵括接替廉颇为将。秦王见离间计得逞，立即任命骁勇善战的武安君白起为上将军，代替王龁出任秦军统帅。

公元前260年，赵括统帅赵军向秦军发起了大规模进攻，遭到秦军主力的顽强抵抗，赵军受挫。秦昭王亲赴河内（今河南沁阳）进行增援。赵括率赵军强行突围，在战斗中被秦军乱箭射死。赵军失去主将，斗志全无，全部解甲投降。这四十万赵军降卒，除幼小的二百四十人外，全部被白起坑杀。秦军终于取得了长平之战的彻底胜利。

长平之战中，秦军共歼灭赵军四十五万人，取得了军事上的重大胜利。赵国受创，从此衰落下去。这一仗不仅大大地削弱了赵国，而且也镇服了东方各国，为秦国后来完成统一大业创造了极为有利的条件。

【原文】

周赧王五十三年（己亥，公元前262年）

楚人纳州于秦以平。

武安君伐韩，拔野王。上党路绝，上党守冯亭与其民谋曰：“郑道已绝，秦兵日进，韩不能应，不如以上党归赵。赵受我，秦必攻之；赵被秦兵，必亲韩；韩、赵为一，则可以当秦矣。”乃遣使者告于赵曰：“韩不能守上党，入之秦，其吏民皆安为赵，不乐为秦。有城市邑十七，愿再拜献之大王！”赵王以告平阳君豹，对曰：“圣人甚祸无故之利。”王曰：“人乐吾德，何谓无故？”对曰：“秦蚕食韩地，中绝，不令相通，固自以为坐而

冯亭派使者去向赵国献地。

受上党也。韩氏所以不入于秦者，欲嫁其祸于赵也。秦服其劳而赵受其利，虽强大不能得之于弱小，弱小固能得之于强大乎！岂得谓之非无故哉？不如勿受。”王以告平原君，平原君请受之。王乃使平原君往受地，以万户都三封其太守为华阳君，以千户都三封其县令为侯，吏民皆益爵三级。冯亭垂涕不见使者，曰：“吾不忍卖主地而食之也！”

赵国群臣就献地问题而产生不同的意见。

【译文】

周赧王五十三年（己亥，公元前 262 年）

楚国把州陵献给秦国，以求和平。

秦国武安君白起进攻韩国，攻克野王。上党与外界的通道被切断。上党郡守冯亭与民众商议说：“现在去都城新郑的道路已经断绝，秦国军队每日都在不断向这里推进，韩国又无法接应，不如把上党献给赵国。赵国如果接受我们，秦国必定进攻他们；赵国面对秦国军队的进攻，一定会与韩国联合；韩、赵联合起来，就可以抵挡秦国了。”于是派使者去告诉赵国说：“我们韩国无法守住上党，如今想把上党献给秦国，但郡中的官员和百姓都心向赵国，不愿做秦国的属下。我们现有大邑共十七个，愿意恭敬地把这些献给赵王！”赵王把这件事告诉平阳君赵豹，赵豹说：“圣人认为接受无缘无故的利益是不好的兆头。”赵王说：“别人仰慕我的恩德，怎么说是无缘无故呢？”赵豹回答说：“秦国蚕食吞并韩国的土地，从中间切断上党与都城新郑的道路，不使它们相通，本来以为可坐待上党归降。韩国人之所以不把它献给秦国而献给赵国，就是想把祸患转嫁给赵国。秦国付出千辛万苦而赵国却坐收其利，即使我们强大也不能这样从弱小手中夺取土地，何况我们本来就弱小，怎么能与强大的秦国相争呢！这难道还不是无缘无故吗？不如不接受上党。”赵王又把此事告诉平原君赵胜，赵胜却劝赵王接受。赵王于是派赵胜前去接收，封冯亭为华阳君，赐给他三个拥有万户百姓的城做封地；又封其县令为侯，赐给三个拥有千户百姓的城做封地，官吏都加爵三级。冯亭不愿见赵国使者，流着泪说：“我不忍心出卖国家的土地而作为自己的俸禄啊！”

【原文】

五十五年（辛丑，公元前 260 年）

秦左庶长王龁攻上党，拔之。上党民走赵。赵廉颇军于长平，以按据上党民。王龁因伐赵。赵军数战不胜，亡一裨将、四尉。赵王与楼昌、虞卿谋，楼昌请发重使为媾。虞卿曰：“今

冯亭垂涕不见使者。

制媾者在秦；秦必欲破王之军矣，虽往请媾，秦将不听。不如发使以重宝附楚、魏，楚、魏受之，则秦疑天下之合从，媾乃可成也。”王不听，使郑朱媾于秦，秦受之。王谓虞卿曰：“秦内郑朱矣。”对曰：“王必不得媾而军破矣。何则？天下之贺战胜者皆在秦矣。夫郑朱，贵人也，秦王、应侯必显重之以示天下。天下见王之媾于秦，必不救王；秦知天下之不救王，则媾不可得成矣。”既而秦果显郑朱而不与赵媾。

秦左庶长王龁攻上党。

【译文】

五十五年（辛丑，公元前260年）

秦国派左庶长王龁率兵进攻上党，不久就攻破了。上党百姓被迫逃往赵国。赵国派廉颇率军驻守在长平，以接应上党逃来的百姓。王龁于是挥师攻打赵国。赵军迎战，几战都没取胜，一员副将和四名都尉先后阵亡。赵王与楼昌、虞卿商议，楼昌建议派地位高的使节与秦国交好。虞卿反对说：“和与不和，控制权都在秦国；秦国现在已下决心要打败赵军，我们即使去求和，秦国的将领也不会同意。我们不如派使者用贵重的珍宝拉拢楚国、魏国，一旦楚国、魏国接受，那么秦国就会疑心各国重新结成了抗秦阵线，那时与秦国交好才可成功。”赵王不听虞卿的意见，仍派郑朱赴秦国求和。秦国接待了郑朱。赵王便对虞卿说：“秦国接纳郑朱了。”虞卿回答说：“大王肯定见不到和谈成功而赵军就被击破了。为什么这样说呢？各国都派使者赴秦国庆贺胜利。郑朱是赵国地位很高的人，秦王、应侯肯定会把郑朱来求和的事向各国宣扬。各国看到赵王派人去向秦国求和，一定不会再出兵援救赵国；秦国知道赵国孤立无援，就愈发不肯与赵国讲和了。”不久，秦国果然大肆宣扬郑朱来求和，而不与赵国进行和谈。

【原文】

秦数败赵兵，廉颇坚壁不出。赵王以颇失亡多而更怯不战，怒，数让之。应侯又使人行千金于赵为反间，曰：“秦之所畏，独畏马服君之子赵括为将耳！廉颇易与，且降矣！”赵王遂以赵括代颇将。蔺相如曰：“王以名使括，若胶柱鼓瑟耳。括徒能读其父书传，不知合变也。”王不听。初，赵括自少时学兵法，以天下莫能当；尝与其父奢言兵事，奢不能难，然不谓善。括母问其故，奢曰：“兵，死地也，而括易言之。使赵不将括则已，若必将之，破赵军者必括也。”及括将行，其母上书，言括不可使。王曰：“何以？”对曰：“始妾事其父，时为将，身所奉饭而进食者以十数，所友者以百数，王及宗室所赏赐者，尽以与军吏士大夫；受命之日，不问家事。今括一旦为将，东乡而朝，军吏无敢仰视之者；王所赐金帛，归藏于家，而日视便利田宅可买者买之。王以为如其父，父子异心，愿王勿遣！”王曰：“母置之，吾已决矣！”母因曰：“即如有不称，妾请无随坐！”赵王许之。

【译文】

赵括之母向赵王上书要求免去赵括的职务。

赵军与秦军交战屡屡失败，廉颇便下令赵兵坚城固守，拒不出战。赵王以为廉颇损失惨重后更加胆怯，不敢迎战，气愤得多次斥责他。这时应侯范雎又派人带上千金去赵国施行反间计，到处散布谣言说：“秦国所畏惧的，只是马服君赵奢的儿子赵括做大将。廉颇极易对付，不久他就快投降了！”赵王听说后就任用赵括代替廉颇去率领军队。蔺相如劝阻道：“大王因为赵括有名望就重用他，这就像是粘住调弦的琴柱再弹琴呀！赵括只知道死读他父亲留下的兵书，不知道在战场上随机应变。”赵王不听。起初，赵括从小学习兵法时，就自以为天下无人可与之相比。他曾与父亲赵奢讨论兵法，赵奢也难不倒他，但赵奢始终不说他有才干。赵括的母亲询问原因，赵奢说：“带兵打仗，就是出生入死，而赵括谈起来却很随便。赵国不用他为大将则已，如果一定用他，灭亡赵军的一定是赵括。”待到赵括将要出发时，他的母亲急忙上书给赵王，指出赵括不能担当重任。赵王问：“为什么？”赵括的母亲回答说：“当年我侍奉赵括的父亲，他做大将时，亲自去捧着饭碗招待的有几十位，他的朋友有几百人，大王及宗室王族给他的赏赐，他全部分发给将士和周围的人。他自接受命令之日起，就不再过问家事。而赵括刚刚做了大将，就向东高坐，接受拜见，大小军官没人敢抬头正脸看他。大王赏给他的金银绸缎，全部拿回家藏起来，每天忙于察看有什么良田美宅可买的就买下。大王您以为他像他的父亲，其实他们父子用心完全不一样。请大王千万不要派他去。”赵王说：“老太太你不要再说了，我已经决定了。”赵括母亲便说：“万一赵括出了什么差错，我请求不要连累我。”赵王同意了赵母的请求。

【原文】

秦王闻括已为赵将，乃阴使武安君为上将军而王龁为裨将，令军中：“有敢泄武安君将者斩！”赵括至军，悉更约束，易置军吏，出兵击秦师。武安君佯败而走，张二奇兵以劫之。赵括乘胜追造秦壁，壁坚拒不得入；奇兵二万五千人绝赵军之后，又五千骑绝赵壁间。赵军分而为二，粮道绝。武安君出轻兵击之，赵战不利，因筑壁坚守以待救至。秦王闻赵食道绝，自如河内发民年十五以上悉诣长平，遮绝赵救兵及粮食。齐人、楚人救赵。赵人乏食，请粟于齐，齐王弗许。周子曰：“夫赵之于齐、楚，扞蔽也，犹齿之有唇也，唇亡则齿寒；今日亡赵，明日患及齐、楚矣。救赵之务，宜若奉漏瓮沃焦釜然。且救赵，高义也；却秦师，显名也；义救亡国，威却强秦。不务为此而爱粟，为国计者过矣！”齐王弗听。

【译文】

秦王听说赵王任用赵括为大将，便暗地里派武安君白起为上将军，改王龁为副将，下令军中：“有谁胆敢泄露白起为上将军的消息，格杀勿论！”赵括来到军中，将原来的规定全部废除，更换军官，下令出兵攻打秦军。白起佯装战败逃走，预先布置下两支奇兵准备截击。赵括不知

周子劝说齐王出兵救赵。

其计，乘胜追击，直捣秦军营垒，秦军坚守不出，赵军无法攻克。这时，秦军一支二万五千人的奇兵已经切断了赵军的后路，另外一支五千人的骑兵也堵截住赵军返回营垒的通道。赵军被一分为二，粮道也被断绝。白起下令精锐轻军前去袭击赵军，赵军接连失利，只好坚筑营垒等待援兵。秦王听说赵军的粮草通道已经被切断，便亲自到河内征发十五岁以上的男子全部调往长平，阻断赵国的救兵及粮草救济。有些齐国人、楚国人增援赵国。赵军缺乏粮草，向齐国请求救济，齐王不同意。周子说：“赵国对于齐国、楚国来说，是一道屏障，就像牙齿外面的嘴唇一样，唇亡则齿寒；今天赵国一旦灭亡，明天灾祸就会降临到齐国和楚国的头上。因此救援赵国这件事，应该像捧着漏瓦罐去浇烧焦了的铁锅那样，刻不容缓。何况救援赵国表现出的是高尚的道义；抵抗秦军，更是显示威名的好事；必须主持正义救援亡国，击退秦国以显示兵威。眼下不倾尽全力救赵国反而爱惜粮食，这样为国家谋划真是大错啊！”齐王不听。

【原文】

九月，赵军食绝四十六日，皆内阴相杀食。急来攻垒，欲出为四队，四五复之，不能出。赵括自出锐卒搏战，秦人射杀之。赵师大败，卒四十万人皆降。武安君曰：“秦已拔上党，上党民不乐为秦而归赵。赵卒反覆，非尽杀之，恐为乱。”乃挟诈而尽坑杀之，遗其小者二百四十人归赵。前后斩首虏四十五万人，赵人大震。

【译文】

到了九月，赵军已经断粮四十六天，赵军开始暗中残杀，互相吞食。赵括心急，便下令赵军进攻秦军营垒，打算派出四队人马，连续四五次反复冲杀，仍无法突围出去。赵括亲自率领精兵上阵肉搏，被秦兵射死。赵军于是大败，四十万士兵全部投降秦国。白起说：“当初秦军已攻克上党，上党百姓却不愿归秦而去投奔赵国。赵国士兵反复无常，不全部杀掉，恐怕会有后乱。”于是使用奸计把赵国降兵全部活埋，只放出二百四十个年岁较小的回到赵国。长平之战前后共杀死四十五万俘虏，赵国大为震惊。

秦纪

李园乱楚

【导语】

俗话说："害人之心不可有，防人之心不可无。"春申君聪明一世，糊涂一时，他没想到一个小小的李园，竟能将他置于死地。当朱英向他提出警告的时候，他还一笑置之，最后不但相位不保，连身家性命也没有了。

春申君是楚国贵族，为战国四公子之一，曾以辩才出使秦国，并上书秦王说秦楚应友好相处。当时楚太子完到秦国当人质并被扣留，春申君以命相保，设计将太子送回，随后他也回到楚国，被任为楚相。春申君曾率兵救赵，又曾率六国诸侯军攻秦。后因贪图富贵中李园圈套而被杀。

对于春申君其人，司马迁作了大体公允的评价："春申君之说秦昭王，及出身遣楚太子归，何其智之明也！后制于李园，旄矣。"春申君以身殉君是对暴秦恃强凌弱行为的一种抗争，在一定程度上维护了楚国的利益，是值得称道的明智之举。但他"招致宾客，以相倾夺"，无非是把宾客当作显示富贵的摆设，他不可能得到真正的贤才。即使有朱英那样的人，最终也只能恐祸及自身而远去。

朱英探知到李园豢养刺客的情况，预见李园在楚考烈王死后，必定会因为与春申君争权而抢先下手谋害他。朱英将自己的预见告知了春申君，提醒他对李园进行必要的防范，并建议抢先下手除掉李园。可惜，春申君对李园没有正确的认识，对李园准备谋害自己的行为也没有丝毫察觉，因此，他拒不采纳朱英的意见。

俗话说："当断不断，反受其乱。"说的就是春申君失去了杀李园的机会吧！

【原文】

始皇帝九年（癸亥，公元前238年）

楚考烈王无子，春申君患之，求妇人宜子者甚众，进之，卒无子。赵人李园持其妹欲进诸楚王，闻其不宜子，恐久无宠，乃求为春申君舍人。已而谒归，故失期而还。春申君问之，李园曰："齐王使人求臣之妹，与其使者饮，故失期。"春申君曰："娉入乎？"曰："未也。"春申君遂纳之。既而有娠，李园使其妹说春申君曰："楚王贵幸君，虽兄弟不如也。今君相楚二十余年而王无子，即百岁后将更立兄弟，彼亦各贵其故所亲，君又安得常保此宠乎！非徒然也，君贵，用事久，多失礼于王之兄弟，兄弟立，祸且及身矣。今妾有娠而人莫知，妾幸君未久，诚以君之重，进妾于王，王必幸之。妾赖天而有男，则是君之子为王也。楚国尽可得，孰与身临不测之祸哉！"春申君大然之。乃出李园妹，谨舍而言诸楚王。王召入，幸之，遂生男，立为太子。

春申君遍寻能生育的妇女进献给楚王。

【译文】

始皇帝九年（癸亥，公元前238年）

楚考烈王没有儿子，春申君为此十分忧虑，他遍寻很多能生育的妇女进献给楚王，虽然进献了不少，但是她们最终还是没能为楚王生下儿子。有个叫李园的赵国人，带着他的妹妹来，想进献给楚王，可听说楚王不能生儿子，便担心时间一长，自己的妹妹会失去楚王的宠幸。于是他请求服侍春申君，做春申君的舍人。没过多久，李园告假回赵国探亲，故意超过了请假的期限才返回来。春申君询问他晚回来的原因，李园说："齐国国君派使者来求娶我的妹妹，我陪使者饮酒，所以延误了归期。"春申君说："已经下过聘礼订婚了吗？"李园回答道："还没有。"于是春申君便纳李园的妹妹为妾。没过多久，李园的妹妹怀了身孕，李园便让她去劝说春申君道："楚王非常宠信您，即使是他的亲兄弟也比不上。如今您担任楚国的相国已经二十多年了，而楚王依旧还没有儿子。照此情形下去，他去世以后必将立他的兄弟为国君，而新国君也必定要使他的旧亲信分别得到显贵，这样的话，您又如何能永久地保持住您的荣宠地位呀！不仅如此，由于您受到楚王的宠幸，长期执掌国事，肯定对楚王的兄弟有过许多失礼的地方，一旦他们登上王位，您就要大祸临头了。现在我怀有身孕的事还没有人知道，况且我受您宠爱的时间还不长，倘若以您的尊贵身份，将我进献给楚王，一定会得到他的恩宠。如果我靠着上天的恩赐生下一个男孩，那么将来继位为王的就是您的儿子了。这样一来，楚国便全是您的了，这与在新君主统治下身临难以预料的灾祸相比，哪一个结果更好呢？"春申君认为很有道理，于是将李园的妹妹送出府，安置在一个馆舍中住下，然后向楚王推荐她。楚王很快就召李园的妹妹入宫，并且很宠爱她。没过多久，李园的妹妹果然生了个儿子，被立为太子。

【原文】

李园妹为王后，李园亦贵用事，而恐春申君泄其语，阴养死士，欲杀春申君以灭口；国人颇有知之者。楚王病，朱英谓春申君曰："世有无望之福，亦有无望之祸。今君处无望之世，事无望之主，安可以无无望之人乎！"春申君曰："何谓无望之福？"曰："君相楚二十余年矣，虽名相国，其实王也。王今病，旦暮薨，薨而君相幼主，因而当国，王长而反政，不即遂南面称孤，此所谓无望之福也。""何谓无望之祸？"曰："李园不治国而君之仇也，不为兵而养死士之日久矣。王薨，李园必先入，据权而杀君以灭口，此所谓无望之祸也。""何谓无望之人？"曰："君置臣郎中，王薨，李园先入，臣为君杀之，此所谓无望之人也。"春申君曰："足下置之。李园，弱人也，仆又善之。且何至此！"朱英知言不用，惧而亡去。后十七日，楚王薨，李园果先入，伏死士于棘门之内。春申君入，死士侠刺之，投其首于棘门之外；于是使吏尽捕诛春申君之家。太子立，是为幽王。

【译文】

李园的妹妹成为王后以后，李园的地位也随着显赫起来，在朝廷当权主事。但是他又深怕春

朱英劝说春申君杀死李园。

申君将他曾指使妹妹说过的那些话泄露出去，便暗中收养武士，想让他们杀春申君灭口；楚国人中有不少知道这件事情的。没过多久，楚王卧病不起。朱英便对春申君说："世上有未预料到而来的福气，也有不期而至的祸患。如今您处在生死变化不定的乱世之中，为喜怒无常的君王卖命，身边怎么能没有不期而至的人呢？"春申君问道："什么叫'未预料到而来的福气'呢？"朱英答道："您担任楚国的相国二十多年了，虽然名义上是相国，可实际上已经相当于国君了。现在楚王病危，随时都有可能死去，一旦楚君病故，您就可以辅佐幼主，从而执掌国家大权，等到幼主成年后再还政给他，或者干脆就南面而坐，自立为王。这就是所谓'未预料到而来的福气'了。"春申君又问："那什么是'不期而至的祸患'呢？"朱英说："李园虽然不治理国事，但他却是您的仇敌，他不管理军务统领军队，却长期以来豢养一些勇士。这样一来，一旦楚王去世，李园必定会抢先进入宫廷篡权，并且杀您灭口。这即是所谓'不期而至的祸患'。"春申君又问道："这样说来，'不期而至的人'又是怎么回事呢？"朱英回答说："您将我安置在郎中的职位上，一旦楚王去世，李园抢先入宫时，我就替您先杀了他，以此除掉后患。这就是所谓'不期而至的人'。"春申君说："您要放弃这种打算。李园是个软弱的人，况且我对他又很好，哪至于发展到如此地步呀！"朱英知道自己的建议不会被春申君采纳，他担心发生变故累及自己，便先逃亡了。十七天后，楚王去世，李园果然抢先进宫，将他豢养的勇士埋伏在宫门里面。等到春申君一进来，勇士们立即上前两面夹击，将他刺杀，并割下他的头颅扔到宫门外面。接着，李园又派出官吏把春申君的家人全部捕杀。随后，太子继位，是为幽王。

春申君一进宫，立即遭到武士的两面夹击。

王翦伐楚

【导语】

“王翦益兵定楚地”是秦灭掉韩、魏、赵、燕等国之后，统一中国的决定性战役。秦王最初任用缺乏经验的年轻将领李信为帅，李信轻敌冒进，被楚军打得大败。王翦在秦国战败的紧急关头，亲自率领60万秦军，抗衡楚军的凌厉攻势。他命秦军坚壁不战，养精蓄锐，周密准备，等待战机。终于，秦军抓住楚军东撤的时机，一鼓作气，大败楚军。不久，秦国就灭掉了强大的楚国。

【原文】

二十一年（乙亥，公元前226年）

冬，十月，王翦拔蓟，燕王及太子率其精兵东保辽东，李信急追之。代王嘉遗燕王书，令杀太子丹以献。丹匿衍水中，燕王使使斩丹，欲以献王，王复进兵攻之。

秦将李信领兵急追燕军。

王贲伐楚，取十余城。王问于将军李信曰：“吾欲取荆，于将军度用几何人而足？”李信曰：“不过用二十万。”王以问王翦，王翦曰：“非六十万人不可。”王曰：“王将军老矣，何怯也！”遂使李信、蒙恬将二十万人伐楚；王翦因谢病归频阳。

二十二年（丙子，公元前225年）

王贲伐魏，引河沟以灌大梁。三月，城坏。魏王假降，杀之，遂灭魏。

王使人谓安陵君曰：“寡人欲以五百里地易安陵。”安陵君曰：“大王加惠，以大易小，甚幸。虽然，臣受地于魏之先王，愿终守之，弗敢易！”王义而许之。

李信攻平舆，蒙恬攻寝，大破楚军。信又攻鄢郢，破之。于是引兵而西，与蒙恬会城父。楚人因随之，三日三夜不顿舍，大败李信，入两壁，杀七都尉；李信奔还。

【译文】

二十一年（乙亥，公元前226年）

冬季，十月，秦将王翦攻克燕都蓟城，燕国国君和太子丹率精兵向东退却图保辽东，秦将李信领兵急追。代王赵嘉送信给燕王，要他杀太子丹献给秦王。太子丹这时躲藏在衍水一带，燕王即派使节往衍水杀了太子丹，准备把他的头颅献给秦王，但秦王再次发兵攻燕。

秦将王贲进攻楚国，攻陷十多座城。秦王向将军李信询问说：“我准备占领楚国，根据你的推测，要用多少兵力才够？”李信回答说：“不超过二十万。”秦王又询问王翦，王翦说：“非得六十万人不可。”秦王说：“王将军老了，怎么如此胆怯啊！”于是派李信、蒙恬率领二十万人进攻楚国；王翦以有病为由辞职，返回家乡频阳。

二十二年（丙子，公元前225年）

秦将王贲率军征伐魏国，引汴河的水灌淹魏国都城大梁。三月，大梁城垣塌毁，魏王魏假投降，为秦军杀死，魏国灭亡。

秦王嬴政遣人通知安陵君说：“我想要用五百里的土地换你的安陵国。”安陵君说：“大王您施加恩惠给我，用大换小，真是太幸运了。但虽然如此，我这小国的土地是受封于魏国前代国君的，我愿意终生守护它，不敢交换！”秦王赞许他奉守道义，便应允了他的请求。

李信攻打平舆，蒙恬进攻寝城，大败楚军。李信又进攻鄢郢，攻克了该城。于是带领军队向西推进，同蒙恬在城父会师。楚军便紧紧跟在秦军的后边，三天三夜不停留，李信的军队被拖得疲惫不堪，遭到惨败，秦军的两座军营被攻下，七名都尉被杀死；李信逃回秦国。

【原文】

王闻之，大怒，自至频阳谢王翦曰：“寡人不用将军谋，李信果辱秦军。将军虽病，独忍弃寡人乎！”王翦谢：“病不能将。”王曰：“已矣，勿复言！”王翦曰：“必不得已用臣，非六十万人不可！”王曰：“为听将军计耳。”于是王翦将六十万人伐楚。王送至霸上，王翦请美田宅甚众。王曰：“将军行矣，何忧贫乎！”王翦曰：“为大王将，有功，终不得封侯，故及大王之向臣，以请田宅为子孙业耳。”王大笑。王翦既行，至关，使使还请善田者五辈。或曰：“将军之乞贷亦已甚矣！”王翦曰：“不然，王怚中而不信人，今空国中之甲士而专委于我，我不多请田宅为子孙业以自坚，顾令王坐而疑我矣。”

【译文】

秦王听到这个消息，大怒，亲自去到频阳向王翦道歉说：“我没有采用将军的计谋，使得李信玷辱了秦军的声威。将军虽然有病，但难道忍心丢下寡人不管吗！”王翦推托说：“我有病，不能带兵。”秦王说：“从前的事已经过去了，不要再说了！”王翦说：“如果迫不得已，一定要用我，非得六十万的军队不行！”秦王说：“但凭将军安排吧。”于是王翦率领六十万大军进攻楚国。秦王亲自将王翦送到霸上，王翦要求秦王赏赐给他很多良田大宅。秦王说：“将军出发了，为什么担心日后贫穷呀！”王翦说：“担任大王的将领，即使立了功，终究也不会得到封侯之赏，所以趁着大王看重我的时候，只好讨些田宅来作为留给子孙的产业。”秦王大

秦王亲自到频阳向王翦道歉。

笑。王翦出发后，到了武关，先后派五批使者回去向秦王请求赏赐良田。有人说："将军讨封赏也太过分了！"王翦说："不是这样。大王心性粗暴多猜忌，现在倾尽国内兵力委托我独自指挥，我如果不多讨封良田大宅为子孙谋立产业，来表示自己坚决为大王效力，大王反而会无缘无故地猜疑我了。"

王翦率兵大败楚军。

【原文】

二十三年（丁丑，公元前224年）

王翦取陈以南至平舆。楚人闻王翦益军而来，乃悉国中兵以御之；王翦坚壁不与战。楚人数挑战，终不出。王翦日休士洗沐，而善饮食，抚循之；亲与士卒同食。久之，王翦使人问："军中戏乎？"对曰："方投石、超距。"王翦曰："可用矣！"楚既不得战，乃引而东。王翦追之，令壮士击，大破楚师，至蕲南，杀其将军项燕，楚师遂败走。王翦因乘胜略定城邑。

二十四年（戊寅，公元前223年）

王翦、蒙武虏楚王负刍，以其地置楚郡。

【译文】

二十三年（丁丑，公元前224年）

王翦占领了陈以南直到平舆一带。楚人听说王翦增兵攻打过来，于是调动了全国兵力来抵抗；王翦坚守营垒不与楚人交战。楚人多次挑战，王翦始终不肯出兵。王翦每天只让士卒休息洗浴，吃好喝好，安抚他们；并同士卒一起用饭。过了很长一段日子，王翦派人打听："军中在玩什么？"回答说："正在玩投石、跳远的游戏。"王翦说："可以出兵了！"这时楚军见找不到战机，便向东转移。王翦趁机出兵追赶，命令壮士攻击，将楚军打得大败，一直追到蕲南地区，杀死了楚国将军项燕，楚军于是全线溃败。王翦便乘胜占领并平定了楚国的一些城邑。

二十四年（戊寅，公元前223年）

秦将王翦、蒙武俘获了楚国国君芈负刍，在楚地设置楚郡。

荆轲刺秦

【导语】

公元前228年，秦攻灭赵国。此后，秦国兵临易水，威逼燕国。当时燕国由燕王喜之子太子丹主持朝政。

太子丹决定派刺客去胁迫秦王嬴政。经田光引见，太子丹结识了著名的侠士荆轲。荆轲开始婉拒太子丹命他刺杀秦王的要求，但太子丹将他尊为上卿，并给予他极为优厚的礼遇，因此荆轲答应了他的请求。

公元前227年，荆轲携带着燕国督亢的地图和樊於期的首级，前往秦国刺杀秦王嬴政。太子丹到易水边为他送行，荆轲临别而歌，歌声慷慨悲凉，然后与秦舞阳乘车前往秦国都城咸阳。

荆轲来到秦国后，秦王在咸阳宫隆重地召见了他。荆轲在献燕国督亢地图时，图穷匕首见，刺秦王不中，被杀。秦舞阳也被侍从的武士砍杀于朝堂台阶之下。

秦王大怒，命大将王翦攻打燕国。公元前222年，秦军攻打辽东，俘获燕王喜，燕国灭亡。

【原文】

太子闻卫人荆轲之贤，卑辞厚礼而请见之。谓轲曰："今秦已虏韩王，又举兵南伐楚，北临赵。赵不能支秦，则祸必至于燕。燕小弱，数困于兵，何足以当秦！诸侯服秦，莫敢合从。丹之私计愚，以为诚得天下之勇士使于秦，劫秦王，使悉反诸侯侵地，若曹沫之与齐桓公，则大善矣；则不可，因而刺杀之，彼大将擅兵于外而内有乱，则君臣相疑，以其间，诸侯得合从，其破秦必矣。唯荆卿留意焉！"荆轲许之。于是舍荆卿于上舍，太子日造门下，所以奉养荆轲，无所不至。及王翦灭赵，太子闻之惧，欲遣荆轲行。荆轲曰："今行而无信，则秦未可亲也。诚得樊将军首与燕督亢之地图，奉献秦王，秦王必说见臣，臣乃有以报。"太子曰："樊将军穷困来归丹，丹不忍也！"荆轲乃私见樊於期曰："秦之遇将军，可谓深矣，父母宗族皆为戮没！今闻购将军首，金千斤，邑万家，将奈何？"於期太息流涕曰："计将安出？"荆卿曰："愿得将军之首以献秦王，秦王必喜而见臣，臣左手把其袖，右手揕其胸，则将军之仇报而燕见陵之愧除矣！"樊於期曰："此臣之日夜切齿腐心也！"遂自刎。太子闻之，奔往伏哭，然已无奈何，遂以函盛其首。太子豫求天下之利匕首，使工以药焠之，以试人，血濡缕，人无不立死者。乃装为遣荆轲，以燕勇士秦舞阳为之副，使入秦。

荆轲私下里会见樊於期。

【译文】

太子丹听说卫国人荆轲贤能，便携带厚礼，以谦卑的言词请求见他。太子丹对荆轲说："现在秦国已经俘虏了韩王，又乘势举兵向南进攻楚国，向北逼近赵国；赵国无力对付秦国，那么灾难就要降临到燕国头上了。燕国又小又弱，多次被战争拖累，哪里还能抵挡得住秦国啊！各诸侯国都屈服秦国，没有哪个国家再敢合纵抗秦了。我个人的计策很愚鲁，认为如果能获得一位天下勇猛的勇士，让他前往秦国，劫持秦王，迫使秦王将兼并来的土地还给各国，就像曹沫当年逼迫齐桓公归还鲁国丧失的领土一样，如此当然是最好的了；假如不行的话，便乘机杀了秦王。到那时，秦国的大将拥兵在外，而国内发生动乱，那么君臣之间一定会相互猜疑，趁此时机，各国如果能够合纵抗秦，就一定可以打败秦国。希望你留心这件事情啊！”荆轲答应了太子丹。于是，太子丹安排荆轲住进上等客舍，他天天亲往舍中探望，凡是能够供给荆轲的东西，没有不送到的。等到秦将王翦灭了赵国，太子丹听说后非常害怕，便想送荆轲出行。荆轲说：“我现在前往秦国，但是没有令秦人信任我的理由，不一定能接近秦王。倘若能得到樊将军的头颅和燕国督亢的地图，把它们献给秦王，秦王必定很高兴召见我，那时我才能刺杀他来回报您。”太子丹说：“樊将军在穷途末路时投奔我，我不忍心杀他啊！”于是，荆轲私下里去见樊於期说：“秦国对待你，可以说是残酷至极了，你的父母、宗族都被诛杀或没收为官奴！现在听说秦国悬赏黄金千斤、万户封地来买你的头颅，你打算怎么办呢？”於期流泪叹息道：“能想出什么办法呢？”荆轲说：“希望能得到你的头颅献给秦王，秦王见此一定高兴而召见我，那时我左手拉住他的袖子，右手持匕首刺他的胸膛，那么你的大仇就可以得报，而且燕国遭受的耻辱也可以消除了！”樊於期说：“这正是我日夜渴望实现的事情！”于是，樊於期拔剑自刎。太子丹听说后，急奔而来，伏在尸体上痛哭，但已经无可奈何了，于是就用匣子装起樊於期的头颅。太子丹已预先找到了天下最锋利的匕首，命令工匠把匕首烧红浸入毒药中，又用这染毒的匕首试刺人，只渗出一丝血，没有不立即死去的。于是准备行装送荆轲出发，又派燕国的勇士秦舞阳做他的助手，让二人作为使者前往秦国。

太子丹听说樊於期自杀，急奔而来，伏尸痛哭。

太子丹在易水为荆轲送行。

荆轲追逐刺杀秦王，秦王绕着柱子奔跑。

【原文】

始皇帝下二十年（甲戌，公元前227年）

荆轲至咸阳，因王宠臣蒙嘉卑辞以求见，王大喜，朝服，设九宾而见之。荆轲奉图以进于王，图穷而匕首见，因把王袖而揕之；未至身，王惊起，袖绝。荆轲逐王，王环柱而走。群臣皆愕，卒起不意，尽失其度。而秦法，群臣侍殿上者不得操尺寸之兵，左右以手共搏之，且曰：“王负剑！”负剑，王遂拔以击荆轲，断其左股。荆轲废，乃引匕首擿王，中铜柱。自知事不就，骂曰：“事所以不成者，以欲生劫之，必得约契以报太子也！”遂体解荆轲以徇。王于是大怒，益发兵诣赵，就王翦以伐燕，与燕师、代师战于易水之西，大破之。

【译文】

始皇帝下二十年（甲戌，公元前227年）

荆轲到达秦国都城咸阳，通过秦王的宠臣蒙嘉，用谦卑的言词求见秦王；秦王非常高兴，穿上朝会时穿的礼服，安排朝会大典接见荆轲。荆轲捧着地图进献给秦王，图卷全部展开后，匕首现了出来，荆轲乘机抓住秦王的袍袖，举起匕首刺向秦王；没等荆轲近身，秦王已惊恐地跃起，挣断袍袖。荆柯随即追逐秦王，秦王绕着柱子奔跑。这时，殿上的群臣都大吃一惊，事发突然，群臣全都失去了常态。秦国法律规定，在殿上侍从的群臣不得携带任何武器，众人只好徒手上前搏击荆轲，并喊道：“大王把剑推到背上去！”于是秦王将剑推到背上，随即拔出剑来回击荆轲，砍断了他的左大腿。荆轲肢体受伤，就把匕首向秦王投了过去，却击中了铜柱。荆轲知道行刺之事已经无法完成，就大骂道：“此事之所以不能成功，只是想活捉你，迫使你订立契约，归还所兼并的土地，以此来报答燕太子！”于是，荆轲被分尸示众。秦王为此勃然大怒，增派军队到赵国，同王翦的大军攻打燕国，秦军在易水以西与燕军和代王的军队会战，大败燕、代军。

汉纪

韩信破赵

【导语】

代（今山西北部）、赵（今河北南部）、燕（今河北北部）三处割据势力，投靠项羽，成为楚的羽翼。汉要灭楚，就必须先翦除这些诸侯国，使项羽陷入孤立的处境。

公元前204年，韩信统率新招募的三万人马，越过太行山，向东挺进，对赵国发起攻击。赵王歇、赵军主帅陈余闻讯后，率军集结于井陉口防守。

井陉口是太行山有名的八大隘口之一，就是现在河北获鹿西十里的土木关。在它以西，有一条长约几十公里的狭窄驿道，易守难攻。这场战役中，陈余被杀，赵王歇和李左车束手就擒。“井陉之战”以韩信大获全胜、一举灭赵而告终。“井陉之战”的结局，对楚汉战争的整个进程具有重大意义。

【原文】

太祖高皇帝上之下三年（丁酉，公元前204年）

冬，十月，韩信、张耳以兵数万东击赵。赵王及成安君陈余闻之，聚兵井陉口，号二十万。

【译文】

汉高帝三年（丁酉，公元前204年）

冬季，十月，韩信和张耳率领数万名士兵向东攻打赵国。赵王赵歇和成安君陈余听到这个消息，在井陉口集结部队，号称二十万大军。

【原文】

广武君李左车说成安君曰：“韩信、张耳乘胜而去国远斗，其锋不可当。臣闻‘千里馈粮，士有饥色；樵苏后爨，师不宿饱。’今井陉之道，车不得方轨，骑不得成列；行数百里，其势粮食必在其后。愿足下假臣奇兵三万人，从间路绝其辎重；足下深沟高垒勿与战。彼前不得斗，退不得还，野无所掠，不至十日，而两将之头可致于麾下；否则必为二子所禽矣。”成安君尝自称义兵，不用诈谋奇计，曰：“韩信兵少而疲，如此避而不击，则诸侯谓吾怯而轻来伐我矣。”

广武君李左车向成安君献计。

【译文】

广武君李左车劝成安君道：“韩信、张耳乘胜势离开本国远征，其锋芒锐不可当。我听说：‘从千里之外供给军粮，士兵会面有饥色；临时拾柴割草来做饭，军队会常常食不果腹。’而今井陉这条路，车辆不能并行，骑兵不能成列；行军队伍前后拉开几百里，依此形势，随军的粮草必定在大部队的后面。望您拨给我三万人作为奇兵，抄小路截断对方的辎重粮草，而您则深挖壕沟、高筑营垒，坚守不出战。这样一来，他们向前无仗可打，退后无路可回，野外又没什么东西可抢，用不了十天，韩信、张耳这两个将领的头颅就可以献到您的帐前了；不这样做肯定要被他们二人所俘获。”陈余曾经自称是义兵，不屑于使用诈谋奇计，故说：“韩信兵力单薄且又疲惫不堪，对这样的军队还避而不击，诸侯会认为我胆怯而随便来攻打我了。”

韩信对将士们说：待今天打败赵军后再会餐。

【原文】

韩信使人间视，知其不用广武君策，则大喜，乃敢引兵遂下。未至井陉口三十里，止舍。夜半，传发，选轻骑二千人，人持一赤帜，从间道萆山而望赵军。诫曰：“赵见我走，必空壁逐我；若疾入赵壁，拔赵帜，立汉赤帜。”令其裨将传餐，曰：“今日破赵会食！”诸将皆莫信，佯应曰：“诺。”信曰：“赵已先据便地为壁；且彼未见吾大将旗鼓，未肯击前行，恐吾至阻险而还也。”乃使万人先行，出，背水陈；赵军望见而大笑。

【译文】

韩信派人暗中打探消息，得知陈余不采纳广武君的计策，异常高兴，于是大胆率军径直前进。在距离井陉口三十里的地方停下来安营扎寨。到半夜时分，韩信传令部队出发，挑选两千名轻骑兵，每人手拿一面红旗，从小道上山隐蔽起来，观察赵军的动向；并告诫他们说：“交战时赵军看到我军退却，必会倾巢出动来追赶我们；你们就趁机快速冲入赵军营垒，拔掉赵军的旗帜，遍插汉军的红旗。”又命他的副将送一些食物给将士们，对他们说：“待今天打败赵军后再会餐！”众将领们都不相信，只是假意应承道：“好吧。”韩信说：“赵军已经抢先占据了有利地形安营扎寨，而且他们没有看见我军大将的旗鼓，是不肯出兵攻打我们先头部队的，这是因为他们怕我军到了险要的地方，遇阻后就会撤回去。”韩信随即命一万人打先锋，出井陉口，背靠河水摆开阵列；赵军望见后都哗然大笑。

【原文】

平旦，信建大将旗鼓，鼓行出井陉口；赵开壁击之，大战良久。于是信与张耳佯弃鼓旗，走水上军；水上军开入之，复疾战。赵果空壁争汉旗鼓，逐信、耳。信、耳已入水上军，军皆殊死战，不可败。信所出奇兵二千骑共候赵空壁逐利，则驰入赵壁，皆拔赵旗，立汉赤帜二千。赵军已不能得信等，欲还归壁；壁皆汉赤帜，见而大惊，以为汉皆已得赵王将矣，兵遂乱，遁走，赵将虽斩之，不能禁也。于是汉兵夹击，大破赵军，斩成安君泜水

韩信和张耳假装丢旗弃鼓诱敌追击。

上，禽赵王歇。

【译文】

天刚蒙蒙亮的时候，韩信打出了大将的旗鼓，敲着战鼓开出了井陉口；赵军打开营门迎击，双方激战了很久。这时，韩信和张耳便假装丢旗弃鼓，逃回河边的阵营；河边部队大开营门放他们进去，然后双方又展开鏖战。赵军果然倾巢出动，争抢汉军抛下的旗鼓，追逐韩信和张耳。韩信、张耳进入河边的阵地后，全军上下都拼死奋战，赵军无法打败他们。韩信派出的二千名骑兵等到赵军将士全体出动去追逐抢夺战利品时，立刻快速进入赵军营地，拔掉所有赵军旗帜，插上两千面汉军红旗。赵军已经无法抓获韩信等人，想退回营地；却见自己的营垒中插满了汉军的红旗，都惊慌失措，以为汉军已将赵王的将领全部擒获了，于是士兵们大乱，纷纷逃跑，赵将虽然不停地斩杀逃兵，但也无法禁止溃败之势。汉军随即前后夹击，大败赵军，在水边杀了陈余，活捉了赵王歇。

赵军见自己的营垒中遍是汉军的红旗。

【原文】

诸将效首虏，毕贺，因问信曰："兵法：'右倍山陵，前左水泽。'今者将军令臣等反背水陈，曰'破赵会食'，臣等不服，然竟以胜。此何术也？"信曰："此在兵法，顾诸君不察耳！兵法不曰'陷之死地而后生，置之亡地而后存'？且信非得素拊循士大夫也，此所谓'驱市人而战之'，其势非置之死地，使人人自为战；今予之生地，皆走，宁尚可得而用之乎！"诸将皆服，曰："善！非臣所及也。"

【译文】

将领们献上赵军的首级和俘虏，都向韩信祝贺，并问韩信说："兵法上提出：'布军列阵要右面和背面靠着山陵，前面和左边靠着水泽。'而这次您却反而让我们背水布阵，还说'待打败赵军后再会餐'，我们当时都颇不信服，结果竟然取胜了。这是什么战术呀？"韩信说："这战术也是兵法上有的，只不过你们没有留意罢了！兵法上不是说'陷之死地而后生，置之亡地而后存'吗？况且我所率领的不是平时训练有素的将士，这就是所谓的'驱赶着街市上的平民百姓去作战'，势必非把他们置于死地，使他们人人为各自的生存而战不可；如果我给他们留下活路，他们就会逃走了，那样一来，怎么还能用他们去冲锋陷阵啊！"将领们都心悦诚服地说："是啊！您的谋略不是我们所能比的呀！"

【原文】

信募生得广武君者予千金。有缚致麾下者，信解其缚，东乡坐，师事之。问曰："仆欲北伐燕，东伐齐，何若而有功？"广武君辞谢曰："臣，败亡之虏，何足以权大事乎！"信曰："仆闻之：百里奚居虞而虞亡，在秦而秦霸；非愚于虞而智于秦也，用与不用，听与不听也。诚令成安君听足下计，若信者亦已为禽矣；以不用足下，故信得侍耳。今仆委心归计，愿足下勿辞！"广武君曰："今将军涉西河，虏魏王，禽夏说；东下井陉，不终朝而破赵二十万众，诛成安君；

名闻海内，威震天下，农夫莫不辍耕释耒，褕衣甘食，倾耳以待命者，此将军之所长也。然而众劳卒罢，其实难用。今将军欲举倦敝之兵顿之燕坚城之下，欲战不得，攻之不拔，情见势屈；旷日持久，粮食单竭。燕既不服，齐必距境以自强。燕、齐相持而不下，则刘、项之权未有所分也，此将军所短也。善用兵者，不以短击长而以长击短。”韩信曰：“然则何由？”广武君对曰：“方今为将军计，莫如按甲休兵，镇抚赵民，百里之内，牛酒日至，以飨士大夫；北首燕路，而后遣辩士奉咫尺之书，暴其所长于燕，燕必不敢不听从。燕已从而东临齐，虽有智者，亦不知为齐计矣。如是，则天下事皆可图也。兵固有先声而后实者，此之谓也。”韩信曰：“善！”从其策，发使使燕，燕从风而靡；遣使报汉，且请以张耳王赵，汉王许之。楚数使奇兵渡河击赵，张耳、韩信往来救赵，因行定赵城邑，发兵诣汉。

韩信为李左车松绑。

韩信向李左车询问国家大事。

【译文】

韩信悬赏千金招募活捉广武君李左车的人。不久就有人将李左车绑送到韩信帐前。韩信立刻为他松绑，让他面朝东而坐，以老师的礼节对待李左车。问李左车道：“我想向北攻打燕国，向东征伐齐国，该如何做才能成功呢？”李左车推辞说：“我是一个兵败国亡的阶下囚，哪里有资格来谋划大事啊！”韩信道：“我听说百里奚在虞国而虞国灭亡，在秦国而秦国称霸；这并不是百里奚在虞国时愚蠢，在秦国时聪明，而是在于国君用不用他，接不接受他的建议。如果成安君陈余真的采纳了您的计策，像我韩信这样的人早就被俘虏了；只是因为他不接受您的意见，所以我才能够侍奉在您身边向您请教啊。现在我实心实意地听取您的计策，望您不要推辞。”李左车于是说：“如今您渡过西河，俘获魏王，生擒夏说；东下井陉口，用了不到一个早上的时间就打垮了赵军二十万人马，杀了成安君，名闻海内，威震天下，使农夫们慑于您的声势，无不放下农具停止耕作，只图穿漂亮衣服、吃美味食品，恭候将军您的号令，这是将军您用兵的长处。然而如今百姓实在劳苦不堪，士兵已疲惫之极，实在是很难再用他们去继续攻伐了。现在您想要调动疲惫困乏的军队驻扎在燕国防守坚固的城池下面，结果是想打打不了，要攻又攻不下，军队内情暴露在敌前，威势也就随之减弱，如此时间久了，粮食必将耗尽。且燕国这样弱小的国家都不肯屈服，齐国必定要据守边境逞一时之强。这么一来，燕、齐两国都与汉军对峙，相持不下，刘邦和项羽双方胜负的趋势也难见分晓，这是将军您用兵的短处。善于用兵的人，从不以自己的短处去攻击他人的长处，而是用自己的长处去对付他人的短处。”韩信说：“既然如此，那该怎么办呢？”李左车答道：“现在将军最好的办法，不如按兵不动，暂作休整，镇守并安抚赵国的百姓，使方圆百里之内，天天都有人送来牛肉美酒犒劳众将士；将部队向北移动，指向通往燕的道路，然后派遣能言善辩的人拿着一封书信去向燕国炫耀汉军的优势，燕国一定不敢不听从。燕国已经顺服了，再向东威临齐国，如此，纵使有聪明人，也不知道该怎样为齐国出谋划策了。这样，天下大事就可图谋了。用兵之道原本便有先造声势然后再行动的，我这里所说的就是这个道理。”韩信说：“好。”随即采用李左车的计策，派使者出使燕国，燕国听到消息就立即归降了；韩信于是派人向汉王刘邦报告，并请求封张耳为赵王，刘邦应允了。这时楚国屡次派兵渡过黄河袭击赵国，张耳、韩信往来奔波，救援赵国，乘势平定了所经过的赵国的城邑，随即又调兵赶去增援汉王。

【原文】

伐赵之役，韩信军于泜水之上而赵不能败。彭城之难，汉王战于睢水之上，士卒皆赴入睢水而楚兵大胜。何则？赵兵出国迎战，见可而进，知难而退，怀内顾之心，无出死之计；韩信军孤在水上，士卒必死，无有二心，此信之所以胜也。汉王深入敌国，置酒高会，士卒逸豫，战心不固；楚以强大之威而丧其国都，士卒皆有愤激之气，救败赴亡之急，以决一旦之命，此汉之所以败也。且韩信选精兵以守，而赵以内顾之士攻之；项羽选精兵以攻，而汉以怠惰之卒应之。此同事而异情者也。

汉军背水一战。

【译文】

汉军攻打赵国这场战役，韩信率军驻扎在地形不利的泜水边上，但赵军却无法将其打败。彭城遭陷落一仗，汉王也在睢水岸边作战，但士兵却被赶入睢水，楚军大获全胜。这是为什么呢？赵军出国迎战汉军，见到可以打赢就前进，知道难于取胜就后退，怀着关顾自身存亡的心理，没有出阵拼死一搏的打算；而韩信的军队孤立无援地在水边，士兵背水作战，不进就必死无疑，故将士们都不怀二心，抱定决一死战的信念。这就是韩信所以能获胜的原因。汉王深入到敌国，摆设酒宴，兵士们安逸快乐，求战心理不稳固；而楚国凭着它强大的威势却丢失了自己的国都，将士们个个义愤填膺，急于挽救败局，无所畏惧地奔向死亡，以决胜败，这便是汉军所以失败的原因。况且韩信挑选精兵坚守阵地，赵军却用瞻前顾后的士兵去攻打他；项羽选择精兵发动进攻，汉军却用怠惰散漫的将士去应战。这就是所做的事情相同，而结果不同的例子啊。

【原文】

故曰：权不可豫设，变不可先图；与时迁移，应物变化，设策之机也。

【译文】

所以说：应对事物的权变是不可预先设计好的，事态的变化也是不能事先谋划定的；而是要随着时局的变化而变动，应事物的发展而变化，这才是制订策略的关键。

四面楚歌

【导语】

楚汉战争，是继秦末农民起义后，项羽和刘邦之间进行的一场长达五年之久的政权争夺战。

由于项羽分封不公，引起了诸侯和功臣的不满，他们先后反楚。公元前 202 年初，韩信率汉军向项羽发动进攻。当时汉军有三十万，项羽军有十万。韩信初战诈败而退，项羽率兵追击韩信，陷入韩信的十面埋伏中。楚军连环中伏，韩信趁势反击，汉军主力从左右两翼夹击楚军，楚军大败。

项羽退守垓下，被汉军及诸侯军重重包围。楚军在夜间听到四面都是楚歌，以为汉已尽得楚地，士气消沉。项羽率八百壮士乘夜突围，渡过淮河后，身边只剩下百余骑。汉军穷追不舍，项羽退至乌江，自觉无颜面对江东父老，自刎身亡。

有关“楚汉战争”的史料在《资治通鉴》中并不是最早和最详尽的，但是所有的记载都沿着时间的推进而展开。其间双方力量对比的变化，不同人物对于情势的不同理解和反应，都使得这一事件的铺陈显得特别生动。《资治通鉴》用了相当详尽的篇幅记述了项羽的最后时刻。而且《资治通鉴》一改以往历史描述项羽“意忌信谗”“优柔寡断”的形象，在生死胜败之际，我们可以看到一个令人同情的末路英雄。

【原文】

汉太祖高皇帝三年（丁酉，公元前 204 年）

汉王谓陈平曰：“天下纷纷，何时定乎？”陈平曰：“项王骨鲠之臣，亚父、钟离昧、龙且、周殷之属，不过数人耳。大王诚能捐数万斤金，行反间，间其君臣，以疑其心；项王为人，意忌信谗，必内相诛，汉因举兵而攻之，破楚必矣。”汉王曰：“善！”乃出黄金四万斤与平，恣所为，不问其出入。平多以金纵反间于楚军，宣言：“诸将钟离昧等为项王将，功多矣，然而终不得裂地而王，欲与汉为一，以灭项氏而分王其地。”项王果意不信钟离昧等。

【译文】

汉太祖高皇帝三年（丁酉，公元前 204 年）

汉王刘邦对陈平说：“天下纷扰混乱，什么时候才能太平呢？”陈平说：“项王身边正直忠心的臣子，亚父、钟离昧、龙且、周殷这些人，只不过几个而已。大王如果能拿出数万斤金，行反间计，离间他们君臣，让他们互生疑心；项王为人，易于猜忌，易听信谗言，这样一来，君臣之间起了疑心，他们内部必定互相残杀，我们借机发兵去攻打他们，一定能够击败楚军。”汉王说：“好！”便

刘邦询问陈平天下何时可以太平。

拿出黄金四万斤交给陈平，任由他自己掌握，不过问他使用的情况。陈平用许多黄金在楚军中进行离间活动，扬言说："各位将领如钟离昧等，他们为项王领兵打仗，立了那么多功劳，然而却终究不能分得一块土地而称王，现在他们要跟汉联合，消灭项氏，瓜分楚国的土地，各自称王。"项王果然有所猜忌，不再信任钟离昧等人。

刘邦交给陈平四万斤黄金，令他在楚军中进行离间活动。

【原文】

夏，四月，楚围汉王于荥阳，急；汉王请和，割荥阳以西者为汉。亚父劝羽急攻荥阳；汉王患之。项羽使使至汉，陈平使为大牢具。举进，见楚使，即佯惊曰："吾以为亚父使，乃项王使！"复持去，更以恶草具进楚使。楚使归，具以报项王；项王果大疑亚父。亚父欲急攻下荥阳城，项王不信，不肯听。亚父闻项王疑之，乃怒曰："天下事大定矣，君王自为之，愿请骸骨归！"未至彭城，疽发背而死。

范增劝项羽急攻荥阳。

【译文】

夏季，四月，楚军在荥阳包围了汉王，形势紧急；刘邦向项羽请求议和，将荥阳以西地区划为汉。亚父范增劝项羽急攻荥阳，汉王十分担心。项羽派使者到刘邦处，陈平准备了丰盛的酒食，命人端去款待楚国的使者，一见楚使，就假装吃惊地说："我以为是亚父的使者，原来是项王派来的！"又让人把东西端走，改换成粗劣的酒食送给楚使食用。楚使回去后把这些情况如实禀报给项王，项王果然对亚父起了疑心。亚父急着要攻下荥阳城，项王不信任他，不肯听他的建议。亚父闻听项王对他有疑心，于是怒气冲冲地说："天下大局已定，君王好自为之，请让老臣告老还乡吧。"范增还未到彭城，就因背上的毒疮发作死去。

范增向项羽请求告老还乡。

【原文】

五月，将军纪信言于汉王曰："事急矣！臣请诳楚，王可以间出。"于是陈平夜出女子东门二千余人，楚因四面击之。纪信乃乘王车，黄屋，左纛，曰："食尽，汉王降。"楚皆呼万岁，之城东观。以故汉王得与数十骑出西门遁去，令韩王信与周苛、魏豹、枞公守荥阳。羽见纪信，问："汉王安在？"曰："已出去矣。"羽烧杀信。周苛、枞公相谓曰："反国之王，难与守城！"因杀魏豹。

【译文】

五月，将军纪信对汉王说："势态紧急！请让臣用计策迷惑一下楚军，您可以趁机离开荥阳城。"于是陈平在夜里将二千多名女子放出城东门，楚军即刻便从四面围击她们。纪信于是乘汉王的车，车上张黄盖，左边竖着汉王的旗帜，驶到楚军面前，说道："我军的粮食已经吃光了，汉王前来乞降。"楚人都山呼万岁，涌到城东来围观。汉王借此机会带着数十骑从西门出城逃走，令韩王信与周苛、魏豹、枞公守荥阳。项羽见到纪信，问："汉王在哪里？"纪信回答道："已经出城走了。"项羽烧死了纪信。周苛、枞公商议说："背叛汉国的君王魏豹，很难让人和他一道守城！"于是杀了魏豹。

【原文】

汉高帝四年八月

项羽自知少助；食尽，韩信又进兵击楚，羽患之。汉遣侯公说羽请太公。羽乃与汉约，中分天下，割鸿沟以西为汉，以东为楚。九月，楚归太公、吕后，引兵解而东归。汉王欲西归，张良、陈平说曰："汉有天下太半，而诸侯皆附；楚兵疲食尽，此天亡之时也。今释弗击，此所谓'养虎自遗患'也。"汉王从之。

【译文】

高帝四年八月

项羽自知楚军缺乏援助，粮草即将用尽，韩信又进兵击楚，项羽心中非常忧虑。汉王派侯公见项羽，劝说他放回太公。于是项羽和汉王约定，平分天下，鸿沟以西划归汉，鸿沟以东划归楚。九月，项羽放还了太公和吕后，带兵解阵东行归去。汉王打算西归关中，张良、陈平劝阻说："汉已拥有大半个天下，诸侯也都前来归附；楚兵疲惫不堪，粮草将尽，这是上天让我们灭楚的最好时机。今天放走楚军而不去追击，这就是所谓'饲养猛虎给自己留下后患'呀。"汉王听从了他们的建议。

【原文】

太祖高皇帝中五年（己亥，公元前202年）

冬，十月，汉王追项羽至固陵，与齐王信、魏相国越期会击楚；信、越不至，楚击汉军，大破之。汉王复坚壁自守，谓张良曰："诸侯不从，奈何？"对曰："楚兵且破，二人未有分地，其不至固宜；君王能与共天下，可立致也。齐王信之立，非君王意，信亦不自坚；彭越本定梁地，始，君

汉王询问张良如何令诸侯听从自己的命令。

王以魏豹故拜越为相国；今豹死，越亦望王，而君王不早定。今能取睢阳以北至谷城皆以王彭越，从陈以东傅海与韩王信。信家在楚，其意欲复得故邑。能出捐此地以许两人，使各自为战，则楚易破也。”汉王从之。于是韩信、彭越皆引兵来。

【译文】

汉高帝五年（己亥，公元前202年）

冬季，十月，汉王追击项羽到了固陵，与齐王韩信、魏相国彭越约定日期合击楚军。但是韩信、彭越的军队没有来，楚军攻打汉军，汉军大败。汉王只好重新坚固营垒加强防守，并对张良说："诸侯不听我的，怎么办？”张良答道："楚军即将被打败，而韩信、彭越二人没有分封到明确的土地，他们不按约期前来会合是必然的。君王如果能与他们一起共分天下，就可以立即把他们召来。齐王韩信的封立，不是您的本意，韩信自己也不放心。彭越平定了梁地，当初，您因为魏豹的缘故封彭越为魏国相国；现在魏豹死了，彭越也在等着您封他为王，但您却不早作决定。现在，您可以把从睢阳以北到谷城的土地都封给彭越，把从陈县以东到沿海一带的区域封给齐王韩信。韩信的家乡在楚地，他的本意是想要重新得到自己故乡的土地。假如您答应分割这些土地给他们二人，让他们各自为自己的利益而战，那么楚军就很容易攻破了。”汉王听从了张良的建议。于是韩信、彭越都率军前来。

【原文】

十一月，刘贾南渡淮，围寿春，遣人诱楚大司马周殷。殷畔楚，以舒屠六，举九江兵迎黥布，并行屠城父，随刘贾皆会。

十二月，项王至垓下，兵少，食尽，与汉战不胜，入壁；汉军及诸侯兵围之数重。项王夜闻汉军四面皆楚歌，乃大惊曰："汉皆已得楚乎？是何楚人之多也！”则夜起，饮帐中，悲歌慷慨，泣数行下；左右皆泣，莫能仰视。于是项王乘其骏马名骓，麾下壮士骑从者八百余人，直夜，溃围南出驰走。平明，汉军乃觉之，令骑将灌婴以五千骑追之。项王渡淮，骑能属者才百余人。至阴陵，迷失道，问一田父，田父绐曰“左”。左，乃陷大泽中，以故汉追及之。

【译文】

十一月，刘邦的堂兄刘贾南渡淮河，包围了寿春，派人去诱降楚国的大司马周殷。周殷即反叛楚国，用舒地的兵力屠灭了六县，并调发九江的部队迎接黥布，一同去屠灭了城父县，接着随同刘贾等人一齐会合。

项羽一行人到阴陵时迷了路，向一农夫问路，农夫骗他们说“向左”。

十二月，项王到了垓下，兵少粮尽，与汉军交战未能取胜，便退守营垒；这时汉军和诸侯的军队将项王的军营重重包围起来。项王夜里听见汉军阵营中到处传唱楚歌，于是惊问道："汉军已经得到所有楚国的土地了吗？怎么楚人这么多！”项王便连夜起身，在帐中饮酒，慷慨悲歌，泪下数行；身边的人也都哭泣，不忍心抬头看他。于是项王骑上他的骏马骓，带领八百多名壮士骑从，当夜突围往南奔驰。天大亮时，汉军才发觉，便命令骑将灌婴率五千骑兵追击。项王渡过淮河的时候，相随的骑兵能跟得上他的才一百多人。项羽一行人到阴陵时迷了路，便向一农夫问路，农夫骗他们说“向左”。项羽等向左走，却陷入大沼泽地中，汉军因此追上了他们。

【原文】

项王乃复引兵而东，至东城，乃有二十八骑；汉骑追者数千人。项王自度不得脱，谓其骑曰：“吾起兵至今，八岁矣；身七十余战，未尝败北，遂霸有天下。然今卒困于此，此天之亡我，非战之罪也！今日固决死，愿为诸君快战，必溃围，斩将，刈旗，三胜之，令诸君知天亡我，非战之罪也。”乃分其骑以为四队，四乡。汉军围之数重。项王谓其骑曰：“吾为公取彼一将。”令四面骑驰下，期山东为三处。于是项王大呼驰下，汉军皆披靡，遂斩汉一将。是时，郎中骑杨喜追项王，项王瞋目而叱之，喜人马俱惊，辟易数里。项王与其骑会为三处，汉军不知项王所在，乃分军为三，复围之。项王乃驰，复斩汉一都尉，杀数十百人；复聚其骑，亡其两骑耳。乃谓其骑曰：“何如？”骑皆伏曰：“如大王言！”

【译文】

项王于是再领兵向东走，到东城，相随的只有二十八个骑兵了；而汉军骑兵追逐前来的有几千人。项王估计不能脱身，便对他的骑兵们说：“我从起兵到现在，已经八年了，身经七十多次战斗，不曾失败过，这才霸有天下。但是今天最终被困在这里，这是上天要灭亡我啊，不是我用兵有什么过错！今天定要一决生死，愿为你们痛快地打一仗，一定突出重围，斩杀敌将，拔取敌旗，接连三次取胜，让你们知道这是天要亡我，不是我用兵的过错。”于是分二十八骑为四队，向四个方向冲杀。汉军将他们重重包围。项王对他的骑兵们说：“看我为你们斩杀他一员将领！”命令骑士们从四面奔驰而下，约定在山的东边分三处会合。于是项王大声呼喝着策马飞奔而下，汉军随即都溃败散乱，项王就斩杀了一员汉将。这时，郎中骑杨喜追击项王，项王瞪着双眼厉声呵叱他，杨喜人马都受到惊吓，退避了好几里地。项王与他的骑兵们分三处会合，汉军不知道项王究竟在哪里，于是分兵三路，又把他们包围起来。项王随即奔驰冲杀，又斩杀了汉军的一名都尉，杀死汉军近百人，重新聚拢他的骑兵，至此仅仅损失了两名骑士。项王就对他的骑兵们说：“怎么样？”骑兵们都敬服地说：“正如大王所说。”

【原文】

于是项王欲东渡乌江，乌江亭长舣船待，谓项王曰：“江东虽小，地方千里，众数十万人，亦足王也。愿大王急渡！今独臣有船，汉军至，无以渡。”项王笑曰：“天之亡我，我何渡为！且籍与江东子弟八千人渡江而西，今无一人还；纵江东父兄怜而王我，我何面目见之！纵彼不言，籍独不愧于心乎！”乃以所乘骓马赐亭长，令骑皆下马步行，持短兵接战。独籍所杀汉军数百人，

项羽策马飞奔杀入汉阵，汉军随即都溃败散乱。

身亦被十余创。顾见汉骑司马吕马童，曰："若非吾故人乎？"马童面之，指示中郎骑王翳曰："此项王也。"项王乃曰："吾闻汉购我头千金，邑万户；吾为若德。"乃自刎而死。王翳取其头；余骑相蹂践争项王，相杀者数十人；最其后，杨喜、吕马童及郎中吕胜、杨武各得其一体；五人共会其体，皆是，故分其户，封五人皆为列侯。

【译文】

这时项王想东渡乌江，乌江亭长把船停在岸边等着他，并对项王说："江东虽然狭小，土地方圆千里，民众几十万人，却也足够用以称王的了。望大王赶快渡江！现在只有我有船，汉军即使追到，也无法过江。"项王笑着说："上天要灭亡我，我还要渡江做什么！况且我与江东子弟八千人渡江西征，如今没有一人回去；纵使江东父兄怜惜我，仍然视我为王，可我又有何面目去见他们！即便他们不说什么，难道我就无愧于心吗！"于是把自己所骑的骓送给了亭长，命令他的骑兵都下马步行，手持短兵器迎战。仅项王一人就杀死汉军几百人，项王自己也身受十多处伤。项王回头看见汉军骑司马吕马童，就说："你不是我的老朋友吗？"吕马童看到了，指给中郎骑王翳说："这就是项王！"项王便说道："我听说汉王以千金悬赏我的头颅，分给享用万户赋税的封地，我就把这份好处留给故人吧。"于是自刎而死。王翳取下项王的头颅。其余的骑兵相互践踏争抢项王的躯体，互相残杀的有几十个人。到了最后，杨喜、吕马童和郎中吕胜、杨武各夺得项王的一部分肢体。五个人把项王的肢体会合拼凑到一起，都对得上，在封赏时，将悬赏的封地分为五份，五人都被封为列侯。

【原文】

楚地悉定，独鲁不下；汉王引天下兵欲屠之。至其城下，犹闻弦诵之声；为其守礼义之国，为主死节，乃持项王头以示鲁父兄，鲁乃降。汉王以鲁公礼葬项王于谷城，亲为发哀，哭之而去。诸项氏枝属皆不诛。封项伯等四人皆为列侯，赐姓刘氏；诸民略在楚者皆归之。

【译文】

楚地全部平定了，唯独鲁县仍不投降。汉王刘邦率领天下的兵马，打算屠灭它。大军抵达城下，仍然能听到城中礼乐弦诵的声音；由于鲁县是信守礼义的故国，为自己的君主尽忠守节，汉军便拿出项羽的头颅给鲁县的父老看，鲁县父老这才投降。汉王用葬鲁公的礼仪把项羽葬在谷城，并亲自为项羽发丧举哀，哭了一阵后离去。对项羽的家族亲属都不加杀害，还把项伯等四人都封为列侯，赐他们姓刘，将过去被掳掠到楚国来的百姓们都交给他们统治。

确认项羽死后，鲁县人向汉军投降。

赤壁之战

【导语】

东汉建安十三年（公元208年），孙权、刘备联军在长江赤壁（今湖北赤壁市西北的赤壁山，一说在今湖北武汉市江夏区西赤矶山）一带与曹军展开了一场战略会战，这是孙、刘联军大败曹军的一场决战，对于“三国鼎立”局面的确立具有决定性的意义，史称“赤壁之战”，这是中国历史上以少胜多的著名战争之一。

公元200年，曹操在“官渡之战”中击败袁绍，进而统一了北方。统一北方后，曹操便积极从事南下的战争准备。他首先在邺城修建玄武池训练水军，接着又派人到凉州（今甘肃）拉拢马腾，以避免南下作战时侧后受到威胁。一切就绪后，于建安十三年七月，曹操率大军自宛（今河南南阳）挥师南下，欲先灭刘表，再顺长江东进，击败孙权，以统一天下。九月，曹军进占新野（今属河南），当时刘表已死，其子刘琮不战而降。曹操收编刘表部众，之后率大军向长江推进。

此时依附刘表屯兵于樊城的刘备，见刘琮降曹，仓促率军民南撤，在当阳被曹军击败。于退军途中，刘备派诸葛亮赴柴桑（今江西九江西南）说服孙权，与孙权结盟共同抗曹。

孙、刘结盟后，孙权任命周瑜为主将，率三万精锐水军，联合屯驻樊口的刘备军，沿长江西进迎击曹军。十一月，孙、刘联军与曹军对峙于赤壁。周瑜采纳部将黄盖所献的火攻之计，大败曹军。

【原文】

初，鲁肃闻刘表卒，言于孙权曰：“荆州与国邻接，江山险固，沃野万里，士民殷富，若据而有之，此帝王之资也。今刘表新亡，二子不协，军中诸将，各有彼此。刘备天下枭雄，与操有隙，寄寓于表，表恶其能而不能用也。若备与彼协心，上下齐同，则宜抚安，与结盟好；如有离违，宜别图之，以济大事。肃请得奉命吊表二子，并慰劳其军中用事者，及说备使抚表众，同心一意，共治曹操，备必喜而从命。如其克谐，天下可定也。今不速往，恐为操所先。”权即遣肃行。

鲁肃向孙权请求奉命去吊慰刘表的两个儿子。

【译文】

当初，鲁肃听说刘表死了，便对孙权说：“荆州与我国接邻，地理形势险要坚固，土地肥沃广阔，人口繁多，百姓殷实富足，如能占据这个地方，就有了创建帝王大业的资本。现在刘表刚死，他的两个儿子不和，军队里的将领们，有的拥戴刘琦，有的拥戴刘琮。刘备是天下的英雄，与曹操有怨仇，现寄居在刘表那里，刘表嫉妒他的才能而不能重用他。如果刘备和刘表的部下们同心协力，上下一致，就应当安抚他们，与他们结成友好同盟；如果他们彼此离心离德，我们就应另作打算，以成就我们的大事。我请求能奉您的命令去吊慰刘表的两个儿子，并慰劳军中掌权的人，同时劝说刘备安抚刘表的部下，同心一意，共同对付曹操，刘备一定很高兴，并且会听从我的意见。如果这件事能够成功，那么天下大局便可以定了。现在不赶快去，恐怕就要被曹操占了先。”孙权即刻派鲁肃前往荆州。

【原文】

到夏口闻操已向荆州，晨夜兼道，比至南郡，而琮已降，备南走，肃径迎之，与备会于当阳长坂。肃宣权旨，论天下事势，致殷勤之意。且问备曰：“豫州今欲何至？”备曰：“与苍梧太守吴巨有旧，欲往投之。”肃曰：“孙讨虏聪明仁惠，敬贤礼士，江表英豪，咸归附之，已据有六郡，兵精粮多，足以立事。今为君计，莫若遣腹心自结于东，以共济世业。而欲投吴巨，巨是凡人，偏在远郡，行将为人所并，岂足托乎！”备甚悦。肃又谓诸葛亮曰：“我，子瑜友也。”即共定交。子瑜者，亮兄瑾也，避乱江东，为孙权长史。备用肃计，进住鄂县之樊口。

鲁肃日夜兼程，赶到南郡。

【译文】

到了夏口，鲁肃听说曹操已经向荆州进发，于是日夜兼程，等他赶到南郡，刘琮已经投降曹操，刘备往南逃跑，鲁肃直接去迎刘备，和刘备在当阳县长坂坡相会。鲁肃向刘备传达了孙权的意思，和刘备讨论天下大事的势态，并向刘备表达了深厚而恳切的希望。鲁肃又问刘备说：“刘豫州现在打算去哪里？”刘备说：“我与苍梧太守吴巨是老交情，打算前去投奔他。”鲁肃说：“孙将军英明仁慈，尊敬贤才，礼遇士人，江东的英雄豪杰全都来归顺、依附他，现在已经占有六个郡，兵精粮广，足以成就大业。现在我替您打算，不如派遣亲信主动去结好东吴，以共建大业。眼下您却打算投奔吴巨，吴巨是个平庸的人，又地处偏远的苍梧郡，将来很快会被人吞并，他怎么能够依靠呢？”刘备听后很高兴。鲁肃又对诸葛亮说：“我是子瑜的朋友。”于是两个人随即交了朋友。子瑜，就是诸葛亮的兄长诸葛瑾，他在江东避乱，成为孙权的长史。刘备采纳鲁肃的计策，率兵进驻鄂县的樊口。

【原文】

曹操自江陵将顺江东下。诸葛亮谓刘备曰：“事急矣，请奉命求救于孙将军。”遂与鲁肃俱诣孙权。亮见权于柴桑，说权曰：“海内大乱，将军起兵江东，刘豫州收众汉南，与曹操共争天下。今操芟夷大难，略已平矣，遂破荆州，威震四海。英雄无用武之地，故豫州遁逃至此，愿将军量力而处之！若能以吴、越之众，与中国抗衡，不如早与之绝；若不能，何不按兵束甲，北面而事之！今将军外托服从之名而内怀犹豫之计，事急而不断，祸至无日矣。”权曰：“苟如君言，刘豫州何不遂事之乎？”亮曰：“田横，齐之壮士耳，犹守义不辱；况刘豫州王室之胄，英才盖世，众士慕仰，若水之归海。若事之不济，此乃天也，安能复为之下乎！”权勃然曰：“吾不能举全吴之地，十万之众，受制于人。吾计决矣！非刘豫州莫可以当曹操者；然豫州新败之后，安能抗此难乎？”亮曰：“豫州军虽败于长坂，今战士还者及关羽水军精甲万人，刘琦合江夏战士亦不下万人。曹操之众，远来疲敝，闻追豫州，轻骑一日一夜行三百余里，此所谓‘强弩之末势不能穿鲁缟’者也。故《兵法》忌之，曰‘必蹶上将军’。且北方之人，不习水战；又，荆州之民附操者，逼兵势耳，非心服也。今将军诚能命猛将统兵数万，与豫州协规同力，破操军必矣。操军破，必北还；如此，则荆、吴之势强，鼎足之形成矣。成败之机，在于今日！”权大悦，与其群下谋之。

鲁肃和刘备讨论天下大事的势态。

诸葛亮与鲁肃一起去见孙权。

【译文】

曹操从江陵将要顺江东下。诸葛亮对刘备说：“事情紧急，请让我奉命去向孙将军求救。”于是与鲁肃一起去见孙权。诸葛亮在柴桑见到孙权，劝孙权说：“天下大乱，将军在江东起兵，刘豫州在汉南招收兵马，一齐跟曹操争夺天下。如今曹操对大的祸患已铲除削平，大致已经平定北方了，接着南下攻破荆州，威势震动天下。在曹操大军面前，英雄没有施展的地方，所以刘豫州避逃到这里，希望将军估量自己的实力来对付这个局面！如果将军能以吴越的人力、物力与曹操对抗，不如早点和他断绝关系；如果不能，那么就放下武器、收拾铠甲，向曹操面北投降称臣！现在，将军外表上假托服从曹操的名义，而内心犹豫不决，局势危急而不能决断，大祸马上就要临头了。”孙权说：“假若像你所说的，刘豫州为什么不向曹操投降呢？”诸葛亮说：“田横，不过是齐国的一个壮士而已，还能恪守节义不受屈辱；何况刘豫州是汉王室的后代，英明才智盖世无双，众人敬仰倾慕他，就像水归入大海一样。如果事情不成功，这是天意，怎能再居于曹操之下呢？”孙权勃然大怒，说：“我不能

诸葛亮在柴桑见到孙权，激他抗曹。

拿全东吴的土地和十万将士拱手奉送，去受曹操控制。我的主意打定了！除了刘豫州就没有人可以来抵挡曹操的了；可是刘豫州在刚刚打了败仗之后，怎么能抗得住曹操的强大攻势呢？”诸葛亮说：“刘豫州的军队虽然在长坂坡打了败仗，现在归队的士兵加上关羽率领的精锐水兵还有一万人，刘琦收拢江夏的战士也不下万人。曹操的军马，远道而来已疲惫不堪，听说追逐刘豫州时，轻装的骑兵一日一夜跑三百多里，这就是所谓‘强弓射出的箭到了尽头，连鲁国的薄绢也穿不透’啊。所以《兵法》上忌讳这样做，说‘一定会使主帅遭到挫败’。何况北方人不习惯水上作战；还有，荆州的民众所以归附曹操，是一时被曹操的威势所逼，不是发自内心的顺服。现在，将军如果能派一员虎将统领几万人马，和刘豫州共同规划、同心协力，攻破曹军是必然的了。曹操的军队被打败了，势必退回到北方；这样荆州、东吴方面的势力就会强大，三国鼎立的局势就会出现。成败的关键，就在今天！”孙权听了十分高兴，便同部下们商讨这件事。

长史张昭等人劝说孙权投降曹操。

鲁肃劝说孙权不可迎顺曹操。

周瑜请求率军击败曹操。

【原文】

是时，曹操遗权书曰：“近者奉辞伐罪，旌麾南指，刘琮束手。今治水军八十万众，方与将军会猎于吴。”权以示臣下，莫不响震失色。长史张昭等曰：“曹公，豺虎也，挟天子以征四方，动以朝廷为辞；今日拒之，事更不顺。且将军大势可以拒操者，长江也；今操得荆州，奄有其地，刘表治水军，蒙冲斗舰乃以千数，操悉浮于沿江，兼有步兵，水陆俱下，此为长江之险已与我共之矣，而势力众寡又不可论。愚谓大计不如迎之。”鲁肃独不言。权起更衣，肃追于宇下。权知其意，执肃手曰：“卿欲何言？”肃曰：“向察众人之议，专欲误将军，不足与图大事。今肃可迎操耳，如将军不可也。何以言之？今肃迎操，操当以肃还付乡党，品其名位，犹不失下曹从事，乘犊车，从吏卒，交游士林，累官故不失州郡也。将军迎操，欲安所归乎？愿早定大计，莫用众人之议也！”权叹息曰：“诸人持议，甚失孤望。今卿廓开大计，正与孤同。”

【译文】

这个时候，曹操派人给孙权送来一封信，信上说：“近来我奉朝廷命令讨伐有罪的人，军旗指向南方，刘琮束手投降。现在训练水军八十万之多，正要和将军共同在东吴打猎。”孙权把这封信拿给众人看，没有不吓得变了脸色的。长史张昭等人说：“曹操是豺虎豹，他挟持皇帝来征讨天下，动不动就拿朝廷的名义来发布命令；如果和他对抗，事情更为不利。况且将军凭借抗曹的有利地形，不过是一条长江；如今曹操得到了荆州，完全占有了那里，刘表组建的水军，大小战船多到以千艘来计算，曹操将这些战船全部布置在沿江一带，又加上步兵，水路陆路一齐进攻，这样一来，已经和我方共同占有长江天险了，至于军事力量悬殊又不可相提并论。我认为不如投降曹操。”只有鲁肃一个人沉默不语。孙权起身上厕所，鲁肃追到屋檐下，孙权知道他的来意，拉着鲁肃的手说：“你想说什么？”鲁肃说：“刚才我细致地观察了大家的议论，觉得他们只是想贻误将军，实在不值得和他们谋划大事。现在，像我鲁肃这样的人可以投降曹操，而像将军您却不可以。这话怎么说呢？如果我鲁肃迎顺曹操，曹操会把我送还乡里，让父老去品评，以确定我的名位，还能在大官下面讨个小差事，出去仍可坐牛车，带几个吏卒，和士大夫们往来，然后积累资历逐渐擢升官职，仍可以做到不低于州郡一级的长官。将军您一旦投降了曹操，将会得到一个什么样的结局呢？希望您早定大计，不要听那些人的意见！”孙权叹息道：“这些人所持的议论，很让我失望。现在您阐明利害，正和我的想法一样。”

【原文】

时周瑜受使至番阳，肃劝权召瑜还。瑜至，谓权曰：“操虽托名汉相，其实汉贼也。将军以神武雄才，兼仗父兄之烈，割据江东，地方数千里，兵精足用，英雄乐业，当横行天下，为汉家除残去秽；况操自送死，而可迎之邪！请为将军筹之：今北土未平，马超、韩遂尚在关西，为操后患；而操舍鞍马，仗舟楫，与吴、越争衡，今又盛寒，马无藁草；驱中国士众远涉江湖之间，不习水土，必生疾病。此数者用兵之患也，而操皆冒行之。将军禽操，宜在今日。瑜请得精兵数万人，进住夏口，保为将军破之！”权曰：“老贼欲废汉自立久矣，徒忌二袁、吕布、刘表与孤耳。今数雄已灭，惟孤尚存。孤与老贼势不两立，君言当击，甚与孤合，此天以君授孤也。”因拔刀斫前奏案曰：“诸将吏敢复有言当迎操者，与此案同！”乃罢会。

孙权拔刀砍断面前放奏章的几案表示抗曹的决心。

【译文】

当时周瑜奉命到番阳，鲁肃建议孙权召周瑜回来。周瑜到了后，对孙权说：“曹操虽然在名义上是汉朝丞相，实际上是汉朝的奸贼。将军凭着武功和英雄的才能，同时继有父兄的功业，拥有江东，方圆几千里，军队精良、物资充足，英雄豪杰愿意为国家效力，正应当驰骋于天下，替汉朝除去残暴、邪恶之人；何况曹操自己前来送死，怎么可以迎顺他呢？请允许我为将军筹划这件事：现在北方并未完全平定，马超、韩遂还在函谷关以西，他们是曹操的后患；曹操又舍弃骑兵，依仗舟船来和我东吴争高下，现在正值严冬，战马没有草料，驱赶中原的士兵们远来跋涉在江南的多水地带，不服水土，一定会生病。这几件事都是用兵的禁忌，而曹操都冒失地干了。将军捉拿曹操，应当就在眼下。请您拨给我几万精兵，让我进驻夏口，一定为将军击败曹操！”孙权说：“曹操那老贼想要废除汉朝自立为帝已经很久了，只是顾忌袁绍、袁术、吕布、刘表与我而已。现在那几位豪杰已被消灭，只有我还幸存。我和老贼势不两立，你说应当抗击曹操，很合我的心意，这是天意要把你交给我啊。”于是拔刀砍断面前放奏章的几案，说：“各位武将文官有谁敢再说应当迎顺曹操的，和这几案一样！”于是宣布散会。

【原文】

是夜，瑜复见权曰：“诸人徒见操书言水步八十万而各恐慑，不复料其虚实，便开此议，甚无谓也。今以实校之：彼所将中国人不过十五六万，且已久疲；所得表众亦极七八万耳，尚怀狐疑。夫以疲病之卒御狐疑之众，众数虽多，甚未足畏。瑜得精兵五万，自足制之，愿将军勿虑！”权抚其背曰：“公瑾，卿言至此，甚合孤心。子布、元表诸人，各顾妻子，挟持私虑，深失所望；独卿与子敬与孤同耳，此天以卿二人赞孤也。五万兵难卒合，已选三万人，船粮战具俱办。卿与子敬、程公便在前发，孤当续发人众，多载资粮，为卿后援。卿能办之者诚决，邂逅不如意，便还就孤，孤当与孟德决之。”遂以周瑜、程普为左右督，将兵与备并力逆操；以鲁肃为赞军校尉，助画方略。

【译文】

这天夜里，周瑜再次见孙权说：“众人只见曹操信上说水军步兵八十万，就各自害怕，不再考虑他们的真实情况，便发出投降的议论，很没道理。现在按实际情况查核一下，曹操所率领的中原士兵不过十五六万，而且早已疲惫不堪；新收编的刘表水军最多也只有七八万，还三心二意。曹操用疲惫染病的士兵，驱使犹豫动摇的军队，人数虽多，却并没有什么可怕的。请拨给我精兵五万，我就可以制伏曹军，希望将军不必多虑！”孙权拍着周瑜的背说：“公瑾，你说得这样忠心、恳切，很合我的心意。子布、元表这些人，他们只顾念各自的妻子儿女，带有个人的打算，使我非常失望；只有你和子敬与我同心，这是苍天让你们二人来辅助我啊！五万兵难在短时间内集合起来，我已选好三万人，船只、粮草及武器都已办齐。你与子敬、程公先行，我会陆续调兵遣将，多多运载物资、粮食，做你的后援。假如你能对付得了曹操，就同他决战，万一遇到意外，就撤回来靠近我，我当和孟德决一死战。”于是，孙权任命周

夜里，周瑜再次拜见孙权，请求率军击曹。

瑜、程普为左右都督，率兵与刘备齐心协力迎击曹操；任命鲁肃为赞军校尉，协助谋划作战的策略。

【原文】

刘备在樊口，日遣逻吏于水次候望权军。吏望见瑜船，驰往白备，备遣人慰劳之。瑜曰："有军任，不可得委署；傥能屈威，诚副其所望。"备乃乘单舸往见瑜问曰："今拒曹公，深为得计。战卒有几？"瑜曰："三万人。"备曰："恨少。"瑜曰："此自足用，豫州但观瑜破之。"备欲呼鲁肃等共会语，瑜曰："受命不得妄委署；若欲见子敬，可别过之。"备深愧喜。

刘备单独坐船去会见周瑜。

【译文】

刘备驻扎在樊口，每天派巡逻的官吏在江边眺望等候孙权军队的到来。官吏望见周瑜的船队，便飞马赶回营地禀告刘备，刘备马上派人前去慰劳他们。周瑜对慰劳的人说："我有军务在身，不便托他人代行职务；倘若刘豫州能屈尊前来，真的是我所希望的。"刘备便单独坐船去会见周瑜，问道："现在抗拒曹操，是十分正确的决策。您有多少人马？"周瑜回答说："三万人马。"刘备说："可惜太少了。"周瑜说："这完全够用，豫州您只管看我击破曹军。"刘备想叫上鲁肃等人来一起会面交谈，周瑜说："鲁肃等有军务在身，不便委托他人代理；如果您想见子敬，可以另外去看他。"刘备深感惭愧，又十分高兴。

【原文】

进，与操遇于赤壁。

时操军众，已有疾疫。初一交战，操军不利，引次江北。瑜等在南岸，瑜部将黄盖曰："今寇众我寡，难与持之。操军方连船舰，首尾相接，可烧而走也。"乃取蒙冲斗舰十艘，载燥荻、枯柴，灌油其中，裹以帷幕，上建旌旗，豫备走舸，系于其尾。先以书遗操，诈云欲降。时东南风急，盖以十舰最著前，中江举帆，余船以次俱进。操军吏士皆出营立观，指言盖降。去北军二里余，同时发火，火烈风猛，船往如箭，烧尽北船，延及岸上营落。顷之，烟炎张天，人马烧溺死者甚众。瑜等率轻锐继其后，雷鼓大震，北军大坏。操引军从华容道步走，遇泥泞，道不通，天又大风，悉使羸兵负草填之，骑乃得过。羸兵为人马所蹈藉，陷泥中，死者甚众。刘

吴军点燃火船，攻击曹军。

备、周瑜水陆并进，追操至南郡。时操军兼以饥疫，死者太半。操乃留征南将军曹仁、横野将军徐晃守江陵，折冲将军乐进守襄阳，引军北还。

【译文】

孙、刘联军向前推进，在赤壁与曹军相遇。

这时曹操军中已经发生了传染病。刚一交战，曹军就失利，于是曹操率军马退到长江北岸驻扎。周瑜的军马驻扎在南岸，周瑜部下的将领黄盖提议道："目前敌众我寡，很难和他们持久对峙。曹军正好把战船连接在一起，首尾相接，如用火烧战船，就可以打退曹兵。"于是调集十只大小战船，装载干芦荻、枯柴草，在里边灌了油，外面用蓬布包裹起来，上面竖立起黄盖的旗帜，还准备了轻快小船，系在大船的尾部。黄盖先派人送信给曹操，假称准备去投降。当时正值东南风来势很急，黄盖把十只战船排在最前头，到了江中升起船帆，其余的船只按次序一起前进。曹军将士都出营站在那里观看，指着来船说黄盖来投降了。距离曹操军队二里多远时，各船同时点火，风势猛，火势大，船像箭一般飞驰，把北岸曹军的战船全都烧尽，火势还蔓延到岸上的军营。霎时间，火焰浓烟满天，曹军人马烧死的、淹死的很多。周瑜等率领轻装的精锐部队随后进击，擂起战鼓震天动地，奋勇向前，曹军大败。曹操带领着败兵从华容道陆路逃跑，遇上雨后道路泥泞，不便行走，天又刮起大风，曹操命令疲弱的士兵全部背草填路，骑兵才得以通过。疲弱的士兵被人马践踏，陷在泥坑中，死的很多。刘备、周瑜水陆一齐前进，追赶曹军到了南郡。这时，曹军饥饿，又有传染病，死了将近大半。于是曹操留下征南将军曹仁、横野将军徐晃把守江陵，折冲将军乐进把守襄阳，自己带领其余人马退回北方。

赤壁火攻，风猛火大，火光冲天，把北岸曹军的战船全都烧尽。

魏纪

政归司马氏

【导语】

魏明帝临终时将八岁的儿子托付给了司马懿和曹爽。起初二人轮番值宿，一切都很顺利。但曹爽是个浮躁急进、不能容人且有野心的人。他和他的同党要做的第一件事就是把司马懿排挤出去，他要大权在握，控制禁宫宿卫，安插亲信，党同伐异，任意更张制度。司马懿则韬光养晦，成功地让对方觉得他不再具有任何威胁，最后除掉曹爽几乎是在谈笑间完成的。

因为这次政变，司马懿消除了由曹爽领导的曹氏宗室在朝中的势力，曹氏宗室的力量日渐衰微。司马氏得以完全掌握权力，控制了曹魏朝政，逐步消灭了支持曹氏的势力，向篡夺曹魏政权的目标前进了一大步，为日后司马炎代魏立晋奠定了基础。

【原文】

景初三年（己未，公元239年）

太子即位，年八岁；大赦。尊皇后曰皇太后，加曹爽、司马懿侍中，假节钺，都督中外诸军、录尚书事。诸所兴作宫室之役，皆以遗诏罢之。

【译文】

景初三年（己未，公元239年）

太子曹芳即位，时年八岁；大赦天下。尊皇后为皇太后，加封曹爽、司马懿侍中官职，授符节、黄钺，都督中外诸军事，录尚书事。明帝时各处修建宫殿的劳役，都以遗诏的名义罢除。

太子曹芳即位，尊皇后为皇太后。

【原文】

爽、懿各领兵三千人更宿殿内，爽以懿年位素高，常父事之，每事谘访，不敢专行。

【译文】

曹爽、司马懿各自领兵三千轮流在宫内宿卫，曹爽因司马懿年纪大，地位一向很高，经常把他当作父辈对待，每遇到事情都向他拜访咨询，不敢独断专行。

【原文】

初，并州刺史东平毕轨及邓飏、李胜、何晏、丁谧皆有才名，而急于富贵，趋时附势，明帝恶其浮华，皆抑而不用。曹爽素与亲善，及辅政，骤加引擢，以为腹心。晏，进之孙；谧，斐之子也。晏等咸共推戴爽，以为重权不可委之于人。丁谧为爽画策，使爽白天子发诏，转司马懿为太傅，外以名号尊之，内欲令尚书奏事，先来由己，得制其轻重也。爽从之。二月，丁丑，以司马懿为太傅。以爽弟羲为中领军、训为武卫将军、彦为散骑常侍、侍讲，其余诸弟皆以列侯侍从，出入禁闼，贵宠莫盛焉。

丁谧为曹爽谋划。

【译文】

当初，并州刺史东平人毕轨及邓飏、李胜、何晏、丁谧都有才名，但急于求富贵，趋炎附势，明帝厌恶他们浮华，都压制他们不加重用。曹爽向来和他们亲近友好，等到掌权辅政时，马上提拔他们，视之为心腹。何晏是何进的孙子，丁谧是丁斐的儿子。何晏等人共同推戴曹爽，认为大权不可托付给别人。丁谧为曹爽谋划，让曹爽禀告天子发布诏书，改任司马懿为太傅，外表上用虚名尊崇他，实际上打算让尚书主事，尚书奏事要先通过曹爽，以此控制大权。曹爽听从了提议。二月丁丑（二十一日），任命司马懿为太傅，任命曹爽的弟弟曹羲为中领军，曹训为武卫将军，曹彦为散骑常侍、侍讲，其余诸弟都成为列侯，担任皇帝侍从，出入宫廷禁地，尊贵宠信没有人能超过他们。

【原文】

爽事太傅，礼貌虽存，而诸所兴造，希复由之。爽徙吏部尚书卢毓为仆射，而以何晏代之，以邓飏、丁谧为尚书，毕轨为司隶校尉。晏等依势用事，附会者升进，违忤者罢退，内外望风，莫敢忤旨。黄门侍郎傅嘏谓爽弟羲曰："何平叔外静而内躁，铦巧好利，不念务本，吾恐必先惑子兄弟，仁人将远而朝政废矣！"晏等遂与嘏不平，因微事免嘏官。又出卢毓为廷尉，毕轨又枉奏毓免官，众论多讼之，乃复以为光禄勋。孙礼亮直不挠，爽心不便，出为扬州刺史。

【译文】

曹爽对待太傅，虽然还像以前那样恭敬有礼，但各项决定很少再跟司马懿商量了。曹爽调任吏部尚书卢毓为仆射，而让何晏取代这个职位，任命邓飏、丁谧为尚书，毕轨为司隶校尉。何晏等人依仗曹爽的势力处理事务，迎合他们的就升官进职，违逆他们的就罢黜辞退，朝廷内外都看风使舵，官员不敢违抗他们的意旨。黄门侍郎傅嘏对曹爽的兄弟曹羲说："何晏外表文静而内心躁乱，巧取好利，不求务本，我恐

曹爽调任官吏，培植自己的势力。

怕他诱惑你们兄弟，这样，仁人志士将离去，朝政就要荒废了。”何晏等于是对傅嘏心怀不满，因细微小事免去他的官职。又让卢毓担任廷尉，毕轨又上奏诬谄卢毓，卢毓被免官，舆论多为卢毓辩冤，于是又任命卢毓为光禄勋。孙礼为人耿直不屈，曹爽感到孙礼留在京城不便，就让孙礼出京担任扬州刺史。

【原文】

正始八年（丁卯，公元247年）

大将军爽用何晏、邓飏、丁谧之谋，迁太后于永宁宫，专擅朝政，多树亲党，屡改制度。太傅懿不能禁，与爽有隙。五月，懿始称疾，不与政事。

【译文】

正始八年（丁卯，公元247年）

大将军曹爽采用何晏、邓飏、丁谧的计策，将太后迁居到永宁宫，独揽朝政大权，广泛树立亲信党羽，多次更改制度。太傅司马懿不能阻止，与曹爽之间开始有了矛盾。五月，司马懿开始称病，不上朝参与政事。

【原文】

大将军爽，骄奢无度，饮食衣服，拟于乘舆；尚方珍玩，充牣其家；又私取先帝才人以为伎乐。作窟室，绮疏四周，数与其党何晏等纵酒其中。弟羲深以为忧，数涕泣谏止之，爽不听。爽兄弟数俱出游，司农沛国桓范谓曰：“总万机，典禁兵，不宜并出，若有闭城门，谁复内入者？”爽曰：“谁敢尔邪！”

【译文】

大将军曹爽骄奢无度，饮食衣服都和皇帝相同；宫廷才有的珍玩，也充满了他的家；又私自将明帝的才人当作歌舞伎乐。他营造地下宫室，在四周雕饰了华丽的花纹，经常和何晏等人在里面饮酒作乐。他的弟弟曹羲非常担忧，多次流泪劝谏他别再这样做，但曹爽不听。曹爽兄弟经常一起出游，大司农沛国人桓范对他说：“你们兄弟总揽大权，掌管禁兵，不宜同时出城，如果有人关闭城门，又有谁在城内接应呢？”曹爽说：“谁敢这样做！”

【原文】

初，清河、平原争界，八年不能决。冀州刺史孙礼请天府所藏烈祖封平原时图以决之；爽信清河之诉，云图不可用，礼上疏自辨，辞颇刚切。爽大怒，劾礼怨望，结刑五岁。久而复为并州刺史，往见太傅懿，有忿色而无言。懿曰：“卿得并州少邪？恚理分界失分乎？”礼曰：“何明公言之乖也！礼虽不德，岂以官位往事为意邪！本谓明公齐踪伊、吕，匡辅魏室，上报明帝之托，

大将军曹爽骄奢无度。

下建万世之勋。今社稷将危，天下凶凶，此礼之所以不悦也！”因涕泣横流。懿曰：“且止，忍不可忍！”

【译文】

当初，清河、平原因地界争论不休，八年不能解决。冀州刺史孙礼请求用天府所藏的明帝受封为平原王时的地图来决断边界；曹爽相信了清河郡的说法，说地图不能用了，孙礼上疏辩解，言辞颇为强硬激烈。曹爽大怒，弹劾孙礼心怀不满，叛罪五年。过了很久，孙礼又做并州刺史，去见太傅司马懿时，面露忿然之色却不说话。司马懿说：“你是嫌得到并州地盘小呢，还是怨恨处理分界事务不公正呢？”孙礼说：“为什么您说话这样不合道理！孙礼虽然没有什么德能，难道会将官位和过去的事放在心上吗？我本想说明公您应该追循伊尹、吕尚的足迹，匡正辅佐魏室，上可以报明帝的重托，下可以建万世功勋。如今国家将要遭受危难，天下都动荡不安，这才是我不高兴的原因！”说完他已经悲痛万分，泪流满面了。司马懿说：“你先不要这样，要学会忍受那些不能忍受的事。”

【原文】

冬，河南尹李胜出为荆州刺史，过辞太傅懿。懿令两婢侍。持衣，衣落；指口言渴，婢进粥，懿不持杯而饮，粥皆流出沾胸。胜曰：“众情谓明公旧风发动，何意尊体乃尔！”懿使声气才属，说：“年老枕疾，死在旦夕。君当屈并州，并州近胡，好为之备！恐不复相见，以子师、昭兄弟为托。”胜曰：“当还忝本州，非并州。”懿乃错乱其辞曰：“君方到并州？”胜复曰：“当忝荆州。”懿曰：“年老意荒，不解君言。今还为本州，盛德壮烈，好建功勋！”胜退，告爽曰：“司马公尸居余气，形神已离，不足虑矣。”他日，又向爽等垂泣曰：“太傅病不可复济，令人怆然！”故爽等不复设备。

司马懿装病，叫两名婢女搀扶着出来接见李胜。

【译文】

冬季，河南尹李胜出任荆州刺史，去向太傅司马懿辞行。司马懿叫两名婢女搀扶着出来接见。让他更衣，他却把衣服掉地上；指着嘴说口渴，婢女端来了粥，司马懿拿不动碗，就由婢女端着喝，粥都流出来沾满了前胸。李胜说：“大家都说明公旧病发作，没想到身体已经这样了！”司马懿假装气喘吁吁地说：“我年老病重，生死不过早晚的事。你屈就并州刺史，并州靠近胡地，要很好地加强戒备！恐怕我们不再相见，我把我的儿子司马师、司马昭兄弟托付给你了。”李胜说：“我是回到本州，不是并州。”司马懿就装聋作哑，故意打岔说：“你刚到并州？”李胜又说：“是愧居荆州。”司马懿说：“我年老耳聋思绪乱了，听不明白你的话。如今你回到家乡为官，正好轰轰烈烈地大展德才建立功勋。”李胜告退后，告诉曹爽说：“司马公只是比死人多一口气，身体和神魂已经分离，已不足为虑了。”过了几天，他又向曹爽等垂泪道：“太傅的病不会再好了，实在令人悲伤。”因此曹爽等不再对司马懿加以戒备。

【原文】

太傅懿阴与其子中护军师、散骑常侍昭谋诛曹爽。

嘉平元年（己巳，公元249年）

春，正月甲午，帝谒高平陵，大将军爽与弟中领军羲、武卫将军训、散骑常侍彦皆从。太傅司马懿以皇太后令，闭诸城门，勒兵据武库，授兵出屯洛水浮桥，召司徒高柔假节行大将军事，据爽营；太仆王观行中领军事，据羲营。因奏爽罪恶于帝曰："臣昔从辽东还，先帝诏陛下、秦王及臣升御床，把臣臂，深以后事为念。臣言'太祖、高祖亦属臣以后事，此自陛下所见，无所忧苦。万一有不如意，臣当以死奉明诏'。今大将军爽，背弃顾命，败乱国典，内则僭拟，外则专权，破坏诸营，尽据禁兵，群官要职，皆置所亲，殿中宿卫，易以私人，根据盘互，纵恣日甚。又以黄门张当为都监，伺察至尊，离间二宫，伤害骨肉，天下汹汹，人怀危惧。陛下便为寄坐，岂得久安！此非先帝诏陛下及臣升御床之本意也。臣虽朽迈，敢忘往言！太尉臣济等皆以爽为有无君之心，兄弟不宜典兵宿卫，奏永宁宫，皇太后令敕臣如奏施行。臣辄敕主者及黄门令：'罢爽、羲、训吏兵，以侯就第，不得逗留，以稽车驾；敢有稽留，便以军法从事！'臣辄力疾将兵屯洛水浮桥，伺察非常。"爽得懿奏事，不通；迫窘不知所为，留车驾宿伊水南，伐木为鹿角，发屯田兵数千人以为卫。

司马懿向魏帝禀奏曹爽的罪恶。

【译文】

太傅司马懿暗中与其子中护军司马师、散骑常侍司马昭谋划如何诛杀曹爽。

嘉平元年（己巳，公元249年）

春季，正月甲午（初六），魏皇帝祭扫高平陵，大将军曹爽与他的弟弟中领军曹羲、武卫将军曹训、散骑常侍曹彦等都随侍同行。太傅司马懿以皇太后名义下令，关闭各个城门，带兵占领武库，并派遣军队据守洛水浮桥，命令司徒高柔持节代理大将军的职事，占据曹爽营地；太仆王观代理中领军职事，占据曹羲营地。然后向魏帝禀奏曹爽的罪恶说："臣当年从辽东回来时，先帝诏令陛下、秦王及臣到御床跟前，拉着臣的手臂，深为后事忧虑。臣进言说：'太祖、高祖也曾把后事托付给臣，这是陛下亲眼见到的，陛下不用忧虑担心。万一有违陛下意愿的事情发生，臣当不惜一死执行您的诏令。'如今大将军曹爽，背弃先帝的遗命，败坏国家的典章制度，在内僭越自比为君主，在外专权擅政，扰乱破坏军队的编制，控制禁军，各种重要官职，都安插他的亲信担任，殿中守卫都换上了他自己的人，亲党势力盘根错节，恣意妄为日甚一日。曹爽又任用宦官张当为都监，窥视陛下动静，离间太后和陛下的关系，伤害骨肉感情，如今天下动荡不安，人们心怀恐惧。陛下就像是暂时寄坐在皇位上，岂能长治久安。这种局面绝非先帝要陛下及臣到御床前当面嘱托的本意。臣虽然老朽年迈，怎敢忘记以前说的话！太尉蒋济等人都认为曹爽有篡逆之心，他们兄弟不应该掌管军队担任皇家侍卫，我把这些意见上奏永宁宫，皇太后命令臣按照奏章所言执行。臣就吩咐主事者和黄门令说：'免去曹爽、曹羲、曹训的官职，剥夺他们军权，以列侯的身份回到府邸，不得逗留而阻碍陛下车驾；如敢于阻碍车驾，就以军法从事！'臣还擅自做主勉强支撑病体率兵驻扎在洛水浮桥，又伺察有无异常情况。"曹爽得到司马懿的奏章，没有通报魏帝；但窘迫不知所措，于是就把魏帝的车驾留宿在伊水之南，伐木构筑防卫工事，征发屯田兵数千人为护卫。

桓范逃出平昌城门。

【原文】

懿使侍中高阳许允及尚书陈泰说爽，宜早自归罪，又使爽所信殿中校尉尹大目谓爽，唯免官而已，以洛水为誓。泰，群之子也。

【译文】

司马懿派侍中、高阳人许允及尚书陈泰劝说曹爽，告诉他应及早回来认罪，又派他信任的殿中校尉尹大目去告诉曹爽，不过免官而已，并指着洛水为誓。陈泰是陈群之子。

【原文】

初，爽以桓范乡里老宿，于九卿中特礼之，然不甚亲也。及懿起兵，以太后令召范，欲使行中领军。范欲应命，其子止之曰："车驾在外，不如南出。"范乃出。至平昌城门，城门已闭。门候司蕃，故范举吏也，范举手中版示之，矫曰："有诏召我，卿促开门！"蕃欲求见诏书，范呵之曰："卿非我故吏邪，何以敢尔？"乃开之。范出城，顾谓蕃曰："太傅图逆，卿从我去！"蕃徒行不能及，遂避侧。懿谓蒋济曰："智囊往矣！"济曰："范则智矣；然驽马恋栈豆，爽必不能用也。"

【译文】

当初，曹爽因桓范是他同乡年长的故旧，在九卿之中对桓范特别加以礼遇，但关系不太近。到了司马懿起兵时，以太后的名义下令召桓范，想让他担任中领军。桓范打算接受任命，他的儿子劝阻他说："皇帝的车驾在城外，您不如出南门去投奔。"于是桓范就离城出去。走到平昌城门时，城门已经关闭。守门将领司蕃是桓范过去提拔的人，桓范把手中的版牒让他看，谎称说："有诏书召我，你快点开门。"司蕃想要亲眼看看诏书，桓范大声呵斥说："你难道不是我过去手下的官吏吗？怎敢如此对我？"司蕃于是打开城门。桓范出城后，回过头对司蕃说："太傅图谋叛逆，你还是跟我走吧！"司蕃步行追赶不及，只好躲避在道旁。司马懿得知后对蒋济说："曹爽的智囊去了！"蒋济说："桓范是很有智谋的，然而曹爽就像劣马贪恋马房的草料一样，因顾恋他的家室而不能作长远打算，所以必然不能采纳桓范的计谋。"

【原文】

范至，劝爽兄弟以天子诣许昌，发四方兵以自辅。爽疑未决，范谓羲曰："此事昭然，卿用读书何为邪！于今日卿等门户，求贫贱复可得乎！且匹夫质一人，尚欲望活；卿与天子相随，令于天下，谁敢不应也！"俱不言。范又谓羲曰："卿别营近在阙南，洛阳典农治在城外，呼召如意。今诣许昌，不过中宿，许昌别库，足相被假；所忧当在谷食，而大司农印章在我身。"羲兄弟默然不从，自甲夜至五鼓，爽乃投刀于地曰："我亦不失作富家翁！"范哭曰："曹子丹佳人，生汝兄弟，犹犊耳！何图今日坐汝等族灭也！"

【译文】

桓范到了之后，劝曹爽兄弟挟持天子到许昌，然后调集四方的军队辅助自己。曹爽迟疑未

桓范劝说曹爽兄弟未果，失声痛哭。

决，桓范对曹羲说："此事很明显，真不知你读书是干什么用的！今日情形下，像你们曹家这样门第的人，想求得贫贱平安的日子还能做到吗？况且平民百姓抓了一个人为人质，人们尚且希望他能存活，何况你们现在和天子在一起，挟天子号令天下，谁敢不听！"大家都默然不语。桓范又对曹羲说："你的中领军别营近在城南，洛阳屯田部队也在城外，你可随意召唤调遣他们。现在起程去许昌的话，第二天半夜就到了，许昌的武库，足可以装备士兵；所忧虑的只有粮食，而大司农的印章就带在我身上。"曹羲兄弟默然不动，从初夜一直坐到五更，曹爽将刀扔在地上说："即使免官了我仍然不失为富贵人家。"桓范哭道："曹子丹这样有才能的人，却生出你们这群如猪如牛的兄弟！想不到今日受你们的连累要灭族了。"

【原文】

爽乃通懿奏事，白帝下诏免己官，奉帝还宫。爽兄弟归家，懿发洛阳吏卒围守之；四角作高楼，令人在楼上察视爽兄弟举动。爽挟弹到后园中，楼上便唱言："故大将军东南行！"爽愁闷不知为计。

【译文】

于是曹爽把司马懿的奏章转交给魏帝，请魏帝下诏免除自己的官职，然后奉送魏帝回宫。曹爽兄弟回到家里，司马懿派洛阳的兵士将曹家围住并日夜看守；在宅院四角建起高楼，令人在楼上监视曹氏兄弟的举动。曹爽带弹弓到后园中，楼上的人便大声喊："前大将军往东南去了。"曹爽愁闷，不知如何是好。

【原文】

戊戌，有司奏："黄门张当私以所择才人与爽，疑有奸。"收当付廷尉考实，辞云："爽与尚书何晏、邓飏、丁谧、司隶校尉毕轨、荆州刺史李胜等阴谋反逆，须三月中发。"于是收爽、羲、训、晏、飏、谧、轨、胜并桓范皆下狱，劾以大逆不道，与张当俱夷三族。

【译文】

曹爽等人与张当都被诛灭三族。

戊戌（初十），有关部门奏告："黄门张当私自将所选择的才人送给曹爽，怀疑他们之间有不可告人的勾当。"于是逮捕了张当，交付廷尉讯问查实。张当交待说："曹爽与尚书何晏、邓飏、丁谧、司隶校尉毕轨、荆州刺史李胜等人阴谋反叛，等到三月中旬起事。"于是把曹爽、曹羲、曹训、何晏、邓飏、丁谧、毕轨、李胜和桓范等人都逮捕入狱，弹劾他们大逆不道罪，与张当都被诛灭三族。

【原文】

辛敞与姐姐辛宪英商量是否应该出城。

鲁芝将出，呼参军辛敞欲与俱去。敞，毗之子也，其姊宪英为太常羊耽妻，敞与之谋曰："天子在外，太傅闭城门，人云将不利国家，于事可得尔乎？"宪英曰："以吾度之，太傅此举，不过以诛曹爽耳。"敞曰："然则事就乎？"宪英曰："得无殆就！爽之才非太傅之偶也。"敞曰："然则敞可以无出乎？"宪英曰："安可以不出！职守，人之大义也。凡人在难，犹或恤之；为人执鞭而弃其事，不祥莫大焉。且为人任，为人死，亲昵之职也，从众而已。"敞遂出。事定之后，敞叹曰："吾不谋于姊，几不获于义！"

【译文】

当初鲁芝将要出城之时，呼唤参军辛敞，想让他与自己一起去。辛敞是辛毗之子。辛敞的姐姐辛宪英是太常羊耽的妻子，辛敞与姐姐商量说："天子在外，太傅关闭了城门，人都说这将不利于国家，做事情能这样吗？"宪英说："以我看来，太傅这一举动，不过是想诛杀曹爽而已。"辛敞说："那么事情能成功吗？"宪英说："不是已经接近成功了吗！曹爽的才能是不能与太傅相比的。"辛敞说："这样我可以不必出城了？"宪英说："怎么可以不出去呢？忠于职守，是人之大义。一般人遇到危难，尚且需要救助；为人执鞭驾车突然不管了，没有比这更凶险的了。再说为人承担责任，为人去死，这是为人亲信的职责，你只要随大多数就行了。"于是辛敞就出城了。事情平定之后，辛敞感叹说："如果我不是先同姐姐商量，差点背离了大义。"

【原文】

爽从弟文叔妻夏侯令女，早寡而无子，其父文宁欲嫁之；令女刀截两耳以自誓，居常依爽。爽诛，其家上书绝昏，强迎以归，复将嫁之；令女窃入寝室，引刀自断其鼻，其家惊惋，谓之曰："人生世间，如轻尘栖弱草耳，何至自苦乃尔！且夫家夷灭已尽，守此欲谁为哉！"令女曰："吾闻仁者不以盛衰改节，义者不以存亡易心。曹氏前盛之时，尚欲保终，况今衰亡，何忍弃之！此禽兽之行，吾岂为乎！"司马懿闻而贤之，听使乞子字养为曹氏后。

【译文】

曹爽的堂弟曹文叔，他的妻子夏侯令女，早年守寡而无子，他父亲夏侯文宁想让她改嫁，夏侯令女用刀割下两耳以示誓死不改嫁，平时居家度日常依靠曹爽。曹爽被诛，夏侯家上书断绝婚约，强行把夏侯令女接回家，再次让她改嫁；夏侯令女悄悄进入寝室，用刀割断了自己的鼻子，家人十分惊愕惋惜，对她说："人生在世，如同轻轻的尘土栖息在柔弱的草上而已，你何必这样苦了自己呢？而且你丈夫家人已被杀尽，你在替谁守寡守节呢！"夏侯令女说："我听说仁者不会因盛衰而改变节操，义者不会因存亡而改变心志。曹家以前兴盛之时，我尚且想终生守节，何况现在衰亡了呢，我怎么忍心抛弃它？这是禽兽的行为，我岂能这样做！"司马懿听说后，很称赞她的贤德，心中升起敬佩之意！并准许夏侯令女可以收养儿子作为曹家的后代。

晋纪

桓温废立

【导语】

东晋桓温，历代评论者多因其行废立、求九锡而骂其篡位、逆臣，史书也将他与王敦、苏峻等叛臣放在一起来写。桓温长期掌握大权，素有不臣之志，颇羡王敦之举。有一次，他抚枕而叹："既不能流芳百世，不足覆遗臭万载耶？"沛国刘惔尝称之曰："温眼如紫石棱，须作猥毛磔，孙仲谋、晋宣王之流亚也。"

据史料记载，桓温的父亲桓彝原为宣城太守。桓温出生不到一岁，太原温峤到他家见到他时说："这个小孩骨格清奇，可以试着让他哭一下。"听到了他的哭声，温峤惊异地说："真是英雄人物。"由于温峤的欣赏，桓彝给孩子取名为温。

永和元年（公元 345 年），桓温任荆州刺史。次年，趁成汉内部不稳之际，桓温率军沿长江直上，平定蜀地。桓温建立大功，朝廷加封他为征西将军、开府仪同三司，封临贺郡公。桓温灭亡成汉，建立大功，威名大震，但朝廷并没有信任并任用他，而是对他产生了猜忌。会稽王司马昱与扬州刺史殷浩联合，与桓温相抗衡。

桓温在东晋是个重要人物，他富有军政之才，熟悉兵法，也善于用兵，但他并不是一个出色的军事家。桓温曾率军三次北伐，志在收复中原，但战绩是负多胜少，而且多数是先胜后败。第二次北伐虽胜，但规模不大，第一、三次北伐则都是惨败而归。

桓温北伐不是真正想收复中原，而是志在立威，企图通过北伐，树立个人威信，伺机取晋室而代之。东晋君臣也无意恢复失地，而是志在割江自保。随着桓温军功的增加和个人威望的增长，加之权势日盛，他和朝廷的关系变得越来越微妙。朝廷需要他，寄希望于他北伐成功，收复故地，但又对其深怀戒心。当桓温大军进展顺利之时，申胤就曾预料说："以温今日声势，似能有为，然在吾观之，必无成功。何则？晋室衰微，温专制其国，晋之朝臣未必皆与之同心。故温之得志，众所不愿也，必将乖阻以败其事。"（《资治通鉴·卷第一百二》）

桓温长期掌握东晋的军事大权，野心越来越大。有人向他献计，让他学西汉霍光的做法，把现在的皇帝废了，另立新帝。于是桓温带兵到建康，废了司马奕，另立司马昱当皇帝。公元 361 年至公元 373 年（海西公、简文帝、孝武帝期间），桓温独揽朝政，欲行篡位之事，后综合各方利益没有发动政变，遂忧愤而死。

【原文】

永和二年（丙午，公元 346 年）

安西将军桓温将伐汉，将佐皆以为不可。江夏相袁乔劝之曰："夫经略大事，固非常情所及，智者了于胸中，不必待众言皆合也。今为天下之患者，胡、蜀二寇而已，蜀虽险固，比胡为弱，将欲除之，宜先其易者。李势无道，臣民不附，且恃其险远，不修战备。宜以精卒万人轻赍疾趋，比其觉之，我已出其险要，可一战擒也。蜀地富饶，户口繁庶，诸葛武侯用之抗衡中夏，若得而有之，国家之大利也。论者恐大军既西，胡必窥觎，此似是而非。胡闻我万里远征，以为内有重备，必不敢动；纵有侵轶，缘江诸军足以拒守，必无忧也。"温从之。

【译文】

永和二年（丙午，公元 346 年）

安西将军桓温准备讨伐汉，将领辅佐都认为不可行。江夏相袁乔劝谏桓温说："攻取天下这样的大事，本来就不是按常理所能预测的，高明的人心里非常明白，不必等众人的意见都一致。如今天下的祸患，只有胡、蜀二敌而已，蜀国虽然地势险固，但力量比胡人弱，如果准备除掉胡、蜀二敌，应该先攻打容易攻取的一方。李势毫无道义，臣僚百姓与他离心，且蜀国凭借天险又远离我们，没有做交战的准备。应该派一万精锐人马轻装迅速出击，等到他们察觉以后，我们已经穿越了他的险要之地，只要一战就可擒获。蜀地物产富饶，人口众多，诸葛亮占据蜀国与中原抗衡，如果我们得到并占领蜀地，这对国家大有好处。谈论此事的人担心大军西进之后，胡人一定会乘虚图谋，这种说法似是而非。胡人听说我们万里远征，会认为国内没有重防，一定不敢轻举妄动。纵然有侵扰的情况发生，沿长江布防的各路军马也足以抵御防守，一定没有什么忧患。”桓温听从了袁乔的建议。

江夏相袁乔劝谏桓温伐蜀。

【原文】

朝廷以蜀道险远，温众少而深入，皆以为忧，惟刘惔以为必克。或问其故，惔曰：“以博知之。温，善博者也，不必得则不为。但恐克蜀之后，温终专制朝廷耳。”

【译文】

朝廷认为蜀道险远，桓温人少而深入敌后，都为这事担忧，只有刘惔以为此战必能取胜。有人问他为什么，刘惔说：“通过赌博知道的。桓温是个善赌的人，不能肯定取胜的事他就不会出手。但是怕他攻克蜀地之后，桓温最终要在朝廷专权了。”

【原文】

朝廷论平蜀之功，欲以豫章郡封桓温。尚书左丞荀蕤曰：“温若复平河、洛，将何以赏之？”乃加温征西大将军、开府仪同三司，封临贺郡公，加谯王无忌前将军，袁乔龙骧将军，封湘西伯。蕤，崧之子也。

温既灭蜀，威名大振，朝廷惮之。会稽王昱以扬州刺史殷浩有盛名，朝野推服，引为心膂，与参综朝权，欲以抗温，由是与温寖相疑贰。

【译文】

朝廷对平定蜀汉论功行赏，想要把豫章郡封给桓温。尚书左丞荀蕤说：“桓温如果再平定黄河、洛水一带，将用什么赏赐他呢？”于是就加封桓温为征西大将军、开府仪同三司，封临贺郡公，加封谯王司马无忌为前将军，

朝廷中只有刘惔认为伐蜀必能取胜。

让袁乔任龙骧将军，并封为湘西伯。荀蕤是荀菘的儿子。

桓温平定了蜀地以后，威名大振，朝廷也忌惮他。会稽王司马昱认为扬州刺史殷浩素有盛名，朝野上下都很推崇他，所以将他视为心腹，让他参与朝政总揽朝廷权力，想用他来对抗桓温，由此殷浩和桓温逐渐开始互相猜疑，进而彼此产生了异心。

【原文】

兴宁元年（癸亥，公元 363 年）

五月，加征西大将军桓温侍中、大司马、都督中外诸军、录尚书事，假黄钺。温以抚军司马王坦之为长史。坦之，述之子也。又以征西掾郗超为参军，王珣为主簿，每事必与二人谋之。府中为之语曰："髯参军，短主簿，能令公喜，能令公怒。"温气概高迈，罕有所推，与超言，常自谓不能测，倾身待之。超亦深自结纳。珣，导之孙也，与谢玄皆为温掾，温俱重之。曰："谢掾年四十必拥旄杖节，王掾当作黑头公，皆未易才也。"玄，奕之子也。

兴宁二年（甲子，公元 364 年）

五月戊辰，以扬州刺史王述为尚书令。加大司马温扬州牧、录尚书事。壬申，使侍中召温入参朝政，温辞不至。

王述每受职，不为虚让，其所辞必于不受。及为尚书令，子坦之白述："故事当让。"述曰："汝谓我不堪邪？"坦之曰："非也，但克让自美事耳。"述曰："既谓堪之，何为复让！人言汝胜我，定不及也。"

【译文】

兴宁元年（癸亥，公元 363 年）

五月，东晋加封征西大将军桓温担任侍中、大司马、都督中外诸军、录尚书事，给予他持黄钺的礼遇。桓温任命抚军司马王坦之为长史。王坦之是王述之子。又任命征西掾郗超为参军，王珣为主簿，遇事必与二人商量。王府里的人这样说他们："长胡子参军，矮个子主簿，能让桓公欢喜，也能让桓公愤怒。"桓温气概高迈，很少有他所推重的人，桓温和郗超谈话，常常说对方深不可测，而尽心敬待他。郗超也很认真地与桓温交往。王珣是王导的孙子，与谢玄都是桓温的辅佐掾吏，桓温对他们都很看重。桓温说："谢玄年四十必定会拥旗执节，王珣当成为少壮而居高位的黑头公，都是不可多得的人才。"谢玄是谢奕的儿子。

兴宁二年（甲子，公元 364 年）

五月戊辰（二十日），朝廷任命扬州刺史王述为尚书令。加封大司马桓温担任扬州牧、录尚书事。壬申（二十四日），朝廷派侍中召桓温入朝参政，桓温推辞不去。

王述每当接受任命，都不假意辞让，只要是他推辞的，就肯定不接受。到他做尚书令时，儿子王坦之告诉他："按照过去的做法，您应当表示辞让。"王述说："你认为我不能胜任吗？"王坦之说："不是，只是辞让比较好。"王述说："既然认为能够胜任，为什么又要辞让！人们都说你比我强，我看你一

桓温对贤才能诚敬相待。

定赶不上我。”

【原文】

兴宁三年（乙丑，公元365年）

大司马温移镇姑孰。二月乙未，以其弟右将军豁监荆州、扬州之义城、雍州之京兆诸军事，领荆州刺史；加江州刺史桓冲监江州及荆、豫八郡诸军事，并假节。

司徒昱闻陈祐弃洛阳，会大司马温于洌洲，共议征讨。丙申，帝崩于西堂，事遂寝。

帝无嗣。丁酉，皇太后诏以琅邪王奕承大统。百官奉迎于琅邪第，是日，即皇帝位，大赦。

司马奕即皇帝位，大赦天下。

【译文】

兴宁三年（乙丑，公元365年）

大司马桓温转移到姑孰镇守。二月乙未（二十一日），桓温让他弟弟右将军桓豁掌荆州、扬州之义城、雍州的京兆诸军事，兼领荆州刺史；加封江州刺史桓冲掌管江州及荆、豫八郡诸军事，全都持有符节。

司徒司马昱听说陈祐放弃了洛阳，在洌洲和大司马桓温会面，共同商议征讨洛阳的事。丙申（二十二日），东晋哀帝司马丕在西堂驾崩，征讨事宜中止。

哀帝没有子嗣，丁酉（二十三日），皇太后下诏让琅邪王司马奕继承皇位。百官到琅邪王府第迎接司马奕入宫，当天，司马奕即皇帝位，大赦天下。

【原文】

咸安元年（辛未，公元371年）

大司马温，恃其材略位望，阴蓄不臣之志，尝抚枕叹曰：“男子不能流芳百世，亦当遗臭万年！”术士杜炅能知人贵贱，温问炅以己禄位所至。炅曰：“明公勋格宇宙，位极人臣。”温不悦。温欲先立功河朔以收时望，还受九锡。及枋头之败，威名顿挫。既克寿春，谓参军郗超曰：“足以雪枋头之耻乎？”超曰：“未也。”久之，超就温宿，中夜，谓温曰：“明公都无所虑乎？”温曰：“卿欲有言邪？”超曰：“明公当天下重任，今以六十之年，败于大举，不建不世之勋，不足以镇惬民望！”温曰：“然则奈何？”超曰：“明公不为伊、霍之举者，无以立大

郗超劝说桓温废黜皇帝。

威权，镇压四海。”温素有心，深以为然，遂与之定议。以帝素谨无过，而床笫易诬，乃言“帝早有痿疾，嬖人相龙、计好、朱炅宝等，参侍内寝，二美人田氏、孟氏生三男，将建储立王，倾移皇基”。密播此言于民间，时人莫能审其虚实。

【译文】

咸安元年（辛未，公元371年）

大司马桓温倚仗他的才能、地位与声望，暗地里怀有篡逆之心，曾经抚枕慨叹道：“大丈夫不能流芳百世，也应当遗臭万年！”术士杜炅能够预测人的贵贱，桓温就问杜炅自己的官位最大可以做到什么程度。杜炅说：“明公的功劳天下无双，必定可以位极人臣。”桓温听后不高兴。他想先在河朔建立战功，赢得更大的声望，回来后接受加九锡的礼遇。等到在枋头失败，桓温的威名受挫。攻占寿春后，他问参军郗超道：“这次胜利足以洗雪枋头之败的耻辱了吧？”郗超答道：“不能。”过了很久，郗超到桓温的住所留宿，夜半时，郗超问桓温道：“明公没有忧虑的事吗？”桓温说：“你想对我说什么？”郗超说：“明公身上担负着天下重任，现已到了六十岁，却在一次大规模行动中遇到惨败，如果不建立非常的功勋，不足以震慑人心。”桓温问：“那么该怎么做呢？”郗超答：“明公不做伊尹、霍光废立的事，就无法建立大的威势与权力，慑服天下。”桓温一直就有这样的心思，对郗超的话深以为然，于是就和郗超商定计议。由于皇帝司马奕平时谨慎没有过错，只有男女间的事容易诬陷他，于是说“皇帝早有阳痿的毛病，他宠信的相龙、计好、朱炅宝等人，服侍起居床笫之事，与皇帝的两位美人田氏、孟氏生下三个儿子，将要设立太子赐封王位，这样皇室的根本就被动摇了”。并将这话秘密地散播到民间，当时的人们谁也无法辨别真假。

【原文】

十一月癸卯，温自广陵将还姑孰，屯于白石。丁未，诣建康，讽褚太后，请废帝立丞相会稽王昱，并作令草呈之。太后方在佛屋烧香，内侍启云：“外有急奏。”太后出，倚户视奏数行，乃曰：“我本自疑此！”至半，便止，索笔益之曰：“未亡人不幸罹此百忧，感念存没，心焉如割！”

【译文】

十一月癸卯（初九），桓温自广陵准备返回姑孰，驻扎在白石。丁未（十三日），到了都城建康，暗示褚太后，请求废黜皇帝，另立丞相会稽王司马昱，同时将草拟好的诏令进呈给褚太后。太后此时正在佛屋烧香，内侍启奏说：“外面有急奏。”褚太后出来，靠在门边看奏章，刚看了几行字就说：“我本来就怀疑是这样！”看到一半便停下不看了，向内侍要来笔添上这样的话：“我不幸遭受种种忧患，想到死去的和活着的，心如刀割！”

【原文】

己酉，温集百官于朝堂。废立既旷代所无，莫有识其故典者，百官震栗。温亦色动，不知所为。尚书左仆射王彪之知事不

桓温暗示褚太后，请求废黜皇帝。

桓温率领百官准备好天子车驾仪仗。

可止，乃谓温曰："公阿衡皇家，当倚傍先代。"乃命取《汉书·霍光传》，礼度仪制，定于须臾。彪之朝服当阶，神彩毅然，曾无惧容，文武仪准，莫不取定，朝廷以此服之。于是宣太后令，废帝为东海王，以丞相、录尚书事、会稽王昱统承皇极。百官入太极前殿，温使督护竺瑶、散骑侍郎刘亨收帝玺绶。帝著白帢单衣，步下西堂，乘犊车出神虎门，群臣拜辞，莫不歔欷。侍御史、殿中监将兵百人卫送东海第。温帅百官具乘舆法驾，迎会稽王于会稽邸。王于朝堂变服，著平巾帻、单衣，东向流涕，拜受玺绶，是日，即皇帝位，改元。温出次中堂，分兵屯卫。温有足疾，诏乘舆入殿。温撰辞，欲陈述废立本意，帝引见，便泣下数十行，温兢惧，竟不能一言而出。

【译文】

己酉（十五日），桓温召集百官到朝堂。废立皇帝既然是历代没有过的事情，没有人知道废立过去的典则，百官们都震惊恐惧。桓温也神色紧张，不知该怎么办。尚书左仆射王彪之知道事情已不可挽回，就对桓温说："明公废立皇帝，应当效法前代的成规。"于是命令取来《汉书·霍光传》，礼节仪制很快就决定了。王彪之身穿朝服站在朝堂上，神情沉着，毫无惧色，文武仪规典则，全都由王彪之决定，朝廷百官都因此而佩服他。于是宣布太后的诏令，废黜司马奕为东海王，以丞相、录尚书事、会稽王司马昱继承皇位。百官进太极前殿，桓温让督护竺瑶、散骑侍郎刘亨收取废帝的印玺绶带。司马奕戴着白色便帽，身穿仅次于朝服的大臣盛装，走下西堂，乘着牛车出了神虎门，群臣叩拜辞别，没有不流泪叹息的。侍御史、殿中监带领百名士卒护送废帝至东海王的宅第。桓温率领百官准备好天子车驾仪仗，到会稽王的官邸去迎接会稽王司马昱。会稽王在朝堂更换了衣服，戴着小冠，穿着拜见尊者的服饰，面向东而立，流着眼泪拜受天子印玺，这天，会稽王司马昱即皇帝位，改年号为咸安。桓温临时住在中堂，分派兵力屯驻守卫。桓温的脚有毛病，皇帝诏令他可以乘车入殿。桓温事先准备好辞章，想在进见时陈述废立的本意，皇帝召见他，一见他便不断哭泣，桓温战战兢兢，始终竟一句话也没说出来。

【原文】

太宰武陵王晞，好习武事，为温所忌，欲废之，以事示王彪之。彪之曰："武陵亲尊，未有显罪，不可以猜嫌之间便相废徙。公建立圣明，当崇奖王室，与伊、周同美。此大事，宜更深详！"温曰："此已成事，卿勿复言！"乙卯，温表："晞聚纳轻剽，息综矜忍；袁真叛逆，事相连染。顷日猜惧，将成乱阶。请免晞官，以王归藩。"从之，并免其世子综、梁王𤩽等官。温使魏郡太守毛安之帅所领宿卫殿中。安之，虎生之弟也。

【译文】

太宰武陵王司马晞，喜好习武练兵，被桓温所忌恨，想废黜他，就把此事告诉了王彪之。王彪之说："武陵王是天子的兄弟，没有明显的罪过，不可因为猜忌就将其废黜。您要建立贤明的君主，应当尊崇辅佐王室，与伊尹、周公有同样的美德。这样的大事，应该从长计议！"桓温说："此事已定，你不必再说了！"乙卯（二十一日），桓温上表称："司马晞招纳轻浮急躁之徒，其子司马综自负残忍；袁真叛逆，事情与他有牵连。朝廷和他彼此猜惧，必将酿成大乱。请求免除司马晞的官职，让他以王的身份返回藩地。”皇帝同意了。同时罢免其世子司马综、梁王司马琏等人的官职。桓温派魏郡太守毛安之率其部下宿卫皇宫。毛安之是毛虎生的弟弟。

桓温将司马晞抓起来送交廷尉审讯。

【原文】

庚戌，尊褚太后曰崇德太后。

初，殷浩卒，大司马温使人赍书吊之。浩子涓不答，亦不诣温，而与武陵王晞游。广州刺史庾蕴，希之弟也，素与温有隙。温恶殷、庾宗强，欲去之。辛亥，使其弟秘逼新蔡王晃诣西堂叩头自列，称与晞及子综、著作郎殷涓、太宰长史庾倩、掾曹秀、舍人刘彊、散骑常侍庾柔等谋反。帝对之流涕，温皆收付廷尉。倩、柔，皆蕴之弟也。癸丑，温杀东海王三子及其母。甲寅，御史中丞谯王恬承温旨，请依律诛武陵王晞。诏曰：“悲惋惶怛，非所忍闻，况言之哉！其更详议！”恬，承之孙也。乙卯，温重表固请诛晞，词甚酷切。帝乃赐温手诏曰：“若晋祚灵长，公便宜奉行前诏；如其大运去矣，请避贤路。”温览之，流汗变色，乃奏废晞及三子，家属皆徙新安郡。丙辰，免新蔡王晃为庶人，徙衡阳，殷涓、庾倩、曹秀、刘彊、庾柔皆族诛，庾蕴饮鸩死。蕴兄东阳太守友子妇，桓豁之女也，故温特赦之。庾希闻难，与弟会稽王参军邈及子攸之逃于海陵陂泽中。

【译文】

庚戌（十六日），尊奉褚太后为崇德太后。

当初，殷浩去世的时候，大司马桓温派人送信吊唁他。殷浩的儿子殷涓不回信，也不到桓温那里回拜，而与武陵王司马晞去游玩。广州刺史庾蕴，是庾希的弟弟，平素与桓温有隔阂。桓温厌恨殷涓、庾蕴宗族的强大，想要铲除他们。辛亥（十七日），桓温派他的弟弟桓秘逼迫新蔡王司马晃到西堂去叩头自述，称与司马晞及他的儿子司马综、著作郎殷涓、太宰长史庾倩、掾曹秀、舍人刘彊、散骑常侍庾柔等阴谋反叛。简文帝面对他流下眼泪，桓温将他们都抓起来送交廷尉。庾倩、庾柔，都是庾蕴的弟弟。癸丑（十九日），桓温杀掉了东海王司马奕的三个儿子和他们的母亲。甲寅（二十日），御史中丞谯王司马恬秉承桓温意旨，请求依据法律诛杀

殷涓、庾倩、曹秀、刘彊等人都被灭族。

武陵王司马晞。简文帝下诏说："悲痛惋惜，惊恐不安，不忍心耳闻，更何况是亲口说呢！此事再仔细商议吧！"司马恬是司马承的孙子。乙卯（二十一日），桓温再次上表，坚持要求杀掉司马晞，言词非常激烈恳切。简文帝于是亲手写下诏令赐给桓温说："如果晋王朝的神灵悠长，桓公就遵行我上道诏书的意思；如果晋王朝的大运已去，就请求让我退位避让贤人晋升之路。"桓温看了后，惊慌失色，汗流满面，于是就奏请废黜司马晞及他的三个儿子，将他的家属全都流放到新安郡。丙辰（二十二日），黜免新蔡王司马晃为庶人，将他迁徙到衡阳，殷涓、庾倩、曹秀、刘彊、庾柔都被灭族，庾蕴服毒而死。庾蕴的哥哥东阳太守庾友的儿媳，是桓豁的女儿，所以桓温特别地赦免了她。庾希听说此事，与弟弟会稽参军庾邈及儿子庾攸之逃到了海陵的湖泽中。

【原文】

温既诛殷、庾，威势翕赫，侍中谢安见温遥拜。温惊曰："安石，卿何乃尔？"安曰："未有君拜于前，臣揖于后。"

【译文】

桓温诛杀了殷、庾之后，威势显赫至极，侍中谢安看见桓温远远就开始叩拜。桓温惊道："安石，你为什么要这样呢？"谢安说："没有君主叩拜于前，臣下拱手还礼于后的。"

【原文】

咸安二年（壬申，公元 372 年）

甲寅，帝不豫，急召大司马温入辅，一日一夜发四诏，温辞不至。初，帝为会稽王，娶王述从妹为妃，生世子道生及弟俞生。道生疏躁无行，母子皆以幽废死。余三子，郁、朱生、天流，皆早夭。诸姬绝孕将十年，王使善相者视之，皆曰："非其人。"又使视诸婢媵，有李陵容者，在织坊中，黑而长，宫人谓之"昆仑"，相者惊曰："此其人也！"王召之侍寝，生子昌明及道子。

【译文】

咸安二年（壬申，公元 372 年）

甲寅（二十三日），简文帝身体不适，急召大司马桓温入朝辅政，一日一夜连发四道诏书，桓温推辞不去。当初，简文帝为会稽王时，娶了王述的堂妹为妃，生下长子司马道生和二子司马俞生。司马道生粗鲁急躁，品行不端，母子都因此被囚禁废黜而死。其他三个儿子，司马郁、司马朱生、司马天流，都早年夭折。众姬妾绝孕将近十年，会稽王让会相面的人观察她们，都说："能生儿子的不是这些人。"会稽王又让相面的人去观察女仆女佣，有一个叫李陵容的，在纺织作坊里，长得又高又黑，宫女们叫她"昆仑"。相面的人见到她后吃惊地说："这就是会生儿子的人！"会稽王召她服侍起居，生下了儿子司马昌明和司马道子。

【原文】

己未，立昌明为皇太子，生

简文帝一日一夜连发四道诏书召桓温入朝，桓温推辞不去。

十年矣。以道子为琅邪王，领会稽国，以奉帝母郑太妃之祀。遗诏："大司马温依周公居摄故事。"又曰："少子可辅者辅之，如不可，君自取之。"侍中王坦之自持诏入，于帝前毁之。帝曰："天下，傥来之运，卿何所嫌！"坦之曰："天下，宣、元之天下，陛下何得专之！"帝乃使坦之改诏曰："家国事一禀大司马，如诸葛武侯、王丞相故事。"是日，帝崩。

己未日，简文帝驾崩。

【译文】

己未（二十八日），简文帝立司马昌明为皇太子，当时昌明已经十岁了。封司马道子为琅邪王，兼领会稽国，以尊奉帝母郑太妃的祀位。简文帝下达遗诏说："大司马桓温依照周公的遗规，代理皇帝摄政。"又说："太子可以辅佐就辅佐他，如不能辅佐，大司马自取皇位。"侍中王坦之手持诏书进入宫中，在简文帝面前撕毁了诏书。简文帝说："我拥有天下也不过是出于意外，你有什么不满意的！"王坦之说："天下，是宣帝、元帝创立的天下，陛下怎么能独断专行！"于是简文帝让王坦之将诏书改为："家国事全部交付给大司马处分，就像诸葛亮、王导辅政时的做法一样。"这一天，简文帝驾崩。

【原文】

群臣疑惑，未敢立嗣，或曰："当须大司马处分。"尚书仆射王彪之正色曰："天子崩，太子代立，大司马何容得异！若先面谘，必反为所责。"朝议乃定。太子即皇帝位，大赦。崇德太后令，以帝冲幼，加在谅暗，令温依周公居摄故事。事已施行，王彪之曰："此异常大事，大司马必当固让，使万机停滞，稽废山陵，未敢奉令，谨具封还。"事遂不行。

【译文】

群臣疑惑，不敢就此立嗣，有人说："要等大司马来了处分。"尚书仆射王彪之正色说："天子驾崩，太子继立，大司马怎能有资格提出异议！如果事先当面向他询问，一定反会被他责备。"于是经过朝臣讨论就决定了。太子即皇帝位，大赦天下。崇德褚太后下令，因为孝武帝年幼，又在居丧期，命桓温依据周公摄政的旧例行事。诏令发下去，王彪之说："这是非常之事，大司马一定会固执地辞让，这样一来，朝廷上下的政务都会停顿，连先帝的事业也会荒废，所以臣不敢奉命，谨将诏书密封归还。"因此桓温摄政一事终究未成。

简文帝去世后，群臣不敢立嗣，有人提议要大司马桓温入朝处置。

【原文】

温望简文临终禅位于己，不尔便当居摄。既不副所望，甚愤怨，与弟冲书曰："遗诏使吾依武侯、王公故事耳。"温疑王坦之、谢安所为，必衔之。诏谢安征温入辅，温又辞。

【译文】

桓温希望简文帝临终前将皇位禅让给他，不这样的话，也应让他摄政。然而这个愿望没能实现，他非常怨恨愤怒，给弟弟桓冲写信说："简文帝下诏让我按诸葛亮、王导的旧例辅政。"桓温怀疑这事是王坦之、谢安干的，对他们怀恨在心。朝廷诏令谢安前去召桓温入朝辅政，桓温又推辞。

【原文】

烈宗孝武皇帝上之上宁康元年（癸酉，公元 373 年）

春，正月，己卯朔大赦改元。

二月，大司马温来朝。辛巳，诏吏部尚书谢安、侍中王坦之迎于新亭。是时，都下人情恟恟，或云欲诛王、谢，因移晋室。坦之甚惧，安神色不变，曰："晋祚存亡，决于此行。"温既至，百官拜于道侧。温大陈兵卫，延见朝士，有位望者皆战慑失色。坦之汗汁沾衣，倒执手版。安从容就席，坐定，谓温曰："安闻诸侯有道，守在四邻，明公何须壁后置人邪！"温笑曰："正自不能不尔。"遂命左右撤之，与安笑语移日。郗超常为温谋主，安与坦之见温，温使超卧帐中听其言。风动帐开，安笑曰："郗生可谓入幕之宾矣。"时天子幼弱，外有强臣，安与坦之尽忠辅卫，卒安晋室。

温治卢悚入宫事，收尚书陆始付廷尉，免桓秘官，连坐者甚众。迁毛安之为左卫将军。桓秘由是怨温。

三月，温有疾，停建康十四日，甲午，还姑孰。

【译文】

晋孝武帝宁康元年（癸酉，公元 373 年）

春季，正月己卯朔（初一），东晋实行大赦，改换年号为宁康。

二月，大司马桓温来晋见孝武帝。辛巳（二十四日），孝武帝诏令吏部尚书谢安、侍中王坦之到新亭迎接。这时，都城里人心惶惶，有的说桓温要杀掉王坦之、谢安，晋王室的天下就要转到他人之手。王坦之非常害怕，谢安则神色不变，说："晋朝国运的存亡，取决于此行。"桓温抵达朝廷后，百官夹道叩拜。桓温部署重兵，召见朝廷百官，有地位有名望的人全都惊慌失色。王坦之汗流浃背，连手版都拿倒了。谢安从容就座，坐定后，对桓温说："谢安听说诸侯有道，守卫的人在四方邻国，明公何必要在墙壁后面安置人呢！"桓温笑着说："正是由于不能才不这样做。"于是命令左右的人撤走，与谢安笑谈许久。郗超经常作为桓温的主谋，谢安和王坦之去见桓温，桓温让郗超藏在帐中听他们谈话。风吹开了帐子，谢安笑着说："郗超可谓入帐之宾。"当时天子年幼力弱，外边又有强

桓温入朝后召见朝廷百官。

臣，谢安与王坦之竭尽忠诚辅佐护卫，最终使晋王室得以安稳。

桓温处理卢悚攻入宫廷的事件，拘捕尚书陆始并送交廷尉处置，罢免了桓秘的官职，株连的人很多。提升毛安之为左卫将军。桓秘从此开始怨恨桓温。

三月，桓温生病，在建康停留了十四天，甲午（初七），返回姑孰。

【原文】

秋，七月己亥，南郡宣武公桓温薨。

初，温疾笃，讽朝廷求九锡，屡使人趣之。谢安、王坦之故缓其事，使袁宏具草。宏以示王彪之，彪之叹其文辞之美，因曰："卿固大才，安可以此示人！"谢安见其草，辄改之，由是历旬不就。宏密谋于彪之，彪之曰："闻彼病日增，亦当不复支久，自可更小迟回。"

【译文】

秋季，七月己亥（十四日），南郡宣武公桓温去世。

当初，桓温病重的时候，暗示朝廷给他加九锡的礼遇，多次派人去催。谢安、王坦之故意拖延此事，让袁宏草拟诏令。袁宏草拟完后让王彪之过目，王彪之赞叹他文辞优美，接着说："你本来是杰出的人才，怎么能写这样的文章让别人看呢！"谢安看到袁宏写的草诏，就加以修改，因此前后十多天也没有最后定稿。袁宏暗地里和王彪之商量，王彪之说："听说桓温的病情日益严重，应该不会再支持多久了，自然可以再晚一些回复。"

【原文】

温弟江州刺史冲，问温以谢安、王坦之所任，温曰："渠等不为汝所处分。"其意以为，己存，彼必不敢立异，死则非冲所制，若害之，无益于冲，更失时望故也。

温以世子熙才弱，使冲领其众。于是桓秘与熙弟济谋共杀冲，冲密知之，不敢入。俄顷，温薨，冲先遣力士拘录熙、济而后临丧。秘遂被废弃，熙、济俱徙长沙。诏葬温依汉霍光及安平献王故事。冲称温遗命，以少子玄为嗣，时方五岁，袭封南郡公。

桓温的弟弟江州刺史桓冲，向桓温询问谢安、王坦之应该担任什么职务。

【译文】

桓温的弟弟江州刺史桓冲，向桓温询问谢安、王坦之应该担任什么职务，桓温说："他们不由你来安排。"这话的意思是，自己活着的时候，他们一定不敢公开抗衡，自己死了以后，则不是桓冲所能控制的，如果谋害了他们，对桓冲没有什么好处，反而会使其失去声望。

桓温考虑到世子桓熙才能不足，就让桓冲统领他的兵众。因此桓秘和桓熙的弟弟桓济谋划一起杀掉桓冲。桓冲私下里知道此事，不敢进入府内。不久，桓温死了，桓冲先派身强力壮的士兵拘捕了桓熙、桓济，然后才前去吊丧。桓秘于是也被废黜了，桓熙、桓济都被迁徙到长沙。孝武帝下诏，依据汉代霍光及安平献王的旧例安葬桓温。桓冲称桓温留下遗嘱，以小儿子桓玄为继承人。当时桓玄刚刚五岁，继承南郡公的爵位。

淝水之战

【导语】

随着西晋王朝的灭亡，中国呈现出南北方对峙的政治局面。在南方，司马睿重建晋朝，史称东晋；在北方，各少数民族的上层人物纷纷起兵，建立政权，史称十六国。北方各国为争权夺利互相混战，直至前秦永兴元年（公元 357 年），前秦苻坚降服了鲜卑、羌、羯各族，统一北方。

前秦王苻坚在王猛的辅佐下，将前秦治理得井然有序，国力逐渐强大，苻坚的名望也越来越高。苻坚在自信满满的时候很自然地想到了伐晋，他的心腹谋臣王猛在临终前曾经劝谏他不要南征。但是在公元 383 年，苻坚终于还是决定出兵。

苻坚的臣下、亲人无一赞成出兵。他们很清楚，臣服的诸国各怀异心，而东晋远不如苻坚以为的那样不堪一击。但苻坚一意孤行，坚持要打这一仗。

公元 383 年，这场战争在淮南淝水展开，这是一次决定五胡时代中国命运的交锋。这场战争的结果出乎当时很多人的意料，东晋军队以少胜多，八万晋军战胜了号称九十七万的前秦大军。淝水之战中，前秦军被歼灭和逃散的共有七十多万，唯有鲜卑慕容垂部的三万人马完整无损。苻坚统一南北的希望彻底破灭。不仅如此，北方暂时统一的局面也随之解体，再次分裂成更多的地方民族政权。鲜卑族的慕容垂和羌族的姚苌等贵族重新崛起，各自建立了新的国家。苻坚本人也在两年后被姚苌俘杀，前秦随之灭亡。各族纷纷独立，中国北方重新陷入分裂混乱的局面，先后成立了十国。直到公元 439 年，北魏才又重新统一北方。

“淝水之战”也成为以少胜多的著名战例，它对后世兵家的战争观念和决战思想产生了深远的影响。

【原文】

太元七年（壬午，公元 382 年）

冬，十月，秦王坚会群臣于太极殿，议曰：“自吾承业，垂三十载，四方略定，唯东南一隅，未沾王化。今略计吾士卒，可得九十七万，吾欲自将以讨之，何如？”秘书监朱肜曰：“陛下恭行天罚，必有征无战，晋主不衔璧军门，则走死江海，陛下返中国士民，使复其桑梓，然后回舆东巡，告成岱宗，此千载一时也。”坚喜曰：“是吾志也。”

秦王苻坚认为时机成熟，想要讨伐东晋。

【译文】

太元七年（壬午，公元 382 年）

冬季，十月，前秦王苻坚在太极殿会见群臣，和他们商量说：“自从我继承先王的大业，至今已经三十年了，四方之地大致平定了，只有东南的东晋，尚未蒙受君王的教化。如今粗略地计算一下我的兵力，能有九十七万，我想亲自统帅军队讨伐晋朝，怎么样？”秘书监朱肜说：“陛下恭敬地奉行上天的惩罚，一定是只需要出征而不需要战斗，晋朝国君不是在军营门前口衔璧玉来投降，就是仓惶出逃，葬身于江海，陛下让中原之国的百姓返回故土，让他们恢复家园，然后回车东巡，在岱宗泰山奉告成功，这是千载难逢的时机。”苻坚高兴地说：“这正是我的志向。”

秦王苻坚会群臣于太极殿。

【原文】

尚书左仆射权翼曰：“昔纣为无道，三仁在朝，武王犹为之旋师。今晋虽微弱，未有大恶；谢安，桓冲皆江表伟人，君臣辑睦，内外同心，以臣观之，未可图也！”坚嘿然良久，曰：“诸君各言其志。”

【译文】

尚书左仆射权翼说：“过去商纣王无道，但微子、箕子、比干三位仁人在朝，周武王尚且为此回师，不予讨伐。如今晋朝虽然衰微软弱，但还没有大的罪恶；谢安、桓冲又都是长江一带才识卓越的人才，他们君臣和睦，内外同心，以我来看，不可图谋！”苻坚沉默了良久，说：“你们都说说自己的见解。”

尚书左仆射权翼认为讨伐东晋时机并不成熟。

【原文】

太子左卫率石越曰：“今岁镇守斗，福德在吴，伐之必有天殃。且彼据长江之险，民为之用，殆未可伐也。”坚曰：“昔武王伐纣，逆岁违卜。天道幽远，未易可知。夫差、孙皓皆保据江湖，不免于亡。今以吾之众，投鞭于江，足断其流，又何险之足恃乎？”对曰：“三国之君皆淫虐无道，故敌国取之，易于拾遗。今晋虽无德，未有大罪，愿陛下且按兵积谷，以待其衅。”于是群臣各言利害，久之不决。坚曰：“此所谓筑舍道傍，无时可成。吾当内断于心耳。”

苻坚群臣各言伐晋的利害。

【译文】

太子左卫率石越说：“今木星、土星居于斗宿，福德在吴地，如果讨伐他们必有天灾。而且他们占据长江天险，百姓又为其所用，恐怕不能讨伐。”苻坚说：“过去周武王讨伐商纣，就是逆太岁运行的方向行动，也违背了占卜的结果。天道隐微幽远，不是可以轻易知道的。夫差、孙皓全都据守江湖，但也不能免于灭亡。如今凭借我的兵力，把鞭子投进长江，也足以断绝水流，又有什么天险足以凭藉依靠呢。”石越回答说：“商纣、夫差、孙皓这三国之君，全都淫虐无道，所以敌对的国家攻取他们，比捡起遗落的东西还容易。如今晋朝虽然缺乏道德，但没有大的罪恶，愿陛下暂且按兵不动，积聚粮谷，等待他们灾祸的降临。”于是群臣们各言利害，久久未能决断。苻坚说："这正所谓在道路旁边修筑屋舍，什么时候才能够建成。我要自我决断了。"

【原文】

群臣皆出，独留阳平公融，谓之曰："自古定大事者，不过一二臣而已。今众言纷纷，徒乱人意，吾当与汝决之。"对曰："今伐晋有三难：天道不顺，一也；晋国无衅，二也；我数战兵疲，民有畏敌之心，三也。群臣言晋不可伐者，皆忠臣也，愿陛下听之。"坚作色曰："汝亦如此，吾复何望！吾强兵百万，资仗如山；吾虽未为令主，亦非闇劣。乘累捷之势，击垂亡之国，何患不克？岂可复留此残寇，使长为国家之忧哉？"融泣曰："晋未可灭，昭然甚明。今劳师大举，恐无万全之功。且臣之所忧，不止于此。陛下宠育鲜卑、羌、羯，布满畿甸，此属皆我之深仇。太子独与弱卒数万留守京师，臣惧有不虞之变生于腹心肘掖，不可悔也。臣之顽愚，诚不足采。王景略一时英杰，陛下常比之诸葛武侯，独不记其临没之言乎？"坚不听。于是朝臣进谏者众，坚曰："以吾击晋，校其强弱之势，犹疾风之扫秋叶，而朝廷内外皆言不可，诚吾所不解也。"

太子宏曰："今岁在吴分，又晋君无罪，若大举不捷，恐威名外挫，财力内竭，此群下所以疑也。"坚曰："昔吾灭燕，亦犯岁而捷，天道固难知也。秦灭六国，六国之君岂皆暴虐乎？"

【译文】

群臣们都出去了，苻坚唯独把阳平公苻融留下了。苻坚对他说："自古参与决定大事的人，不过是一两个大臣而已。如今众说纷纭，只能扰乱人心，我要与你来决定此事。"苻融对苻坚说："如今讨伐晋朝有三难：天道不顺，此其一；晋国自身无灾祸，此其二；我们频繁征战，士兵疲乏，百姓怀有畏敌之心，此其三。群臣当中说不能讨伐晋朝的人，全都是忠臣，愿陛下听从他们的意见。"苻坚脸色一变说："你也是如此，我还寄希望于谁呢？我有强兵百万，资财兵器堆积如山；我虽然不是好的君主，但也不是昏庸之辈。乘着捷报频传之势，攻击垂死挣扎之国，还怕攻不下来吗？怎么可以再留下这些残敌，使他们长久地成为国家的忧患呢！"苻融哭泣着说："晋朝无法灭掉，事情非常明显。如今大规模地出动疲劳的军队，恐怕没有完全取得胜利的可能。况且我所忧虑的，还不仅于此。陛下宠爱养育鲜卑人、羌人、羯人，让他们布满京师，这些人都对我们有深仇大恨。太子独自和数万弱兵留守京师，我害怕有不测之变出现在我们的心腹地区，后悔莫及。我的意见不高明又顽固，确实不值得采纳。可是王猛是英明杰出的人，陛下常常把他比作诸葛亮，为什么唯独不铭记他的临终遗言呢？"苻坚依然没有听从。此时向苻坚进谏的朝臣很多，苻坚说："以我们的力量攻打晋朝，比较双方的强弱之势，就像疾风扫秋叶一样，然而朝廷内外都说不能攻打，这确实令我不能理解。"

太子苻宏说："如今木星在吴地的分野，再加上晋朝国君没有罪恶，如果大举进攻不能取胜，我担心在外威风名声受挫，在内资财力量耗尽，这就是群臣不明白为什么要出战的原因。"苻坚说："过去我消灭燕国，也违背了木星的征兆，但取得了胜利，天道本来就是难以确知的。秦灭六国，六国之君难道全都是暴虐的君主吗？"

阳平公苻融也认为此时不能伐晋，苻坚深感失望。

【原文】

冠军、京兆尹慕容垂言于坚曰："弱并于强，小并于大，此理势自然，非难知也。以陛下神武应期，威加海外，虎旅百万，韩、白满朝，而蕞尔江南，独违王命，岂可复留之以遗子孙哉？《诗》云：'谋夫孔多，是用不集。'陛下断自圣心足矣，何必广询朝众？晋武平吴，所仗者张、杜二三臣而已，若从朝众之言，岂有混一之功？"坚大悦曰："与吾共定天下者，独卿而已。"赐帛五百匹。

【译文】

冠军将军、京兆尹慕容垂向苻坚进言说："弱被强所并，小被大所吞，这是自然的道理与趋势，并不难理解。像陛下这样神明威武，适应天意，威名远播海外，拥有强兵劲旅百万，韩信、白起那样的良将满朝都是，而江南弹丸之地，独敢违抗王命，岂能再留下他们而交给子孙后代呢？《诗经》云：'出谋划策的人太多，所以事情办不成。'陛下自己在内心做出决断就完全可以了，何必广泛征询众朝臣的意见？晋武帝平定吴国，所倚仗的只有张华、杜预两三位大臣而已，如果听从众朝臣的话，难道能有统一天下的功业？"苻坚十分高兴地说："与我共同平定天下的人，只有你而已。"赏赐给慕容垂五百匹帛。

【原文】

坚锐意欲取江东，寝不能旦。阳平公融谏曰："'知足不辱，知止不殆。'自古穷兵极武，未有不亡者。且国家本戎狄也，正朔会不归人。江东虽微弱仅存，然中华正统，天意必不绝之。"坚曰："帝王历数，岂有常邪，惟德之所在耳。刘禅岂非汉之苗裔邪。终为魏所灭。汝所以不如吾者，正病此不达变通耳。"

慕容垂向苻坚进言，请求伐晋。

【译文】

苻坚专注于想要攻取晋朝，连睡觉也不能睡到天明。阳平公苻融劝谏他说："'知道满足就不会感到耻辱，知道停止就不会出现危险。'自古以来，穷兵黩武的人没有不灭亡的。况且我们的国家本来就属戎狄之人，天下的正宗嫡传大概不会归于像我们这样的外族人。长江以南的晋朝虽然衰微软弱，残喘生存，但他们是中华的正统，天意一定不会灭绝他们。"苻坚说："帝王更替之道，怎么会有一成不变的呢？只看道德在哪里。刘禅难道不是汉朝的后裔吗？但最终被魏国所灭。你之所以不如我的原因，症结正在于不了解变通的道理。"

苻坚锐意欲取江东。

【原文】

坚素信重沙门道安，群臣使道安乘间进言。十一月，坚与道安同辇游于东苑，坚曰："朕将与公南游吴、越，泛长江，临沧海，不亦乐乎？"安曰："陛下应天御世，居中土而制四维，自足比隆尧、舜，何必栉风沐雨，经略遐方乎？且东南卑湿，沴气易构，虞舜游而不归，大禹往而不复，何足以上劳大驾也！"坚曰："天生烝民而树之君，使司牧之，朕岂敢惮劳，使彼一方独不被泽乎？必如公言，是古之帝王皆无征伐也。"道安曰："必不得已，陛下宜驻跸洛阳，遣使者奉尺书于前，诸将总六师于后，彼必稽首入臣，不必亲涉江、淮也。"坚不听。

苻坚历来重视僧人道安，于是向他征询伐晋意见。

【译文】

苻坚历来信任重视僧人道安，群臣们让道安寻找机会向苻坚进言。十一月，苻坚与道安同乘一车在东苑游览，苻坚说："朕将要与你一起南游吴、越之地，泛舟长江，亲临沧海，不也是快乐的事情吗？"道安说："陛下顺应天意统治天下，身居中原而控制四方，自身的昌隆足以与尧、舜相比，何必再栉风沐雨，经营远方呢？而且东南地区低洼潮湿，容易遇到灾害不祥之气，虞舜前去游猎就没有回来，大禹去了一趟就再没去第二趟，有什么值得劳您大驾的呢！"苻坚说："上天生育民众而为他们选定了君主，是让君主统治他们，朕岂敢害怕辛劳，唯独使那一方土地不承受恩泽呢？如果一定像你所说的那样，古代的帝王就都没有征伐之事了。"道安说："一定要这样做的话，陛下应该在洛阳停驻，先派遣使者给他们送去书信，众将领统领六军跟随于后，他们就一定会叩首称臣，您不必亲自过长江、淮河。"苻坚没有听从。

【原文】

坚所幸张夫人谏曰："妾闻天地之生万物，圣王之治天下，皆因其自然而顺之，故功无不成。是以黄帝服牛乘马，因其性也；禹浚九川，障九泽，因其势也；后稷播殖百谷，因其时也；汤、武帅天下而攻桀、纣，因其心也，皆有因则成，无因则败。今朝野之人皆言晋不可伐，陛下独决意行之，妾不知陛下何所因也！《书》曰：'天聪明自我民聪明。'天犹因民，而况人乎？妾又闻王者出师，必上观天道，下顺人心。今人心既不然矣，请验之天道。谚云：'鸡夜鸣者不利行师，犬群嗥者宫室将空，兵动马惊，军败不归。'自秋冬以来，众鸡夜鸣，群犬哀嗥，厩马多惊，武库兵器自动有声，此皆非出师之祥也。"坚曰："军旅之事，非妇人所当预也！"

【译文】

苻坚所宠爱的张夫人劝谏他说："妾听说天地滋生万物，圣王治理天下，全都是顺其自然，所以功业无所不成。黄帝之所以能驾牛骑马，是顺应了它们的禀性；大禹之所以能疏通九川，挡住九泽，是顺应流水的趋势；后稷之所以能播种繁殖百谷，是顺应了天时；商汤、周武王之所以能率领天下人攻下夏桀、商纣，是顺着人心，全都是顺应则成功，不顺应则失败。如今朝野上下都说晋朝不可讨伐，唯独陛下一意孤行，妾不知道陛下是顺应了什么！《尚书》上说：

‘上天的聪慧明察来自于民众的聪慧明察。’上天尚且要顺应民意，何况是人呢？妾又听说君王出动军队，一定要上观天道，下顺人心。如今人心既然不同意讨伐晋朝，请您再查验一下天道。俗谚说：‘鸡夜鸣时不利于出师，犬群嚎时宫室将空，出征时遇马惊，军败难归。’自秋末冬初以来，众鸡夜鸣，群犬哀嚎，圈马多惊，武库里的兵器自己响动，这些都是不能出师的兆头。”苻坚说：“军旅之事，不是妇人所应当参与的！”

张夫人劝谏苻坚不可伐晋。

【原文】

坚幼子中山公诜最有宠，亦谏曰：“臣闻国之兴亡，系贤人之用舍。今阳平公，国之谋主，而陛下违之，晋有谢安、桓冲，而陛下伐之，臣窃惑之。”坚曰：“天下大事，孺子安知！”

苻坚的小儿子中山公苻诜最受宠爱，他也劝谏苻坚不要伐晋。

【译文】

苻坚的小儿子中山公苻诜最受宠爱，他也劝谏苻坚说：“我听说国家的兴亡，与对贤明之人的弃用相联系。如今阳平公苻融，是国家的主谋，然而陛下却不听他的意见，晋朝有谢安、桓冲，而陛下却要讨伐他们，我私下里感到大惑不解。”苻坚说：“天下大事，小孩子知道什么！”

【原文】

太元八年（癸未，公元 383 年）

秋，七月，秦王坚下诏大举入寇，民每十丁遣一兵；其良家子年二十已下，有材勇者，皆拜羽林郎。又曰：“其以司马昌明为尚书左仆射，谢安为吏部尚书，桓冲为侍中，势还不远，可先为起第。”良家子至者三万余骑，拜秦州主簿赵盛之为少年都统。是时朝臣皆不欲坚行，独慕容垂、姚苌及良家子劝之。阳平公融言于坚曰：“鲜卑、羌虏，我之仇雠，常思风尘之变以逞其志，所陈策画，何可从也？良家少年皆富饶子弟，不闲军旅，苟为谄谀之言，以会陛下之意。今陛下信而用之，轻举大事，臣恐功既不成，仍有后患，悔无及也。”坚不听。

【译文】

太元八年（癸未，公元 383 年）

秋，七月，秦王苻坚下诏大举发兵侵入东晋，百姓每十名成年男子中征一人当兵；良家子弟年龄在二十岁以下，勇武有力的人，都被任命为羽林郎。又说：“胜利后要用东晋皇帝司马昌明为尚书左仆射，宰相谢安为吏部尚书，车骑将军桓冲为侍中，以此形势来看，这是很快的事了，可以先为他们起好宅第。”良家子弟自带战马应征而来的有三万多人，任命秦州主簿赵盛之为少年都统，统领这些人。当时，朝臣都不想让苻坚南行，只有慕容垂、姚苌和应征来的良家子弟希望苻坚南下。阳平公苻融对苻坚说：“鲜卑、羌族的俘虏都是我们的仇敌，他们一直在等待机会报仇复国，他们所说的计策怎么能听呢？良家少年都是富家子弟，不熟悉军旅的事，不过是说些阿谀奉承的话讨陛下的欢心罢了。如今陛下相信并采纳了他们的话，轻率地率大军南下，我担心不仅不能成就战功，还会有后患，到时后悔就来不及了。”苻坚不听。

阳平公苻融再次劝谏苻坚不可伐晋。

【原文】

八月戊午，坚遣阳平公融督张蚝、慕容垂等步骑二十五万为前锋；以兖州刺史姚苌为龙骧将军，督益梁州诸军事。坚谓苌曰：“昔朕以龙骧建业，未尝轻以授人，卿其勉之！”左将军窦冲曰：“王者无戏言，此不祥之征也！”坚默然。

慕容楷、慕容绍言于慕容垂曰：“主上骄矜已甚，叔父建中兴之业，在此行也。”垂曰：“然。非汝，谁与成之！”

甲子，坚发长安，戎卒六十余万，骑二十七万，旗鼓相望，前后千里。九月，坚至项城，凉州之兵始达咸阳，蜀、汉之兵方顺流而下，幽、冀之兵至于彭城，东西万里，水陆齐进，运漕万艘。阳平公融等兵三十万先至颍口。

苻坚不听众人劝谏，一意孤行。

【译文】

八月戊午（初二），苻坚派阳平公苻融督帅张蚝、慕容垂等人的步、骑兵二十五万人为前锋，任命兖州刺史姚苌为龙骧将军，督益州和梁州各方面的军事。苻坚对姚苌说：“过去我靠龙骧将军的官位建立了大业，不曾轻易地把这个官位授予别人，你好好努力吧！”左将军窦冲说：“君王无戏言，这话

苻坚出语随意，左将军窦冲严肃提醒他。

是不祥的征兆！”苻坚沉默不语。

慕容楷、慕容绍对慕容垂说：“主上骄纵傲慢已经非常严重，叔父建立中兴大业，就在此行。”慕容垂说：“对。除了你们，谁能和我一起成就大业呢！”

甲子（初八），苻坚从长安出发，有步兵六十余万，骑兵二十七万，旌旗战鼓彼此相望，前后绵延千里。九月，苻坚到达项城，而凉州的军队才到达咸阳，蜀、汉的军队正沿长江顺流而下，幽州、冀州的军队到达彭城，东西万里之内，水陆并进，运输的船只数以万计。阳平公苻融等率兵三十万先到达颍口。

慕容楷、慕容绍劝说慕容垂建立中兴大业。

【原文】

诏以尚书仆射谢石为征虏将军、征讨大都督，以徐兖二州刺史谢玄为前锋都督，与辅国将军谢琰、西中郎将桓伊等众共八万拒之；使龙骧将军胡彬以水军五千援寿阳。琰，安之子也。

【译文】

东晋下达诏令，任命尚书仆射谢石为征虏将军、征讨大都督，任命徐兖二州刺史谢玄为前锋都督，与辅国将军谢琰、西中郎将桓伊等人的兵马计八万人抵抗前秦；让龙骧将军胡彬率领五千水军援助寿阳。谢琰是谢安的儿子。

东晋任命将领准备抵抗秦军。

【原文】

是时秦兵既盛，都下震恐。谢玄入，问计于谢安，安夷然答曰：“已别有旨。”既而寂然。玄不敢复言，乃令张玄重请。安遂命驾出游山墅，亲朋毕集，与玄围棋赌墅。安棋常劣于玄，是日，玄惧，便为敌手而又不胜。安遂游陟，至夜乃还。桓冲深以根本为忧，遣精锐三千入卫京师。谢安固却之，曰：“朝廷处分已定，兵甲无阙，西藩宜留以为防。”冲对佐吏叹曰：“谢安石有庙堂之量，不闲将略。今大敌垂至，方游谈不暇，遣诸不经事少年拒之，众又寡弱，天下事已可知，吾其左衽矣！”

谢安与谢玄下棋，谢玄因秦军南下之事恐惧而心不在焉。

【译文】

这时前秦的军队正是最强盛的时候，东晋朝廷上下闻听苻坚南下的消息，都震惊恐慌。谢玄入朝，向谢安询问应对之策，谢安一副平静的样子，回答说："已经另有打算了。"紧接着就不说话了。谢玄不敢再问，就让张玄重新请求指令。谢安于是就命令驾车出游山间别墅，亲戚朋友云集，与谢玄在别墅玩围棋赌博。谢安的棋术平时不如谢玄，这天，谢玄由于内心恐惧，在有利的形势下反而不能取胜。谢安于是就登山漫游，到夜晚才回来。桓冲对东晋的根基大业感到很忧虑，于是派精锐部队三千人到建康来保卫京师。谢安坚决地阻拦他，说："朝廷的处理办法已经决定，士兵武器都不缺乏，应留在西藩以作防备。"桓冲对藩府参佐叹息道："谢安有执掌朝政的才能和度量，但不熟悉带兵打仗的方法。如今大敌马上就要到了，还尽情游玩，高谈阔论不止，只派遣未经战事的年轻人前去抵抗，再加上兵力不足，力量弱小，天下的结局已经可以知道了，我们将要受外族的统治了！"

【原文】

冬，十月，秦阳平公融等攻寿阳，癸酉，克之，执平虏将军徐元喜等。融以其参军河南郭褒为淮南太守。慕容垂拔郧城。胡彬闻寿阳陷，退保硖石，融进攻之。秦卫将军梁成等帅众五万屯于洛涧，栅淮以遏东兵。谢石、谢玄等去洛涧二十五里而军，惮成不敢进。胡彬粮尽，潜遣使告石等曰："今贼盛粮尽，恐不复见大军！"秦人获之，送于阳平公融。融驰使白秦王坚曰："贼少易擒，但恐逃去，宜速赴之！"坚乃留大军于项城，引轻骑八千，兼道就融于寿阳。遣尚书朱序来说谢石等，以为"强弱异势，不如速降"。序私谓石等曰："若秦百万之众尽至，诚难与为敌。今乘诸军未集，宜速击之。若败其前锋，则彼已夺气，可遂破也。"

朱序私下劝谢石迅速出击，通过挫败秦军前锋来瓦解秦军。

【译文】

冬季，十月，前秦阳平公苻融等攻打寿阳，癸酉（十八日），攻入城中，擒获了东晋平虏将军徐元喜等人。苻融任命他的参军河南人郭褒为淮南太守。慕容垂攻克郧城。东晋胡彬听说寿阳陷落，便退守硖石，苻融进军攻打硖石。前秦卫将军梁成等率领五万将士驻扎在洛河，在淮河上设立栅栏以阻止东晋的援军。谢石、谢玄等在离洛涧二十五里的地方扎营，因为害怕梁成而不敢进兵。胡彬粮草将要用尽，暗中派人向谢石等报告说："现在贼寇强盛而我的粮食已经耗尽，恐怕不能再见到大军了。"秦人抓到送信的人，押送到苻融那里。苻融急速派使者向前秦王苻坚报告说："晋军人少，容易擒获，只怕他们逃走，应该迅速率兵前来。"苻坚于是将大军留在项城，自己带了八千轻骑兵，日夜兼程，赶赴寿阳和苻融会合。苻坚派尚书朱序去劝降谢石，认为"形势强弱悬殊，不如赶快投降"。朱序私下却对谢石等人说："如果秦军百万之众全数到达，晋军实在很难与之对抗。现在趁各路大军尚未会集，应该迅速出击。如果打败前秦前锋，那他们就丧失了士气，就可击败他们了。"

【原文】

石闻坚在寿阳，甚惧，欲不战以老秦师。谢琰劝石从序言。十一月，谢玄遣广陵相刘牢之帅精兵五千趣洛涧，未至十里，梁成阻涧为陈以待之。牢之直前渡水，击成，大破之，斩成及弋阳太守王咏。又分兵断其归津，秦步骑崩溃，争赴淮水，士卒死者万五千人，执秦扬州刺史王显等，尽收其器械军实。于是谢石等诸军，水陆继进。秦王坚与阳平公融登寿阳城望之，见晋兵部阵严整，又望见八公山上草木，皆以为晋兵，顾谓融曰："此亦勍敌，何谓弱也！"怃然始有惧色。

秦王苻坚与阳平公苻融登上寿阳城观望晋军阵地，视草木皆以为晋军。

【译文】

谢石听说苻坚已到寿阳，非常害怕，想用不出战的方式拖垮前秦的军队。谢琰劝谢石听从朱序的话。十一月，谢玄派广陵相刘牢之率领五千精兵直奔洛涧，在离洛涧不到十里的地方，梁成就依涧布好阵势等待他们。刘牢之径直向前渡水，攻击梁成，大破梁成的前秦军，斩杀了梁成和弋阳太守王咏。又分兵阻断秦军撤退的险要渡口，秦军步兵和骑兵陷入混乱中，争相渡河，损失了一万五千人马，抓获前秦扬州刺史王显等，全部缴获了他们的武器军备和粮饷。于是谢石诸军从水陆相继前进。秦王苻坚与阳平公苻融登上寿阳城观望，见东晋的军队布阵严整，又望见八公山上草木摇动，以为都是晋兵，苻坚回头对苻融说："晋军也是劲敌，怎么能说他们软弱呢！"怅然若失，脸上开始有畏惧之色。

【原文】

秦兵逼肥水而陈，晋兵不得渡。谢玄遣使谓阳平公融曰："君悬军深入，而置陈逼水，此乃持久之计，非欲速战者也。若移陈少却，使晋兵得渡，以决胜负，不亦善乎？"秦诸将皆曰："我众彼寡，不如遏之使不得上，可以万全。"坚曰："但引兵少却，使之半渡，我以铁骑蹙而杀之，蔑不胜矣。"融亦以为然，遂麾兵使却。秦兵遂退，不可复止。谢玄、谢琰、桓伊等引兵渡水击之。融驰骑略陈，欲以帅退者，马倒，为晋兵所杀，秦兵遂溃。玄等乘胜追击，至于青冈。秦兵大败，自相蹈藉而死者，蔽野塞川。其走者闻风声鹤唳，皆以为晋兵且至，昼夜不敢息，草行露宿，重以饥冻，死者什七八。初，秦兵少却，朱序在陈后呼曰："秦兵败矣！"众遂大奔。序因与张天锡、徐元喜皆来奔。获秦王坚所乘云母车及仪服、器械、军资、珍宝、畜产不可胜计。复取寿阳，执其淮南太守郭褒。

【译文】

前秦的军队在靠近淝水的地方布好阵，晋军无法渡江。谢玄派使者对阳平公苻融说："您孤军深入，而靠着河岸列阵，这是作持久战的打算，不是想迅速交战的办法。如果贵军能将兵阵稍稍向后移动一下，让晋兵能够渡过河，然后一决胜负，不也是件好事吗？"前秦的将领都说："我众敌寡，不如遏制晋军渡河，使他们不能上岸，这样才能万无一失。"苻坚说："我们带领兵众稍微后撤一点，等他们渡河渡到一半的时候，我们再出动铁甲骑兵奋起攻杀，这样没有不胜的道理。"苻融也认为可以，于是就挥舞战旗，指挥兵众后退。秦兵一退就停不下来。谢玄、谢琰、桓伊等立刻带兵渡河追击。苻融骑马布阵，想要指挥后退的士兵，但是马被绊倒，为晋兵所杀，秦兵于是溃败。谢玄等乘胜追击，一直追到青冈。秦兵大败，自相践踏而死的人，遮蔽山野，堵塞山川。逃走的士兵听见风声和鹤的鸣叫声，都以为是东晋的军队将要来到，昼夜不敢停下来休息，慌不择路，风餐露宿，冻饿交加，死者十有七八。当初，秦兵稍作退却时，朱序就在阵后面高声呼喊："秦兵败了！"兵众们听到后就狂奔乱逃。朱序乘机和张天锡、徐元喜投奔到东晋。晋军俘获秦王苻坚所乘坐的装饰着云母的车乘及仪服、器械、军资、珍宝、畜产不可胜数。又收复寿阳，抓获前秦淮南太守郭褒。

【原文】

坚中流矢，单骑走至淮北，饥甚，民有进壶飧、豚髀者，坚食之，赐帛十匹，绵十斤。辞曰："陛下厌苦安乐，自取危困。臣为陛下子，陛下为臣父，安有子饲其父而求报乎？"弗顾而去。坚谓张夫人曰："吾今复何面目治天下乎？"潸然流涕。

【译文】

苻坚中了流箭，单枪匹马逃到淮北，十分饥饿，有的百姓送来盛在壶里的水泡饭、猪骨头，苻坚吃了以后，赏赐给他们十匹布帛，十斤绵。这些人推辞说："陛下不肯安于逸乐，冒险征伐东晋，是自取困苦。臣民是陛下的儿子，陛下是臣民的父亲，哪里有儿子给父亲饭吃还求取报偿的呢？"他们连赏赐的那些东西看也没看就离开了。苻坚对张夫人说："我如今再以什么面目去治理天下呢？"说着便潸然泪下。

苻坚中了流箭，单枪匹马逃往淮北。

【原文】

是时，诸军皆溃，惟慕容垂所将三万人独全，坚以千余骑赴之。世子宝言于垂曰："家国倾覆，天命人心皆归至尊，但时运未至，故晦迹自藏耳。今秦主兵败，委身于我，是天借之便以复燕祚，此时不可失也，愿不以意气微恩忘社稷之重。"垂曰："汝言是也。然彼以赤心投命于我，若之何害之！天苟弃之，不患不亡。不若保护其危以报德，徐俟其衅而图之，既不负宿心，且可以义取天下。"奋威将军慕容德曰："秦强而并燕，秦弱而图之，此为报仇雪耻，非负宿心也，兄奈何得而不取，释数万之众以授人乎？"

【译文】

这时，前秦的各路军队全都溃散，唯独慕容垂所统领的三万人完整保全，苻坚带领一千多骑兵到了他那里。长子慕容宝向慕容垂进言说："国与家覆灭，天命人心全都归于极其尊贵的帝王，只是时运还未到，所以应该掩饰形迹不要表露出来。如今秦主兵败，委身于我们，这是上天赐予的有利时机以恢复燕国，这个时机不可失去，愿您不要因为受到过小恩小惠而忘掉了恢复燕国的重要事情。"慕容垂说："你说得对。然而他以一片赤诚之心把自身的安全交给我，我怎能伤害他！假如上天抛弃他，不用担心他不灭亡。不如在危难中保护他以报答他的恩德，慢慢地等待他的灾祸，然后再图谋他，这样既不违背往日的心愿，又能以道义征服天下。"奋威将军慕容德说："秦国强大的时候吞并了燕国，秦国微弱的时候图谋它，这是报仇雪耻，不是违背往日的心愿。哥哥为什么得到了却不占取，放弃数万兵众而给他人呢？”

【原文】

垂曰：“吾昔为太傅所不容，置身无所，逃死于秦，秦主以国士遇我，恩礼备至。后复为王猛所卖，无以自明，秦主独能明之，此恩何可忘也？若氐运必穷，吾当怀集关东，以复先业耳，关西会非吾有也。”冠军行参军赵秋曰：“明公当绍复燕祚，著于图谶；今天时已至，尚复何待！若杀秦主，据邺都鼓行而西，三秦亦非苻氏之有也！”垂亲党多劝垂杀坚，垂皆不从，悉以兵授坚。平南将军慕容暐屯郧城，闻坚败，弃其众遁去；至荥阳，慕容德复说暐起兵以复燕祚，暐不从。

【译文】

慕容垂说：“我过去被太傅慕容评所不容，无处安身，逃死到了秦国，秦国主像对待国中才能出众的人那样对待我，恩义礼遇没有做不到的地方。后来我又被王猛所出卖，无法自我明辩，唯独秦国主能明察，这样的恩情怎么能忘记呢？如果氐族人的命运必定穷尽，我应以怀柔之策招集关东兵民，以光复先帝的大业，关西之地必定不会归我所有。”冠军行参军赵秋说：“明公您应当继承光复燕国的国统，这已经明显地表现在图谶上了；如今天时已经到了，还等待什么！如果杀掉秦国主苻坚，占据邺都，之后再向西发展，三秦之地也就不归苻氏所有了！”慕容垂的亲信党羽大多都劝他杀掉苻坚，慕容垂一概没有听从，命令把军队交给苻坚。平南将军慕容暐驻扎在郧城，听说苻坚失败后，丢弃了他的兵众逃走了。到达荥阳，慕容德又劝说慕容暐起兵以恢复前燕的国统，慕容暐没有听从。

谢安接到驿站传来的书信，知道前秦的军队已经失败。

【原文】

谢安得驿书，知秦兵已败，时方与客围棋，摄书置床上，了无喜色，围棋如故。客问之，徐答曰：“小儿辈遂已破贼。”既罢，还内，过户限，不觉屐齿之折。

【译文】

谢安接到驿站传来的书信，知道前秦的军队已经失败，当时他正与客人玩围棋，拿着信放到了床上，毫无高兴的样子，像没接到书信之前一样继续下棋。客人问他是什么事，他慢条斯理地回答说：“小孩子们已经打败敌寇了。”下完棋后，他返回屋里，过门槛时，高兴得竟然连屐齿被折断都没有发觉。

得知战败秦军后，谢安返回屋里，过门槛时，高兴得竟然连屐齿被折断都没有发觉。

宋纪

刘裕受禅

【导语】

宋武帝刘裕是一位卓越的政治家、改革家、军事家。公元399年，刘裕参军起义，对内平定战乱，先后消灭了南方各大割据势力，使南方出现了百年未有的统一局面；对外致力于北伐，取巴蜀，伐南燕，灭后秦。公元420年，刘裕受晋恭帝禅，即位做皇帝，国号宋，南朝从此开始。刘裕就是南朝宋的高祖武皇帝。

桓玄失败后，晋朝已经成为刘裕的天下。晋朝末代皇帝司马德文在傅亮要他写禅位诏书时，一点也不感到意外，而是“欣然操笔”，并对左右说：“桓玄之时，晋氏已无天下，重为刘公所延，将二十载；今日之事，本所甘心。”司马德文的话是符合实际情况的。

刘裕即位后，他吸取了前朝士族豪强挟主专横的教训，抑制豪强兼并，劝课农商，减免赋役，赈济穷困。他从宽执法，注重学校教育，使社会出现了相对安定的局面。刘裕进一步打击了腐朽黑暗的贵族势力，改善了政治和社会状况。刘裕生前清心寡欲，生活简朴，起居有常，严整有度，被誉为“南朝第一帝”。

公元422年，刘宋武帝刘裕去世，终年六十岁。庙号高祖，谥武帝。

【原文】

永初元年（庚申，公元420年）

春，正月己亥，魏主还宫。

秦王炽磐立其子暮末为太子，仍领抚军大将军、都督中外诸军事，大赦，改元建弘。

刘裕想让晋恭帝把帝位以禅让的形式传给自己，于是召集群臣暗示心意。

宋王欲受禅而难于发言，乃集朝臣宴饮，从容言曰：“桓玄篡位，鼎命已移。我首唱大义，兴复帝室，南征北伐，平定四海，功成业著，遂荷九锡。今年将衰暮，崇极如此，物忌盛，非可久安；今欲奉还爵位，归老京师。”群臣惟盛称功德，莫谕其意。日晚，坐散。中书令傅亮还外，乃悟，而宫门已闭，亮叩扉请见，王即开门见之。亮入，但曰：“臣暂宜还者。”王解其意，无复他言，真云：“须几人自送？”亮曰：“数十人可也。”即时奉辞。亮出，已夜，见长星竟天，拊髀叹曰：“我常不信天文，今姑验矣。”亮至建康，夏，四月，征王入辅。王留子义康为都督豫、司、雍、并四州诸军事、豫州刺史，镇寿阳。义康尚幼，以相国参军南阳刘湛为长史，决府、州事。湛自弱年即有宰物之情，常自比管、葛，博涉书史，不为文章，不喜谈议，王甚重之。

五月乙酉，魏更谥宣武帝曰道武帝。

【译文】

永初元年（庚申，公元 420 年）

春季，正月己亥（十四日），北魏国主回宫。

西秦王乞伏炽磐封他的儿子乞伏暮末为太子，任命他仍旧兼任抚军大将军，总管全国内外的军事，大赦天下，改年号为建弘。

宋王刘裕想让晋恭帝司马德文把帝位以禅让的形式传给自己，但是他无法开口，于是，他召集朝臣饮酒欢宴，刘裕十分从容地说："当年桓玄篡位时，晋国的大权落入他人之手。我首先提倡大义，复兴皇帝宗室，我南征北讨，平定了天下，可以说是大功告成，业绩卓著，因此皇上恩赐我九锡之尊。现在我的年纪快老了，地位又如此尊崇，天下之事最忌讳装得太满而溢出来，那样就得不到长久的安宁了；如今我想把爵位奉还皇上，回到京师养老。"群臣只是一味盛称他的功德，却不理解他真正的含义。这天天色已晚，群臣散去。中书令傅亮走出宫门，这才悟出宋王一席话的真正含义，但是宫门已经关闭了，傅亮就叩门请求拜见宋王，宋王就命令开门召见他。傅亮进入宫中，只是说："我应当暂且返回京师。"宋王刘裕明白了他的用意，就不再说别的了，直接问道："你需要多少人护送？"傅亮说："几十个人就够了。"傅亮于是就与宋王刘裕辞别。傅亮出宫时已是半夜时分，见到彗星划过夜空，傅亮拍着腿叹道："我过去常不相信天象，如今看来天象开始应验了。"傅亮来到京师建康，当时正是初夏四月，晋恭帝征召刘裕入京辅助。刘裕让他的儿子刘义康留守，任命他为都督豫司雍并四州诸军事、豫州刺史，令他镇守寿阳。刘义康还年幼，刘裕就任用相国参军南阳人刘湛为长史，令他帮助决策和处理府、州事务。刘湛从小就有做宰相的志向，他经常以管仲、诸葛亮自比，刘湛博览书史，却不喜欢做文章，也不喜欢空发议论。刘裕非常器重他。

五月乙酉（初二），北魏变更宣武帝拓跋珪的谥号为道武帝。

【原文】

魏淮南公司马国璠、池阳子司马道赐谋外叛，司马文思告之。庚戌，魏主杀国璠、道赐，赐文思爵郁林公。国璠等连引平城豪桀，坐族诛者数十人，章安侯封懿之子玄之当坐。魏主以玄之燕朝旧族，欲宥其一子。玄之曰："弟子磨奴早孤，乞全其命。"乃杀玄之四子而宥磨奴。

六月壬戌，王至建康。傅亮讽晋恭帝禅位于宋，具诏草呈帝，使书之。帝欣然操笔，谓左右曰："桓玄之时，晋氏已无天下，重为刘公所延，将二十载；今日之事，本所甘心。"遂书赤纸为诏。

甲子，帝逊于琅邪第，百官拜辞，秘书监徐广流涕哀恸。

丁卯，王为坛于南郊，即皇帝位。礼毕，自石头备法驾入建康宫。徐广又悲感流涕，侍中谢晦谓之曰："徐公得无小过！"广曰："君为宋朝佐命，身是晋室遗老，悲观之事，固不可同。"广，邈之弟也。

帝临太极殿，大赦，改元。其犯乡论清议，一皆荡涤，与之更始。

傅亮草拟禅位诏书并让晋恭帝抄写，作为正式诏书昭告天下。

【译文】

北魏淮南公司马国璠、池阳子司

马道赐阴谋反叛，司马文思告发了他们。庚戌（二十七日），北魏国主拓跋嗣杀了司马国璠与司马道赐，赐封司马文思为郁林公。司马国璠等人的阴谋牵连了平城的大户豪强，全族被诛杀的就有几十个人，章安侯封懿的儿子封玄之也应当被斩首。北魏国主因为封玄之是燕朝旧族，想要宽恕他的一个儿子。封玄之说："我弟弟的儿子封磨奴幼年丧父，乞求您保全他的性命。"北魏国主就杀掉了封玄之的四个儿子而饶恕了封磨奴。

六月壬戌（初九），宋王刘裕来到建康。傅亮暗示晋恭帝将帝位禅让给宋王刘裕，并且将草拟的退位诏书呈送给了晋恭帝，让他自己再抄写一遍。晋恭帝非常高兴地拿起了笔，并对左右侍臣说："桓玄之乱时，晋朝已经失去了天下，是依靠刘公才又得以延续，到如今已经将近二十年了；如今禅让给刘公，是我心甘情愿的。"于是将傅亮呈上来的草稿抄写在红纸上，作为正式诏书。

甲子（十一日），晋恭帝让位，回到琅邪旧邸，百官叩拜辞别，秘书监徐广痛哭流涕，极其哀恸。

丁卯（十四日），宋王刘裕在南郊设坛，即帝位。典礼结束后，刘裕乘车从石头进入建康宫。徐广又痛哭流涕，十分悲伤，侍中谢晦对他说："徐公这样做未免有点过分了吧！"徐广说："您是宋朝的佐命大臣，我是晋室遗留下来的老臣，悲欢之情，本来就是各不相同的。"徐广是徐邈的弟弟。

刘宋武帝刘裕登临太极殿，大赦天下，改年号为永初。刘裕宣布，犯罪的人中，凡是行为不道德，受过舆论抨击的，一律除去罪名，使他们改过自新。

【原文】

裴子野论曰：昔重华受终，四凶流放；武王克殷，顽民迁洛。天下之恶一也，乡论清议，除之，过矣！

奉晋恭帝为零陵王，优崇之礼，皆仿晋初故事，即宫于故秣陵县，使冠军将军刘遵考将兵防卫。降褚后为王妃。

追尊皇考为孝穆皇帝，皇妣赵氏为孝穆皇后；尊王太后萧氏为皇太后。上事萧太后素谨，及即位，春秋已高，每旦入朝太后，未尝失时刻。

诏晋氏封爵，当随运改，独置始兴、庐陵、始安、长沙、康乐五公，降爵为县公及县侯，以奉王导、谢安、温峤、陶侃、谢玄之祀，其宣力义熙、豫同艰难者，一仍本秩。

【译文】

裴子野评论说：以前虞舜接受国家大任时，曾经流放过四凶；武王讨伐殷商时，也曾经将顽劣的遗民迁到洛阳。天下的罪恶在任何时候都是相同的，但是刘裕将触犯众怒之人的罪名一概免除，确实是做得太过分了！

宋武帝封晋恭帝为零陵王；他对待晋室的优崇之礼，都仿照晋初优待魏室的先例，随即又在故秣陵县为晋恭帝兴建王宫，派冠军将军刘遵考率领军队防卫保护。将晋恭帝的皇后褚灵媛降为王妃。

刘裕追尊他的父亲为孝穆皇帝，母亲赵氏为孝穆皇后；尊封他的继母王太后萧氏为皇太后。刘裕侍奉萧太后一向十分恭谨，等到即帝位后，虽然年事已高，每天早晨也一定入后宫给太后请安，从来没有错过时辰。

帝刘裕又下诏说，晋朝时封的爵位，应当随着朝代的更替而有所更改，于是他将过去封置的始兴公、庐陵公、始安公、长沙公、康乐公降爵为县公或是县侯，以便延续王导、谢安、温峤、陶侃、谢玄等人的祭祀香火，凡是当年与刘裕共同抗击过桓玄的人，仍然保持他们的爵位和俸禄不变。

元嘉之治

【导语】

“元嘉之治”是指东晋南北朝宋武帝至宋文帝时国力最为强盛的历史时期。“元嘉”是南朝宋文帝刘义隆的年号，因其政治较为清明，又努力推行繁荣经济文化的各项政策，从而出现了短期内经济终于有所恢复、人民生活较为安定的政治局面。

刘宋武帝刘裕吸取东晋灭亡的教训，十分注意集权于中央。他重用寒门，压抑豪门士族，限制士族地主兼并土地。

宋武帝刘裕死后，长子刘义符即位，两年后，辅政大臣徐羡之、傅亮、谢晦以其嬉戏失德为由将其杀死，立刘裕三子宜都王刘义隆，史称宋文帝。宋文帝继续实行刘裕的治国方略，在东晋义熙土断的基础上清理户籍，下令免除百姓欠政府的“通租宿债”，又实行劝学、兴农、招贤等一系列措施，使百姓得以休养生息，社会生产有所发展，经济文化日趋繁荣。由是“三十年间，氓庶蕃息，奉上供徭，止于岁赋。晨出暮归，自事而已”，“民有所系，吏无苟得。家给人足，即事虽难，转死沟渠，于时可免。凡百户之乡，有市之邑，谣舞蹈，触处成群，盖宋世之极盛也”。宋文帝统治时期是东晋南北朝国力最为强盛的历史时期，史称“元嘉之治”。

宋文帝第二次北伐的失败导致“元嘉之治”衰败。其实，作为一种政治局面，“元嘉之治”衰败于宋孝武帝时期。孝武帝对元嘉时期的制度多有改革。但他的改革除少数有积极作用外，大多祸国殃民，从而导致了“元嘉之治”局面的衰败，加速了刘宋王朝的灭亡。

历史上将“元嘉”与“文景”“贞观”并称为“三大治世”。“元嘉之治”是宋武帝刘裕和宋文帝刘义隆共同造就的。特别是宋文帝继位后，提倡节俭、轻徭薄赋，重视发展农业生产，使元嘉时期成为南朝的鼎盛时期。

【原文】

元嘉三年（丙寅，公元426年）

春，正月，谢晦弟黄门侍郎嚼驰使告晦，晦犹谓不然，以傅亮书示咨议参军何承天曰：“外间所闻，咸谓西讨已定，幼宗岂有上理！”晦尚谓虚妄，使承天豫立答诏启草，言伐虏宜须明年。江夏内史程道惠得寻阳人书，言“朝廷将有大处分，其事已审”，使其辅国府中兵参军乐冏封以示晦。晦问承天曰：“若果尔，卿令我云何？”对曰：“蒙将军殊顾，常思报德。事变至矣，何敢隐情！然明日戒严，动用军法，区区所怀，惧不得尽。”晦惧曰：“卿岂欲我自裁邪？”承天曰：“尚未至此。

参军何承天向谢晦言说应对朝廷征讨之策。

以王者之重，举天下以攻一州，大小既殊，逆顺又异。境外求全，上计也。其次以腹心将兵屯义阳，将军自帅大众战于夏口；若败，即趋义阳以出北境，其次也。”晦良久曰：“荆州用武之地，兵粮易给，聊且决战，走复何晚！”乃使承天造立表檄，又与卫军咨议参军琅邪颜邵谋举兵，邵饮药而死。

谢晦命令何承天撰写檄文，又与诸将谋划起兵反抗之事。

【译文】

元嘉三年（丙寅，公元426年）

春季，正月，谢晦的弟弟黄门侍郎谢皭，派专人骑马去警告谢晦，但是谢晦仍然认为还没有到这个地步，并拿出傅亮的信给谘议参军何承天看，说：“我估计万幼宗一两天内就会到达。傅亮是怕我招惹是非，所以先把这封信送过来。”何承天说：“我在外面听到的，人们都说向西讨伐我们的计划已经制定了，万幼宗又怎么会到这里来呢！”谢晦仍然认为那是谣言，他命令何承天先行起草回答诏书的奏章，建议朝廷最好延期到明年再讨伐北魏。江夏内史程道惠接到一封从寻阳送来的信，信中说“朝廷将有大规模的行动，事情已经确定了”，程道惠派遣辅国府中兵参军乐冏将信封好后送给谢晦。谢晦问何承天道：“如果真有不测，你认为我应该怎么做呢？”何承天说：“我蒙受将军的特殊照顾，经常想要报答您的恩惠。如今事情已经发生了变化，怎么敢隐瞒真实情况呢！然而，一旦明日下令戒严，动用军法制裁，我心中想要说的话，恐怕就不能够说尽了。”谢晦惊恐地问道：“你难道是想让我自杀吗？”何承天说：“事情还没有到这个地步。以帝王的威严和全国的力量去攻打一个州，实力大小相差悬殊，民心的逆顺又十分不同。您到国外保全性命，这才是上策。其次，您派心腹将领驻军义阳，将军亲自率领大军与敌人在夏口作战；如果失败了，也可以取道义阳北上出境，这是中策。”谢晦沉默了很长时间才说：“荆州是兵家必争之地，兵力和粮草都容易供给，不妨先进行一场决战，打败了再逃跑也不晚啊！”于是，谢晦命令何承天撰写檄文；又与卫军谘议参军琅邪人颜邵谋划起兵反抗，颜邵服毒自杀。

【原文】

晦立幡戒严，谓司马庾登之曰：“今当自下，欲屈卿以三千人守城，备御刘粹。”登之曰：“下官亲老在都，又素无部众，情计二三，不敢受此旨。”晦仍问诸将佐：“战士三千足守城否？”南蛮司马周超对曰：“非徒守城而已，若有外寇，可以立功。”登之因曰：“超必能力，下官请解司马、南郡以授之。”晦即于坐命超为司马，领南义阳太守；转登之为长史，南郡如故。登之，蕴之孙也。

帝以王弘、檀道济始不预废弑之谋，弘弟昙首又为帝所亲委，事将发，密使报弘，且召道济，欲使讨晦。王华等皆以为不可，帝曰：“道济止于胁从，本非创谋。杀害之事，又所不关。吾抚而使之，必将无虑。”乙丑，道济至建康。

【译文】

谢晦竖起大旗，下令戒严，对司马庾登之说：“我现在打算亲自东下出征，打算委屈你率领三千人守卫江陵，防备刘粹。”庾登之说：“我的双亲年纪都大了，他们身在建康，而且我又从

谢晦准备起兵反叛刘宋。

来没有过直属的部队，我经过慎重考虑，不敢接受这项命令。”谢晦又问其他的将领和佐臣：“三千战士足够守城吗？”南蛮司马周超回答说：“三千战士不仅足够守城，如果有外敌入侵，还可以建立战功。”庾登之于是说：“周超一定可以胜任，我请求解除司马和南郡太守两个职务转授给他。”谢晦立即就在座位上任命周超为司马，兼领南义阳郡太守。改庾登之为长史，仍然担任南郡太守。庾登之是庾蕴的孙子。

宋文帝认为王弘、檀道济在开始时没有参预废弑刘义真、刘义符的阴谋，王弘的弟弟王昙首又被宋文帝所亲近信任，在开始行动之前，刘义隆秘密派人告诉王弘，并且召见檀道济，打算派他去讨伐谢晦。王华等大臣都认为不能这样做，刘义隆说：“檀道济当初只是受到胁迫才随从徐羡之等行事的，原本就不是他主动提出的，谋杀的事情，更与他没有关系；我安抚并且任用他，不必有其他的顾虑。”乙丑（十五日），檀道济到达建康。

【原文】

丙寅，下诏暴羡之、亮、晦杀营阳、庐陵王之罪，命有司诛之，且曰：“晦据有上流，或不即罪，朕当亲帅六师为其过防。可遣中领军到彦之即日电发，征北将军檀道济骆驿继路，符卫军府州，以时收翦，已命雍州刺史刘粹等断其走伏。罪止元凶，余无所问。”

是日，诏召羡之、亮。羡之行至西明门外，谢皭正直，遣报亮云：“殿内有异处分。”亮辞以嫂病暂还，遣信报羡之，羡之还西州，乘内人问讯车出郭，步走至新林，入陶灶中自经死。亮乘车出郭门，乘马奔兄迪墓，屯骑校尉郭泓收之。至广莫门，上遣中书舍人以诏书示亮，并谓曰：“以公江陵之诚，当使诸子无恙。”亮读诏书讫，曰：“亮受先帝布衣之眷，遂蒙顾托。黜昏立明，社稷之计也。欲加之罪，其无辞乎！”于是诛亮而徙其妻子于建安；诛羡之二子，而宥其兄子佩之。诛晦子世休，收系谢皭。

【译文】

刘宋文帝杀傅亮，又逮捕诛杀谢晦的亲属。

丙寅（十六日），宋文帝下诏公布徐羡之、傅亮、谢晦杀害营阳王刘义符、庐陵王刘义真的罪状，并且命令有关部门逮捕诛杀他们，宋文帝还说：“谢晦据守长江上游，或许不会立即伏法，朕将亲自统率大军前往讨伐。可派遣中领军到彦之即日急速出发，征北将军檀道济陆续出发作为后继，符卫军府及荆州官属，应当及时逮捕并诛杀谢晦，已经命令雍州刺史刘粹等切断谢晦逃跑或潜伏的道路。罪犯只限于谢晦一个人，其他胁从者一概不加以追究。”

这天，宋文帝下诏召见徐羡之、傅亮。徐羡之走到西明门外，谢皭正在当值，派人报告傅亮说：“殿内有异常的举动。”傅亮马上借口嫂嫂生病，暂时回家，派人通知徐羡之，徐羡之回到西城，乘坐宫廷内部人出差的车逃出建康城，步行到新林，进入一个烧陶器的窑里自缢身亡。傅亮乘车逃出建康城，又骑马逃到他的兄长傅迪的墓园，屯骑校尉郭泓逮捕了他。到广莫门的时候，宋文帝派中书舍人拿诏书给傅亮看，并且对他说：“因为你当初在江陵迎驾时，态度十分诚恳，所以饶恕你的儿子们不死。”傅亮读过诏书说：“我本来出身平民，承蒙先帝垂爱，所以承担了托孤的大任。废黜昏君，迎立明主，都是为了朝廷的百年大计打算啊。想要将罪过强加在我身上，难道还怕没有借口吗！”于是，傅亮被杀，他的妻子和儿女都被放逐到建安；又诛杀了徐羡之的两个儿子，而饶恕了他的侄儿徐佩之。又诛杀了谢晦的儿子谢世休，逮捕了谢皭。

【原文】

帝将讨谢晦，问策于檀道济，对曰：“臣昔与晦同从北征，入关十策，晦有其九，才略明练，殆为少敌。然未尝孤军决胜，戎事恐非其长。臣悉晦智，晦悉臣勇。今奉王命以讨之，可未陈而擒也。”丁卯，征王弘为侍中、司徒、录尚书事、扬州刺史，以彭城王义康为都督荆、湘等八州诸军事、荆州刺史。

乐冏复遣使告谢晦以徐、傅及皭等已诛。晦先举羡之、亮哀，次发子弟凶问，既而自出射堂勒兵。晦从高祖征讨，指麾处分，莫不曲尽其宜，数日间，四远投集，得精兵三万人。乃奉表称羡之、亮等忠贞，横被冤酷。且言：“臣等若志欲执权，不专为国，初废营阳，陛下在远，武皇之子尚有童幼，拥以号令，谁敢非之？岂得溯流三千里，虚馆七旬，仰望鸾旗者哉？故庐陵王，于营阳之世积怨犯上，自贻非命。不有所废，将何以兴！耿弇不以贼遗君、父，臣亦何负于宋室邪！此皆王弘、王昙首、王华险躁猜忌，谗构成祸。今当举兵以除君侧之恶。”

【译文】

宋文帝将要讨伐谢晦，他向檀道济询问计策，檀道济回答说：“我当年与谢晦一同北伐，当时得以入关的十项计策，其中有九项是谢晦提出来的，谢晦才略精明老练，大概很少有敌手。但是他从来没有单独带领部队打过胜仗，军事恐怕不是他所擅长的。我非常了解谢晦的才智，谢晦也了解我的勇敢。如今我奉皇上的命令去讨伐他，可以在他还没有摆开阵势时就将他擒获。”丁卯（十七日），宋文帝召见王弘，任命他为侍中、司徒、录尚书事、扬州刺史，任命彭城王刘义康为都督荆湘等八州诸军事、荆州刺史。

辅国府中兵参军乐冏，再次派人报告谢晦，说徐羡之、傅亮、谢皭等都已经已被杀了。于是，谢晦先为徐羡之、傅亮举行祭礼，接着又为弟弟和儿子发布死讯，然后亲自走出虎帐统率军队。谢晦当年随宋武帝南征北讨，发号施令，指挥调动，没有

谢晦很快就聚集了精兵三万，以清君侧的名义起兵反叛。

不切实妥当的，几天的时间里，人们就从四面八方来投奔谢晦，很快就聚集了精兵三万人。于是，谢晦上表盛赞徐羡之、傅亮等都是忠贞之臣，却受到了横暴的冤杀。谢晦又说："我们这些人如果想长久地把握国家大权，不一心一意为朝廷着想，当初在废黜营阳王时，陛下还远在荆州，武皇帝的儿子中还有幼童，我们完全可以拥戴小皇帝，向天下发号施令，谁敢出来反对呢？又怎么会逆流而上三千里，让皇位空虚七十多天，去迎接陛下的鸾旗呢？已故的庐陵王刘义真，当营阳王在位的时候，他就曾经积聚怨恨，冒犯皇上，是他自己死于非命。没有废黜，怎么能够有兴起呢？耿弇不曾把贼寇遗留给君王、父亲，我又哪里辜负了宋家皇室呢？这都是因为王弘、王昙首、王华一伙阴险、狂暴，他们多次进行猜忌和挑拨离间，因此才造成了现在的灾祸。如今，我要发动大军，为陛下清除身边的邪恶之徒。"

【原文】

谢晦自江陵东下，何承天留府不从。晦至江口，到彦之已至彭城洲。庾登之据巴陵，畏懦不敢进；会霖雨连日，参军刘和之曰："彼此共有雨耳；檀征北寻至，东军方强，唯宜速战。"登之恇怯，使小将陈祐作大囊，贮茅悬于帆樯，云可以焚舰，用火宜须晴，以缓战期。晦然之，停军十五日。乃使中兵参军孔延秀攻将军萧欣于彭城洲，破之。又攻洲口栅，陷之。诸将咸欲退还夏口，到彦之不可。乃保隐圻。晦又上表自讼，且自矜其捷，曰："陛下若枭四凶于庙庭，悬三监于降阙，臣便勒众旋旗，还保所任。"

【译文】

谢晦从江陵东下，何承天留守江陵没有随从。谢晦到达西江口，到彦之的军队已经到达彭城洲。庾登之据守巴陵，畏缩怯懦不敢前进，当时正赶上大雨连绵，下了好几天也没有停，参军刘和之说："我们与敌人都遇到了大雨；征北将军檀道济的大军不久就要到了，官军实力正强，我们应该速战速决。"庾登之仍旧是畏惧不敢战，命令手下的小军官陈祐制造了一个大口袋，装满茅草悬挂在桅杆上，声称可以用来焚毁敌人的战舰。用火攻必须等到天晴，他用这个办法来延缓会战的日期。谢晦同意了庾登之的做法，逗留了十五日。然后才派中兵参军孔延秀进攻驻守在彭城洲的将军萧欣，大败萧欣的军队。又进攻彭城洲口官军的营垒阵地，又大败官军。官军各将领都想撤退据守夏口，到彦之反对他们的建议，于是退保隐圻。谢晦又上疏为自己辩护，并且十分骄傲地倚仗自己在军事上取得的胜利，他说："陛下如果在庙庭把'四凶'斩首，把'三监'的人头悬挂在宫墙上，我就率领军队回转旌旗，返回保卫我的任所。"

参军刘和之劝谢晦速战。

【原文】

初，晦与徐羡之、傅亮为自全之计，以为晦据上流，而檀道济镇广陵，各有强兵，足以制朝廷；羡之、亮居中秉权，可得持久。及闻道济帅众来上，惶惧无计。

道济既至，与到彦之军合，牵舰缘岸。晦始见舰数不多，轻之，不即出战。至晚，因风帆上，前后连咽；西人离沮，无复斗心，戊辰，台军至，忌置洲尾，列舰过江，晦军一时皆溃。晦夜出，投巴陵，得小船还江陵。

【译文】

当初，谢晦与徐羡之、傅亮为了保全自己定下了计策：用谢晦把守长江上游，命令檀道济镇守广陵，使他们各自拥有强兵，足以胁制朝廷；徐羡之、傅亮在朝中担任要职、掌握大权，可以维持长久的安定。等到谢晦听说檀道济率领军队来攻打自己，十分惶恐，束手无策。

檀道济的军队一到隐圻，立即与到彦之的军队汇合，战舰沿岸停泊。谢晦开始时看见战舰不多，就没有放在心上，也不马上发动攻击。到了晚上，因为东风大起，官军船舰的帆篷满张，陆续抵达，前后相连；谢晦军队的士气涣散，军心沮丧，不再有斗志。戊辰（十九日），官军舰队挺进到忌置洲尾，战舰排列着渡过长江，谢晦的军队一触即溃。谢晦在夜里逃走，投奔巴陵，找到一艘小船回到江陵。

【原文】

夏，五月乙未，以檀道济为征南大将军、开府仪同三司、江州刺史，到彦之为南豫州刺史。遣散骑常待袁渝等十六人分行诸州郡县，观察吏政，访求民隐；又使郡县各言损益。丙午，上临延贤堂听讼，自是每岁三讯。

刘宋文帝刘义隆任命檀道济为征南大将军。

左仆射王敬弘，性恬淡，有重名；关署文案，初不省读。尝预听讼，上问以疑狱，敬弘不对。上变色，问左右："何故不以讯牒副仆射？"敬弘曰："臣乃得讯牒读之，正自不解。"上甚不悦，虽加礼敬，不复以时务及之。

【译文】

夏季，五月乙未（十七日），宋文帝任命檀道济为征南大将军、开府仪同三司、江州刺史，任命到彦之为南豫州刺史。又派遣散骑常侍袁渝等十六人分别巡察各州郡县，考察官员的政绩，访求民间无处申诉的疾苦；宋文帝又命郡县上疏奏报当地的行政得失。丙午（二十八日），宋文帝亲自到延贤堂听取诉讼，从此以后，宋文帝每年来三次。

左仆射王敬弘，性情恬然，甘于淡泊，声名显著；可是在核定文稿时，他从来不事先审阅。他曾经随同宋文帝听取民间诉讼，宋文帝用一件有疑问的案件询问王敬弘，王敬弘回答不上来。宋文帝脸色大变，问左右侍臣道："你们为什么不将案卷的副本送给左仆射？"王敬弘回答说："我已经看到了案卷的副本，但是我没有看懂。"宋文帝非常不高兴，虽然仍然对他加以礼敬，却不再与他讨论国家大事了。

【原文】

六月，以右卫将军王华为中护军，待中如故。华以王弘辅政，王昙首为上所亲任，与己相埒，自谓力用不尽，每叹息曰："宰相顿有数人，天下何由得治！"是时，宰相无常官，唯人主所与议论政事、委以机密者，皆宰相也，故华有是言。亦有任侍中而不为宰相者；然尚书令、仆，中书监、令，侍中，侍郎，给事中，皆当时要官也。

王华认为自己的才能无法得以完全施展。

华与刘湛、王昙首、殷景仁俱为侍中，风力局干，冠冕一时。上尝与四人于合殿宴饮，甚悦。既罢出，上目送良久，叹曰："此四贤，一时之秀，同管喉唇，恐后世难继也。"

黄门侍郎谢弘微与华等皆上所重，当时号曰五臣。弘微，琰之从孙也。精神端审，时然后言，婢仆之前不妄语笑，由是尊卑大小，敬之若神。从叔混特重之，常曰："微子异不伤物，同不害正，吾无间然。"

【译文】

六月，宋文帝任命右卫将军王华为中护军，同时仍兼任侍中。王华认为司徒王弘是辅助文帝的大臣，侍中王昙首又被皇上信任，他们的地位与自己相当，因此，王华认为自己的才能无法得以完全施展，他经常叹息道："朝中宰相，一时之间多达数人，天下怎么能够治理啊！"当时，朝廷中没有固定的宰相，只要谁与皇帝讨论国家大事，就将国家机要大事交给谁办，谁就是宰相，所以王华才有这种言论。当时也有任侍中的职务而不是宰相的人；然而，尚书令、仆射、中书监、中书令、侍中、侍郎、给事中等，都是当时重要的官职。

王华与刘湛、王昙首、殷景仁都担任侍中的职务，他们风采出色，精明干练，显耀一时。宋文帝曾与他们四人在合殿宴饮，特别高兴。筵席散后，宋文帝目送他们好久，叹息道："这四位贤才，是一时的俊杰，如同我的喉唇一样重要，恐怕后世很难再出现这样的人了。"

黄门侍郎谢弘微与王华等都得到了宋文帝的重用，当时他与王华、刘湛、王昙首、殷景仁等号称五臣。谢弘微是谢琰的侄孙。他一向端庄严谨，审度时机然后才开口说话，在奴婢仆役面前也从不随便说笑，因此无论尊卑大小，都像对待神明一样恭敬地对待他。他的堂叔谢混对他格外推崇敬重，经常说："谢弘微与别人不同时，他不会伤害别人；与别人相同时，他也不会违背正道，我挑不出他的毛病。"

【原文】

上欲封王昙首、王华等，拊御床曰："此坐非卿兄弟，无复今日。"因出封诏以示之。昙首固辞曰："近日之事，赖陛下英明，罪人斯得。臣等岂可因国之灾以为身幸！"上乃止。

诏殿中将军吉恒聘于魏。

燕太子永卒，立次子翼为太子。

王华与刘湛、王昙首、殷景仁为元嘉四贤臣。

秦王炽磐伐河西，至廉川，遣太子暮末等步骑三万攻西安，不克，又攻番禾。河西王蒙逊发兵御之，且遣使说夏主，使乘虚袭枹罕。夏主遣征南大将军呼卢古将骑二万攻苑川，车骑大将军韦伐将骑三万攻南安。炽磐闻之，引归。九月，徙其境内老弱、畜产于浇河及莫河仍寒川，留左丞相昙达守枹罕。韦伐攻拔南安，获秦秦州刺史翟爽、南安太守李亮。

吐谷浑握逵等帅部众二万落叛秦，奔昴川，附于吐谷浑王慕璝。

大旱，蝗。

【译文】

宋文帝打算封王昙首、王华等人爵位，他抚摸着御座说："这个宝座，如果不是你们，我今天就不可能坐上。"于是，宋文帝就拿出封爵的诏书给他们看。王昙首坚决辞让说："近来发生的事，都是依赖陛下的英明决断，使罪人得到应有的惩罚，我们怎么可以因为国家的灾难而让自己得到好处呢！"宋文帝这才作罢。

宋文帝下诏，派遣殿中将军吉恒出使北魏。

北燕太子冯永去世，文成帝冯跋封次子冯翼为太子。

西秦王乞伏炽磐讨伐北凉，大军抵达廉川，乞伏炽磐派太子乞伏暮末等率领步、骑兵共三万人，进攻西安，没有攻下，于是又转攻番禾。北凉河西王沮渠蒙逊发兵抵御，同时又派遣使者出使夏国游说，请夏国国主赫连昌乘西秦国内空虚之际，袭击枹罕。夏国国主赫连昌派遣征南大将军呼卢古率领两万骑兵进攻西秦的苑川，派遣车骑大将军韦伐率领三万骑兵进攻南安。西秦国王乞伏炽磐听到这个消息后，立即从北凉撤军回国。九月，乞伏炽磐把境内的老弱妇孺和家畜，集中迁徙到浇河郡和莫河的仍寒川，同时命令左丞相乞伏昙达留守京师枹罕。夏国的车骑大将军韦伐率领大军攻陷了南安城，生擒了西秦秦州刺史翟爽和南安太守李亮。

隶属西秦的吐谷浑部落酋长慕容握逵，率领所属的两万多个部落背叛西秦，逃往昴川，归附了吐谷浑可汗慕容慕璝。

天下大旱，发生了蝗灾。

【原文】

左光禄大夫范泰上表曰："妇人有三从之义，无自专之道。谢晦妇女犹在尚方，唯陛下留意。"有诏原之。

秦左丞相昙达与夏呼卢古战于嵻崀山，昙达兵败。十一月，呼卢占、韦伐进攻枹罕。秦王炽磐迁保定连。呼卢占人南城，镇京将军赵寿生率死士三百人力战，却之。呼卢古、韦伐又攻沙州刺史出连虔于湟河，虔遣后将军乞伏万年击败之。又攻西平，执安西将军库洛干，坑战士五千余人，掠民二万余户而去。

仇池氐杨兴平求内附。梁、南秦二州刺史吉翰遣始平太守庞谘据武兴。氐王杨玄遣其弟难当将兵拒谘，谘击走之。

【译文】

刘宋左光禄大夫范泰上疏说："女子有三从的大义，却没有自作主张的道理。如今谢晦家的妇女仍然被羁押在尚方作坊里做苦工，恳请陛下考虑一下。"于是，宋文帝下诏赦免

左光禄大夫范泰上表刘宋文帝请求赦免谢晦家的女眷。

了她们。

西秦左丞相乞伏昙达与夏国的征南大将军呼卢古在嵻峎山会战，乞伏昙达兵败。十一月，呼卢古与韦伐合兵进攻西秦都城枹罕。西秦王乞伏炽磐迁都保卫定连。夏国大将呼卢古攻入枹罕南城，西秦镇京将军赵寿生率领敢三百死士奋力抵抗，击退了呼卢古。呼卢古、韦伐又攻打沙州刺史出连虔据守的湟河，出连虔派后将军乞伏万年击退了他们的进攻。呼卢古、韦伐又率军进攻西平，俘获了西秦的安西将军库洛干，活埋了西秦战士五千多人，掠走两万多户居民，然后班师回国。

仇池氐族部落酋长杨兴平请求归附刘宋朝廷。刘宋梁州、南秦州二州刺史吉翰派遣始平太守庞谘进军占据武兴。氐王杨玄派他的弟弟杨难当人马顿对阻击庞谘，被庞谘击退而后逃走。

【原文】

元嘉四年（丁卯，公元427年）

春，正月辛巳，帝祀南郊。

乙卯，帝如丹徒；己巳，谒京陵。初，高祖既贵，命藏微时耕具以示子孙。帝至故宫见之，有惭色。近侍或进曰："大舜躬耕历山，伯禹亲事水土。陛下不睹遗物，安知先帝之至德，稼穑之艰难乎！"

丁亥，帝还建康。

庚戌，以廷尉王徽之为交州刺史，征前刺史杜弘文。弘文有疾，自舆就路；或劝之待病愈，弘文曰："吾杖节三世，常欲投躯帝庭，况被征乎！"遂行，卒于广州。弘文，慧度之子也。

刘宋文帝拜谒京陵。

【译文】

元嘉四年（丁卯，公元427年）

春季，正月辛巳（初七），宋文帝前往都城建康南郊祭祀天神。

乙卯（十一日），宋文帝前往丹徒；己巳（二十五日），宋文帝拜谒京陵。最初，宋武帝在富贵之后，命令将他幼年贫穷微贱时耕田用的农具收藏起来，以展示给后代的子孙。宋文帝到达故宫，看到那些耕具后，感到十分惭愧。他身边有侍臣进言说："大舜曾亲自在历山耕田种地，大禹曾经亲自治理水土。陛下不看到这些遗物，怎么能够知道先帝崇高的仁德，又怎么知道耕种的艰难呢！"

丁亥（十四日），宋文帝返回建康。

庚戌（初七），宋文帝任命廷尉王徽之为交州刺史，征召前任交州刺史杜弘文回京。当时杜弘文患有重病，接到命令后，他亲自备车上路；有人劝告他等病痊愈了再上路，杜弘文说："我家祖孙三代镇守边关，平时就渴望到京城去，何况今日皇帝又征召我前往呢！"于是，杜弘文带病上路，走到广州就去世了。杜弘文是杜慧度的儿子。

【原文】

又以抚将军江夏王义恭为都督荆、湘等八州诸军事、荆州刺史，以侍中刘湛为南蛮校尉，行府州事。帝与义恭书，诫之曰："天下艰难，家国事重，虽曰守成，实亦未易。隆替安危，在吾曹耳，岂可不感寻王业，大惧负荷！

"汝性褊急，志之所滞，其欲必行，意所不存，从物回改。此最弊事，宜念裁抑。卫表遇士大夫以礼，与小人有恩；西门、安于，矫性齐美；关羽、张飞，任偏同弊。行己举事，深宜鉴此！

"若事异今日，嗣子幼蒙，司徒当周公之事，汝不可不尽祗顺之理。尔时天下安危，决汝二人耳。

"汝一月自用钱不可过三十万，若能省此，益美。西楚府舍，略所谙究，计当不须改作，日求新异。凡讯狱多决当时，难可逆虑，此实为难。至讯日，虚怀博尽，慎无以喜怒加人。能择善者而从之，美自归己；不可专意自决，以矜独断之明也！

"名器深宜慎惜，不可妄以假人。昵近爵赐，尤应裁量。吾于左右虽为少恩，如闻外论不以为非也。

"以贵凌物，物不服；以威加人，人不厌；此易达事耳。

"声乐嬉游，不宜令过；蒲酒渔猎，一切勿为。供用奉身，皆有节度，奇服异器，不宜兴长。

"又宜数引见佐史。相见不数，则彼我不亲；不亲，无因得尽人情；人情不尽，复何由知众事也！"

【译文】

宋文帝又任命抚军将军、江夏王刘义恭为都督荆湘等八州诸军事、荆州刺史，任命侍中刘湛为南蛮校尉，代理府州政务。宋文帝给刘义恭写信，告诫他说："天下时事十分艰难，家事国事关系重大，虽然说是继承并保住已有的基业，实际上却并不容易。国家的兴隆更替、安定危覆都在我们身上，怎么可以不感到王业艰难而寻求治国之道，从而对自己肩负的重任感到惶恐不安呢！

"你的性情急躁偏激，心中想什么，就不顾一切地去做；有时你的心里并没有某些愿望，只是受外界引诱而产生欲望。这是最容易招致祸端的，你应当时常提醒自己，尽力克制。卫青对待士大夫礼貌谦恭，对小人也有恩惠；西门豹性情刚直急躁，常佩带熟皮带，董安于性情宽容，做事缓慢，常佩带弓弦，他们都是为了警示自己，以此来矫正自己的性情，因此他们的美名一齐得到了后世的传颂。关羽、张飞却不是这样，他们二人的性格都任性偏激，各趋极端。你待己处事，要深刻体会古人的行为，以此作为自己的借鉴啊！

"倘若有一天朝中发生不测，我的儿子年纪还小，身为司徒的刘义康必定要担负起周公的责任，你也不可不尽到恭敬辅助的道义。到那时，国家的安危就都取决于你们二人了。

"你每月的私人开支不能超过三十万，倘若还能再节省些，那就更好了。荆州的府舍，我大概了解了一些，估计还不用重新改建，去追求什么新异。凡是讯案断狱，大多要当时裁决，很

刘宋文帝告诫刘义恭远离饮酒赌博、捕鱼狩猎等嬉戏游乐之事。

难事先就考虑周全，这的确是一件很不容易的事。在审讯时，你一定要虚心听取各方面的陈述，千万要谨慎，不可以把自己的喜怒强加于人。平时做事，能选择好的并且坚持下去，自己就会获得好的声誉。千万不可以一意孤行，以此来炫耀自己的独断和英明啊！

“名分一定要谨慎珍惜，不可以随便赏给别人；对亲近的人封赐爵位，更应当谨慎考虑定夺。我对于身边的人，虽然很少有特别的恩惠，但是如果听到外面有人议论我，我也并不认为他们说得不对。

“凭权势欺凌别人，别人就不会信服；用威望统辖别人，别人就不会满意，这是非常明显的事。

“声色犬马、嬉戏游乐都不能过分。饮酒赌博、捕鱼狩猎，这一切都不要去做。日常用品、衣服饮食，都应当有节制。至于新奇的服饰和器物，不应鼓励制作。

“你还应该多接见府中的官员。召见的次数少了，就会彼此不亲近；彼此不亲近，你就没有办法知道官员们的感情；不了解他们的感情，又从哪里知道民间的具体情况呢！”

【原文】

辛酉，以长沙王义欣为豫州刺史，镇寿阳。寿阳土荒民散，城郭颓败，盗贼公行。义欣随宜经理，境内安业，道不拾遗，城府完实，遂为盛藩。芍陂久废，义欣修治堤防，引河水入陂，溉田万余顷，无复旱灾。

【译文】

辛酉（初九），宋文帝任命长沙王刘义欣为豫州刺史，镇守寿阳。寿阳土地荒芜，百姓流散，城垣破旧坍塌，盗贼公开作案。刘义欣根据具体情况，采取适当措施治理寿阳，使得寿阳境内的百姓安居乐业，路不拾遗，城池坚固，粮仓充实，于是成为了强盛的藩镇势力。芍陂也早已经破旧了，刘义欣修整治理堤防，引肥河水入陂，灌溉农田一万多顷，从此没有再出现过旱灾。

寿阳百姓安居乐业，粮仓充实。

齐纪

魏迁洛阳

【导语】

在南北朝的七十来个封建帝王中，真正有作为和对后世有影响的，是一位亲政只有九年的年轻皇帝——魏孝文帝。

孝文帝元宏是鲜卑拓跋族人。皇兴元年（公元 467 年）生于平城，3 岁时被其父献文帝立为太子，5 岁时受禅即位，成为北魏王朝的第六个皇帝。元宏 3 岁丧母，由祖母冯太后抚养长大。冯太后是汉族人，汉文化造诣很深，对汉族封建帝王的统治有比较深刻的了解。

旧史书对于魏孝文帝的评价，褒贬不一。作为一个当时较为落后的民族的统治者，孝文帝为了政权的巩固，抛弃狭隘的民族偏见，进行了一场自上而下、全盘速成的汉化改革，使落后的少数民族与较先进的汉民族逐渐融为一体。

北魏孝文帝把都城从平城（今山西大同市）迁到洛阳，是中国历史上的一个重大事件。迁都洛阳，与其说是一次迁都，不如说是鲜卑政权的一次全面汉化改革运动。

北魏孝文帝锐意进行政治改革，迁都洛阳，促进了中华民族的融合，缓和了当时的阶级矛盾和民族矛盾，使北方的社会、经济、文化都有了一定的恢复和发展。

但是，迁都洛阳以后，鲜卑上层渐染中原士风，轻视武人。孝文帝定姓族，移植门阀士族制度，封官命爵。这些政策只涉及南迁的那一部分，没有涉及留守边镇的人。留镇兵将背着军籍就不能当官，因此他们以望生怨，由怨生愤。此外，移植门阀士族制度使孝文帝在经济利益上一味向鲜卑贵族让步，这对尚无文化积淀可言的鲜卑贵族来说，无疑是给了他们滋生腐化的肥沃土壤。他们比奢斗富，相互攀比，贪污受贿，极力聚敛。凡此种种，消蚀了北魏统治者的锐气与活力，激化了社会矛盾，致使北魏统治迅速由盛转衰，归于灭亡。

【原文】

世祖武皇帝下永明十一年（癸酉，公元 493 年）

魏主以平城地寒，六月雨雪，风沙常起，将迁都洛阳；恐群臣不从，乃议大举伐齐，欲以胁众。斋于明堂左个，使太常卿王谌筮之，遇《革》，帝曰："'汤、武革命，应乎天而顺乎人。'吉孰大焉！"群臣莫敢言。尚书任城王澄曰："陛下奕叶重光，帝有中土；今出师以征未服，而得汤、武革命之象，未为全吉也。"帝厉声曰："繇云：'大人虎变'，何言不吉！"澄曰："陛下龙兴已久，何得今乃虎变？"帝作色曰："社稷我之社稷，任城欲沮众邪？"澄曰："社稷虽为陛下之有，臣为社稷之臣，安可知危而不言！"帝久之乃解，曰："各言其志，夫亦何伤！"

【译文】

齐武帝永明十一年（癸酉，公元 493 年）

魏孝文帝因为平城气候寒冷，夏季六月都会下雪，又经常有风沙，因此想要迁都洛阳；但他又担心群臣不愿意，于是，商议大规模进攻南齐，想以这种名义胁迫众人。孝文帝在明堂南厢的东头大厅斋戒之后，让太常卿王谌占卜，得《革》卦，孝文帝说："'商汤讨伐夏，周武王讨伐商，是适应上天之命，顺应百姓之心的。'没有比这更吉祥的了！"群臣不敢说话。尚书、任城王拓跋澄说："陛下继承几代累积下来的大业，并使之发扬光大，在中原称帝；如今却要出兵征伐还未臣服的对象，在这时得到了商汤王和周武王变革成功的迹象，恐怕这并不全是吉利。"孝文帝厉声说："繇辞说：'身居高位的人行动就像老虎身上的斑纹那样变化莫测'，你为什么要说这不吉利呢？"拓跋澄答道："陛下作为飞龙兴起已经很久了，怎么今天又要实施如虎一般的变革呢？"孝文帝怒道："国家是我的国家，任城王是想阻止我发兵吗？"拓跋澄说："国家虽然是陛下所有，而我是国家的臣属，怎么可以明知危险而不说呢！"过了很久皇帝才平息怒气，说："不过是各自表明自己的心意而已，这又有什么关系！"

魏孝文帝想要迁都洛阳，拓跋澄劝谏他不可这样做。

【原文】

既还宫，召澄入见，逆谓之曰："向者《革》卦，今当更与卿论之。明堂之忿，恐人人竞言，沮我大计，故以声色怖文武耳。想识朕意。"因屏人谓澄曰："今日之举，诚为不易。但国家兴自朔土，徙居平城；此乃用武之地，非可文治。今将移风易俗，其道诚难，朕欲因此迁宅中原，卿以为何如？"澄曰："陛下欲卜宅中土以经略四海，此周、汉之所以兴隆也。"帝曰："北人习常恋故，必将惊扰，奈何？"澄曰："非常之事，故非常人之所及。陛下断自圣心，彼亦何所能为！"帝曰；"任城，吾之子房也！"

过了很久，魏孝文帝才平息怒气。

【译文】

孝文帝回宫，立刻召见拓跋澄，迎上前去对他说："刚才说的《革》卦，现在和你再重新探讨一下。明堂上我之所以发怒，是因为害怕大家争先恐后地说话，阻挠我的大计，所以，我故意疾言厉色以吓唬那些文武官员罢了。想必你能了解我的心意。"孝文帝让随从退下，对拓跋澄说："今天我所要做的这件事确实很不容易。但我们国家是在北方疆土上兴起的，后来迁都到平城；平城是适合打仗的地方，不适合推行文治。如今我打算进行改变风俗习惯的重大变革，这条路实在艰难，朕因此想迁都中原，你有什么看法？"拓跋澄说："陛下想迁都中原，用以扩大疆土，征服四海，这一想法正是以前周王朝和汉王朝兴盛不衰的原因。"孝文帝说："北方人习惯留恋于旧有的生活方式，知道要迁都之后必定惊恐骚动起来，你说怎么办？"拓跋澄说："不平凡的事，本身就不是平凡的人所能做得了的。陛下的决断，是出自您圣明的内心，反对的人又能做什么呢！"孝文帝说："任城王真是我的张子房啊！"

魏孝文帝召见拓跋澄。

【原文】

六月丙戌，命作河桥，欲以济师。秘书监卢渊上表，以为："前代承平之主，未尝亲御六军，决胜行陈之间；岂非胜之不足为武，不胜有亏威望乎！昔魏武以弊卒一万破袁绍，谢玄以步兵三千摧苻秦，胜负之变，决于须臾，不在众寡也。"诏报曰："承平之主，所以不亲戎事，或以同轨无敌，或以懦劣偷安。今谓之同轨则未然，比之懦劣则可耻，必若王者不当亲戎，则先王制革辂，何所施也？魏武之胜，盖由仗顺；苻氏之败，亦由失政；岂寡必能胜众，弱必能制强邪！"丁未，魏主讲武，命尚书李冲典武选。

【译文】

六月丙戌（初七），北魏孝文帝下令在黄河上修筑大桥，准备让南下的大军由桥上渡过黄河。秘书监卢渊上书，认为："以前太平时代的君主，没有亲自统率大规模军队作战，在双方阵地前决一胜负的，还不是因为胜利了并不足以显示勇敢，失败了则会使自己的威望受到损失吗！以前魏武帝曹操统率一万名疲惫不堪的士卒打败了袁绍，谢玄率领三千名步兵摧毁了苻坚的大军，胜利与失败的变化，往往就在转眼的工夫，而不在于人数多少。"孝文帝下诏回答说："太平时代的君主，之所以不亲自统率军队作战，有的是因为天下已经统一，没有了敌人；有的是因为懦弱卑怯，只图眼前的安逸。现在说天下已经统一，其实不是这样；与懦弱卑劣的人相比，又是十分可耻的。如果太平时期的君主一定不应当亲自统率军队作战，那么，古代的君王特别制造的战斗时使用的革车，又有什么用呢？曹操所以取得胜利，是因为他依仗名正言顺；苻坚之所以失败，其根源也是由于他失德无道。怎么能说人数少就一定能战胜人数多，力量弱就一定能战胜力量强的呢！"丁未（二十八日），孝文帝讲论武事，命令尚书李冲负责选拔将官。

【原文】

戊辰，魏主济河；庚午，至洛阳；壬申，诣故太学观《石经》。

魏主自发平城至洛阳，霖雨不止。丙子，诏诸军前发。丁丑，帝戎服，执鞭乘马而出。群臣稽颡于马前。帝曰："庙算已定，大军将进，诸公更欲何云？"尚书李冲等曰："今者之举，天下所不愿，唯陛下欲之；臣不知陛下独行，竟何之也！臣等有其意而无其辞，敢以死请！"帝大怒曰："吾方经营天下，期于混壹，而卿等儒生，屡疑大计；斧钺有常，卿勿复言！"策马将出，于是安定王休等并殷勤泣谏。帝乃谕群臣曰："今者兴发不小，动而无成，何以示后！朕世居幽朔，欲南迁中土；苟不南伐，当迁都于此，王公以为何如？欲迁者左，不欲者右。"

南安王桢进曰："'成大功者不谋于众。'今陛下苟辍南伐之谋，迁都洛邑，此臣等之愿，苍生之幸也。"群臣皆呼万岁。时旧人虽不愿内徙，而惮于南伐，无敢言者；遂定迁都之计。

魏孝文帝渡过黄河，抵达洛阳。

【译文】

戊辰（二十日），孝文帝渡过黄河；庚午（二十二日）抵达洛阳。壬申（二十四日），又前往以前的太学观看《石经》。

孝文帝自平城出发抵达洛阳，天一直下雨，没有停过。丙子（二十八日），诏令各路大军继续进发。丁丑（二十九日），孝文帝穿着战袍，手持马鞭，骑马出发。群臣聚集在他的马前拦住马头，不断叩拜。孝文帝说："朝廷的大计已定，大军就要出发，诸公还想说什么？"尚书李冲等人说："陛下现在的行动，天下人都不愿意，只有陛下一个人想这样做。臣不知陛下您一个人走，将要到什么地方去？我们有一心报国效忠皇上的心愿，却无法表达出来，只有以死相劝。"孝文帝大怒，说："我现在正要征服外邦，希望有朝一日可以完成统一大业，而你们这些儒生，屡屡怀疑我的重大决策；斧钺不饶人，你不要再多说什么了！"说完，策马要走，这时安定王拓跋休等都流泪劝谏孝文帝放弃出征。孝文帝于是对群臣说："这一次，我们出动军队的规模不小，最后如果取消征伐，将来拿什么让后人看？朕世代居住在遥远的北方，想要南迁到中原；如果不南征，那么，我们就应该把京都迁到这里，各位王公以为如何？同意迁都的站在左面，不同意迁都的站到右面。"

南安王拓跋桢上奏说："'建立大功勋的人不征求大家的意见。'如今陛下如果能停止南征，迁都洛阳，这正是我们所希望的，也是百姓的幸运。"群臣都高呼万岁。当时，鲜卑人虽然不愿意向南迁移，但是又害怕向南征伐，所以，也就没有敢出来反对的；于是孝文帝就定下迁都之策。

【原文】

李冲言于上曰："陛下将定鼎洛邑，宗庙宫室，非可马上游行以待之。愿陛下暂还代都，俟群臣经营毕功，然后备文物、鸣和鸾而临之。"帝曰："朕将巡省州郡，至邺小停，春首即还，未宜归北。"乃遣任城王澄还平城，谕留司百官以迁都之事，曰："今日真所谓革也。王其勉之！"

李冲建议孝文帝暂回平城，待新都营建完毕再莅临迁入。

【译文】

李冲对孝文帝说："陛下将迁都洛阳，可是，皇家祖庙和皇宫、府宅，并非立刻可以建成，我们不能只骑在马上走来走去，等待它们建成。希望陛下暂回平城，待群臣将都城营造完毕，陛下再备齐仪仗，在銮铃声中莅临新的京都。"孝文帝说："朕要到各个州郡巡查，在邺城稍作停留，初春就会回洛阳，而不应该先回北方。"于是，派遣任城王拓跋澄回平城，向留守在那里的官员们宣布迁都的事宜，对任城王说："如今才是《革》卦上真正的'革'了，任城王要好好努力！"

【原文】

帝以群臣意多异同，谓卫尉卿、镇南将军于烈曰："卿意如何？"烈曰："陛下圣略渊远，非愚浅所测。若隐心而言，乐迁之与恋旧，适中半耳。"帝曰："卿既不唱异，即是肯同，深感不言之益。"使还镇平城，曰："留台庶政，一以相委。"

【译文】

由于文武官员的意见不一致，孝文帝就对卫尉卿、镇南将军于烈说："你觉得迁都之事如何？”丁烈回答说：“陛下圣明的谋略，是为了国家长远的利益，不是愚笨和浅陋之辈可以猜测得知的。但如果推测一下大家的心意，愿意迁都的人和依恋故土的人，各占一半吧。”孝文帝说：“你既然没有公开说自己反对，那就是表示认同了，我深感念你不说话的好处。”于是，派于烈回平城镇守，说：“留守在朝廷里的一切事情，全都托付给你了。”

【原文】

冬，十月戊寅朔，魏主如金墉城，征穆亮，使与尚书李冲、将作大匠董尔经营洛都。己卯，如河南城；乙酉，如豫州；癸巳，舍于石济。乙未，魏解严，设坛于滑台城东，告行庙以迁都之意。大赦。起滑台宫。任城王澄至平城，众始闻迁都，莫不惊骇。澄援引古今，徐以晓之，众乃开伏。澄还报于滑台。魏主喜曰：“非任城，朕事不成。”

【译文】

冬季，十月戊寅朔（初一），孝文帝到金墉城，召回穆亮，让他与尚书李冲、将作大匠董尔一起负责营造洛都。己卯（初二），前往河南城。乙酉（初八），前往豫州。癸巳（十六日），在石济住宿。乙未（十八日），下令北魏境内解除戒严，在滑台城东设祭坛，孝文帝将迁都之意禀报行庙。大赦天下。修建滑台宫。任城王拓跋澄回到平城，大家刚听说迁都的事时，没有不感到震惊的。拓跋澄引古论今，慢慢开导大家，让大家明白这样做的好处，最终，大家接受了这件事。拓跋澄回到滑台向孝文帝汇报了这一情况。孝文帝高兴地说：“没有任城王，朕迁都之事就办不成。”

魏孝文帝到金墉城，召回穆亮，让他与尚书李冲、将作大匠董尔一起负责营造洛都。

【原文】

癸卯，魏主如邺城。王肃见魏主于邺，陈伐齐之策。魏主与之言，不觉促席移晷。自是器遇日隆，亲旧贵臣莫能间也。魏主或屏左右与肃语，至夜分不罢，自谓君臣相得之晚。寻除辅国将军、大将军长史。时魏主方议兴礼乐，变华风，凡威仪文物，多肃所定。

乙巳，魏主遣安定王休帅从官迎家于平城。

【译文】

癸卯（二十六日），孝文帝前往邺城。王肃在邺城觐见孝文帝，向他陈奏讨伐南齐的策略。孝文帝和他谈话，不知不觉地把自己的座位往前移，时间过去了很久。从那以后，孝文帝越来越器重王肃，对他的礼遇也越来越隆厚，无论是亲信故旧，还是重臣，都无法离间这君臣二人之间的关系。孝文帝有时屏退左右，单独和王肃交谈，到半夜还不停，自称君臣相见太晚了。不久，孝文帝任命王肃为辅国将军、大将军长史。这时，孝文帝正打算推广使用礼仪和雅乐，将鲜卑人传统的风俗习惯变成和汉人的一样，所以，只要是展示帝王威严仪容的文物制度，大多都是王肃制定。

乙巳（二十八日），孝文帝派安定王拓跋休率领侍从官员，到平城迎接眷属。

【原文】

建武元年（甲戌，公元494年）

戊申，魏主亲告太庙，使高阳王雍、于烈奉迁神主于洛阳；辛亥，发平城。

己巳，魏主如信都。庚午，诏曰："比闻缘边之蛮，多窃掠南土，使父子乖离，室家分绝。朕方荡壹区宇，子育万姓，若苟如此，南人岂知朝德哉！可诏荆、郢、东荆三州，禁勒蛮民，勿有侵暴。"

【译文】

建武元年（甲戌，公元494年）

戊申（初七），孝文帝亲自告祭太庙，派高阳王拓跋雍和于烈负责将祖宗牌位护送到洛阳。辛亥（初十），自平城出发迁都洛阳。

戊申，魏孝文帝亲告太庙。

己巳（二十八日），孝文帝抵达信都。庚午（二十九日），发布诏令说："近来听说边境上的蛮人，经常抢劫掠夺南方人，使他们父子相离，家庭破碎。朕正要统一天下，像对儿女一样安抚百姓，如果这样的话，南方人怎么能知道我魏朝的仁德呢！所以，应该诏令荆州、郢州、东荆州三个地方，要对那些蛮民们严加禁止，不许再有强暴掠夺的行为。"

【原文】

魏主至洛阳，欲澄清流品，以尚书崔亮兼吏部郎。

魏主欲变易旧风，壬寅，诏禁士民胡服。国人多不悦。

【译文】

孝文帝到达洛阳，他想效法南朝的门阀品第，让尚书崔亮兼任吏部郎。

孝文帝想改革鲜卑族的旧风俗，壬寅（初二），发布诏令，禁止士大夫与民众穿胡服。鲜卑族人大多不乐意。

魏主孝文帝想改革胡服。

【原文】

己亥，魏主济淮；二月，至寿阳，众号三十万，铁骑弥望。甲辰，魏主登八公山，赋诗。道遇甚雨，命去盖；见军士病者，亲抚慰之。

【译文】

己亥（二十九日），孝文帝率

大军渡过淮河；二月，抵达寿阳，号称三十万大军，铁甲骑兵一眼望不到头。甲辰（初五），孝文帝登上八公山，乘兴作诗。途中突然遇到大雨，孝文帝命令去掉自己的伞盖；他看到军中有生病的士兵，亲自去安抚慰问他们。

【原文】

癸未，魏主还洛阳，告于太庙。甲申，减冗官之禄以助军国之用。乙酉，行饮至之礼。班赏有差。

甲午，魏太子冠于庙。魏主欲变北俗，引见群臣，谓曰："卿等欲朕远追商、周，为欲不及汉、晋邪？"咸阳王禧对曰："群臣愿陛下度越前王耳。"帝曰："然则当变风易俗，当因循守故邪？"对曰："愿圣政日新。"帝曰："为止于一身，为欲传之子孙邪？"对曰："愿传之百世。"帝曰："然则必当改作，卿等不得违也。"对曰："上令下从，其谁敢违！"帝曰："夫'名不正，言不顺，则礼乐不可兴。'今欲断诸北语，一从正音。其年三十已上，习性已久，容不可猝革。三十已下，见在朝廷之人，语音不听仍旧；若有故为，当加降黜。各宜深戒！王公卿士以为然不？"对曰："实如圣旨。"帝曰："朕尝与李冲论此，冲曰：'四方之语，竟知谁是；帝者言之，即为正矣。'冲之此言，其罪当死！"因顾冲曰："卿负社稷，当令御史牵下！"冲免冠顿首谢。又责留守之官曰："昨望见妇女犹服夹领小袖，卿等何为不遵前诏！"皆谢罪。帝曰："朕言非是，卿等当庭争。如何入则顺旨，退则不从乎！"六月己亥，下诏："不得为北俗之语于朝廷。违者免所居官。"

【译文】

癸未（十五日），孝文帝回到洛阳，在太庙中向祖先祭拜。甲申（十六日），孝文帝诏令消减多余官员的俸禄用来补充军队的费用。乙酉（十七日），孝文帝在太庙举行饮酒仪式，对南伐有功的人论功行赏。

甲午（二十六日），皇太子在太庙举行加冠仪式。孝文帝想改变鲜卑人的风俗，于是召见文武群臣，问道："各位希望朕远比商、周呢，还是想让朕连汉、晋都不如？"咸阳王拓跋禧回答说："群臣愿陛下能超越前王。"孝文帝说："那么我们应当移风易俗呢，还是因循守旧呢？"拔跋禧再回答："愿陛下移风易俗，圣政日新。"孝文帝问："朝廷基业是要只愿自身实行呢，还是希望传之于子孙后代呢？"答道："愿传之百世。"于是，孝文帝说道："那么一定要加以变革，你们不得有违朝廷颁布的法度。"答道："朝廷颁布政令，臣下服从遵行，有谁敢违抗呢？"孝文帝说："古语说'名不正，言不顺，礼乐制度也建立不了。'现今朕想要禁止说鲜卑语，全部改说汉话。年龄在三十岁以上的，由于习性已久，可以不必立刻改变。年龄在三十岁以下、现在朝廷为官的，不许再说鲜卑语；如果有谁故意不改，

孝文帝在太庙中向祖先祭拜。

就降职免官。各位请严加自戒。王公卿士们以为怎么样？”拓跋禧答道：“遵从圣旨。”孝文帝接着说：“朕曾与李冲讨论过这件事，李冲说：‘四方之人，言语不同，所以不知道谁的是正确的；陛下用哪种语言，哪种就是标准。’李冲此话，其罪行应该处死。”因此看着李冲说：“你辜负了社稷，应当命令御史把你牵下去。”李冲脱帽，磕头谢罪。孝文帝又责备出巡时留守洛阳的官员们说：“昨天，朕看见妇人有的仍然穿着夹领小袖的鲜卑服装，你们为什么不遵行朕之前的诏令呢？”众官员都磕头谢罪。孝文帝说：“如果朕讲的不对，你们可以当庭争辩，但为什么上朝则顺从朕旨，退朝后就不肯遵行呢？”六月己亥（初二），孝文帝下令：“在朝廷中不得讲鲜卑语，违背者免去所任官职。”

【原文】

魏有司上奏：“广川王妃葬于代都，未审以新尊从旧卑，以旧卑就新尊？”魏主曰：“代人迁洛者，宜悉葬邙山。其先有夫死于代者，听妻还葬；夫死于洛者，不得还代就妻。其余州之人，自听从便。”丙辰，诏：“迁洛之民死，葬河南，不得还北。”于是代人迁洛者悉为河南洛阳人。

戊午，魏改用长尺、大斗，其法依《汉志》为之。

北魏有关官吏上奏广川王妃移灵与广川王合葬一事。

【译文】

北魏有关官吏上奏说：“广川王妃葬在平城，现在广川王已去世，不知道是将广川王回平城安葬呢，还是将王妃移到洛阳和王爷一起安葬？”孝文帝说：“代人凡是迁到洛阳的，死后一律葬在邙山。如果丈夫先死葬在平城的，那么妻子死后可以送回代京安葬；丈夫死于洛阳的，不可以送回代京随他的妻子安葬。其余各州的人，可以自行决定。”丙辰（十九日），孝文帝诏令：“迁居到洛阳的鲜卑人死后，葬于河南，不得送回北边安葬。”于是，从代京迁居到洛阳的人全部成为河南洛阳人。

戊午（二十一日），北魏改用长尺、大斗，其度量法度依照《汉书》中的记载制定。

梁纪

侯景之乱

【导语】

“侯景之乱”是南朝后期一次重大的政治事件，是南朝期间一场由诸侯王发起的长达四年之久的叛乱。因这场叛乱的发动者是投降梁国的东魏将领侯景，史称“侯景之乱”。

梁武帝萧衍自天监元年（公元502年）称帝后，在长达四十多年的统治中，一贯执行宽纵皇族、优容士族的政策。为了避免前代皇族间骨肉相残局面的重演，他取消了宋、齐两代监视和限制皇族权力的典签制，给皇族以实权，令他们出任方镇，对他们的横征暴敛甚至公开抢劫和叛国行为均予以宽容。武帝晚年，出任方镇的诸王无不拥兵自重，以至窥伺皇位。长期优容士族，大大加速了士族的腐朽过程，使统治集团的贪残、侈靡、轻视武备之风日益严重，吏治极端黑暗，阶级矛盾空前尖锐，形成了“人人厌苦，家家思乱”的局面。同时，南方与北方对峙，连年进行战争，南朝和北朝各国的统治阶级内部也不断杀伐，权臣当政，争权夺位，致使国鼎频易。统治者生活奢侈腐化，加重了人民的负担。

东魏丞相高欢死后，其子高洋建立北齐，河南大将军侯景因与高洋不和，叛离东魏，投靠西魏，失败以后，侯景转而投向梁武帝。虽然梁朝内部也一直有各种反对意见，而且侯景是个出名的反复无常的将军，但是梁武帝萧衍还是接纳了侯景，并一直给予他优厚的待遇。

梁武帝太清二年（公元548年）八月，侯景勾结京城守将萧正德举兵谋反。当时的梁朝自建立以来近五十年从未有过战事，在最初的惊慌失措之后，朝廷仓促应战，经过激烈的对峙，侯景的军队攻破了台城，控制了梁武帝父子和百官。

“侯景之乱”使南朝时期的江淮地区遭到最大的一次破坏，所造成的后果极其严重。“侯景之乱”后，江南社会遭到空前浩劫，使建康这个南北各四十里、拥有28万人口的繁华都市，变成了一片废墟。把东晋以来经营数百年而形成的三大经济文化中心，号称“最富庶”的三吴地区毁坏得残破不堪，长江中下游地区，出现了“千里绝烟、人迹罕见，白骨成聚如丘垅焉”（《南史·侯景传》）的残破景象。

【原文】

中大同元年（丙寅，公元546年）

东魏司徒、河南大将军、大行台侯景，右足偏短，弓马非其长，而多谋算。诸将高敖曹、彭乐等皆勇冠一时，景常轻之，曰：“此属皆如豕突，势何所至！”景尝言于丞相欢：“愿得兵三万，横行天下，要须济江缚取萧衍老公，以为太平寺主。”欢使将兵十万，专制河南，杖任若己之半体。

侯景向高欢请求带兵横扫天下。

【译文】

中大同元年（丙寅，公元546年）

东魏司徒、河南大将军、大行台侯景，右足偏短，不擅长骑射，但富于谋略。高敖曹、彭乐等都是当时最勇猛的名将，侯景常常看不起他们，对人说：“这些家伙就像猪一样东奔西

侯景曾经和高欢约定，在高欢给他的书信上要做特殊标记。

高欢在去世前向高澄嘱托后事。

跑，能做出什么事来！”他对丞相高欢说：“我愿率领三万人马，横扫天下，必定能渡过长江把萧衍那老家伙绑来，让他来做太平寺的寺主。”高欢派他带领十万兵马，管理黄河以南地区，很信任他，就像是自己的半个身体一样。

【原文】

景素轻高澄，尝谓司马子如曰：“高王在，吾不敢有异；王没，吾不能与鲜卑小儿共事！”子如掩其口。及欢疾笃，澄诈为欢书以召景。先是，景与欢约曰：“今握兵在远，人易为诈，所赐书皆请加微点。”欢从之。景得书无点，辞不至；又闻欢疾笃，用其行台郎颍川王伟计，遂拥兵自固。

【译文】

侯景一贯看不起高澄，他曾经对司马子如说：“高王在世的时候，我不敢存有异心；如果高王过世了，我不能和那个鲜卑小子共事！”司马子如立刻捂上他的嘴。到了高欢病重的时候，高澄假借高欢的名义拿书信召侯景前来。以前，侯景和高欢约定：“我在外带兵，有人会轻易假传信息，以后凡是您赐给我的书信都请加上一个小点。”高欢答应了。这次，侯景拿到了高欢的书信，可信上没有点，侯景知道有诈，便推托没有去；后来他又听说高欢病重，于是采用行台郎颍川人王伟的计策，决定拥兵自重，巩固自己的势力。

【原文】

欢谓澄曰：“我虽病，汝面更有余忧，何也？”澄未及对，欢曰：“岂非忧侯景叛邪？”对曰：“然。”欢曰：“景专制河南，十四年矣，常有飞扬跋扈之志，顾我能畜养，非汝所能驾御也。今四方未定，勿遽发哀。库狄干鲜卑老公，斛律金敕勒老公，并性遒直，终不负汝。可朱浑道元、刘丰生，远来投我，必无异心。潘相乐本作道人，心和厚，汝兄弟当得其力。韩轨少戆，宜宽借之。彭乐心腹难得，宜防护之。堪敌侯景者，唯有慕容绍宗，我故不贵之，留以遗汝。”又曰：“段孝先忠亮仁厚，智勇兼备，亲戚之中，唯有此子，军旅大事，宜共筹之。”又曰：“邙山之战，吾不用陈元康之言，留患遗汝，死不瞑目。”相乐，广宁人也。

【译文】

高欢对高澄说：“虽然是我病了，你的脸上却有另外的忧虑，这是为什么？”高澄还没来得及回答，高欢又说：“是不是担心侯景反叛啊？”高澄回答说：“是的。”高欢又说：“侯景专制河南有十四年了，他一直有飞扬跋扈、夺取天下的想法。只有我能驾驭他，你驾驭不了他。现在，天下还没有安定，如果我死了，不要马上发丧。库狄干这位鲜卑老人，斛律金这位敕勒老人，他们俩都是刚强正直的人，终不会对你负心的。可朱浑道元、刘丰生他们俩远道投奔我，一定没有背离我们的想法。潘相乐原本是个道人，心地和善厚道，你们兄弟会得到他的帮助的。韩轨有点鲁莽，你们应该待他宽容些。彭乐的内心很难推测，应该提防他。所有人中，能够对抗侯景的，只有慕容绍宗一人。我故意不让他得到富贵，就是要把他留下给你。”高欢接着又说：“段孝先这个人忠实正直、仁慈厚道，既有勇又有谋，在所有内外戚中，只有这个人，军国大事要多跟他商量。”高欢又说道：“邙山战役，我没有采纳陈元康的忠告，给你留下了隐患，我死不瞑目。”潘相乐是广宁人。

【原文】

丙午，东魏勃海献武王欢卒。欢性深密，终日俨然，人不能测，机权之际，变化若神。制驭军旅，法令严肃。听断明察，不可欺犯。擢人受任，在于得才，苟其所堪，无问厮养，有虚声无实者，皆不任用。雅尚俭素，刀剑鞍勒无金玉之饰。少能剧饮，自当大任，不过三爵。知人好士，全护勋旧；每获敌国尽节之臣，多不之罪。由是文武乐为之用。世子澄秘不发丧，唯行台左丞陈元康知之。

高欢性格深沉慎密，善于掌握机会权变，侯景十分忌惮他。

【译文】

丙午（初八），东魏勃海献武王高欢去世。高欢性格深沉慎密，整日一副庄重严肃的样子，谁也猜不透他内心想些什么，在掌握机会和权变的时候，他能千变万化，如有神助。在治理军队方面，又能做到严格执法。他听取和决断事情，能做到明察秋毫，谁也欺骗不了他。在选拔人才、提升任用官员时，注重其才能，如果能担当此任，不注重他的身份，那些徒有虚名而无实际能力的，都不被任用。高欢平时喜好节俭朴素，所用的刀、剑、马鞍以及缰绳都没用金银玉器装饰。他年轻时能饮酒，自担当大任之后，饮酒从不超过三杯。他了解下属，喜欢人才，极力保护有功勋的人及其老部下；每次打仗俘获到对方那些为本国尽忠尽节的大臣，大多不处罚他们。由于这样，文武百官都乐意被他使用。长子高澄封锁了高欢去世的消息，秘不发丧，只有行台左丞陈元康知道这件事。

【原文】

侯景自念己与高氏有隙，内不自安。辛亥，据河南叛，归于魏，颍州刺史司马世云以城应之。景诱执豫州刺史高元成、襄州刺史李密、广州刺史怀朔暴显等。遣军士二百人载仗暮入西兖州，欲袭取之，刺史邢子才觉之，掩捕，尽获之，因散檄东方诸州，各为之备，由是景不能取。

【译文】

侯景想到自己和高氏有隔阂，内心感到不安。辛亥（十三日），侯景在河南叛变，归降西魏，颍州刺史司马世云带领全城百姓开城响应他。侯景引诱并捉住了豫州刺史高元成、襄州刺史李密、广州刺史怀朔暴显等人。又派二百军士用战车载着武器，趁黄昏时分进入了西兖州，想要偷袭夺取此地。西兖州刺史邢子才发觉了侯景的阴谋，趁敌人不备，将侯景派来的人马全部拿获，于是邢子才发檄文给东方各个州，这些州各自做好防备，因此侯景未能夺取这些地方。

侯景归降西魏。

【原文】

魏以开府仪同三司若干惠为司空，侯景为太傅、河南道行台、上谷公。

庚辰，景又遣其行台郎中丁和来，上表言："臣与高澄有隙，请举函谷以东，瑕丘以西，豫、广、郢、荆、襄、兖、南兖、济、东豫、洛、阳、北荆、北扬等十三州内附，惟青、徐数州，仅须折简。且黄河以南，皆臣所职，易同反掌。若齐、宋一平，徐事燕、赵。"上召群臣廷议。

梁武帝召集大臣来朝廷商议收留侯景之事。

尚书仆射谢举等皆曰："顷岁与魏通和，边境无事，今纳其叛臣，窃谓非宜。"上曰："虽然，得景则塞北可清；机会难得，岂宜胶柱！"

【译文】

西魏任命开府仪同三司若干惠为司空，侯景为太傅、河南道行台、上谷公。

庚辰，侯景又派行台郎中丁和到梁朝，上表说："臣与高澄之间有隔阂，请让我率领函谷关以东，瑕丘以西，包括豫州、广州、郢州、荆州、襄州、兖州、南兖州、济州、东豫州、洛州、阳州、北荆州、北扬州等十三个州来归附，而青州、徐州等几个州，我只要写封信就可以招降。况且黄河以南，都是臣管辖的范围，想得到那里易如反掌。如果齐、宋平定了，就可以慢慢收复燕、赵之地了。"梁武帝召集大臣来朝廷商议此事。

尚书仆射谢举等人都说："近年来，我们和魏友好往来，边境地区平安无事，如今如果收留魏的叛臣，我们私下都认为不太妥当。"梁武帝回答说："尽管如此，如果得到侯景的话，北方就可平定；机会难得，怎么能胶柱鼓瑟而不知变通呢。"

【原文】

是岁，正月乙卯，上梦中原牧守皆以其地来降，举朝称庆。旦，见中书舍人朱异，告之，且曰："吾为人少梦，若有梦必实。"异曰："此乃宇宙混壹之兆也。"及丁和至，称景定计以正月乙卯，上愈神之。然意犹未决，尝独言："我国家如金瓯，无一伤缺，今忽受景地，讵是事宜？脱致纷纭，悔之何及？"朱异揣知上意，对曰："圣明御宇，南北归仰，正以事无机会，未达其心。今侯景分魏土之半以来，自非天诱其衷，人赞其谋，何以至此！若拒而不内，恐绝后来之望。此诚易见，愿陛下无疑。"上乃定议纳景。

梁武帝最终决定接纳侯景。

【译文】

这一年，正月乙卯（十七日），梁武帝梦见中原地区的牧守都来献地归降，举朝上下一片欢庆。第二天早晨起来，梁武帝见到中书舍人朱异，便把做梦的事告诉了他，说："我很少做梦，但如果做了梦，梦中的事一定会应验。"朱异说："这是天下统一的预兆。"等到丁和到来，说侯景定下计策要在正月乙卯（十七日）这天行动，梁武帝更加感觉这个梦神奇了。但他仍犹豫不能决定下来，他曾自言自语说："我的国家如金瓯一样，无一处伤缺，现在忽然接纳侯景送来的土地，难道是合乎事理的吗？倘若因此引起混乱，后悔怎么来得及呢？"朱异揣测到了梁武帝的心思，对梁武帝说："陛下圣明，君临天下，南北方的人都仰慕、归心于您，只是没有合适的时机侍奉您，所以其心意一直没有实现。如今侯景带着东魏一半的土地前来归附您，如果不是上天引导他的心，又有人从旁协助的话，怎么会走到这一步呢！如果拒绝侯景，不收留他，恐怕会堵绝以后来归降的人的希望。这些实在是显而易见的，希望陛下您不要怀疑。"梁武帝于是决定接纳侯景。

【原文】

壬午，以景为大将军，封河南王，都督河南、北诸军事、大行台，承制如邓禹故事。平西谘议参军周弘正，善占候，前此谓人曰："国家数年后当有兵起。"及闻纳景，曰："乱阶在此矣！"

【译文】

壬午，梁武帝任命侯景为大将军，封河南王，让他担任都督河南、河北诸军事以及大行台之职，授权他可以如后汉的邓禹那样秉承皇帝的旨意发号施令。平西谘议参军周弘正擅长观察天象变化预测吉凶，在侯景投奔梁朝之前他曾对人说："国家几年之后会有兵戈之乱。"等他听说梁武帝接纳了侯景，说道："祸乱原因就在这里了。"

【原文】

高澄遣武卫将军元柱等将数万众昼夜兼行以袭侯景，遇景于颍川北，柱等大败。景以羊鸦仁等军犹未至，乃退保颍川。

韩轨等围侯景于颍川。景惧，割东荆、北兖州、鲁阳、长社四城赂魏以求救。尚书左仆射于谨曰："景少习兵，奸诈难测，不如厚其爵位以观其变，未可遣兵也。"荆州刺史王思政以为："若不因机进取，后悔无及。"即以荆州步骑万余从鲁阳关向阳翟。丞相泰闻之，加景大将军兼尚书令，遣太尉李弼、仪同三司赵贵将兵一万赴颍川。

【译文】

东魏高澄派武卫将军元柱等率领数万人马日夜兼程去袭击侯景，在颍川北面与侯景相遇，元柱军大败。侯景因为羊鸦仁等人的人马还没有赶到，便退守颍川。

韩轨的人马把侯景包围在颍川。侯景害怕了，便把东荆、北兖州、鲁阳、长社四座城割让给西魏用此来贿赂西魏，以便取得它的援救。西魏尚书左仆射于谨说："侯景在少年时就习武练兵，为人奸诈，难以揣测，不如封给他高官，看看他的变化，先不要派兵援救他。"荆州刺史王思政却认为："如果不抓住时机进取，后悔就来不及了。"于是派荆州一万多步兵和骑兵经鲁阳关向阳翟进发。西魏丞相宇文泰得知这一消息后，封侯景为大将军兼尚书令，派太尉李弼、仪同三司赵贵率领一万人马赶赴颍川。

高澄派武卫将军元柱等去袭击侯景。

元柱军大败。

【原文】

景恐上责之，遣中兵参军柳昕奉启于上，以为："王旅未接，死亡交急，遂求援关中，自救目前。臣既不安于高氏，岂见容于宇文！但螫手解腕，事不得已，本图为国，愿不赐咎！臣获其力，不容即弃，令以四州之地为饵敌之资，已令宇文遣人入守。自豫州以东，齐海以西，悉臣控压；见有之地，尽归圣朝，悬瓠、项城、徐州、南兖，事须迎纳。愿陛下速敕境上，各置重兵，与臣影响，不使差互！"上报之曰："大夫出境，尚有所专；况始创奇谋，将建大业，理须适事而行，随方以应。卿诚心有本，何假词费！"

【译文】

侯景怕梁武帝责怪他，便派中兵参军柳昕给梁武帝送去一封信，信上说："陛下您派出的军队还没有来到，生死攸关、情况十分危急时，我便向关中求援，以便挽救自己面前的危机。臣既不能安处于高澄手下，又怎能被宇文泰容纳呢？但是手遭毒蛇螫咬而连同去掉手腕，也是事不得已，本想着是为国，希望您不要怪罪臣！臣得到了关中的帮助，所以不能马上背弃他们，现在臣把四个州的地方作为引敌上钩的诱饵，已经让宇文泰派军队进入颍川，帮我守卫这里。从豫州以东到齐海以西的地区，都在臣控制之下；臣现在有的土地，都归梁朝所有，悬瓠、项城、徐州、南兖这些地方，只需要派人去接管就行了。希望陛下立即向边境下发命令，让他们各置重兵，与臣呼应，相互之间不要发生误会！"梁武帝回话说："大夫离开国境，还有自作主张的地方，何况你始创奇谋，将建大业，理应根据事情的发展而行事，随机应变。你一片诚意，何须多加解释呢。"

【原文】

东魏韩轨等围颍川，闻魏李弼、赵贵等将至，乙巳，引兵还邺。侯景欲因会执弼与贵，夺其军；贵疑之，不往。贵欲诱景入营而执之，弼止之。羊鸦仁遣长史邓鸿将兵至汝水，弼引兵还长安。王思政入据颍川。景阳称略地，引兵出屯悬瓠。

【译文】

东魏韩轨等人包围了颍川，听说西魏的李弼、赵贵等人将领兵到来，便在乙巳那天，带领军队撤回了邺城。侯景想趁机抓获李弼和赵贵，夺取他们的军队；赵贵对侯景有所怀疑，没有去颍川。赵贵想把侯景诱到军营趁机拘捕他，李弼制止了赵贵。这时，羊鸦仁派长史邓鸿率军马到了汝水，李弼便率军回长安了。王思政带兵占据了颍川。侯景假称要攻取州郡，带领军队出颍川城，驻扎在悬瓠。

侯景怕梁武帝责怪他，便给梁武帝送去一封信。

【原文】

景复乞兵于魏，丞相泰使同轨防主韦法保及都督贺兰愿德等将兵助之。大行台左丞蓝田王悦言于泰曰："侯景之于高欢，始敦乡党之情，终定君臣之契，任居上将，位重台司；今欢始死，景遽外叛，盖所图甚大，终不为人下故也。且彼能背德于高氏，岂肯尽节于朝廷！今益之以势，援之以兵，窃恐贻笑将来也。"泰乃召景入朝。

【译文】

侯景又向西魏乞求援兵，丞相宇文泰让同轨郡的防主韦法保及都督贺兰愿德等率领人马前去帮助他。大行台左丞蓝田人王悦对宇文泰说："侯景同高欢之间，开始是亲密的乡党关系，最终变成了君臣关系，侯景位居上将，权力比宰辅大臣还高；而今高欢刚死去，侯景便很快外叛，是因为他的图谋很大，终不甘居人下的缘故。况且他能对高氏背信弃义，又怎肯为本朝尽忠尽节呢？现在您扩大他的势力，派兵援助他，我私下担心将来会让人耻笑的。"于是宇文泰便派人召侯景入朝。

【原文】

景阴谋叛魏，事计未成，厚抚韦法保等，冀为己用，外示亲

大行台左丞王悦劝宇文泰不要轻易出兵帮助侯景。

密无猜间。每往来诸军间，侍从至少，魏军中名将，皆身自造谐。同轨防长史裴宽谓法保曰："侯景狡诈，必不肯入关，欲托款于公，恐未可信。若伏兵斩之，此亦一时功也。如其不尔，即应深为之防，不得信其诳诱，自贻后悔。"法保深然之，不敢图景，但自为备而已；寻辞还所镇。王思政亦觉其诈，密召贺兰愿德等还，分布诸军，据景七州、十二镇。景果辞不入朝，遗丞相泰书曰："吾耻与高澄雁行，安能比肩大弟！"泰乃遣行台郎中赵士宪悉召前后所遣诸军援景者。景遂决意来降。魏将任约以所部千余人降于景。

【译文】

侯景暗中打算反叛西魏，但计划没有实现，便优抚韦法保等人，希望他们能为己所用，对外界也做出亲密无间的样子。侯景每每来往于各个军队之间，带的侍从极少，西魏军中的著名将领，他都亲自去拜访。同轨防长史裴宽对韦法保说："侯景为人奸诈狡猾，一定不肯应宇文丞相之召入关，他肯定想要托您向朝廷讲情，对他恐怕不可以相信。如果埋下伏兵斩了他，这也是一时的功劳啊。如果你不这样，我们就应该好好地提防他，不能轻信他的欺骗和诱惑，为自己留下悔恨的事。"韦法保非常赞同裴宽的话，不敢杀掉侯景，只是自己加强防卫而已。后来，他找个借口回自己的镇所去了。王思政也觉得侯景欺骗他，就秘密召贺兰愿德等人回来，分别部署各路军马，占领了侯景所管辖的七个州和十二个镇。侯景果然推辞而不肯入朝，他在给宇文泰的信中说："我耻于同高澄并行，又怎么能同您比肩呢！"宇文泰收到信后便派行台郎中赵士宪将以前派去救援侯景的各路军马全部召回。于是，侯景便决心投降梁朝。西魏将领任约带领所属的一千多人投降了侯景。

【原文】

高澄将如晋阳，以弟洋为京畿大都督，留守于邺，使黄门侍郎高德政佐之。德政，颢之子也。丁丑，澄还晋阳，始发丧。

己卯，上遣使吊澄。景又启曰："臣与高氏，衅隙已深，仰凭威灵，期雪仇耻；今陛下复与高氏连和，使臣何地自处？乞申后战，宣畅皇威。"上报之曰："朕与公大义已定，岂有成而相纳，败而相弃乎？今高氏有使求和，朕亦更思偃武。进退之宜，国有常制。公但清静自居，无劳虑也！"景又启曰："臣今蓄粮聚众，秣马潜戈，指日计期，克清赵、魏，不容军出无名，故愿以陛下为主耳。今陛下弃臣遐外，南北复通，将恐微臣之身，不免高氏之手。"上又报曰："朕为万乘之主，岂可失信于一物！想公深得此心，不劳复有启也。"

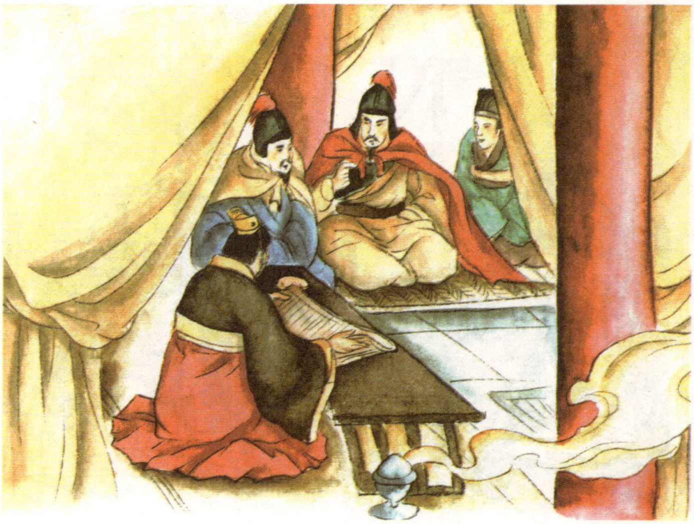

梁武帝派使者到东魏吊唁高欢。

【译文】

高澄将要到晋阳，便任命他的弟弟高洋为京畿大都督，留守邺城，让黄门侍郎高德政辅佐他。高德政是高颢的儿子。丁丑（十二日），高澄回到晋阳，开始为高欢发丧。

己卯（十七日），梁武帝派使者到东魏吊唁高欢。侯景又上奏说："臣与高氏之间的嫌隙和仇恨已经很深，我仰仗陛下的威望，希望有朝一日报仇雪耻；现在陛下又和高氏修好讲和，让臣何处安身呢？请陛下答应臣再次和高氏作战，来显示梁朝的皇威。"武帝答复道："朕与你之间君臣大义已定，怎会有成功就接纳、失败就舍弃的道理呢？现在高氏派遣使者来求和，朕也想停息干戈。应该进还是应该退，国家自有正常的制度，你只管清静自居，无需费心去考虑这些！"侯景又启奏说："臣如今已积蓄了粮草，招募了士兵，喂饱了战马，做好战斗准备，指望很快就可以攻克赵、魏，我不能出师无名，所以希望陛下您能为我做主。如今，陛下弃臣于边远之地，南北双方又恢复往来，恐怕微臣的性命难免死在高氏之手。"武帝又答复说："朕为大国之君，怎么可以失信于人呢？想来你深深知道我的心意，不必再启奏了。"

【原文】

景乃诈为邺中书，求以贞阳侯易景，上将许之。舍人傅岐曰："侯景以穷归义，弃之不祥；且百战之余，宁肯束手就絷！"谢举、朱异曰："景奔败之将，一使之力耳。"上从之，复书曰："贞阳旦至，侯景夕返。"景谓左右曰："我固知吴老公薄心肠！"王伟说景曰："今坐听亦死，举大事亦死，唯王图之！"于是始为反计：属城居民，悉召募为军士，辄停责市估及田租，百姓子女，悉以配将士。

【译文】

侯景就伪造了一封来自邺城的书信，信中说要用贞阳侯交换侯景，梁武帝打算答应这一要求。舍人傅岐说："侯景因为走投无路才归至正道，投奔梁朝，舍弃他是不吉祥的。况且侯景历经百战，他怎么肯束手就擒呢！"谢举、朱异说："侯景是个败军之将，派个使者就可以拿获他。"梁武帝听从了谢举、朱异的话，回信说："贞阳侯早上一到，晚上就遣返侯景。"侯景对左右的人说："我就知道这老家伙薄情寡义。"王伟劝侯景说："如今，我们等着听候梁武帝的安排也是死，起兵造反也是一死，希望您考虑一下这件事！"于是侯景开始谋划造反：将寿阳城内所有的居民，都招募为军队的士兵，立即停止征收市场税和田租，百姓子女都分派给将士。

【原文】

侯景自至寿阳，征求无已，朝廷未尝拒绝。景请娶于王、谢，上曰："王、谢门高非偶，可于朱、张以下访之。"景恚曰："会将吴儿女配奴！"又启求锦万匹为军人作袍，中领军朱异议以青布给之。又以台所给仗多不能精，启请东冶锻工，欲更营造。景以安北将军夏侯夔之子谲为长史，徐思玉为司马，谲遂去"夏"称"侯"，托为族子。

侯景伪造了一封来自邺城的书信，信中说要用贞阳侯交换侯景，梁武帝打算答应这一要求。

【译文】

侯景自从到了寿阳，提出各种要求从没停止过，朝廷没有拒绝过他。侯景请求梁武帝，想娶王家或谢家的女子为妻，梁武帝说："王家和谢家门第高贵，和你不大相称，你可在朱、张以下的家族中寻找合适的人家。”侯景愤怒地说：“将来，我要让你的女儿许配给奴隶。”他又向梁武帝启奏，请求朝廷赐他万匹锦为军人做战袍，中领军朱异提议给他青布。侯景又以朝廷供给的武器不精良为由，奏请派来东冶的锻造工人，打算再营造一些武器。侯景任命安北将军夏侯夔的儿子夏侯谲为长史，任命徐思玉为司马，夏侯谲于是去掉了“夏”字，直接称“侯”，假托是侯景的同族后代。

【原文】

上既不用景言，与东魏和亲，是后景表疏稍稍悖慢；又闻徐陵等使魏，反谋益甚。元贞知景有异志，累启还朝。景谓曰：“河北事虽不果，江南何虑失之，何不小忍！”贞惧，逃归建康，具以事闻；上以贞为始兴内史，亦不问景。

【译文】

梁武帝没有采纳侯景的意见，与东魏友好往来，和睦相亲，这以后，侯景写给梁武帝的奏折态度渐渐傲慢起来。后来，他又听说徐陵等人出使东魏，反叛的念头更强烈了。元贞知道侯景有反心，屡次上表请求返回朝廷。侯景对他说：“黄河北边的事虽然没有成功，又何必担心会失掉长江南边呢，何不稍稍忍耐一下！”元贞听后十分恐惧，逃回了建康，将侯景要反叛的的事上奏梁武帝。梁武帝任命元贞为始兴内史，也没有追问侯景的事。

鄱阳王萧范密奏侯景谋反。

【原文】

鄱阳王范密启景谋反。时上以边事专委朱异，动静皆关之，异以为必无此理。上报范曰：“景孤危寄命，譬如婴儿仰人乳哺，以此事势，安能反乎？”范重陈之曰：“不早翦扑，祸及生民。”上曰：“朝廷自有处分，不须汝深忧也。”范复请以合肥之众讨之，上不许。朱异谓范使曰：“鄱阳王遂不许朝廷有一客！”自是范启，异不复为通。

【译文】

鄱阳王萧范密奏侯景谋反。当时，梁武帝把边境的事务都交付给朱异全权负责，边境有什么动静都直通朱异，朱异认为萧范所说的没有道理。于是武帝回信答复鄱阳王萧范说：“侯景在孤立危难之际归附我朝，就像婴儿要仰仗人的乳汁来哺育一样，从这些来看，他怎么能反叛呢？”鄱阳王萧范再次向梁武帝陈述说：“如果

朱异驳回萧范的奏表。

不尽早消灭侯景，必将祸及百姓。”梁武帝答复说：“朝廷自有处置，此事你就不必多担心了。”鄱阳王萧范又请求梁武帝用合肥的军队去讨伐侯景，梁武帝没应许。朱异对萧范的使者说：“鄱阳王竟不许朝廷养一个宾客。”自此，只要是萧范给梁武帝的奏表，朱异便不再呈报上去。

【原文】

景邀羊鸦仁同反，鸦仁执其使以闻。异曰：“景数百叛虏，何能为？”敕以使者付建康狱，俄解遣之。景益无所惮，启上曰：“若臣事是实，应罹国宪；如蒙照察，请戮鸦仁！”景又言：“高澄狡猾，宁可全信！陛下纳其诡语，求与连和，臣亦窃所笑也。臣宁堪粉骨，投命雠门，乞江西一境，受臣控督。如其不许，即帅甲骑，临江上，向闽、越，非唯朝廷自耻，亦是三公旰食。”上使朱异宣语答景使曰：“譬如贫家，畜十客、五客，尚能得意；朕唯有一客，致有忿言，亦朕之失也。”益加赏赐锦彩钱布，信使相望。

【译文】

侯景邀羊鸦仁一起反叛，羊鸦仁捉住侯景的来使，把这事报告了朝廷。朱异说：“侯景手下只有几百个反叛的人，能有什么作为？”梁武帝下令将使者送到建康监狱，不久又释放了他。侯景更加肆无忌惮，向梁武帝启奏说：“若臣谋反是实，应该受到国家法律的制裁；如果陛下明察，请杀掉羊鸦仁！”侯景又启奏说：“高澄为人十分狡猾，怎么可以完全相信他呢？陛下听信了他的话，想与他和好，臣在私下里也觉着这件事可笑。臣怎敢冒粉身碎骨的危险，投到仇人那里呢？请求您将长江西部的一块地区，让臣来控制。如果您不答应，我就统率兵马，到长江上游地区，杀向闽、越地区，这样，不仅朝廷蒙受耻辱，也会使三公大臣们都顾不上吃饭。”梁武帝派朱异宣示上谕答复侯景的来使说：“譬如一个贫寒人家，养十个、五个食客，还能让他们满意；朕只有一个客人，却招致了你这些怨言，这也是朕的过失啊。”这之后，梁武帝更多地赏赐锦彩钱布给侯景以示安慰，信使往来不断。

【原文】

戊戌，景反于寿阳，以诛中领军朱异、少府卿徐驎、太子右卫率陆验、制局监周石珍为名。异等皆以奸佞骄贪，蔽主弄权，为时人所疾，故景托以兴兵。

【译文】

戊戌（初十），侯景在寿阳反叛，以诛杀中领军朱异、少府卿徐驎、太子右卫率陆验、制局监周石珍为名起兵。朱异等人由于为人奸诈，善于花言巧语阿谀奉承，骄奢淫逸而又贪婪，欺骗梁武帝、玩弄权术，被当时的人所痛恨，所以侯景以此为借口起兵叛乱。

侯景在寿阳反叛。

【原文】

己酉，景至慈湖。建康大骇，御街人更相劫掠，不复通行。赦东、西冶、尚方钱署及建康系囚，以扬州刺史宣城王大器都督城内诸军事，以羊侃为军师将军副之，南浦侯推守东府，西丰公大春守石头，轻车长史谢禧、始兴太守元贞守白下，韦黯与右卫将军柳津等分守宫城诸门及朝堂。

【译文】

己酉（二十二日），侯景率军到了慈湖。建康全城都非常惊恐，御街上屡屡发生抢劫，街道已不能通行。朝廷赦免了东冶、西冶、尚方钱署的工人和建康监狱里的犯人，任命扬州刺史宣城王萧大器都督城内诸军事，任命羊侃为军师将军，辅佐萧大器，命南浦侯萧推守卫宰相府，命西丰公萧大春守卫石头城，命轻车长史谢禧、始兴太守元贞守卫白下，命韦黯与右卫将军柳津等分别守宫城的各个城门和朝堂。

【原文】

庚戌，侯景至板桥，遣徐思玉来求见上，实欲观城中虚实。上召问之。思玉诈称叛景请间陈事，上将屏左右，舍人高善宝曰："思玉从贼中来，情伪难测，安可使独在殿上！"朱异侍坐，曰："徐思玉岂刺客邪！"思玉出景启，言"异等弄权，乞带甲入朝，除君侧之恶"。异甚惭悚。景又请遣了事舍人出相领解，上遣中书舍人贺季、主书郭宝亮随思玉劳景于板桥。景北面受敕，季曰："今者之举何名？"景曰："欲为帝也！"王伟进曰："朱异等乱政，除奸臣耳。"景既出恶言，遂留季，独遣宝亮还宫。

【译文】

庚戌（二十三日），侯景的军队来到板桥，他派徐思玉拜见梁武帝，实际是想察看建康城里的虚实。梁武帝召见了他并问了他一些事。徐思玉假称他背叛了侯景，请求单独向梁武帝报告情况，梁武帝要屏退左右，舍人高善宝说："徐思玉从叛贼那里来，真假难以推测，怎么可以让他单独在殿堂上！"当时朱异正坐在梁武帝身边侍奉，他说："徐思玉怎么会是刺客！"徐思玉取出了侯景的启奏，上面写道："朱异等人玩弄权术，臣请求带兵入朝，除掉国君身边的坏人。"朱异感到非常惭愧和恐惧。侯景又请梁武帝派一名明白事理的舍人出来总录侯景要说的事并分辨是非，梁武帝于是派中书舍人贺季、主书郭宝亮跟随徐思玉一起到板桥来慰劳侯景。侯景面向北方承接了诏书，贺季问："你现在举兵到底要干什么？"侯景回答说："是想称皇帝。"王伟上前说："朱异等人搞乱了国家政务，我们是要除掉奸臣。"侯景已经说出了要反叛的话，于是便扣留了贺季，只打发郭宝亮回去。

贺季问侯景举兵到底要干什么，侯景回答说想称皇帝。

【原文】

百姓闻景至，竞入城，公私混乱，无复次第，羊侃区分防拟，皆以宗室间之。军人争入武库，自取器甲，所司不能禁，侃命斩数人，方止。是时，梁兴四十七年，境内无事，公卿在位及闾里士大夫罕见兵甲，贼至猝迫，公私骇震。宿将已尽，后进少年并出在外，军旅指挥，一决于侃，侃胆力俱壮，太子深仗之。

【译文】

百姓听说侯景率军到了建康，争相逃入城里，官员和百姓混杂在一起，完全没了秩序，羊侃布置防守事务，每处都安排皇室成员来监督。军队的官员争相进入武器库，擅自拿取武器盔甲，掌管武器库的人禁止不了，羊侃下令斩杀几个人，才控制住局面。当时，梁朝建立四十七年，国内太平无事，朝中公卿及闾里士大夫都很少见到兵器和铠甲，现在，叛贼突然兵临城下，事起仓促，官员与百姓都很震惊。当时有经验的老将大多已过世，后进少年可以作战的又大多领兵防守边境，军队的指挥，完全由羊侃一人决定，羊侃有胆有谋，太子非常仰仗他。

侯景率军到了建康，百姓争相逃入城里。

梁军的指挥完全由羊侃一人决定。

【原文】

辛亥，景至朱雀桁南，太子以临贺王正德守宣阳门，东宫学士新野庾信守朱雀门，帅宫中文武三千余人营桁北。太子命信开大桁以挫其锋，正德曰："百姓见开桁，必大惊骇，可且安物情。"太子从之。俄而景至，信帅众开桁，始除一舶，见景军皆著铁面，退隐于门。信方食甘蔗，有飞箭中门柱，信手甘蔗，应弦而落，遂弃军走。南塘游军沈子睦，临贺王正德之党也，复闭桁渡景。太子使王质将精兵三千援信，至领军府，遇贼，未陈而走。正德帅众于张侯桥迎景，马上交揖，既入宣阳门，望阙而拜，歔欷流涕，随景渡淮。景军皆著青袍，正德军并著绛袍，碧里，既与景合，悉反其袍。景乘胜至阙下，城中恼惧，羊侃诈称得射书云："邵陵王、西昌侯援兵已至近路。"众乃少安。西丰公大春弃石头，奔京口；谢禧、元贞弃白下走；津主彭文粲等以石头城降景，景遣其仪同三司于子悦守之。

【译文】

辛亥（二十四日），侯景到了朱雀门浮桥的南面，太子命临贺王萧正德守卫宣阳门，东宫学士新野庾信守朱雀门，带领官中文武官员三千余人在浮桥北面安营扎寨。太子命庾信拆掉浮桥以挫败侯景的先锋，萧正德说："百姓见到浮桥断了，一定会非常惊恐，还是暂且先安抚百姓的情绪。"太子接受了这个建议。一会儿，侯景的人马到了，庾信带人断开了桥，才解开一艘浮船，就见侯景军都戴着铁面具，庾信的手下便马上隐藏到城门楼上。庾信正在吃甘蔗，一只箭飞来射中了城门柱子，庾信手中的甘蔗应声落地，于是，他就丢下军队逃走了。南塘游军将领沈子睦，是临贺王萧正德的党羽，又修好了浮桥让侯景的人马通过。太子派王质带三千精兵增援庾信，王质率军到了领军府，遭遇叛军，士兵还没有摆开阵势就纷纷逃走了。萧正德率人马在张侯桥迎接侯景，他们在马上相互行礼，进入宣阳门后，萧正德望着宫门跪拜，感叹流泪，跟随侯景一起渡过淮河。侯景的士兵都穿青色战袍，萧正德的士兵都穿绿色里子的绛色战袍，与侯景军会合后，萧正德就命令他的士兵都把袍子反过来穿。侯景乘胜追到城楼下面，城中人十分恐惧，羊侃谎称得到一封射进来的书信，说："邵陵王、西昌侯的援兵已到达附近。"众人才稍微镇定了些。西丰公萧大春放弃石头城，逃往京口；谢禧、元贞放弃白下逃走；津主彭文粲等人率石头城军民投降了侯景，侯景派他的仪同三司于子悦镇守石头城。

【原文】

壬子，景列兵绕台城，幡旗皆黑，射启于城中曰："朱异等蔑弄朝权，轻作威福，臣为所陷，欲加屠戮。陛下若诛朱异等，臣则敛辔北归。"上问太子："有是乎？"对曰："然。"上将诛之。太子曰："贼以异等为名耳，今日杀之，无救于急，适足贻笑将来，俟贼平诛之未晚。"上乃止。

【译文】

壬子（二十五日），侯景带兵包围台城，他的旗帜都是黑色的，他将一封信射入城中，信上说："朱异等人弄权乱政，作威作福，臣被他们陷害，想杀掉我。如果陛下诛除朱异等人，臣就收兵回北方。"梁武帝问太子："有这种事吗？"太子回答说："是这样。"梁武帝想斩杀朱异等人。太子说："侯景不过是用朱异等人为借口而已，现在即使杀了朱异等人，于眼下也无济于事，只会将来被人笑话罢了，等叛乱平定后再杀掉他也不晚。"梁武帝于是没有杀朱异。

侯景带兵包围台城。

【原文】

景绕城既匝，百道俱攻，鸣鼓吹唇，喧声震地。纵火烧大司马、东西华诸门。羊侃使凿门上为窍，下水沃火；太子自捧银鞍，往赏战士；直阁将军朱思帅战士数人逾城出外洒水，久之方灭。贼又以长柯斧斫东掖门，门将开，羊侃凿扇为孔，以槊刺杀二人，斫者乃退。景据公车府，正德据左卫府，景党宋子仙据东宫，范桃棒据同泰寺。景取东宫妓数百，分给军士。东宫近城，景众登其墙射城内。至夜，景于东宫置酒奏乐，太子遣人焚之，台殿及所聚图书皆尽。景又烧乘黄厩、士林馆、太府寺。癸丑，景作木驴数百攻城，城上投石碎之。景更作尖项木驴，石不能破。羊侃使作雉尾炬，灌以膏蜡，丛掷焚之，俄尽。景又作登城楼，高十余丈，欲临射城中。侃曰："车高堑虚，彼来必倒，可卧而观之。"及车动，果倒。

【译文】

侯景将城包围起来后，各处一齐攻城，他们敲着战鼓，吹起了口哨，喧嚣的声音震撼了大地。侯景叫人放火烧大司马门、东华门、西华门。羊侃派人在门上凿出洞，用水灌入其中浇灭火焰；太子亲自捧着银制的马鞍，前去赏给有功的将士；直阁将军朱思率战士数人翻墙出城洒水，过了很久火才被浇灭。叛军又用长柄斧子砍东掖门，门就要被砍开的时候，羊侃叫人在门扇上凿出小孔，用槊刺杀了两名敌人，砍门的士兵才退了回去。侯景占领了公车府，萧正德占领了左卫府，侯景的党羽宋子仙占领了东宫，范桃棒占领了同泰寺。侯景把东宫里的几百名歌女分给了他手下的官兵。东宫靠近台城，侯景的士兵登上了东宫城墙向台城内射箭。到了夜里，侯景在东宫摆设酒宴，奏起音乐。太子派人纵火烧东宫，东宫建筑和所聚图书都化为灰烬。侯景又派人去焚烧乘黄厩、士林馆以及太府寺。癸丑（二十七日），侯景制作了几百个木驴用来攻打皇城，城上的人向木驴投掷石头击碎了木驴。侯景又改制了一种尖顶的木驴，石头无法将它击碎。羊侃让人制作了一种像鸡尾形状的火炬，灌上油脂和蜡，然后聚集众多火炬，点上火一起投向木驴，木驴很快就被烧掉了。侯景又制造了一种攀登城楼的战车，战车高十多丈，想用它居高临下向城里射箭。羊侃说："战车高壕沟土虚，战车到了壕沟边一定会倒下，我们可以埋伏起来观看它。"等战车到了壕沟边，果然倒下了。

【原文】

景攻既不克，士卒死伤多，乃筑长围以绝内外，又启求诛朱异等。城中亦射赏格出外曰："有能送景首者，授以景位，并钱一亿万，布绢各万匹。"朱异、张绾议出兵击之，问羊侃，侃曰："不可。今出人若少，不足破贼，徒挫锐气；若多，则一旦失利，门隘桥小，必大致失亡。"异等不从，使千余人出战；锋未及交，退走，争桥赴水死者大半。

侯景将建康城包围起来。

【译文】

侯景攻城没有成功，死伤的士兵又很多，于是便修筑起一条长长的围子来隔断皇城内外的联系，同时又向梁武帝启奏请求诛杀朱异等人。皇城里也向城外射出悬赏所定的报酬条件，上面写道："有能把侯景首级送来的人，就把侯景的爵位授给他，并赏赐一亿万钱，一万匹布和一万匹绢。"朱异、张绾商议出兵攻打侯景，征询羊侃的意见，羊侃说："不可以现在出兵。如果出兵少，不能攻破贼兵，只会白白地挫伤自己的锐气；如果出兵多，一旦

太子派人纵火烧东宫。

失利，城门狭窄、浮桥又小，一定会导致重大伤亡。”朱异等人不听从羊侃的劝告，派出一千多人出去与侯景交战；还没交锋，就退了回来，在争着过桥时掉进水中淹死了一大半。

【原文】

景声言上已晏驾，虽城中亦以为然。壬戌，太子请上巡城，上幸大司马门，城上闻跸声，皆鼓噪流涕，众心粗安。

【译文】

侯景造谣说梁武帝已经去世，就连城里的人也以为这是真的。壬戌（初五），太子请梁武帝巡视全城，梁武帝巡幸到大司马门时，城上的守军听到皇帝来了，都喧噪起来，流下了眼泪，军心这才稍稍安定下来。

【原文】

景初至建康，谓朝夕可拔，号令严整，士卒不敢侵暴。及屡攻不克，人心离沮。景恐援兵四集，一旦溃去；又食石头常平诸仓既尽，军中乏食；乃纵士卒掠夺民米及金帛子女。是后米一升至七八万钱，人相食，饿死者什五六。

【译文】

侯景刚到建康时，以为可以很快攻克建康，所以当初他的军队号令严明，仪容整齐，士兵们不敢侵扰凌暴百姓。等到屡攻不克，军心开始离散、沮丧。侯景担心救援建康的援兵从四面八方汇集到这里，自己的军队迟早会有溃退的一天；加上石头城中备用粮仓的粮食已经吃光了，军中缺粮；于是，侯景就放纵士卒掠夺百姓的粮食以及金银、丝织品和百姓的儿女。从这以后，米的价格一升涨到七八万钱，以致造成人吃人的情况，建康城饿死的人达到十分之五六。

侯景到建康后肆无忌惮强取豪夺。

【原文】

乙丑，景于城东、西起土山，驱迫士民，不限贵贱，乱加殴捶，疲羸者因杀以填山，号哭动地。民不敢窜匿，并出从之，旬日间，众至数万。城中亦筑土山以应之。太子、宣城王已下，皆亲负土，执畚锸，于山上起芙蓉层楼，高四丈，饰以锦罽。募敢死士二千人，厚衣袖铠，谓之“僧腾客”，分配二山，昼夜交战不息。会大雨，城内土山崩；贼乘之，垂入，苦战不能禁。羊侃令多掷火，为火城以断其路，徐于内筑城，贼不能进。

【译文】

乙丑（初八），侯景在城东、城西堆起土山，他驱赶、强迫老百姓去干活，不分贵贱，都乱加殴打。那些疲劳瘦弱的人就被杀死填入土山中，百姓的哭号声惊天动地。百姓不敢躲藏逃跑，都只得出来听命，十来天的时间，人数达到几万。建康城中也筑起土山对付侯景建造的土山。太子及宣城王以下的人都亲自背土，手握簸箕与铁锹，在土山上筑起了几层芙蓉高楼，楼高四丈，用彩帛和毹布饰起来。朝廷又招募了二千名敢于拼死战斗的士兵，给他们穿上厚厚的战袍和铠甲，称之为“僧腾客”，把这些战士分配在东土山和西土山上，他们日夜不停地与侯景的军队交战。这天正赶上大雨，城内的土山崩塌了；贼兵趁机从高处往城内坠下士兵，守军与贼兵浴血奋战，但也没能拦住贼兵。羊侃命令手下多投掷火把，形成一道火墙以切断贼兵的来路，接着在城内筑起城墙，侯景的军队无法攻进来。

侯景驱赶、强迫士民干活。

【原文】

俄而景遣王伟入文德殿奉谒，上命褰帘开户引伟入，伟拜呈景启，称：“为奸佞所蔽，领众入朝，惊动圣躬，今诣阙待罪。”上问：“景何在？可召来。”景入见于太极东堂，以甲士五百人自卫。景稽颡殿下，典仪引就三公榻。上神色不变，问曰：“卿在军中日久，无乃为劳！”景不敢仰视，汗流被面。又曰：“卿何州人，而敢至此，妻子犹在北邪？”景皆不能对。任约从旁代对曰：“臣景妻子皆为高氏所屠，唯以一身归陛下。”上又问：“初渡江有几人？”景曰：“千人。”“围台城几人？”曰：“十万。”“今有几人？”曰：“率土之内，莫非己有。”上俯首不言。

【译文】

没过多久，侯景派王伟到文德殿拜见梁武帝，梁武帝命人揭起帘幕，打开房门带王伟进来，王伟拜呈侯景文书，声称：“我们受到奸佞的蒙蔽，带领人马进入朝堂，惊动了皇上，现在特地到宫中等候降罪。”梁武帝问道：“侯景在什么地方？可以把他叫来。”侯景到太极殿东堂晋见梁武帝，带了五百多全副武装的兵士保护自己。侯景在大殿下面屈膝下拜，以额触地，典仪带他来到三公坐的榻前。梁武帝神色不变，问侯景道：“你在军队里的时间很长，真是劳苦功高！”侯景不敢抬头正视梁武帝，汗流满面。梁武帝又问：“你是哪个州的人，敢到这里来，妻儿还在北方吗？”对这些问题侯景都不能回答。任约在旁边代侯景答道：“臣下侯景的妻儿都被高氏杀光了，只有我单身一人投靠陛下。”梁武帝又问道：“当初你渡江过来的时候有多少人？”侯景说道：“一千人。”“包围台城时有多少人？”回答说：“十万人。”“现在有多少人？”侯景回答：“四海之内没有不属于我的人。”梁武帝低下头不再说话。

【原文】

景退，谓其厢公王僧贵曰：“吾常跨鞍对陈，矢刃交下，而意气安缓，了无怖心；今见萧公，使人自慑，岂非天威难犯！吾不可以再见之。”于是悉撤两宫侍卫，纵兵掠乘舆、服御、宫人皆尽。收朝士、王侯送永福省，使王伟守武德殿，于子悦屯太极东堂。矫诏大赦，自加大都督中外诸军、录尚书事。

建康士民逃难四出。太子洗马萧允，至京口，端居不行，曰："死生有命，如何可逃！祸之所来，皆生于利；敬不求利，祸从何生！"

侯景到太极殿东堂晋见梁武帝。

【译文】

侯景退出后，对他的厢公王僧贵说道："我平时在战场上跨鞍对阵，面临刀丛箭雨，心绪平稳如常，没有觉得害怕；今天见到萧公，让人从内心觉得惶恐惊惧，这岂不是天子的威严难以触犯吗！我不能再见到他了。"于是他将两宫侍卫全部撤掉，放纵士兵将车马、服饰、官人抢掠一空。收捕朝士、王侯送到永福省，派王伟守卫武德殿，于子悦驻守在太极殿的东堂。侯景又假传圣旨大赦天下，加封自己为都督中外诸军、录尚书事。

建康的老百姓从四面逃出建康。太子洗马萧允来到京口，端坐不走，说："死生都是命中注定，怎么可以逃掉呢！所有的灾祸都是因追逐利益造成的，如果不追求利益，灾祸从哪里来呢！"

【原文】

上虽外为侯景所制，而内甚不平。景欲以宋子仙为司空，上曰："调和阴阳，安用此物！"景又请以其党二人为便殿主帅，上不许。景不能强，心甚惮之。太子入，泣谏，上曰："谁令汝来！若社稷有灵，犹当克复；如其不然，何事流涕！"景使其军士入直省中，或驱驴马，带弓刀，出入宫庭，上怪而问之，直阁将军周石珍对曰："侯丞相甲士。"上大怒，叱石珍曰："是侯景，何谓丞相！"左右皆惧。是后上所求多不遂志，饮膳亦为所裁节，忧愤成疾。太子以幼子大圜属湘东王绎，并剪爪发以寄之。五月丙辰，上卧净居殿，口苦，索蜜不得，再曰："荷！荷！"遂殂。年八十六。景秘不发丧，迁殡于昭阳殿，迎太子于永福省，使如常入朝。王伟、陈庆皆侍太子，太子呜咽流涕，不敢泄声，殿外文武皆莫之知。

梁武帝生病躺在净居殿。

【译文】

梁武帝虽然表面上被侯景控制，但他的心里却非常不平。侯景想让宋子仙出任司空，梁武帝说："三公这个职位是负责调和阴阳的，怎么可以任用宋子仙这种人！"侯景又请求让他手下二人出任便殿主帅，梁武帝不同意。侯景不能强迫梁武帝，心里非常怕他。太子进来，流着泪劝告梁武帝，梁武帝说道：“谁让你来的！如果国家的神灵还在，还可以恢复；如果不是这样，流泪又有什么用！”侯景派手下的士兵到几个省里值勤，有人赶着驴马，带着弓刀，在宫廷中出出进进。梁武帝觉得奇怪，问这是怎么回事，直阁将军周石珍回答说：“这是侯丞相的卫兵。”梁武帝听了非常愤怒，斥责周石珍道：“是侯景，为什么叫他丞相！”旁边的人都很害怕。从此以后梁武帝所提出的要求多数都不能满足，饮食也被侯景裁减，在忧虑与气愤交加的情况下病倒了。太子把幼子萧大圜托付给湘东王萧绎，并将剪下的头发与指甲寄给他。五月丙辰（初二），梁武帝躺在净居殿，嘴里发苦，要喝蜂蜜水却没人给他，连说两声：“荷！荷！”就死去了。享年八十六岁。侯景封锁消息不发丧，将梁武帝的遗体收殓后移到昭阳殿，从永福省接来太子，叫他像平常一样入朝。王伟、陈庆都跟在太子身边，太子呜咽着泪流满面，不敢发出声音，殿堂外文武百官都不知道武帝死了。

【原文】

高祖之末，建康士民服食、器用，争尚豪华，粮无半年之储，常资四方委输。自景作乱，道路断绝，数月之间，人至相食，犹不免饿死，存者百无一二。贵戚、豪族皆自出采稆，填委沟壑，不可胜纪。

【译文】

梁武帝末年，建康城的官民在吃、穿、用方面都竞相崇尚豪华，家中没有超过半年的存粮，常常要靠各地运来粮食。自从侯景叛乱后，交通断绝，数月之间，建康就到了人吃人的地步，很多人这样还免不了被饿死，一百个人里面活下来的也不到一两个人。皇亲国戚、豪门大族都自己出去采野生的稻子，一时间因饿死倒毙在水沟和山谷中的不计其数。

陈纪

杨坚篡周

【导语】

中国自汉末以来经历了魏晋南北朝四百多年的长期分裂，自十六国时起，黄河流域的汉族人民长期遭受非汉族统治者的歧视和虐待，北方士庶都渴望复汉。周武帝灭北齐后，汉族势力进一步加强。公元561年，周武帝即位，推行中央集权，扩大府兵兵源，出兵灭北齐，统一北方。周武帝死后，周宣帝继位。周宣帝昏狂暴虐，屠杀宗室和大臣，颁布《刑经圣制》，用法严苛。外至朝士，内至宫女，人人恐怖，均有朝不保夕之感。宣帝在位二年而卒，在他病重时，杨坚以后父之尊应诏侍疾。

到了周静帝时，杨坚的父亲杨忠是北周勋臣，他的女儿是周宣帝正后，作为杨皇后父亲的杨坚在朝中有很高的威望和势力，他是士族高门，宗兵多达三千人。王船山在《读通鉴论》中说，周宣帝临死时，谋士李德林和高颎合谋矫诏引杨坚入宫辅政。时周静帝仅八岁，以杨坚为左大丞相，总领朝纲，都督内外诸军事。是年十二月加九锡，晋爵隋王，坚遂握有军政大权。杨坚在辅政时，革除周宣帝所行暴政，删削《刑经圣制》，改作《刑书要制》，用法较为宽大。又令汉人各复本姓，废弃宇文泰所给鲜卑姓。这都是符合汉族人愿望的。

公元581年，杨坚灭周，建立隋朝。杨坚即位后，首先取消北周官制，恢复汉、魏官制，这是表示真正恢复了汉族政权。此外，杨坚又躬行节俭，努力营造良好的个人形象。到此时，杨坚已经准备好了一切，改周为隋不过是个仪式而已。

【原文】

太建十二年（庚子，公元580年）

周杨后性柔婉，不妒忌，四皇后及嫔、御等，咸爱而仰之。天元昏暴滋甚，喜怒乖度，尝谴后，欲加之罪。后进止详闲，辞色不挠，天元大怒，遂赐后死，逼令引诀，后母独孤氏诣阁陈谢，叩头流血，然后得免。

【译文】

太建十二年（庚子，公元580年）

北周杨皇后性格柔顺，不妒忌，其他四位皇后以及后宫中的九嫔、侍御等都爱戴并敬重她。天元皇帝越来越昏庸暴虐，喜怒无常，曾责备杨皇后，想强加给她罪名。杨皇后举止安详，言语态度没有屈服的表示，天元皇帝大怒，遂将杨皇后赐死，逼着她自杀，杨皇后的母亲独孤氏闻讯后，急忙到皇宫为杨皇后求情，以至叩头流血，杨皇后才得以幸免。

天元皇帝曾责备杨皇后，想强加给她罪名。

【原文】

后父大前疑杨坚，位望隆重，天元忌之，尝因忿谓后曰：“必族灭尔家！”因召坚，谓左右曰：“色动，即杀之。”坚至，神色自若，乃止。内史上大夫郑译，与坚少同学，奇坚相表，倾心相结。坚既为帝所忌，情不自安，尝在永巷，私于译曰：“久愿出藩，公所悉也，愿少留意！”译曰：“以公德望，天下归心。欲求多福，岂敢忘也！谨即言之。”

杨坚见到天元皇帝，神色自若。

【译文】

杨皇后的父亲大前疑杨坚，地位尊崇，声望显赫，天元皇帝一直猜忌他，曾经发怒时对杨皇后说：“我一定将你家灭族。”于是传令召杨坚进宫，对左右侍从说：“要是他神色变了，立即杀死他。”杨坚到了以后，神色自若，天元皇帝就没有杀他。内史上大夫郑译，与杨坚是少时同学，对杨坚的相貌感到惊奇，诚心诚意与他结交。杨坚遭到天元皇帝的猜忌，心中忐忑不安，他曾经在长巷遇到郑译，悄悄地对郑译说：“一直想出朝镇守一方，这你是知道的，希望你能为我留意！”郑译说：“以你的德望，天下归心。我也想为将来求多福，岂敢遗忘您托付的事呢！我很快就向皇帝进言。”

杨坚在长巷遇到郑译。

【原文】

天元将遣译入寇，译请元帅。天元曰：“卿意如何？”对曰：“若定江东，自非懿戚重臣，无以镇抚，可令随公行，且为寿阳总管以督军事。”天元从之。己丑，以坚为扬州总管，使译发兵会寿阳。将行，会坚暴有足疾，

天元皇帝问郑译谁可以担任元帅。

天元皇帝令郑译调遣军队与杨坚到寿阳会合。

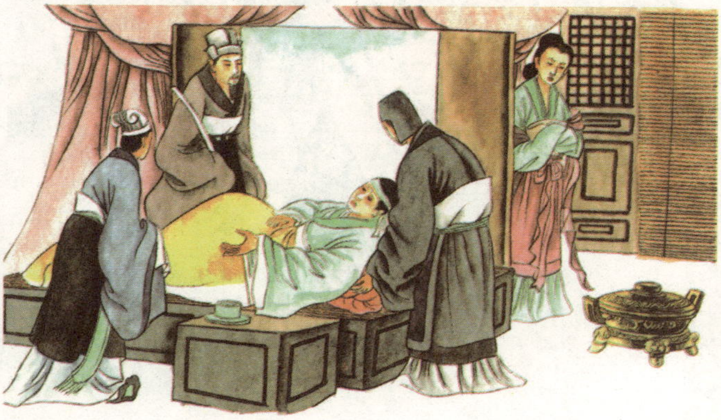

天元皇帝嗓子哑了，不能再说话。

不果行。

【译文】

天元皇帝准备派郑译率军南征陈朝，郑译请求朝廷任命元帅。天元皇帝问："你认为谁合适？"郑译答道："如果要平定江东，不用朝廷懿戚重臣，无法镇抚，可以让随公杨坚随军前往，担任寿阳总管以掌管军事。"天元皇帝答应了郑译的请求。己丑（初五），天元皇帝任命杨坚为扬州总管，令郑译调遣军队与杨坚到寿阳会合。将要出发时，适逢杨坚突然患上了脚病，结果没有成行。

【原文】

甲午夜，天元备法驾，幸天兴宫，乙未，不豫而还。小御正博陵刘昉，素以狡谄得幸于天元，与御正中大夫颜之仪并见亲信。天元召昉、之仪入卧内，欲属以后事，天元喑，不复能言。昉见静帝幼冲，以杨坚后父，有重名，遂与领内史郑译、御饰大夫柳裘、内史大夫杜陵韦谟、御正下士朝那皇甫绩谋引坚辅政，坚固辞，不敢当；昉曰："公若为，速为之；不为，昉自为也。"坚乃从之，称受诏居中侍疾。

【译文】

甲午（初十）夜，天元皇帝乘坐车驾，临幸天兴宫。乙未（十一日），因身体不适返回。小御正博陵人刘昉，一向以狡黠谄媚得到天元皇帝的宠爱，与御正中大夫颜之仪都为天元宣帝亲近和信任。天元皇帝召见刘昉、颜之仪到卧室，想向他们托付后事，但当时天元宣帝嗓子哑了，不能再说话。刘昉见静帝年幼，而杨坚是杨皇后的父亲，声名显赫，就和领内史郑译、御饰大夫柳裘、内史大夫杜陵人韦谟、御正下士朝那人皇甫绩商量请杨坚辅政。杨坚执意辞让，不敢奉命，刘昉说："您如果想干，就赶快接受任命；如果不想干，我自己出任此职。"杨坚这才答应，对外则宣称奉天元皇帝诏命，要他住进宫中侍候宣帝的疾病。

刘昉和大臣商议请杨坚辅政。

【原文】

是日，帝殂。秘不发丧。昉、译矫诏以坚总知中外兵马事。颜之仪知非帝旨，拒而不从。昉等草诏署讫，逼之仪连署，之仪厉声曰："主上升遐，嗣子冲幼，阿衡之任，宜在宗英。方今赵王最长，以亲以德，合膺重寄。公等备受朝恩，当思尽忠报国，奈何一旦欲以神器假人！之仪有死而已，不能诬罔先帝。"昉等知不可屈，乃代之仪署而行之。诸卫既受敕，并受坚节度。

【译文】

当天，天元皇帝驾崩。宫中对外秘而不宣。刘昉、郑译又假传诏命，让杨坚总管朝野内外的军队。颜之仪知道这不是天元皇帝的命令，就拒绝服从诏命。刘昉等人草拟好诏书并署上自己的名字后，逼颜之仪共同签署，颜之仪厉声说："主上驾崩，继位的皇帝年幼，辅政的重任应该由宗室中有能力的人担任。如今赵王年纪最大，他既是宗室至亲，又有德行和才干，理当担负辅政重任。你们诸位备受朝廷恩惠，应当考虑怎样尽忠报国，怎么能就这样把天下的权柄授予他姓之人呢！我颜之仪宁死也不能欺骗先帝。"刘昉等人知道无法使颜之仪屈从，于是代替颜之仪签上名字，然后颁行诏书。军队各部既然都接到了天元皇帝的诏命，于是都听从杨坚的指挥。

刘昉、郑译假传诏命，颜之仪拒绝服从。

【原文】

坚恐诸王在外生变，以千金公主将适突厥为辞，征赵、陈、越、代、滕五王入朝。坚索符玺，颜之仪正色曰："此天子之物，自有主者，宰相何故索之！"坚大怒，命引出，将杀之；以其民望，出为西边郡守。

【译文】

杨坚担心宗室诸王在外发动叛乱，就以千金公主将要嫁到突厥为借口，征召赵王宇文招、陈王宇文纯、越王宇文盛、代王宇文达、滕王宇文逌五王入朝。杨坚索要天元皇帝的兵符玺印，颜之仪严厉地拒绝道："符玺是天子使用的东西，自然有职掌机构掌管，宰相为什么索要这些呢？"杨坚大怒，命人将颜之仪拉出去，准备杀掉他；后来杨坚考虑到他很有民望，于是就派他到西边去做郡守。

天元皇帝死后，静帝即位，入住天台。

【原文】

丁未，发丧。静帝入居天台，罢正阳宫。大赦，停洛阳宫作。庚戌，尊阿史那太后为太皇太后，李太后为太帝太后，杨后为皇太后，朱后为帝太后，其陈后、元后、尉迟后并为尼。以汉王赞为上柱国、右大丞相，尊以虚名，实无所综理。以杨坚为假黄钺、左大丞相，秦王贽为上柱国。百官总已以听于左丞相。

【译文】

丁未（二十三日），北周为天元皇帝发丧。静帝入住天台，下令废除正阳宫的名称。静帝又下令大赦天下，停止洛阳宫的修建。庚戌（二十六日），静帝下诏尊称阿史那太后为太皇太后，李太后为太帝太后，杨皇后为皇太后，朱皇后为帝太后。陈皇后、元皇后、尉迟皇后出家为尼。任命汉王宇文赞为上柱国、右大丞相，外示尊崇，实际上没有任何权力。任命杨坚为假黄钺、左大丞相，秦王宇文贽为上柱国。还下令朝中百官服从左丞相的命令。

杨坚索要天元皇帝的兵符玺印，颜之仪厉声拒绝。

【原文】

李德林对杨坚说：您应当担任大丞相。

坚初受顾命，使邗国公杨惠谓御正下大夫李德林曰："朝廷赐令总文武事，经国任重。今欲与公共事，必不得辞。"德林曰："愿以死奉公。"坚大喜。始，刘昉、郑译议以坚为大冢宰，译自摄大司马，昉又求小冢宰。坚私问德林曰："欲何以见处？"德林曰："宜作大丞相、假黄钺、都督中外诸军事，不尔，无以压众心。"及发丧，即依此行之。以正阳宫为丞相府。

【译文】

杨坚最初受命辅政时，就派邗国公杨惠对御正下大夫李德林说："朝廷赐令让左丞相总管文武事宜，治理国家的责任重大。如今想和您一起谋划大事，您一定不要推辞。"李德林说："愿以死侍奉左丞相。"杨坚非常高兴。最初，刘昉、郑译商议，想让杨坚出任大冢宰，郑译自己担任大司马，刘昉又求担任小冢宰。杨坚私下问李德林："你说我应该怎么办？"李德林说："您应当担任大丞相、假黄钺、都督中外诸军事，不这样做，就不能镇服众心。"等到为天元皇帝办完丧事，杨坚就按照李德林所说的去做了，将正阳宫改为丞相府。

【原文】

时众情未壹，坚引司武上士卢贲置左右。将之东宫，百官皆不知所从。坚潜令贲部伍仗卫，因召公卿，谓曰："欲求富贵者宜相随。"往往偶语，欲有去就，贲严兵而至，众莫敢动。出崇阳门，至东宫，门者拒不纳，贲谕之，不去；瞋目叱之，门者遂却，坚入。贲遂典丞相府宿卫。贲，辩之弟子也。以郑译为丞相府长史，刘昉为司马，李德林为府属，二人由是怨德林。

【译文】

杨坚暗中令卢贲部署宿卫禁兵，然后召集公卿。

当时将帅大臣尚未归心于杨坚，杨坚把司武上士卢贲安排在自己的身边。杨坚将要去东宫，百官都不知道该怎么办。杨坚暗中令卢贲部署宿卫禁兵，然后召集公卿，对他们说："想求取富贵的人请跟随我。"公卿大臣们窃窃私语，有的想追随杨坚，有的想留在朝廷。这时，卢贲带着全副武装的禁卫来到，公卿大臣们谁也不敢离去。杨坚和百官出了崇阳门，来到东宫，但守门禁兵阻挡他们进入，卢贲说明情况，守门禁兵仍然不离开。于是卢贲瞪大眼睛，厉声喝令他们闪开，守门禁兵这才退下，杨坚进入东宫。卢贲从此负责掌管丞相府的警卫。卢贲是卢辩弟弟的儿子。杨坚任命郑译为丞相府长史，刘昉为司马，李德林为府属，郑译、刘昉二人从此怨恨李德林。

杨坚想让高颎进丞相府任职，派杨惠向高颎转达此意，高颎接受了邀请。

【原文】

内史下大夫勃海高颎明敏有器局，习兵事，多计略，坚欲引之入府，遣杨惠谕意。颎承旨，欣然曰："愿受驱驰。纵令公事不成，颎亦不辞灭族。"乃以为相府司录。

【译文】

内史下大夫勃海人高颎，聪明敏捷有度量，懂兵事，多谋略，杨坚想让他进丞相府任职，于是派杨惠向高颎转达此意。高颎接受了邀请，欣然回答说："愿为丞相奔走效力。即使杨公大事不成，高颎遭到灭族之祸也在所不辞。"于是杨坚就任命他为相府司录。

刘昉把美貌歌女进献给宇文赞。

【原文】

时汉王赞居禁中，每与静帝同帐而坐。刘昉饰美妓进赞，赞甚悦之。昉因说赞曰："大王，先帝之弟，时望所归。孺子幼冲，岂堪大事！今先帝初崩，人情尚扰。王且归第，待事宁后，入为天子，此万全计也。"赞年少，性识庸下，以为信然，遂从之。

【译文】

当时汉王宇文赞住在宫中，每天都与静帝同帐而坐。刘昉把经过打扮的美貌歌女进献给宇文赞，宇文赞对此很高兴。刘昉于是乘机对宇文赞说："大王是先帝的弟弟，众望所归。天子年幼，岂能担当治理天下的大事！现在先帝刚刚去世，人心还不稳定。汉王不如暂时先回自己的府第，等待局势稳定后，就迎立您为天子，这方是万全之策。"宇文赞年轻，才识平庸低下，对刘昉的话信以为真，就听从了他的话出宫回府去了。

【原文】

坚革宣帝苛酷之政，更为宽大，删略旧律，作《刑书要制》，奏而行之；躬履节俭，中外悦之。

【译文】

杨坚执政后，废除了宣帝苛刻残暴的政令，改行宽大之政，删改旧律，制定《刑书要制》，上奏静帝后颁行天下；他提倡节俭，并身体力行，朝野内外都很敬服他。

杨坚废除了宣帝苛刻残暴的政令，改行宽大之政。

【原文】

坚夜召太史中大夫庾季才，问曰："吾以庸虚，受兹顾命。天时人事，卿以为何如？"季才曰："天道精微，难可意察。窃以人事卜之，符兆已定。季才纵言不可，公岂复得为箕、颍之事乎！"坚默然久之，曰："诚如君言。"独孤夫人亦谓坚曰："大事已然，骑虎之势，必不得下，勉之！"

独孤夫人劝杨坚努力去做。

【译文】

杨坚夜里召见太史中大夫庾季才，问他说："我平庸没有才能，却得到了辅佐幼主的重任。无论从天时还是从人事来看，你以为我辅佐幼主这事怎么样呢？"庾季才回答说："天道精深微妙，很难全部看清楚。我只从人事方面来预测，觉得符命征兆已定。我即使说，天时和人事都对您不利，您难道会效仿尧帝时代的许由，逃往箕山，洗耳于颍水，而让天下吗？"杨坚沉默了很久，然后说："确实像你所说的那样。"夫人独孤氏也对杨坚说："事情已经到了这一步，骑虎难下，您就努力去做吧！"

隋军灭陈

【导语】

隋统一战争在中国战争史上占有重要地位，它结束了西晋以来长达300年之久的分裂局面，使中国重新归于统一。

南北朝末期，北周大定元年（公元581年），大丞相杨坚取代北周，建立隋朝，随即着手做灭陈准备。开皇三年（公元583年），隋出兵反击突厥获胜，北部边患基本消除，解除了南下灭陈的后顾之忧。又经数年治理，隋朝国力日强。陈朝传至后主陈叔宝，政治日益腐败，库空民穷，戒备懈怠。

开皇九年正月，下游隋军主力乘陈朝欢度元会（即春节）之机，分路渡江。行军总管韩擒虎、贺若弼两军配合钳击建康，至行军总管宇文述军占据石头（今南京城西清凉山），至此，隋军主力已完成对建康的包围。随后，贺若弼军与陈军主力激战于白土冈（今南京城东），陈军全线溃退。韩擒虎军首先进入建康城，俘获陈叔宝。杨广入城后，令陈叔宝以手书招降上游陈军。吴州（治吴县，今江苏苏州）、湘州（治今长沙）等地陈将拒降，二月间均为隋军击破。岭南数郡共奉高凉（今广东阳江西）冼夫人为主，保境拒守。隋派使臣安抚岭南，杨广亦命陈叔宝致书冼夫人，劝其归隋。冼夫人与其孙率众迎接隋使，岭南诸州悉为隋地。至此，隋文帝完成了统一南北的大业。

【原文】

祯明二年（戊申，公元588年）

秦王俊督诸军屯汉口，为上流节度。诏以散骑常侍周罗睺都督巴峡缘江诸军事以拒之。

【译文】

祯明二年（戊申，公元588年）

隋朝秦王杨俊督率各部军队进驻汉口，节度指挥上游各军。南陈后主诏令散骑常侍周罗睺负责指挥监督巴峡一带沿江的军事防务，以抵抗隋朝军队。

隋朝秦王杨俊督率各部军队进驻汉口。

【原文】

及隋军临江，间谍骤至，宪等殷勤奏请，至于再三。文庆曰："元会将逼，南郊之日，太子多从；今若出兵，事便废阙。"帝曰："今且出兵，若北边无事，因以水军从郊，何为不可！"又曰："如此则声闻邻境，便谓国弱。"后又以货动江总，总内为之游说，帝重违其意，而迫群官之请，乃令付外详议。总又抑宪等，由是议久不决。

【译文】

到了隋军进至长江北岸的时候，江南地区突然出现了大批密探，袁宪等人多次上奏禀报此事。施文庆对陈后主说："正月的大朝会即将来临，南郊大祀那天，太子势必要率领较多的军马；现在如果向京口、采石以及江面派遣军队和舰船，南郊大祀之事就得废省。"陈后主说："现在暂且派出军队，到时候如果北边战场无事，就顺便使用这支水军跟从到南郊，参加祭祀，又有什么不可以！"施文庆又回答说："这样做会被邻国知道，隋朝会认为我国弱小。"后来施文庆又用金银财物贿赂尚书令江总，于是江总进宫为施文庆游说，陈后主不好违背江总的意见，但又迫于群臣百官再三奏请，于是下令由朝廷百官大臣再仔细商议决定。江总又利用职权多方压制袁宪等人，所以长时间商议都没有作出决定。

隋军进至长江北岸时，江南地区出现了大批密探。

【原文】

帝从容谓侍臣曰："王气在此。齐兵三来，周师再来，无不摧败。彼何为者邪！"都官尚书孔范曰："长江天堑，古以为限隔南北，今日虏军岂能飞渡邪！边将欲作功劳，妄言事急。臣每患官卑，虏若渡江，臣定作太尉公矣！"或妄言北军马死，范曰："此是我马，何为而死！"帝笑以为然，故不为深备，奏伎、纵酒、赋诗不辍。

【译文】

陈后主若无其事地对身边的侍卫说："帝王的气数在此地。自立国以来，北齐军曾经三次大举进犯，北周军也曾经两次大兵压境，无不遭到惨重失败。现在隋军又能把我怎么样呢？"都官尚书孔范附和说："长江是一道天堑，古人认为这是上天为了隔绝南方和北方而设的。现在敌军难道能飞渡不成？边镇的将帅想建立功勋，所以才谎报边事紧急。我常常担心自己现在的官职太低，如果敌军能越过长江，我一定会建功立业，荣升太尉的。"有人信口说隋军的马匹死了很多，孔范又说："这些军马都是我国的马，怎么会死亡呢！"陈后主听后大笑，认为孔范说得很对，所以根本不加以防备，

陈后主每天不停地奏乐观舞，纵酒宴饮。

每天不停地奏乐观舞，纵酒宴饮，赋诗取乐不止。

【原文】

是岁，吐谷浑裨王拓跋木弥请以千余家降隋。隋主曰："普天之下，皆是朕臣，朕之抚育，俱存仁孝。浑贼惛狂，妻子怀怖，并思归化，自救危亡。然叛夫背父，不可收纳。又其本意正自避死，今若违拒，又复不仁。若更有音信，但宜慰抚，任其自拔，不须出兵应接。其妹夫及甥欲来，亦任其意，不劳劝诱也。"

【译文】

这一年，吐谷浑裨王拓跋木弥请求率领所属部落一千余家降附隋朝。隋文帝说："普天之下，都是朕的臣民，朕抚育苍生黎民，用的是仁孝之心。吐谷浑可汗夸吕昏聩狂暴，为政苛刻，以至连他的妻儿都心怀恐惧，都想归附我朝，拯求自己免遭屠戮。但背叛丈夫和父亲，有违忠孝，不能接纳他们。又因为他们的本意只是逃避死亡，现在如果拒绝了他们，又显得我大隋朝不仁不义。如果再有音信来，只应该加以慰勉安抚，听任他们自己率领所属部落前来归附，不要出兵接应。如果他的妹夫和外甥想来归附，也听任自便，不要进行劝诱。"

【原文】

高祖文皇帝上之上开皇九年（己酉，公元589年）

春，正月乙丑朔，陈主朝会群臣，大雾四塞，入人鼻，皆辛酸，陈主昏睡，至晡时乃寤。

【译文】

隋文帝开皇九年（己酉，公元589年）

春季，正月乙丑朔（初一），陈朝举行元旦朝会，陈后主朝会群臣百官时，大雾弥漫，吸入鼻孔，感到又辣又酸，陈后主昏睡过去，一直到黄昏才醒过来。

【原文】

是日，贺若弼自广陵引兵济江。先是弼以老马多买陈船而匿之，买弊船五六十艘，置于渎内。陈人觇之，以为内国无船。弼又请缘江防人每交代之际，必集广陵，于是大列旗帜，营幕被野，陈人以为隋兵大至，急发兵为备，既知防人交代，其众复散；后以为常，不复设备。又使兵缘江时猎，人马喧噪。故弼之济江，陈人不觉。韩擒虎将五百人自横江宵济采石，守者皆醉，遂克之。晋王广帅大军屯六合镇桃叶山。

【译文】

这天，隋吴州总管贺若弼从广陵率军渡过长江。起先，贺若弼卖掉军中老马，大量购买陈朝的船只，把这些船只藏匿起来，又买了五六十艘破旧的船，停泊在小河里。陈军观察到的都是破船，以为隋军没有好船。贺若弼又请求朝廷，沿江防守的兵士每次调防，让他们务必都集中在广陵，于是隋军大举旗帜，帐篷布满原野，陈朝以为是隋朝大军来了，急忙调兵遣将准备迎战，随后知道是隋朝士卒换防交接，就将已聚集的军队又解散了；后来陈朝对此习以为常，就不再加强戒备。贺若弼又时常派遣军队沿江打猎，人喊马嘶。所以贺若弼渡江时，陈朝守军竟没有发觉。庐州总管韩擒虎率领将士五百人从横江浦夜渡到采石，陈朝守军全都喝醉了酒，隋军轻而易举攻下了采石。晋王杨广统帅大军驻扎在六合镇桃叶山。

【原文】

丙寅，采石戍主徐子建驰启告变；丁卯，召公卿入议军旅。戊辰，陈主下诏曰："犬羊陵纵，侵窃郊畿，蜂虿有毒，宜时扫定。朕当亲御六师，廓清八表，内外并可戒严。"以骠骑将军萧摩诃、护军将军樊毅、中领军鲁广达并为都督，司空司马消难、湘州刺史施文庆并为大监军，遣南豫州刺史樊猛帅舟师出白下，散骑常侍皋文奏将兵镇南豫州。重立赏格，僧、尼、道士，尽令执役。

【译文】

丙寅（初二），陈朝采石镇戍主将徐子建携带告急文书飞骑赶赴都城，报告隋军已渡江的消息；丁卯（初三），陈后主召集公卿大臣进宫商议军务事宜。戊辰（初四），陈后主下诏说："隋军胆敢任意兴兵凌逼，侵犯占据我都城近郊，就好似蜂虿有毒，应及时扫灭。朕当亲自统帅大军，廓清天下，朝廷内外要实施戒备。"于是任命骠骑将军萧摩诃、护军将军樊毅、中领军鲁广达三人为都督，任命司空司马消难、湘州刺史施文庆二人为大监军，派南豫州刺史樊猛统帅水军从白下城出发，散骑常侍皋文奏统帅军队镇守南豫州。陈后主下令设立重赏，僧、尼、道士等出家人都让他们从军服役。

【原文】

庚午，贺若弼攻拔京口，执南徐州刺史黄恪。弼军令严肃，秋毫不犯，有军士于民间酤酒者，弼立斩之。所俘获六千余人，弼皆释之，给粮劳遣，付以敕书，令分道宣谕。于是所至风靡。

隋军所到之处，陈朝军队望风溃败。

【译文】

庚午（初六），贺若弼率军攻克京口，生擒南徐州刺史黄恪。贺若弼的军队纪律严明，秋毫无犯，有士卒在民间买酒的，贺若弼令立即将其斩首。所俘获的陈朝军队六千余人，贺若弼把他们全部释放了，发给资粮，好言安慰，遣返回乡，并付给他们隋文帝敕书，让他们分道宣传散发。因此，隋军所到之处，陈朝军队望风溃败。

【原文】

于是贺若弼自北道，韩擒虎自南道并进，缘江诸戍，望风尽走；弼分兵断曲阿之冲而入。陈主命司徒豫章王叔英屯朝堂，萧摩诃屯乐游苑，樊毅屯耆阇寺，鲁广达屯白土冈，忠武将军孔范屯宝田寺，己卯，任忠自吴兴入赴，仍屯朱雀门。

【译文】

在此时，隋将贺若弼率军从北道，韩擒虎率军从南道，两军齐头并进，夹攻建康，陈朝沿江镇戍要塞的守军都望风而逃；贺若弼分兵占领曲阿，隔断了陈朝援军的通道，自己率主力进逼建康。陈后主命令司徒、豫章王陈叔英率军守卫朝堂，萧摩诃率军驻守乐游苑，樊毅率军驻守耆阇寺，鲁广达率军驻守白土冈，忠武将军孔范率军驻守宝田寺。己卯（十五日），任忠率军自吴兴到京师，驻守朱雀门。

【原文】

辛未，贺若弼进据钟山，顿白土冈之东。晋王广遣总管杜彦与韩擒虎合军，步骑二万屯于新林。蕲州总管王世积以舟师出九江破陈将纪瑱于蕲口，陈人大骇，降者相继。晋王广上状，帝大悦，宴赐群臣。

【译文】

辛未，贺若弼率军占据钟山，驻扎在白土冈的东面。晋王杨广派遣总管杜彦和韩擒虎合军，共计步骑两万人驻扎在新林。隋蕲州总管王世积统帅水军出九江，在蕲口击败陈将纪瑱，陈朝将士大为惊恐，不断有将士向隋军投降。晋王杨广上表禀报军情，隋文帝非常高兴，于是宴请并赏赐百官群臣。

贺若弼占据钟山。

【原文】

时建康甲士尚十余万人，陈主素怯懦，不达军士，唯日夜啼泣，台内处分，一以委施文庆。文庆既知诸将疾己，恐其有功，乃奏曰："此辈怏怏，素不伏官，迫此事机，那可专信！"由是诸将凡有启请，率皆不行。

【译文】

当时建康还有军队十余万人，但是陈后主生性怯懦软弱，又不懂军事，只是日夜哭泣，台城内的所有军情处置，全部交给施文庆办理。施文庆知道将帅们都恨自己，唯恐他们建立功勋，于是向陈后主上奏说："这些将士们平时总是心怀不满，一向不甘心服事陛下，现在到了危急时刻，怎么可以完全信任他们呢！"因此这些将帅们凡是有所启奏请求，绝大部分都不能获得批准。

【原文】

贺若弼之攻京口也，萧摩诃请将兵逆战，陈主不许。及弼至钟山，摩诃又曰："弼悬军深入，垒堑未坚，出兵掩袭，可以必克。"又不许。陈主召摩诃、任忠于内殿议军事，忠曰："兵法：客贵速战，主贵持重。今国家足兵足食，宜固守台城，缘淮立栅，北军虽来，勿与交战；分兵断江路，无令彼信得通。给臣精兵一万，金翅三百艘，下江径掩六合；彼大军必谓其渡江将士已被俘获，自然挫气。淮南土人与臣旧相知悉，今闻臣往，必皆景从。臣复扬声欲往徐州，断彼归路，则诸军不击自去。待春水既涨，上江周罗睺等众军必沿流赴援。此良策也。"陈主不能从。明日，欻然曰："兵久不决，令人腹烦，可呼萧郎一出击之。"任忠叩头苦请勿战。孔范又奏："请作一决，当为官勒石燕然。"陈主从

陈主召摩诃、任忠于内殿议军事。

之，谓摩诃曰："公可为我一决！"摩诃曰："从来行陈，为国为身；今日之事，兼为妻子。"陈主多出金帛赋诸军以充赏。甲申，使鲁广达陈于白土冈，居诸军之南，任忠次之，樊毅、孔范又次之，萧摩诃军最在北。诸军南北亘二十里，首尾进退不相知。

【译文】

贺若弼进攻京口时，陈朝都督萧摩诃曾经请求率军迎战，陈后主不许。等到贺若弼的人马到了钟山，萧摩诃又上奏说："贺若弼孤军深入，立足未稳，如果乘此时出兵袭击，可保必胜。"陈后主还是不许。陈后主招集萧摩诃、任忠在宫中内殿商议军事，任忠说："兵法上说：来犯之军利在速战，守军利在坚持。现在国家兵足粮丰，应该固守台城，沿着秦淮河建立栅栏，隋军虽然来攻，不要与他们交战；分兵截断长江水路，让隋军音信无法相通。陛下可给我一万精兵，金翅战船三百艘，顺江而下，径直突袭六合镇；这样，隋朝大军一定会认为他们渡过江的将士已经被我们俘获，自然会挫败他们的锐气。淮南土著居民以前与我就互相熟悉，如今听说是我率军前往，必定会响应跟从。我再扬言将要率军进攻徐州，切断隋军的退路，这样，各路隋军就会不战自退。待到雨季春水涨了，上游周罗睺等军必定顺流而下赶来增援。这是一个很好的计策。"陈后主不听从。到了第二天，陈后主忽然说："与隋军长久相持不进行决战，令人心烦，可叫萧摩诃出兵攻打一下。"任忠向陈后主跪地叩头，苦苦请求不要出战。忠武将军孔范又上奏说："请求与隋军决一死战，我军必胜，我将为陛下在燕然山刻石立碑纪念战功。"陈后主听从了孔范的意见，对萧摩诃说："你可为我率军与隋军一决胜负！"萧摩诃说："从来作战都是为了国家与自己，今日与敌决战，兼为妻子儿女。"于是陈后主拿出很多金钱财物，分配给诸军用作奖赏。甲申（二十日），命令鲁广达在白土冈摆开阵势，在各军的最南边，由南往北，依次是任忠、樊毅、孔范，萧摩诃的军队在最北边。陈朝军队所摆开的阵势南北长达二十里，首尾进退彼此都不知晓。

【原文】

贺若弼将轻骑登山，望见众军，因驰下，与所部七总管杨牙、员明等甲士凡八千，勒陈以待之。陈主通于萧摩诃之妻，故摩诃初无战意；唯鲁广达以其徒力战，与弼相当。隋师退走者数四，弼麾下死者二百七十三人，弼纵烟以自隐，窘而复振。陈兵得人头，皆走献陈主求赏，弼知其骄惰，更引兵趣孔范；范兵暂交即走，陈诸军顾之，骑卒乱溃，不可复止，死者五千人。员明擒萧摩诃，送于弼，弼命牵斩之，摩诃颜色自若，弼乃释而礼之。

【译文】

贺若弼率领轻骑登上钟山，望见陈朝的军马，于是骑马下山，与所部七位总管杨牙、员明等将领率兵士八千人，摆好阵势准备迎战。陈后主与萧摩诃的妻子私通，所以萧摩诃一开始就不想打这一仗；只有鲁广达率领部下拼死力战，与贺若弼的军队不相上下。隋军曾经四次被迫后退，贺若弼部下战死的有二百七十三人，后来贺若弼部

陈朝诸军纷纷溃逃。

下纵放烟火用来掩护，才摆脱困境重新振作起来。陈朝兵士获得隋军人头，纷纷跑去献给陈后主以求得奖赏，贺若弼看到陈朝军队骄傲轻敌，于是再次率军冲击孔范的军阵；孔范的兵士与隋军刚一交战即败走，陈朝诸军望见，骑兵、步卒大乱，纷纷溃逃，不可阻止，死了五千人。总管员明擒获萧摩诃，把他送交贺若弼，贺若弼命令推出去斩首，萧摩诃神色自若，贺若弼于是给他松绑并对他以礼相待。

【原文】

任忠驰入台，见陈主言败状，曰："官好住，臣无所用力矣！"陈主与之金两縢，使募人出战，忠曰："陛下唯当具舟楫，就上流众军，臣以死奉卫。"陈主信之，敕忠出部分，令宫人装束以待之，怪其久不至。时韩擒虎自新林进军，忠已帅数骑迎降于石子冈。领军蔡徵守朱雀航，闻擒虎将至，众惧而溃。忠引擒虎直入朱雀门，陈人欲战，忠挥之曰："老夫尚降，诸军何事！"众皆散走。于是城内文武百司皆遁，唯尚书仆射袁宪在殿中，尚书令江总等数人居省中。陈主谓袁宪曰："我从来接遇卿不胜余人，今日但以追愧。非唯朕无德，亦是江东衣冠道尽。"

陈后主让任忠募兵出战。

【译文】

任忠驰马进入建康台城，谒见陈后主，述说了失败经过，说："陛下好自为之，我是无能为力了！"陈后主给他两串金子，让他再募兵出战，任忠说："陛下只有赶紧准备船只，前往上游会合周罗睺等人统领的大军，我拼死护送陛下。"陈后主相信了任忠，敕令他出外布置安排，又下令后宫宫女收拾行装，等待任忠，久等不至，觉得奇怪。当时韩擒虎率军从新林向台城进发，任忠已经率领部下数骑到石子冈去投降。当时陈朝领军将军蔡徵率军守卫朱雀桥，听说韩擒虎将到，手下惊惧害怕，都望风溃逃。任忠带领韩擒虎的人马径直进入朱雀门，还有一些陈军将士想进行抵抗，任忠对他们挥挥手说："我都投降了，你们还抵抗什么！"于是陈军全都逃散。此时，台城内文武大臣全都逃跑，只有尚书仆射袁宪在殿内，尚书令江总等数人在省府中。陈后主对袁宪感叹道："我从来待你不如别人好，今日只有你还留在我的身边，我对以前的事感到很惭愧。这不只是朕失德无道所致，也是江东士大夫的气节丧失净尽了。"

【原文】

陈主遑遽，将避匿，宪正色曰："北兵之入，必无所犯。大事如此，陛下去欲安之！臣愿陛下正衣冠，御正殿，依梁武帝见侯景故事。"陈主不从，下榻驰去，曰："锋刃之下，未可交当，吾自有计！"从宫人十余出后堂景阳殿，将自投于井，宪苦谏不从；后阁舍人夏侯公韵以身蔽井，陈主与争，久之，乃得入。既而军人窥井，呼之，不应，欲下石，乃闻叫声；以绳引之，惊其太重，及出，乃与张贵妃、孔贵嫔同束而上。沈后居处如常。太子深年十五，闭阁而坐，舍人孔伯鱼侍侧，军士叩阁而入，深安坐，劳之曰："戎旅在途，不至劳也！"军士咸致敬焉。时陈人宗室王侯在建康者百余人，陈主恐其为变，皆召入，令屯朝堂，使豫章王叔英总督之，又阴为之备，及台城失守，相帅出降。

【译文】

陈朝后主惊慌失措，想躲藏起来，袁宪严肃地说道："隋军进入皇宫后，必不会对陛下有所侵侮。事已至此，陛下还能躲到什么地方去！我请求陛下把衣服冠冕穿戴整齐，端坐正殿，依照当年梁武帝见侯景的做法。"陈后主没有听从，下了坐床飞奔而去，说："兵刃之下，不能拿性命去冒险，我自有办法！"于是跟着十余个宫人逃出后堂景阳殿，要往井里跳，袁宪苦苦劝谏，陈后主不听。后阁舍人夏侯公韵用自己的身子挡住井口，陈后主极力相争，很长时间才得以跳进井里。不久，有隋军兵士向井里窥视，并大声喊叫，井下无人回应，士兵扬言要往下扔石头，这才听到井下有人呼叫，于是抛下绳索往上拉人，感到非常重，十分吃惊，直到把人拉上来，才看见是陈后主与张贵妃、孔贵嫔三人绑在一起上来了。而沈皇后仍像平常一样，毫不惊慌。皇太子陈深当时十五岁，关上阁门，安然端坐，太子舍人孔伯鱼在一旁侍奉，隋军兵士推门而入，陈深端坐不动，好言慰劳说："你们一路上鞍马劳顿，还不至于过于疲劳吧？"隋军兵士都纷纷向他致敬。当时陈朝宗室王侯在建康城中的人有一百多，陈后主恐怕他们发动政变，就把他们全都召进宫里，命令他们聚集在朝堂，派豫章王陈叔英监督他们，并暗中严加戒备。到台城失守以后，他们都相继出降。

陈后主与张贵妃、孔贵嫔逃入井中。

陈后主与张贵妃、孔贵嫔三人被隋军从井中拉出。

【原文】

贺若弼乘胜至乐游苑，鲁广达犹督余兵苦战不息，所杀获数百人，会日暮，乃解甲，面台再拜恸哭，谓众曰："我身不能救国，负罪深矣！"士卒皆流涕歔欷，遂就擒。诸门卫皆走，弼夜烧北掖门入，闻韩擒虎已得陈叔宝，呼视之，叔宝惶惧，流汗股栗，向弼再拜。弼谓之曰："小国之君当大国之卿，拜乃礼也。入朝不失作归命侯，无劳恐惧。"既而耻功在韩擒虎后，与擒虎相询，挺刃而出；欲令蔡徵为叔宝作降笺，命乘骡车归己，事不果。弼置叔宝于德教殿，以兵卫守。

【译文】

隋将贺若弼率军乘胜进入乐游苑，陈朝都督鲁广达仍督率残兵败将苦战不止，共杀死俘虏隋军数百人，赶上天色近晚，鲁广达方才放下武器，面向台城拜了三拜，失声痛哭，对部下说：“我没有能够拯救国家，负罪深重啊！”部下兵士也都痛哭流涕，于是被隋军俘获。台城的宫门卫士都四散逃走，贺若弼率军在夜间焚烧北掖门而进入皇宫，得知韩擒虎已抓住了陈叔宝，就把他叫来亲自察看，陈叔宝非常害怕，汗流浃背，浑身战栗，向贺若弼跪拜叩头。贺若弼对他说：“小国的君主见了大国的公卿大臣，按照礼节应该跪拜。阁下到了隋朝仍不失封归命侯，所以不必恐惧。”过后，贺若弼因功在韩擒虎后觉得很没面子，就与韩擒虎发生争吵，随后怒气冲冲地拔刀而出，准备让陈朝前吏部尚书蔡徵为陈叔宝起草降书，又下令陈叔宝乘坐骡车归附自己，但没有实现。于是贺若弼将陈叔宝置于德教殿内，派兵守卫。

陈叔宝向贺若弼跪拜叩头。

【原文】

高颎先入建康，颎子德弘为晋王广记室，广使德弘驰诣所，令留张丽华，颎曰：“昔太公蒙面以斩妲己，今岂可留丽华！”乃斩之于青溪。德弘还报，广变色曰：“昔人云，‘无德不报’，我必有以报高公矣！”

【译文】

高颎先进入建康，当时高颎的儿子高德弘是晋王府记室参军，杨广就派他驰马来见高颎，传令留下张丽华，高颎说：“古时候姜太公吕尚蒙面斩了殷纣王的宠姬妲己，今天岂能留下张丽华！”于是在青溪将张丽华斩首。高德弘回去禀报杨广，杨广脸色大变说：“古人云：‘无德不报。’我一定要回报高公！”

【原文】

广以贺若弼先期决战，违军令，收以属吏。上驿召之，诏广曰：“平定江表，弼与韩擒虎之力也。”赐物万段；又赐弼与擒虎诏，美其功。

【译文】

晋王杨广因为贺若弼率军与陈朝军队先期决战，违犯了军令，下令将他收捕送交执法官吏。隋文帝派驿使传令召贺若弼入朝，并对杨广下诏说：“这次平定江表地区，全仗着贺若弼和韩擒虎二人之力。”于是下令赏赐贺若弼布帛等物一万匹。又赐给贺若弼和韩擒虎诏书，赞美他们二人的功绩。

隋纪

杨广篡位

【导语】

有些野史，把那个善于蛰伏、长于自制、强毅隐忍、雄图大志的杨广描写成了一个多年没有亲近过女人的色情狂。

根据一些野史记载：仁寿四年七月，文帝病危时，太子杨广写信向杨素询问文帝的病情，杨素回信给太子时，宫人却误送到文帝手中，文帝大怒。同时，文帝的宠妾宣华夫人告诉他，太子杨广欲行非礼。文帝这才下决心将太子杨广废掉，于是令柳述、元岩紧急召前太子杨勇前来，准备让他继承皇位。杨素得知这一消息后，马上报告杨广。杨广立即伪造圣旨，逮捕柳述、元岩，将自己的心腹派到宫里，又派亲信宇文述等控制宫门，把后宫的人遣往别处。一切布置妥当后，杨广派张衡入宫侍疾，不久文帝就驾崩了。

隋炀帝杨广相貌堂堂、风流倜傥、聪明伶俐，但荒淫无度。《唐书》说其弑父、弑兄、奸母、淫妹，亲媚臣、杀忠良。司马光在《资治通鉴》中，称其“智可以拒谏，诈足以饰非”。

“杨广弑父”在史学界和学术界都颇具争议。关于文帝被弑的说法，唐朝编写的隋书在文帝和炀帝的本纪中均不采用。指控杨广“弑父”的资料都是出自野史和隋朝末年为了讨伐杨广而写的檄文，有可能是为了政治需要而刻意歪曲事实，丑化隋炀帝。而唐朝既得天下，也必须将隋炀帝妖魔化，以证明自己取得帝位是顺应天意的。

也有学者说，秦始皇只留下了长城，杨广却给后世留下功在万代、远比长城更有实用价值的大运河。隋帝国的人口数量，已经创了历代之冠，国家财政实力也远远超过秦汉。

【原文】

开皇十九年（己未，公元 599 年）

时太子勇失爱于上，潜有废立之志，从容谓颎曰：“有神告晋王妃，言王必有天下，若之何？”颎长跪曰：“长幼有序，其可废乎！”独孤后知颎不可夺，阴欲去之。

隋文帝杨坚向宰相高颎表达了他想废立太子的想法。

【译文】

开皇十九年（己未，公元 599 年）

当时皇太子杨勇失去了隋文帝的宠爱，文帝暗中有废立的想法，闲时对宰相高颎说：“有神告诉晋王杨广的妃子，说晋王必定享有天下，你说该怎么办？”高颎长跪回答说：“长幼有序，怎么可以废黜呢！”独孤皇后知道高颎不会改变主意，暗中想要把他赶出朝廷。

【原文】

会上令选东宫卫士以入上台，颎奏称：“若尽取强者，恐东宫宿卫太劣。”上作色曰：“我有时出入，宿卫须得勇毅。太子毓德春宫，左右何须壮士！此极弊法。如我意者，恒于交番之日，分向东宫，上下团伍不别，岂非佳事！我熟见前代，公不须仍踵旧风。”颎子表仁，娶太子女，故上以此言防之。

【译文】

正值文帝下令挑选东宫卫士到皇宫上台宿卫，高颎上奏说："如果把强壮的卫士都选走，恐怕东宫的宿卫力量太薄弱了。"文帝变了脸色说："我时常出入，宿卫之士必须要壮勇强健。太子在东宫修养仁德，哪里用得着壮士！在东宫保持强大的警卫力量是极大的弊政。要是按照我的意思，经常在轮换值班的时候，分到东宫宿卫，这样两宫宿卫合为一体，岂不是件好事吗！我熟悉前代各种制度的得失，你不必仍然遵行传统的做法了。"高颎的儿子高表仁，娶了太子之女，所以文帝用这些话提醒他。

隋文帝下令挑选东宫卫士到皇宫上台宿卫，高颎就此事上奏。

【原文】

颎夫人卒，独孤后言于上曰："高仆射老矣，而丧夫人，陛下何能不为之娶！"上以后言告颎。颎流涕谢曰："臣今已老，退朝，唯斋居读佛经而已，虽陛下垂哀之深，至于纳室，非臣所愿。"上乃止。既而颎爱妾生男，上闻之，极喜，后甚不悦。上问其故，后曰："陛下尚复信高颎邪？始，陛下欲为颎娶，颎心存爱妾，面欺陛下。今其诈已见，安得信之！"上由是疏颎。

独孤后劝文帝为高颎另娶一房继室。

【译文】

高颎夫人去世，独孤皇后对文帝说："高仆射老了，现在夫人又去世，陛下怎么能不为他另娶一房继室！"文帝把皇后的话告诉了高颎。高颎流着眼泪辞谢说："臣如今已老，退朝以后，不过斋戒读佛经而已，虽然陛下垂怜老臣至深，至于说到再娶，实非臣所愿。"文帝只好作罢。不久高颎的爱妾生了一个儿子，文帝听说以后，非常高兴，皇后却很不高兴。文帝询问缘故，皇后说："陛下还会再信任高颎吗？开始时，陛下想为他再娶，高颎明明心里装着爱妾，却当面欺骗陛下，说他不愿再娶。如今他的欺诈已经暴露了，陛下怎么能再信任他！"文帝从此疏远了高颎。

【原文】

初，上使太子杨勇参决军国政事，时有损益；上皆纳之。勇性宽厚，率意任情，无矫饰之行。上性节俭，勇尝文饰蜀铠，上见而不悦，戒之曰："自古帝王未有好奢侈而能久长者。汝为储后，当以俭约为先，乃能奉承宗庙。吾昔日衣服，各留一物，时复观之以自警戒。恐汝以今日皇太子之心忘昔时之事，故赐汝以我旧所带刀一枚，并菹酱一合，汝昔作上士时常所食也。若存记前事，应知我心。”

隋文帝赐给太子杨勇旧衣、酱菜告诫他要克勤克俭。

【译文】

当初，文帝让太子杨勇参与决策军国政事，杨勇经常会提出批评建议，文帝都采纳了。杨勇性情宽厚，直率热情，平易近人，不会弄虚作假。文帝本性崇尚节俭，杨勇曾经装饰自己蜀地出的铠甲，文帝见了很不高兴，告诫他说：“自古以来喜好奢侈的帝王没有能长久的。你作为皇位继承人，应当以俭约为先，这样才能继承宗庙。我过去的衣服，都各留了一件，时常拿出来看看以告诫自己。我恐怕你如今做了皇太子而忘记过去的事，所以把我以前所佩带的刀赐给你，还有一盒酱菜，酱菜是你旧日做上士时经常食用的。如果你还记得以前的事，就应该懂得我的用心。”

【原文】

后遇冬至，百官皆诣勇，勇张乐受贺。上知之，问朝臣曰：“近闻至日内外百官相帅朝东宫，此何礼也？”太常少卿辛亶对曰：“于东宫，乃贺也，不得言朝。”上曰：“贺者正可三数十人，随情各去，何乃有司征召，一时普集！太子法服设乐以待之，可乎？”因下诏曰：“礼有等差，君臣不杂。皇太子虽居上嗣，义兼臣子，而诸方岳牧正冬朝贺，任土作贡，别上东宫；事非典则，宜悉停断。”自是恩宠始衰，渐生猜阻。

文帝下诏停止另外给太子上贡。

【译文】

冬至到了，百官都去见杨勇，杨勇排列乐队接受百官的祝贺。文帝知道了这件事，问朝臣说：“最近听说冬至那天，朝廷内外百官去朝见太子，这是什么礼法？”太常少卿辛亶答道：“百官到东宫，是祝贺，不能说是朝见。”文帝说：“庆贺冬至的人应该是数十人，随意各自去，为什么由有关部门召集，百官同时汇集起来同去！太子身穿礼服奏乐来接待百官，能这样吗？”于是文帝下诏说：“礼法有等级差别，君臣之间不能混杂。皇太子虽然位居储君，但从礼义上讲也是臣子，各地方长官冬至朝贺，进献自己辖地的特产，另外给皇太子上贡，不符合典章制度，应该全部停止。”从此，文帝对杨勇的恩宠开始减少，渐渐有了猜疑和戒心。

【原文】

勇多内宠，昭训云氏尤幸。其妃元氏无宠，遇心疾，二日而薨，独孤后意有他故，甚责望勇。自是云昭训专内政，生长宁王俨，平原王裕，安成王筠；高良娣生安平王嶷，襄城王恪；王良媛生高阳王该，建安王韶；成姬生颍川王煚；后宫生孝实，孝范。后弥不平，颇遣人伺察，求勇过恶。

【译文】

杨勇有很多姬妾，尤其宠幸昭训云氏。他的妃子元氏不受宠爱，突然得了心疾，两天就死了。独孤皇后怀疑另有原因，狠狠地责备杨勇。自此以后，云昭训主理东宫内政，生了长宁王杨俨、平原王杨裕、安成王杨筠；高良娣生了安平王杨嶷、襄城王杨恪；王良媛生了高阳王杨该、建安王杨韶；成姬生了颍川王杨煚；其他的宫人生杨孝实、杨孝范。独孤皇后更加不高兴，经常派人窥伺东宫，寻找杨勇的过失和罪过。

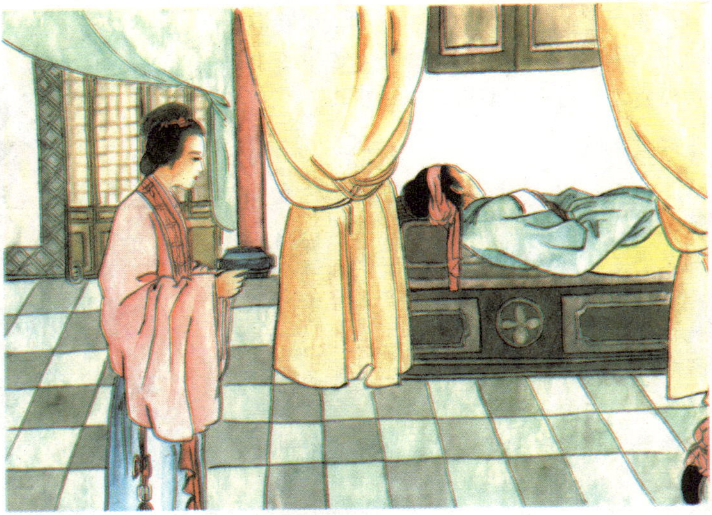

太子杨勇的妃子元氏死于心疾。

【原文】

晋王广弥自矫饰，唯与萧妃居处，后庭有子皆不育，后由是数称广贤。大臣用事者，广皆倾心与交。上及后每遣左右至广所，无贵贱，广必与萧妃迎门接引，为设美馔，申以厚礼；婢仆往来者，无不称其仁孝。上与后尝幸其第，广悉屏匿美姬于别室，唯留老丑者，衣以缦彩，给事左右；屏帐改用缣素；故绝乐器之弦，不令拂去尘埃。上见之，以为不好声色，还宫，以语侍臣，意甚喜，侍臣皆称庆，由是爱之特异诸子。

【译文】

晋王杨广知道了这件事，更加伪装自己，他只和萧妃住在一起，后宫生了孩子都不去抚育，独孤皇后因此多次称赞杨广贤德。朝廷中执掌朝政的重臣，杨广都倾心与他们结交。文帝和独孤皇后每次派身边的人到杨广的住处，无论来人的地位高低，杨广必定和萧妃一起在门口迎接，为来人准备丰盛的饮食，并厚赠礼品。凡是去过杨广那里的奴婢仆人，没有不称颂杨广为人仁爱贤孝的。文帝与独孤皇后曾经临幸他的府第，杨广将他的美姬都藏到别的房间里，只留下年老貌丑的侍女，穿着没有文饰的衣服，侍奉左右；房间里的屏帐改用简单的幔帐；故意将乐器的弦弄断，不让拂去上面的灰尘。文帝

晋王杨广只和萧妃住在一起，以此彰示自己不好女色。

见了，以为杨广不好声色，返回皇宫后，告诉侍臣这一情况，他感到非常高兴，侍臣们都向文帝祝贺，从此，文帝喜爱杨广超过了其他儿子。

【原文】

上密令善相者来和遍视诸子，对曰："晋王眉上双骨隆起，贵不可言。"上又问上仪同三司韦鼎："我诸儿谁得嗣位？"对曰："至尊、皇后所最爱者当与之，非臣敢预知也。"上笑曰："卿不肯显言邪！"

【译文】

文帝暗中命令善于看相的来和把他的儿子们都看了一遍，来和说："晋王杨广眉上双骨隆起，贵不可言。"文帝又问上仪同三司韦鼎："我这些儿子哪个可以继承皇位？"韦鼎回答："陛下和皇后最喜爱的儿子应当继承皇位，不是我敢预知的。"文帝笑着说："你不肯明说呀！"

【原文】

晋王广美姿仪，性敏慧，沉深严重；好学，善属文；敬接朝士，礼极卑屈；由是声名籍甚，冠于诸王。

【译文】

晋王杨广容貌俊美，举止优雅，生性聪慧，为人深沉持重；好学，擅长写文章；和朝中之士来往时礼节极其周到，待人非常礼貌谦卑，因此他的声名盛大，高于其他诸王。

【原文】

广为扬州总管，入朝，将还镇，入宫辞后，伏地流涕，后亦泫然泣下。广曰："臣性识愚下，常守平生昆弟之意，不知何罪失爱东宫，恒蓄盛怒，欲加屠陷。每恐谗谮生于投杼，鸩毒遇于杯勺，是用勤忧积念，惧履危亡。"后忿然曰："睍地伐渐不可耐，我为之娶元氏女，竟不以夫妇礼待之，专宠阿云，使有如许豚犬。前新妇遇毒而夭，我亦不能穷治，何故复于汝发如此意！我在尚尔，我死后，当鱼肉汝乎！每思东宫竟无正嫡，至尊千秋万岁之后，遣汝等兄弟向阿云儿前再拜问讯，此是几许苦痛邪！"广又拜，呜咽不能止，后亦悲不自胜。自是后决意欲废勇立广矣。

【译文】

杨广任扬州总管，去朝见文帝，即将返回扬州，他进宫向独孤皇后辞行，跪在地上流泪，独孤皇后也潸然泪下。杨广说："臣性情见识愚笨低下，一直顾念兄弟之间的感情，不知犯了什么过错得罪了皇太子，他常常含着怒气，想要陷害我。我常常恐惧谗言出于亲人之口，担心他会在酒具食器中对我下毒，因此一直都很忧虑，害怕遭到危亡的命运。"皇后愤怒地说："睍地伐越来越让人无法忍受了，我为他娶了元氏的女

杨广进宫向独孤皇后辞行。

儿，他竟不以夫妇之礼对待元氏，专宠阿云，这样，元氏就好像许配给了猪狗一般。先前，才娶不久的妻子被毒害致死，我也不能特别地追究，为什么又对你生出这样歹毒的念头！我还活着，他都敢这样，我死后，他就该残害你们了！我每次想起东宫竟没有嫡长子，在你们父皇百年之后，要让你们兄弟在阿云的儿子前行礼问安，这是多么痛苦的事啊！”杨广再拜，呜咽不止，皇后也悲伤得不能自抑。自此皇后决定废黜太子杨勇，改立杨广为太子。

【原文】

广与安州总管宇文述素善，欲述近己，奏为寿州刺史。广尤亲任总管司马张衡，衡为广画夺宗之策。广问计于述，述曰：“皇太子失爱已久，令德不闻于天下。大王仁孝著称，才能盖世，数经将领，频有大功；主上之与内宫，咸所钟爱，四海之望，实归大王。然废立者国家大事，处人父子骨肉之间，诚未易谋也。然能移主上意者，唯杨素耳，素所与谋者唯其弟约。述雅知约，请朝京师，与约相见，共图之。”广大悦，多赍金宝，资述入关。

杨广与安州总管宇文述平时很要好，他想拉拢宇文述为自己所用。

【译文】

杨广与安州总管宇文述平时很要好，他想拉拢宇文述为自己所用，于是奏请任命宇文述为寿州刺史。杨广尤其亲近信任总管司马张衡，张衡为杨广筹划谋取皇太子地位的办法。杨广向宇文述请教计策，宇文述说：“皇太子失宠已经很久了，天下人也没听说他有什么好的德行。大王以仁孝著称，才能盖世，几次被任命为统帅军队的将领，屡建大功；皇帝与皇后，都对您非常钟爱，四海之内的声望，实际上已为大王所有。但太子的废立是国家大事，而我处在你们父子骨肉之间，实在不是一件容易谋划的事。然而能使陛下改变主意的人只有杨素，能与杨素商量筹划的人只有他弟弟杨约。我很了解杨约，请您派我去京师，与杨约相见，一起筹划这事。”杨广非常高兴，送给宇文述许多金银财宝，资助他入关进京。

【原文】

约时为大理少卿，素凡有所为，皆先筹于约而后行之。述请约，盛陈器玩，与之酣畅，因而共博，每阳不胜，所赍金宝尽输之约。约所得既多，稍以谢述。述因曰：“此晋王之赐，令述与公为欢乐耳。”约大惊曰：“何为尔？”述因通广意，说之曰：“夫守正履道，固人臣之常致；反经合义，亦达者之令图。自古贤人君子，莫不与时消息以避祸患。公之兄弟，功名盖世，当涂用事有年矣，朝臣为足下家所屈辱者，可胜数哉！又，储后以所欲不行，每切齿于执政；公虽自结于人主，而欲危公者固亦多矣！主上一旦弃群臣，公亦何以取庇！今皇太子失爱于皇后，主上素有废黜之心，此公所知也。今若请立晋王，在贤兄之口耳。诚能因此时建大功，王必永铭骨髓，斯则去累卵之危，成太山之安也。”约然之，因以白素。素闻之，大喜，抚掌曰：“吾之智思殊不及此，赖汝启予。”约知其计行，复谓素曰：“今皇后之言，上无不用，宜因机会早自结托，则长保荣禄，传祚子孙。兄若迟疑，一旦有变，令太子用事，恐祸至无日矣！”素从之。

【译文】

杨素凡是要做的事，都先和杨约商量后再做。

杨约当时是大理少卿，杨素凡是要做的事，都先和杨约商量后再做。宇文述邀请杨约，陈设了许多玩物器皿，和他一起畅饮，然后一起下棋，宇文述每次都假装输了，把杨广所送的金银财宝都输给了杨约。杨约得到很多金银财宝，就向宇文述略表谢意，宇文述就说："这些金银财宝是晋王杨广赏赐给我的，让我陪您高兴的。"杨约大惊道："这是为什么？"宇文述就转达了杨广的意思，劝说杨约道："遵循常规，固然是人臣的本分；但是违反常规以符合道义，也是明智之人远大的谋略。自古贤人君子，没有不关注世情以避免祸患的。你们兄弟功名盖世，执掌大权有多年了，您家所得罪的朝臣数不胜数！还有，皇太子往往想做的事而不能做到，常常切齿痛恨当政的大臣；您虽然主动地结好于皇上，但是想要危害您的人实在很多啊！陛下一旦弃群臣而去，您又靠谁庇护呢？如今皇太子失宠于皇后，陛下一直就有废黜皇太子的想法，这您是知道的。现在如果请陛下立晋王杨广为太子，不过是令兄一句话罢了。要是真能在这个时候建立大功，晋王必定永远将这事铭记在心，这样您就可以去掉累卵一样的危难，成就此后稳固如泰山的权势了。"杨约觉得他说得有道理，就将此话转告了杨素。杨素听了后非常高兴，拍手道："我的智慧思虑远远达不到这儿，全仗着你启发了我。"杨约知道他的计策成功了，又对杨素说："当今皇后所说的话，陛下无不采纳。应当趁机会早早自动结交依靠皇后，就会长久地保住荣华富贵，并传给子孙后世。兄长如果迟疑，一旦局势有变，陛下让太子执掌朝政，恐怕灾祸很快就要来了！"杨素听从了杨约的话。

【原文】

后数日，素入侍宴，微称"晋王孝悌恭俭，有类至尊"，用此揣后意。后泣曰："公言是也！吾儿大孝爱，每闻至尊及我遣内使到，必迎于境首；言及违离，未尝不泣。又其新妇亦大可怜，我使婢去，常与之同寝共食。岂若晛地伐与阿云对坐，终日酣宴，昵近小人，疑阻骨肉！我所以益怜阿麽者，常恐其潜杀之。"素既知后意，因盛言太子不才。后遂遗素金，使赞上废立。

杨素入宫为杨广美言。

【译文】

过了几天，杨素入宫侍奉宴会，他婉转地说"晋王孝悌恭俭，很像陛下"，用这话来揣摩独孤皇后的心思。皇后流着泪说："您说得是啊！我儿非常孝顺仁爱，每次听说陛下和我派内使去了，必定亲自远迎；说到远离双亲，没有不落泪的。而且晋王的新婚妻子也很令人怜爱，我派婢女去她那里，晋王妃经常与婢女同寝共食。怎么像睍地伐和阿云对坐，整天沉溺于酒宴，亲近小人，猜忌防备骨肉！所以我愈加爱怜阿麽，常担心太子会暗中害他。”杨素已经了解了皇后的心思，就开始极力说太子不成器。于是皇后就送给杨素财物，让他辅佐文帝进行废立太子之事。

【原文】

勇颇知其谋，忧惧，计无所出，使新丰人王辅贤造诸厌胜；又于后园作庶人村，室屋卑陋，勇时于中寝息，布衣草褥，冀以当之。上知勇不自安，在仁寿宫，使杨素观勇所为。素至东宫，偃息未入，勇束带待之，素故久不进以激怒勇；勇衔之，形于言色。素还言：“勇怨望，恐有他变，愿深防察！”上闻素谮毁，甚疑之。后又遣人伺觇东宫，纤介事皆闻奏，因加诬饰以成其罪。

【译文】

杨勇非常清楚杨广他们的阴谋，对此感到忧虑恐惧，但是想不出办法来，就派新丰人王辅贤施制作了巫术诅咒之物，又在后园建造平民村，村里的房屋低矮简陋，杨勇常在里面睡觉休息，他身穿布衣，铺着草褥子，希望用这样的办法避祸。文帝知道杨勇内心不安，在仁寿宫派杨素观察杨勇的所作所为。杨素到了东宫，停下来不进去，杨勇换好衣服等待杨素，杨素故意很久不进去，以激怒杨勇；杨勇怀恨杨素，并且表现在言语和神色上。杨素回去禀报文帝：“太子杨勇怨恨，恐怕会有别的变故，愿陛下多多防备观察！”文帝听到杨素的谗言和诋毁之词，更怀疑太子。后来独孤皇后又派人暗中窥视东宫，所有细微琐事都向皇帝奏报，搜寻诬陷之词构成杨勇的罪状。

【原文】

上遂疏忌勇，乃于玄武门达至德门量置候人，以伺动静，皆随事奏闻。又，东宫宿卫之人，侍官以上，名籍悉令属诸卫府，有勇健者咸屏去之。出左卫率苏孝慈为淅州刺史，勇愈不悦。太史令袁充言于上曰：“臣观天文，皇太子当废。”上曰：“玄象久见，群臣不敢言耳。”充，君正之子也。

【译文】

文帝于是疏远猜忌杨勇，就在玄武门到至德门之间的路上，派人观察杨勇的动静，看到什么都要随时上报。另外，东宫宿卫中侍官以上的人员，名册都令归属各个卫府管辖，勇猛矫健的人都要调走。左卫率苏孝慈被调出任淅州刺史，杨勇愈加不高兴。太史令袁充上奏文帝说：“臣观察天象，皇太子应当废黜。”文帝说：“天象出现很久了，群臣不敢说而已。”袁充是袁君正的儿子。

【原文】

晋王广又令督王府军事姑臧段达私赂东宫幸臣姬威，令伺太子动静，密告杨素；于是内外喧谤，过失日闻。段达因胁姬威曰：“东宫过失，主上皆知之矣。已奉密诏，定当废立；君能告之，则大富贵！”威许诺，即上书告之。

【译文】

晋王杨广又让姑臧人督王府军事段达私下贿赂东宫宠臣姬威，要他暗中察看太子动静，密报给杨素；于是朝廷内外到处都对杨勇大声指责，天天可以听到杨勇的罪过。段达趁机要挟姬威说：“东宫的过失，陛下全都知道了。我已得到密诏，定要废黜太子；如果你能告发太子，就会大富大贵！”姬威答应了，立即上书告发了太子。

【原文】

秋，九月壬子，上至自仁寿宫。翌日，御大兴殿，谓侍臣曰：“我新还京师，应开怀欢乐；不知何意翻邑然愁苦？”吏部尚书牛弘对曰：“臣等不称职，故至尊忧劳。”上既数闻谮毁，疑朝臣悉知之，故于众中发问，冀闻太子之过。弘对既失旨，上因作色，谓东宫官属曰：“仁寿宫此去不远，而令我每还京师，严备仗卫，如入敌国。我为下利，不解衣卧。昨夜欲近厕，故在后房恐有警急，还移就前殿，岂非尔辈欲坏我家国邪！”于是执太子左庶子唐令则等数人付所司讯鞫；命杨素陈东宫事状以告近臣。

隋文帝召集群臣朝会。

【译文】

秋季，九月壬子（二十六日），文帝从仁寿宫归来。第二天，驾临大兴殿，他对侍臣说：“我刚刚回到京师，应当开怀欢乐，不知为什么变得抑郁愁闷？”吏部尚书牛弘答道：“是臣等不称职，使陛下忧愁劳累。”文帝已经听到很多诬陷太子的话，怀疑朝臣也都知道了，因此向朝臣们发问，希望能听到有关太子的过失。牛弘的回答不合文帝的心意，于是文帝脸色一变，对东宫的官吏僚属说：“仁寿宫离此不远，令我每次回京师，都要侍卫谨严，就像进了敌国。我因为得了痢疾，不脱衣服睡觉。昨夜要上厕所，担心在后边的房间有紧急情况发生，只好返回前殿就厕，难道不是你们这些人想要危害我们的家国吗！”于是捉拿太子左庶子唐令则等数人交付有关部门进行审讯，命令杨素把东宫的情况告诉近臣。

隋文帝下诏捉拿太子左庶子唐令则等数人。

【原文】

素乃显言之曰：“臣奉敕向京，令皇太子检校刘居士余党。太子奉诏，作色奋厉，骨肉飞腾，语臣云：‘居士党尽伏法，遣我何处穷讨？尔作右仆射，委寄不轻，自检校之，何关我事！’又云：‘昔大事不遂，我先被诛，今作天子，竟乃令我不如诸弟，一事以上，不得自遂！’因长叹回视云：‘我大觉身妨。’”上曰：“此儿不堪承嗣久矣，皇后恒劝我废之。我以布衣时所生，地复居长，望其渐改，隐忍至今。勇尝指皇后侍儿谓人曰：‘是皆我物。’此言几许异事！其妇初亡，我深疑其遇毒，尝责之，勇即怼曰：‘会杀元孝矩。’此欲害我而迁怒耳。长宁初生，朕与皇后共抱养之，自怀彼此，连遣来索。且云定兴女，在外私合而生，想此由来，何必是其体胤！昔晋太子取屠家女，其儿即好屠割。今傥非类，便乱宗祏。我虽德惭尧、舜，终不以万姓付不肖子！我恒畏其加害，如防大敌；今欲废之以安天下！”

【译文】

于是杨素就公开地说：“我奉旨到京师，令皇太子追查刘居士余党。太子接到诏书，脸色大变，表情非常愤怒，他对我说：‘刘居士的余党都已经伏法了，让我到哪里去追讨呢？你作为右仆射，身负重任，你应该去追查此事，关我什么事！’又说：‘当年以隋代周要是不顺利，我先得被杀，如今父亲做了天子，竟然令我的处境还不如几个弟弟，凡事都不能自己做主！’他又长叹回头看着我说：‘我觉得太受妨碍了。’”文帝说：“朕很早就觉得这个儿子不能继承皇位了，皇后一直劝朕废黜他。朕认为他是我做平民时生的，又是长子，希望他能渐渐改过，所以才忍耐到现在。杨勇曾经指着皇后的侍女对人说：‘这些都是我的。’这话说得多么奇怪啊！他的妾元妃刚死时，朕十分怀疑她是被毒死的，曾经责问过杨勇，他就怨恨地说：‘早晚杀掉元孝矩。’这是想要害朕而迁怒他人。长宁王刚生下的时候，朕和皇后一起抱来抚养，杨勇却心中另有想法，连连派人来要回去。况且云定兴的女儿，是云定兴在外面私合而生，想到她的出身来历，何必用她的后代作为继承杨家基业的人！以前晋太子娶了屠户的女儿，他的儿子就喜欢屠宰之事。倘若他们不是咱们这一类人，会乱了宗祠。朕虽然没有尧、舜那样的德行，但终归不能把天下百姓交给品行不端的儿子！朕总担心他会谋害我，对他就像防备大敌一样；现在朕打算废掉他以安天下！”

【原文】

左卫大将军五原公元旻谏曰：“废立大事，诏旨若行，后悔无及。谗言罔极，惟陛下察之。”

【译文】

左卫大将军五原公元旻劝谏说：“废立大事，诏旨一旦颁布，后悔就来不及了。谗言无边际，希望陛下再仔细调查这些事。”

【原文】

上不应，命姬威悉陈太子罪恶。威对曰：“太子由来与臣语，唯意在骄奢，且云：‘若有谏者，正当斩之，不杀百许人，自然永息。’营起台殿，四时不辍。前苏孝慈解左卫率，太子奋髯扬肘曰：‘大丈夫会当有一日，终不忘之，决当快意。’又宫内所须，尚书多执法不与，辄怒曰：‘仆射以下，吾会戮一二人，使知慢我之祸。’每云：‘至尊恶我多侧庶，高纬、陈叔宝岂孽子乎！’尝令师姥卜吉凶，语臣云：‘至尊忌在十八年，此期促矣。’”上泫然曰：“谁非父母生，乃至于此！朕近览《齐书》，见高欢纵其儿子，不胜忿愤，安可效尤邪！”于是禁勇及诸子，部分收其党与。杨素舞文巧诋，锻炼以成其狱。

隋文帝令姬威把太子的罪恶都讲出来。

【译文】

文帝不听，他令姬威把太子的罪恶都讲出来。姬威说："太子历来和臣说话，口气都极为骄横，还说：'要是有劝我的，就应当处死，杀百许人，自然就永远清静了。'太子营建楼台宫殿，一年四季都不停止。之前苏孝慈被解除左卫率官职的时候，太子愤怒得胡子都翘起来了，他挥舞着手臂，很激愤地说：'大丈夫终会有一天，总不会忘记此事，到时候就会有杀伐决断的快感。'另外，东宫内所需的东西，尚书经常恪守制度不肯给，太子就发怒说：'仆射以下的人，我可以杀一两人，让你们知道怠慢我的灾祸。'太子常说：'陛下厌恶我有许多姬妾，如果让他生了像高纬、陈叔宝这样的孽子，他又会怎样看呢？'太子曾经让巫婆占卜吉凶，对我说：'陛下忌期在开皇十八年，这个期限快要到了。'"文帝流着泪说："谁不是父母所生的，他竟做出这样的事来！朕最近看《齐书》，看到高欢纵容他的儿子，非常气忿，怎么能仿效这种人呢！"于是软禁了杨勇和他的几个儿子，收捕了他的部分党羽。杨素舞文弄墨，巧言诋毁，罗织罪名以构成太子杨勇下狱之罪。

【原文】

居数日，有司承素意，奏元旻常曲事于勇，情存附托，在仁寿宫，勇使所亲裴弘以书与旻，题云："勿令人见。"上曰："朕在仁寿宫，有纤介事，东宫必知，疾于驿马，怪之甚久，岂非此徒邪！"遣武士执旻于仗。右卫大将军元胄时当下直，不去，因奏曰："臣向不下直者，为防元旻耳。"上以旻及裴弘付狱。

【译文】

过了些天，有关部门的官员秉承杨素的意思，奏报文帝说元旻常常曲意迎逢杨勇，有阿谀结交之事，在仁寿宫，杨勇派亲信裴弘送信给元旻，信上说："不要暴露自己。"文帝说："朕在仁寿宫，有任何小事，东宫必定知道，比驿马传报的还要快，我觉得奇怪已经很长时间了，难道不是这家伙做的吗？"于是派武士在左卫仗中捉拿元旻。右卫大将军元胄当时在宫中当值结束，却没有离开，于是上奏说："臣先前不下值，就是为了防备元旻。"文帝将元旻和裴弘投入监狱。

【原文】

先是，勇见老枯槐，问："此堪何用？"或对曰："古槐尤宜取火。"时卫士皆佩火燧，勇命工造数千枚，欲以分赐左右；至是，获于库。又药藏局贮艾数斛，索得之，大以为怪，以问姬威，威曰："太子此意别有所在，至尊在仁寿宫，太子常饲马千匹，云：'径往守城门，自然饿死。'"素以威言诘勇，勇不服，曰："窃闻公家马数万匹，勇忝备太子，马千匹，乃是反乎！"素又发东宫服玩，似加雕饰者，悉陈之于庭，以示文武群官，为太子之罪。上及皇后迭遣使责问勇，勇不服。

【译文】

当初，杨勇见到一棵老枯槐树，问道："这树能做什么用？"有人回答说："古槐最适宜做柴来取火。"当时杨勇的卫士都随身带着火燧，杨勇让工匠制做了几千枚火燧，打算分赐给身边的人；现在，在东宫的库房里

杨勇问随从枯老的槐树能做什么用。

找到了。另外，药藏局贮存着好几斛的艾绒，杨素收缴上来，觉得非常奇怪，就问姬威，姬威说："太子储存这些东西另有目的，陛下住在仁寿宫，太子经常饲养着一千匹马（艾叶可以为马治病），说：'这些马只是往来守城门，自然就会饿死。'"（言下之意是要用这些马随时到仁寿宫发动兵变）杨素以姬威的话来盘问杨勇，杨勇不服气，说："我听说你杨公家饲养的马有数万匹，我作为太子，养一千匹马就是造反吗！"杨素又找出东宫的服饰玩器，凡是有雕刻缕画装饰的器物全都陈列在宫庭里，展示给文武群臣，作为太子的罪证。文帝和独孤皇后多次派人去责问杨勇，杨勇不服气。

【原文】

冬，十月乙丑，上使人召勇，勇见使者惊曰："得无杀我邪？"上戎服陈兵，御武德殿，集百官立于东面，诸亲立于西面，引勇及诸子列于殿庭，命内史侍郎薛道衡宣诏，废勇及其男、女为王、公主者。勇再拜言曰："臣当伏尸都市，为将来鉴戒；幸蒙哀怜，得全性命！"言毕，泣下流襟，既而舞蹈而去，左右莫不闵默。长宁王俨上表乞宿卫，辞情哀切；上览之闵然。杨素进曰："伏望圣心同于螫手，不宜复留意。"

【译文】

冬季，十月乙丑（初九），文帝派人召杨勇，杨勇看到使者，吃惊地说："不是无故来杀我的吧？"文帝穿着戎装，陈列禁军，亲自来到武德殿，召集百官立于殿东面，皇室宗亲立在殿西面，引着杨勇和他的几个儿子排列在武德殿的庭院里，文帝命内史侍郎薛道衡宣读诏书，将杨勇和被封为王及被封为公主的子女，一律贬为庶人。杨勇再拜说："臣本当被处死，作为后人的借鉴；幸而蒙陛下哀怜，才得以保全性命！"说完，眼泪流满了衣襟，随即跪拜行礼后离去，左右随从看到这一幕，无不为杨勇怜悯沉默。长宁王杨俨上表请求留京担任宿卫，言辞哀伤恳切；文帝看了很伤心。杨素向文帝进言："希望圣上对这件事应像蝮蛇螫手一样，不应再留此意。"

【原文】

己巳，诏："元旻、唐令则及太子家令邹文腾、左卫率司马夏侯福、典膳监元淹、前吏部侍郎萧子宝、前主玺下士何竦并处斩，妻妾子孙皆没官。车骑将军榆林阎毗、东郡公崔君绰、游骑尉沈福宝、瀛州术士章仇太翼，特免死，各杖一百，身及妻子、资财、田宅皆没官。副将作大匠高龙叉、率更令晋文建、通直散骑侍郎元衡皆处尽。"于是集群官于广阳门外，宣诏戮之。乃移勇于内史省，给五品料食。赐杨素物三千段，元胄、杨约并千段，上赏鞫勇之功也。

文林郎杨孝政上书谏曰："皇太子为小人所误，宜加训诲，不宜废黜。"上怒，挞其胸。

【译文】

己巳（十三日），文帝下诏书说："元旻、唐令则及太子家令邹文腾、左卫率司马夏侯福、典膳监

隋文帝下诏将太子近臣或杀或捕。

元淹、前吏部侍郎萧子宝、前主玺下士何竦一并斩首，他们的妻妾子孙都没入官府。车骑将军榆林人阎毗、东郡公崔君绰、游骑尉沈福宝、瀛州术士章仇太翼，特赦免死，各受杖刑一百，本人和妻子儿女、资财、田宅都没入官府。副将作大匠高龙叉、率更令晋文建、通直散骑侍郎元衡都被判罪令其自尽。”于是在广阳门外召集百官宣读诏书，将上述判死刑的人处死。把杨勇迁到内史省，供给他五品官员的俸禄。赐给杨素帛物三千匹，赐给元胄、杨约财物一千匹，作为审讯杨勇的功劳的奖赏。

文林郎杨孝政上书给文帝进谏说：“皇太子是被小人教坏了，应该加强训诫教诲，不应该废黜。”文帝发怒，用鞭子抽打他的胸部。

【原文】

初，云昭训父定兴，出入东宫无节，数进奇服异器以求悦媚；左庶子裴政屡谏，勇不听。政谓定兴曰：“公所为不合法度。又，元妃暴薨，道路籍籍，此于太子，非令名也。公宜自引退，不然，将及祸。”定兴以告勇，勇益疏政，由是出为襄州总管。唐令则为勇所昵狎，每令以弦歌教内人，右庶子刘行本责之曰：“庶子当辅太子以正道，何有取媚于房帷之间哉！”令则甚惭而不能改。时沛国刘臻、平原明克让、魏郡陆爽，并以文学为勇所亲；行本怒其不能调护，每谓三人曰：“卿等正解读书耳！”夏侯福尝于阁内与勇戏，福大笑，声闻于外。行本闻之，待其出，数之曰：“殿下宽容，赐汝颜色。汝何物小人，敢为亵慢！”因付执法者治之。数日，勇为福致请，乃释之。勇尝得良马，欲令行本乘而观之，行本正色曰：“至尊置臣于庶子，欲令辅导殿下，非为殿下作弄臣也。”勇惭而止。及勇败，二人已卒，上叹曰：“向使裴政、刘行本在，勇不至此。”

【译文】

当初，云昭训的父亲云定兴出入东宫没有节制，他多次进献奇异的服饰器物给杨勇，以逢迎取悦杨勇；左庶子裴政屡次劝谏，杨勇不听。裴政对云定兴说：“您这样做不符合法度。还有，元妃突然暴死，外面议论纷纷，这对于太子，不是好名声。您最好自行引退，否则将会遭到灾祸。”云定兴将此话告诉杨勇，杨勇越发疏远裴政，并把裴政调任为襄州总管。唐令则被杨勇所亲近，杨勇常常令唐令则教给东宫的官人丝弦歌舞，右庶子刘行本责备唐令则说：“侍从官员应当辅佐太子走正路，为什么要用声色歌舞来取媚于太子呢！”唐令则甚感惭愧却改不了。当时沛国人刘臻、平原人明克让、魏郡人陆爽，都因为辞章修养被杨勇所亲近。刘行本对他们不能引导太子走正路而非常愤怒，常对三人说：“你们几位正好带着太子解读经书！”夏侯福曾在房间里与杨勇开玩笑，夏侯福哈哈大笑，声音传到门外。刘行本听见，等夏侯福出来，责备他说：“太子殿下性情宽容，给你面子。像你这样的小人物，敢这样轻慢！”于是把夏侯福交执法人员治罪。过了几天，杨勇替夏侯福讲情，才将他释放。杨勇曾得到一匹良马，想让刘行本骑马让他观看，刘行本正色道：“陛下任命我为右庶子，是让我辅佐教导殿下，而

太子杨勇接受臣下进献的奇珍异宝。

不是陪殿下玩乐的弄臣。”杨勇听后感到惭愧，于是作罢。到杨勇被废黜时，裴政、刘行本二人都去世了，文帝叹息道：“要是裴政、刘行本二人还在，杨勇不至于到这个地步。”

【原文】

勇尝宴宫臣，唐令则自弹琵琶，歌《娬媚娘》。洗马李纲起白勇曰：“令则身为宫卿，职当调护；乃于广坐自比倡优，进淫声，秽视听。事若上闻，令则罪在不测，岂不为殿下之累邪！臣请速治其罪！”勇曰：“我欲为乐耳，君勿多事。”纲遂趋出。及勇废，上召东宫官属切责之，皆惶惧无敢对者。纲独曰：“废立大事，今文武大臣皆知其不可而莫肯发言，臣何敢畏死，不一为陛下别白言之乎！太子性本中人，可与为善，可与为恶。曩向使陛下择正人辅之，足以嗣守鸿基。今乃以唐令则为左庶子，邹文腾为家令，二人唯知以弦歌鹰犬娱悦太子，安得不至于是邪！此乃陛下之过，非太子之罪也。”因伏地流涕呜咽。上惨然良久曰：“李纲责我，非为无理，然徒知其一，未知其二；我择汝为宫臣，而勇不亲任，虽更得正人，何益哉！”对曰：“臣所以不被亲任者，良由奸人在侧故也。陛下但斩令则、文腾，更选贤才以辅太子，安知臣之终见疏弃也。自古废立冢嫡，鲜不倾危，愿陛下深留圣思，无贻后悔。”上不悦，罢朝，左右皆为之股栗。会尚书右丞缺，有司请人，上指纲曰：“此佳右丞也！”即用之。

【译文】

太子洗马李纲为太子辩护，呜咽流泪，隋文帝神色惨然。

杨勇曾宴请东宫的臣僚，唐令则亲自弹奏琵琶，唱《娬媚娘》。洗马李纲起身对杨勇说：“唐令则身为宫卿，职责应是调教保护太子，他却在大庭广众之下自比倡伎优伶，进献靡靡之音，污浊视听。这事要是皇上知道了，唐令则的罪责就大了，这岂不是要连累殿下吗！我请求速将他治罪！”杨勇说：“我想听听音乐，你不要多管闲事。”于是李纲就赶快退出来。等到杨勇被废黜，文帝召集东宫的臣僚严厉责备他们，所有人都惶恐没人敢答话。只有李纲说：“太子的废立大事，如今文武大臣都知道这事不可更改了而不肯说话，臣怎能因为怕死就不把对此事的看法对陛下讲出来！太子的性情本是常人的性情，可以使之变好，也可以使之变坏。以前陛下如果挑选正直的人辅佐太子，他足以继承皇统鸿业。如今用唐令则为左庶子，邹文腾为太子府总管，这两个人只知道用声色犬马取悦太子，能不到这个地步吗？这是陛下的过失，并不是太子的罪过。”说完跪在地上呜咽流泪。文帝神色惨然，过了许久才说：“李纲责备我，不是没有道理。但是你只知其一，不知其二。我选择你做东宫的臣僚，但杨勇不亲近信任你，就是换上正直的人，又有什么用呢！”李纲回答说：“我所以不被太子亲近信任，实在是有佞人在太子身边的缘故，陛下只要将唐令则、邹文腾斩首，更换贤能才学之士辅佐太子，怎么会知道臣最后会被疏远抛弃呢。自古废立嫡长子，国家很少有不发生倾覆危险的，希望陛下好好考虑，不要将来后悔。”文帝不高兴，退朝后，文帝身边的人都替李纲担心。恰好尚书右丞空缺，有关部门请求派人，文帝指着李纲说：“此人是很好的尚书右丞。”立即任命李纲为尚书右丞。

【原文】

十一月戊子，立晋王广为皇太子。天下地震，太子请降章服，宫官不称臣。十二月戊午，诏从之。以宇文述为左卫率。始，太子之谋夺宗也，洪州总管郭衍预焉，由是征衍为左监门率。

【译文】

十一月戊子（初三），文帝立晋王杨广为皇太子。很多地方地震，太子杨广请求免穿礼服，东宫的臣僚不对太子称臣。十二月戊午（初三），文帝下诏采纳杨广的建议。杨广任命宇文述为左卫率。当初，杨广谋划篡位时，洪州总管郭衍参与了这个阴谋，因此把郭衍召来任命他为左监门率。

【原文】

帝囚故太子勇于东宫，付太子广掌之。勇自以废非其罪，频请见上申冤，而广遏之不得闻。勇于是升树大叫，声闻帝所，冀得引见。杨素因言勇情志昏乱，为癫鬼所著，不可复收。帝以为然，卒不得见。

杨素说杨勇情志昏乱，无法可救。文帝信以为真。

【译文】

文帝将前太子杨勇囚禁在东宫，交由太子杨广管束。杨勇认为自己没有犯下该被废黜的罪过，屡次请见文帝申冤，但杨广加以阻止，不让文帝知道。杨勇于是爬到树上大声喊叫，声音传到文帝的住所，希望能得到文帝的接见。杨素就说杨勇情志昏乱，就像癫鬼附体，无法可救。文帝信以为真，杨勇最终还是没有见到文帝。

唐纪

玄武门之变

【导语】

因为李渊父子的同心协力，唐朝得以顺利地建立政权。但是在短短几年时间内，因为继承人问题，皇室内部起了极大的冲突。冲突的一方是太子李建成和齐王李元吉，另一方则是立下赫赫战功的秦王李世民。他们各自拥有自己的官属和军事力量，暗中招兵买马，笼络人心。随着天下局势的稳定，到武德六七年以后，双方的关系越来越紧张。

从《资治通鉴》的记载看，高祖李渊经常在两边摇摆。由于太子一方争取到了后宫的支持，所以随着时间的推移，李渊越来越倾向于太子。在数度暗算失败以后，李建成、李元吉分散秦王的属下，削夺他的兵权，准备寻找时机除掉秦王。

李世民的态度则一直不明确，他和对手一样，也在暗中增强自身实力，甚至收买对方心腹，但在表面始终容忍退让。在对方的步步紧逼和下属的忠心劝谏之下，公元626年六月，秦王发动兵变，一举除掉了太子李建成和齐王李元吉。因为事变发生在皇宫北面的玄武门，所以被后世称为“玄武门之变”。事变的结果是李世民大获全胜，很快掌握了政权。

司马光在最后的评论中指出，从太原起兵开始，李世民就是李唐皇室真正的缔造者，所以在唐高祖立长的时候就埋下了祸根。换言之，这也是为李世民发动政变辩护的最主要的理论依据。事实上，这也是唐代修史以来一贯的思路，但是这一观点近年来遭到部分史家的质疑。考虑到贞观以后对于史书的修正，关于如何评价秦王、太子甚至是李渊在唐朝建立过程中的作用，还需要进一步的分析。

【原文】

武德七年（甲申，公元624年）

初，齐王元吉劝太子建成除秦王世民，曰：“当为兄手刃之！”世民从上幸元吉第，元吉伏护军宇文宝于寝内，欲刺世民，建成性颇仁厚，遽止之。元吉愠曰：“为兄计耳，于我何有！”

【译文】

武德七年（甲申，公元624年）

当初，齐王李元吉劝太子李建成除掉秦王李世民，他说：“我自当为兄长亲手杀掉他！”李世民跟随高祖李渊驾临李元吉的府第，李元吉派护军宇文宝埋伏在寝室内，准备刺杀李世民，李建成生性颇为仁爱宽厚，马上制止了他。李元吉恼怒地说：“我这都是为兄长着想，对我有什么好处呢！”

齐王李元吉劝太子李建成除掉秦王李世民。

【原文】

建成擅募长安及四方骁勇二千余人为东宫卫士，分屯左、右长林，号长林兵。又密使右虞候率可达志从燕王李艺发幽州突骑三百，置东宫诸坊，欲以补东宫长上，为人所告。上召建成责之，流可达志于嶲州。

【译文】

太子李建成擅自招募了长安和各地的骁勇之士二千余人为东宫卫士，让他们分别驻扎在左、右长林门，号称长林兵。李建成又暗中让右虞候率可达志从燕王李艺那里调来幽州三百精锐骑兵，将他们安置在东宫东面的各个坊市中，准备用这些骑兵补充东宫宿卫的军官。这件事被人告发，高祖召见李建成把他责备了一番，将可达志流放到嶲州。

【原文】

杨文斡尝宿卫东宫，建成与之亲厚，私使募壮士送长安。上将幸仁智宫，命建成居守，世民、元吉皆从。建成使元吉就图世民，曰："安危之计，决在今岁。"又使郎将尔朱焕、校尉桥公山以甲遗文斡。二人至豳州，上变，告太子使文斡举兵，使表里相应。又有宁州人杜凤举亦诣宫言状。上怒，托他事，手诏召建成，令诣行在。建成惧，不敢赴。太子舍人徐师谟劝之据城举兵；詹事主簿赵弘智劝之贬损车服，屏从者，诣上谢罪，建成乃诣仁智宫。未至六十里，悉留其官属于毛鸿宾堡，以十余骑往见上，叩头谢罪，奋身自掷，几至于绝。上怒不解，是夜，置之幕下，饲以麦饭，使殿中监陈福防守，遣司农卿宇文颖驰召文斡。颖至庆州，以情告之，文斡遂举兵反。上遣左武卫将军钱九陇与灵州都督杨师道击之。

【译文】

杨文斡曾经在东宫担任东宫侍卫，李建成亲近并厚待他，悄悄派他招募壮士送到长安。高祖准备去仁智宫，命令李建成留守京城长安，李世民、李元吉随驾。李建成让李元吉乘机除去李世民，他说："无论我们的打算是平安还是危险，就决定在今年了。"李建成又派郎将尔朱焕和校尉桥公山将盔甲送给杨文斡。二人到了豳州，就向皇帝禀报了太子的图谋，告发太子指使杨文斡起兵，让他与自己内外呼应。还有宁州人杜凤举也到仁智宫举报太子的事。高祖大怒，借口别的事，亲笔诏书传召李建成，让他到仁智宫来。李建成心里害怕，不敢前去。太子舍人徐师谟劝他占据长安城，发兵起事；詹事主簿赵弘智则劝他免去太子的车驾章服，屏除随从人员，单独进见皇帝去承认罪责，于是李建成决定前往仁智宫。还没走六十里的路程，李建成就将官属全部留在北魏毛鸿宾遗留下来的堡栅中，只带了十多个人骑马前去进见皇帝，向皇帝磕头请罪，以头碰地，撞得几乎晕死过去。高祖怒气仍未消除，这天夜里，高祖将太子安顿在幕下，给他麦饭充

李建成亲近并厚待杨文斡。

李建成向唐高祖李渊磕头请罪。

饥，并派殿中监陈福看守着他，又派司农卿宇文颖速去传召杨文幹。宇文颖到了庆州，将太子的情况告诉了杨文幹。于是，杨文幹起兵造反。高祖派左武卫将军钱九陇和灵州都督杨师道迎击。

【原文】

甲子，上召秦王世民谋之，世民曰："文幹竖子，敢为狂逆，计府僚已应擒戮，若不尔，正应遣一将讨之耳。"上曰："不然。文幹事连建成，恐应之者众。汝宜自行，还，立汝为太子。吾不能效隋文帝自诛其子，当封建成为蜀王。蜀兵脆弱，他日苟能事汝，汝宜全之；不能事汝，汝取之易耳！"

【译文】

甲子（二十六日），高祖召秦王李世民商议杨文幹叛乱的事，李世民说："杨文幹这小子竟然敢做这样狂妄谋逆的事，想来他幕府的僚属应当已经将他捉拿并杀掉了，如果不是这样，朝廷就应该派一员将领率兵讨伐他。"高祖说："不是这样的。杨文幹的事牵连着建成，恐怕响应的人会很多。你应该亲自出征讨伐，得胜回朝，我就立你为太子。我不能效法隋文帝去诛杀自己的儿子，到时候封建成为蜀王。蜀中兵力薄弱，这样的话，如果以后他能够侍奉你，你应该保全他的性命；如果他不肯侍奉你，你要制伏他也容易啊！"

高祖召秦王李世民商议杨文幹叛乱的事。

【原文】

上以仁智宫在山中，恐盗兵猝发，夜，帅宿卫南出山外。行数十里，东宫官属将卒继至，皆令三十人为队，分兵围守之。明日，复还仁智宫。

【译文】

仁智宫建造在山中，高祖担心盗兵突然发难，便连夜率领担任警卫的军队从南面走出山来。走了数里地的时候，太子东宫所属的官员相继到来，高祖让大家一概以三十人为一队，将兵马分散开来，围绕并守卫着。第二天，高祖才又返回仁智宫。

【原文】

世民既行，元吉与妃嫔更迭为建成请，封德彝复为之营解于外，上意遂变，复遣建成还京师居守。惟责以兄弟不睦，归罪于太子中允王珪、左卫率韦挺、天策兵曹参军杜淹，并流于嶲州。挺，冲之子也。初，洛阳既平，杜淹久不得调，欲求事建成。房玄龄以淹多狡

李元吉、后宫妃嫔和一些大臣相继为李建成求情。

数，恐其教导建成，益为世民不利，乃言于世民，引入天策府。

【译文】

李世民出征以后，李元吉与后宫妃嫔相继为李建成求情，封德彝又在外朝设法营救他，高祖的想法就改变了，重新派李建成返回长安驻守。高祖只是责备他与兄弟不和，将罪责推给了太子中允王珪、左卫率韦挺、天策兵曹参军杜淹，将他们一并流放到嶲州。韦挺是韦冲的儿子。当初，洛阳平定以后，杜淹很久都不得调任，想侍奉李建成。房玄龄认为杜淹狡猾多计，担心他会教唆李建成，越发对李世民不利，便向李世民进言，将杜淹推荐到天策府任职。

【原文】

上校猎城南，太子、秦、齐王皆从，上命三子驰射角胜。建成有胡马，肥壮而喜蹶，以授世民曰："此马甚骏，能超数丈涧，弟善骑，试乘之。"世民乘以逐鹿，马蹶，世民跃立于数步之外，马起，复乘之，如是者三，顾谓宇文士及曰："彼欲以此见杀，死生有命，庸何伤乎！"建成闻之，因令妃嫔谮之于上曰："秦王自言，我有天命，方为天下主，岂有浪死！"上大怒，先召建成、元吉，然后召世民入，责之曰："天子自有天命，非智力可求。汝求之一何急邪！"世民免冠顿首，请下法司案验。上怒不解，会有司奏突厥入寇，上乃改容劳勉世民，命之冠带，与谋突厥。闰月己未，诏世民、元吉将兵出豳州以御突厥，上饯之于兰池。上每有寇盗，辄命世民讨之，事平之后，猜嫌益甚。

李建成、李元吉促使李世民骑未经驯服的胡马来伤害他。

【译文】

高祖到城南设场围猎，太子李建成、秦王李世民、齐王李元吉都随同前往，高祖下令，让三人比赛骑马射猎，以决胜负。李建成有匹胡马，膘肥体壮，但是喜欢尥蹶子，李建成将这匹胡马交给李世民说："这匹马跑得很快，能跃过数丈宽的涧水，二弟善于骑马，骑上它试一试吧。"李世民骑马逐鹿，胡马忽然尥起后蹶，李世民跃身而起，跳到数步以外站稳，胡马站起来以后，李世民便再骑上去，这样连续好几次，李世民回头对宇文士及说："他想用这种方式来害我，可是死生有命，难道他能伤害我什么吗！"李建成听说了，就让妃嫔对高祖说李世民的坏话："秦王自己说，上天授命于我，将来要成为天下之主，怎么会这样白白死去呢！"高祖非常生气，先命人将李建成和李元吉二人召来，然后召李世民进见，责备他说："谁是天子，自然会有上天授命于他，不是人的智力所能够谋求的。你也未免太着急了吧！"李世民摘去王冠，伏地叩头谢罪，请求将自己交付执法部门调查。高祖仍然怒气不息，正在此时，有司上奏突厥入侵，高祖这才换了脸色，安慰勉励李世民，让他重新戴上王冠，系好腰带，和他商量对付突厥的事。闰七月，己未（二十一日），高祖颁诏让李世民、李元吉带兵由豳州出发前去抵御突厥，高祖在兰池为他们饯行。每当有战事，高祖总是让李世民前去讨伐敌人，待战事平息以后，高祖对李世民的猜忌就越发厉害了。

【原文】

秦王世民既与太子建成、齐王元吉有隙，以洛阳形胜之地，恐一朝有变，欲出保之，乃以行台工部尚书温大雅镇洛阳，遣秦府车骑将军荥阳张亮将左右王保等千余人之洛阳，阴结纳山东豪杰以俟变，多出金帛，恣其所用。元吉告亮谋不轨，下吏考验，亮终无言，乃释之，使还洛阳。

【译文】

秦王李世民因为和太子李建成、齐王李元吉结下嫌隙，想到洛阳地势险要，担心将来一旦发生变故，就打算离京防守此地，于是就让行台工部尚书温大雅去镇守洛阳，派秦府车骑将军荥阳人张亮率亲信王保等千余人前往洛阳，暗中结识接纳山东豪杰，等待时势的变化，并拿出大量金银布帛，任由他们使用。李元吉告发张亮图谋不轨，张亮被交付法官考察验证，张亮最终什么也没讲，法官便释放了他，让他返回洛阳。

【原文】

建成夜召世民，饮酒而鸩之。世民暴心痛，吐血数升，淮安王神通扶之还西宫。上幸西宫，问世民疾，敕建成曰："秦王素不能饮，自今无得复夜饮。"因谓世民曰："首建大谋，削平海内，皆汝之功。吾欲立汝为嗣，汝固辞，且建成年长，为嗣日久，吾不忍夺也。观汝兄弟似不相容，同处京邑，必有纷竞，当遣汝还行台，居洛阳，自陕以东皆王之。仍命汝建天子旌旗，如汉梁孝王故事。"世民涕泣，辞以不欲远离膝下，上曰："天下一家，东、西两都，道路甚迩，吾思汝即往，毋烦悲也。"将行，建成、元吉相与谋曰："秦王若至洛阳，有土地甲兵，不可复制；不如留之长安，则一匹夫耳，取之易矣。"乃密令数人上封事，言"秦王左右闻往洛阳，无不喜跃，观其志趣，恐不复来"。又遣近幸之臣以利害说上。上意遂移，事复中止。

【译文】

李建成在夜间叫来李世民，请他饮酒，借机在酒中下毒。李世民突然感到心痛，吐了几口血，淮安王李神通扶他回到西宫。高祖到西宫探望李世民，询问他的病情，下诏书给李建成说："秦王平素不善于饮酒，以后再不要与他夜间饮酒了。"高祖为此又对李世民说："第一个提出反隋的谋略，并平定了海内，这些都是你的功劳。我想立你为太子，你坚持推辞掉了，况且建成年长，又做了很长时间太子，我不忍心废黜他的储位。看你们兄弟之间好像彼此不能相容，一起待在京城长安肯定要发生纷争，我打算派你回行台，驻守洛阳，陕州以东都由你主持。让你建天子旌旗，一如汉梁孝王开创的先例。"李世民哭泣着，以不愿意远离高祖膝下为理由，表示推辞，高祖说："天下都是一家，西都和东都离得很近，我想念你了就去看你，你不用烦恼悲伤。"秦王就要出发时，李建成和李元吉商议说："秦王如果到了洛阳，有土地和军队，就无法再控制他了，不如将他留在长安，那他不过是个寻常人，制伏他也就容易了。"于是，他们暗

李建成毒害李世民。

中让几个人密奏皇帝，说："秦王身边的人听说前往洛阳，无不欢喜雀跃，察看李世民的意向，恐怕去了之后就不会再回来了。"又派皇帝亲近宠信的大臣以秦王去留的得失利弊劝说高祖，高祖便改变了主意，李世民去洛阳的事就被半途搁置了。

李建成在高祖面前讲李世民的坏话。

【原文】

建成、元吉与后宫日夜谮诉世民于上，上信之，将罪世民。陈叔达谏曰："秦王有大功于天下，不可黜也。且性刚烈，若加挫抑，恐不胜忧愤，或有不测之疾，陛下悔之何及！"上乃止。元吉密请杀秦王，上曰："彼有定天下之功，罪状未著，何以为辞？"元吉曰："秦王初平东都，顾望不还，散钱帛以树私恩，又违敕命，非反而何！但应速杀，何患无辞！"上不应。

【译文】

李建成、李元吉与后宫嫔妃日夜不停地在高祖面前讲李世民的坏话，高祖信以为真，准备惩治李世民。陈叔达劝谏说："秦王为朝廷立下了巨大的功劳，是不能够废免的。况且他性情刚强严正，倘若加以压抑贬斥，恐怕经受不住内心的忧伤愤郁，一旦染上难以测知的疾病，到那时陛下可就后悔莫及了！"于是，高祖也就不再追究。李元吉秘密地向高祖奏请杀掉李世民，高祖说："秦王有平定天下的功劳，而他的罪状并不显著，用什么理由杀他呢？"李元吉说："秦王刚刚平定东都洛阳的时候，观望形势，不肯返回长安，广施财物树立个人的恩德，又违抗父皇的诏命，这不是造反又是什么！应该立刻处死他，何必担心找不到借口！"高祖没有回答他。

【原文】

秦府僚属皆忧惧不知所出。行台考功郎中房玄龄谓比部郎中长孙无忌曰："今嫌隙已成，一旦祸机窃发，岂惟府朝涂地，乃实社稷之忧，莫若劝王行周公之事以安家国。存亡之机，间不容发，正在今日！"无忌曰："吾怀此久矣，不敢发口。今吾子所言，正合吾心，谨当白之。"乃入言世民。世民召玄龄谋之，玄龄曰："大王功盖天地，当承大业！今日忧危，乃天赞也。愿大王勿疑。"乃与府属杜如晦共劝世民诛建成、元吉。

【译文】

秦府官员都担心害怕，不知如何是好。行台考功郎中房玄龄对比部郎中长孙无忌说："如今秦王和太子的嫌隙已经造成，一旦祸患暗中发动起来，不只是秦王府会受到损害，实在也是国家的忧患，不如劝秦王效法周公诛管、蔡之事，以安定皇室和国家。如今正是一触即发的危急关头，采取行动就在今天！"长孙无忌说："我早就有这样的想法了，只是不敢讲出来。如今你所说的话正合我意，让我去禀告秦王。"于是，长孙无忌进去告诉了李世民。李世民召房玄龄计议此事，房玄龄说："大王的功劳足以遮盖天地，应当继承大业！如今局势危急，正是上天帮助我们。希望您不要犹豫。"于是，房玄龄和秦王府的属官杜如晦共同劝李世民诛杀李建成、李元吉。

【原文】

李元吉、李建成想收买尉迟敬德，被他拒绝了。

建成、元吉以秦府多骁将，欲诱之使为己用，密以金银器一车赠左二副护军尉迟敬德，并以书招之曰："愿迂长者之眷，以敦布衣之交。"敬德辞曰："敬德，蓬户瓮牖之人，遭隋末乱离，久沦逆地，罪不容诛。秦王赐以更生之恩，今又策名藩邸，唯当杀身以为报。于殿下无功，不敢谬当重赐。若私交殿下，乃是贰心，徇利忘忠，殿下亦何所用！"建成怒，遂与之绝。敬德以告世民，世民曰："公心如山岳，虽积金至斗，知公不移。相遗但受，何所嫌也！且得以知其阴计，岂非良策！不然，祸将及公。"既而元吉使壮士夜刺敬德，敬德知之，洞开重门，安卧不动，刺客屡至其庭，终不敢入。元吉乃谮敬德于上，下诏狱讯治，将杀之，世民固请，得免。又谮左一马军总管程知节，出为康州刺史。知节谓世民曰："大王股肱羽翼尽矣，身何能久！知节以死不去，愿早决计。"又以金帛诱右二护军段志玄，志玄不从。建成谓元吉曰："秦府智略之士，可惮者独房玄龄、杜如晦耳。"皆谮之于上而逐之。

【译文】

李建成、李元吉认为秦府有很多骁勇善战的将领，想要收买过来以为己用，于是就私下里将一车金银器物送给左二副护军尉迟敬德，并且写信给他，对他说："我希望得到您的顾念，以加深我们之间的布衣之交。"尉迟敬德辞谢道："敬德出身贫苦，遭逢隋末乱世，一直到现在沦落到抗拒朝廷的境地里，实在是罪大恶极，罪不容诛。秦王赐予我重生的恩德，如今又成为秦王府的属下，只能以死来报答秦王的知遇之恩。敬德没有为殿下立过尺寸之功，不敢凭空接受殿下如此丰厚的赏赐。如果我私下和殿下交往，就是对秦王怀有二心，因贪图财利而忘掉忠义，殿下要这种人又有什么用处呢！"李建成大怒，便与他断绝了往来。尉迟敬德把此事告诉了李世民，李世民说："您的心就像山岳般坚定，即使成斗的黄金放在眼前，您的心也不会动摇的。如果太子再送礼物，您就收下，这有什么值得猜疑的呢！而且这样做还可以知道他们的阴谋，岂不是一个上好的计策！不然的话，祸事就要降临到您的头上了。"不久，李元吉派壮士夜里行刺尉迟敬德，尉迟敬德得知这一消息后，将重重门户都打开，自己安然躺着不动，刺客数次到了他的庭院里，最终还是没敢进屋。于是，李元吉就在高祖面前诬陷尉迟敬德，高祖下诏将尉迟敬德下狱并审讯拷打，想要处死他，由于李世民一直为他求情，尉迟敬德才得以幸免。李元吉又诬陷左一马军总管程知节，高祖将他外放为康州刺史。程知节对李世民说："辅佐大王的人都被调走了，大王自身又怎么能够长久呢！知节宁死不离开京城，

尉迟敬德将李建成、李元吉想要收买他的事告诉李世民。

希望大王及早决定下来。”李元吉又用金银布帛引诱右二护军段志玄，段志玄不肯从命。李建成对李元吉说：“在秦府有谋略的人物中，值得畏惧的只有房玄龄、杜如晦而已。”李建成与李元吉在高祖面前说他们的坏话，让高祖把他们赶走。

【原文】

世民腹心唯长孙无忌尚在府中，与其舅雍州治中高士廉、右候车骑将军三水侯君集及尉迟敬德等，日夜劝世民诛建成、元吉。世民犹豫未决，问于灵州大都督李靖，靖辞；问于行军总管李世勣，世勣辞。世民由是重二人。

【译文】

李世民的亲信只有长孙无忌还在秦王府中，他和他的舅舅雍州治中高士廉、右候车骑将军三水侯君集及尉迟敬德等人，日夜劝说李世民诛杀李建成和李元吉。李世民犹豫不决，向灵州大都督李靖问计，李靖推辞了；又问行军总管李世勣，李世勣也推辞了。从此，李世民便器重他们二人。

【原文】

会突厥郁射设将数万骑屯河南，入塞，围乌城，建成荐元吉代世民督诸军北征，上从之，命元吉督右武卫大将军李艺、天纪将军张瑾等救乌城。元吉请尉迟敬德、程知节、段志玄及秦府右三统军秦叔宝等与之偕行，简阅秦王帐下精锐之士以益元吉军。率更丞王晊密告世民曰：“太子语齐王：‘今汝得秦王骁将精兵，拥数万之众，吾与秦王饯汝于昆明池，使壮士拉杀之于幕下，奏云暴卒，主上宜无不信。吾当使人进说，令授吾国事。敬德等既入汝手，宜悉坑之，孰敢不服！’”世民以晊言告长孙无忌等，无忌等劝世民先事图之。世民叹曰：“骨肉相残，古今大恶。吾诚知祸在朝夕，欲俟其发，然后以义讨之，不亦可乎！”敬德曰：“人情谁不爱其死！今众人以死奉王，乃天授也。祸机垂发，而王犹晏然不以为忧，大王纵自轻，如宗庙社稷何！大王不用敬德之言，敬德将窜身草泽，不能留居大王左右，交手受戮也！”无忌曰：“不从敬德之言，事今败矣。敬德等必不为王有，无忌亦当相随而去，不能复事大王矣！”世民曰：“吾所言亦未可全弃，公更图之。”敬德曰：“王今处事有疑，非智也；临难不决，非勇也。且大王素所畜养勇士八百余人，在外者今已入宫，擐甲执兵，事势已成，大王安得已乎！”

尉迟敬德劝秦王李世民先发制人。

【译文】

适逢突厥郁射设率领数万骑兵屯驻黄河以南，侵入边关，包围了乌城，李建成便推荐李元吉代替李世民率军北征突厥，高祖答应了，让李元吉督率右武卫大将军李艺、天纪将军张瑾等人前去援救乌城。李元吉请求让尉迟敬德、程知节、段志玄及秦府右三统军秦叔宝等人与他一同出征，检阅并挑选秦王帐下精锐之士编入李元吉军中，来增强李元吉的军力。率更丞王晊秘密禀告李世民说：“太子对齐王说：‘现在你得到秦王手下的骁将精兵，拥有数万人马，我同秦王在昆明池为你饯行，让勇士就在帐幕里摧折他的肋骨，将他杀死，上奏说他暴病身亡，皇上该不会不相信。我会让人进言，请陛下将国事交与我。敬德等人既然到你手中，你就全部活埋了他们，谁还敢不服呢！'”李世民将王晊的话告诉了长孙无忌等人，长孙无忌等人劝李世民先发制人。李世民叹息道：“骨肉相残，是自古以来最大的恶行。我也知道早晚会有祸事，但一直想等他们先动手，然后再用有负道义的罪名讨伐他们，这不也是可以的吗！”尉迟敬德说：“作为人之常情，谁能舍生死去呢！如今众人甘心冒着生命危险拥戴大王，这是上天所授。祸患随时都会发生，而大王仍旧态度安然，不以此事为忧，大王即使不把自己的生命看得那么重要，又怎么对得起宗庙社稷呢！如果大王不肯采用我的主张，敬德就将藏身于民间，不能再留在大王身边，拱手等着别人来杀我！”长孙无忌说：“如果大王不肯听从尉迟敬德的主张，事情现在便已经败了。尉迟敬德等人不会再跟随大王，无忌也会随之离开，不能再侍奉大王了！”李世民说：“我所说的意见也不能够完全舍弃，您再计议一下吧。”尉迟敬德说：“如今大王处理此事犹有疑虑，这是不智；面临危难不能决断，这是不勇。况且，大王平时畜养的八百多名勇士，凡是在外面的，现在也已经进入宫中，他们穿好盔甲，手执兵器，起事的形势已经形成，大王怎么能够制止得住呢！”

长孙无忌也劝李世民先发制人。

【原文】

世民访之府僚，皆曰：“齐王凶戾，终不肯事其兄。比闻护军薛实尝谓齐王曰：‘大王之名，合之成“唐”字，大王终主唐祀。’齐王喜曰：‘但除秦王，取东宫如反掌耳。’彼与太子谋乱未成，已有取太子之心。乱心无厌，何所不为！若使二人得志，恐天下非复唐有。以大王之贤，取二人如拾地芥耳，奈何徇匹夫之节，忘社稷之计乎！”世民犹未决，众曰：“大王以舜为何如人？”曰：“圣人也。”众曰：“使舜浚井不出，则为井中之泥，涂廪不下，则为廪上之灰，安能泽被天下，法施后世乎！是以小杖则受，大杖则走，盖所存者大故也。”世民命卜之，幕僚张公谨自外来，取龟投地，曰：“卜以决疑；今事在不疑，尚何卜乎！卜而不吉，庸得已乎！”于是定计。

【译文】

李世民就此事向秦王府僚属询问，大家都说：“齐王凶暴乖张，终究是不肯侍奉自己的兄长的。近来听说护军薛实曾经对齐王说：‘大王之名，合起来可以

幕僚张公谨劝秦王李世民从速行动。

成为一个“唐”字，看来大王最终是要主持大唐祭祀的。’齐王欢喜地说：‘只要能够除掉秦王，再除东宫就易如反掌了。’李元吉和太子共同谋事还未成功，就已经有了夺取储位的心思。他作乱的心思没有满足的时候，什么事做不出来呢！假使太子和齐王如愿以偿了，恐怕天下就不再归大唐所有。以大王的贤明，捉拿这两个人如捡取草芥一样容易，怎么能为了信守平常人的节操，而忘记社稷大事呢！”李世民仍犹豫未决。众人说：“大王认为舜是什么样的人呢？”李世民说：“是圣人。”众人说：“假如舜挖井的时候没能逃出来，他便化为井中的泥土了，假如他在粉刷粮仓的时候没能下来，就成为仓库上面的灰烬了，还怎么能够使自己的恩泽遍及天下，法度流传后世呢！所以，虞舜在遭到父亲用小棍棒笞打的时候便忍受了，在遭到父亲用大棍棒笞打的时候便逃走，这恐怕是因为虞舜心里所想的是大事啊。”李世民让人占卜一下这样做是否顺利，恰好幕僚张公谨从外面进来，他拿起占卜用的龟甲扔到地上说：“占卜是用来决定疑难之事的，如今的事根本没有疑问，还占卜什么呢！如果占卜得到的结果是不吉的，难道就不采取行动了吗！”于是秦王做了决定。

【原文】

己未，太白复经天。傅奕密奏：“太白见秦分，秦王当有天下。”上以其状授世民。于是世民密奏建成、元吉淫乱后宫，且曰：“臣于兄弟无丝毫负，今欲杀臣，似为世充、建德报仇雠。臣今枉死，永违君亲，魂归地下，实耻见诸贼！”上省之，愕然，报曰：“明当鞫问，汝宜早参。”

【译文】

己未（初三），金星再次白天出现在天空正南方的午位。傅奕密奏道：“太白在秦地上空出现，这是秦王应当拥有天下的征兆。”高祖把傅奕的密状交给了李世民。于是，李世民向高祖奏陈李建成与李元吉淫乱后宫，并且说：“儿臣丝毫没有对不起哥哥与弟弟的地方，如今他们想要杀死儿臣，好像是要为王世充、窦建德报仇。儿臣要是枉死，永远离开陛下和亲人，魂魄回到地下，实在羞于见到经我手除灭的那些贼人。”高祖有所醒悟，惊讶不已，答复道：“明天我会审问此事，你最好及早前来朝参。”

【原文】

庚申，世民帅长孙无忌等人，伏兵于玄武门。张婕妤窃知世民表意，驰语建成。建成召元吉谋之，元吉曰：“宜勒宫府兵，托疾不朝，以观形势。”建成曰：“兵备已严，当与弟入参，自问消息。”乃俱入，趣玄武门。上时已召裴寂、萧瑀、陈叔达等，欲按其事。

张婕妤派人前去告诉李建成李世民上表的大意。

【译文】

庚申（初四），李世民率长孙无忌等人进宫，在玄武门埋伏好士兵。张婕妤私下里得知李世民上表的大意，派人前去告诉李建成。李建成召李元吉商议，李元吉说：“我们应该率领东宫与府中的兵力，称病不去上朝，看看形势再说。”李建成说：“我们的兵力已经布置严密了，我还是应该和你一同入朝，亲自打听消息。”于是二人一起入朝，向玄武门走来。当时，高祖已经召裴寂、萧瑀、陈叔达等人入宫，准备查问这件事情了。

【原文】

建成、元吉至临湖殿，觉变，即跋马东归宫府。世民从而呼之，元吉张弓射世民，再三不彀，世民射建成，杀之。尉迟敬德将七十骑继至，左右射元吉坠马。世民马逸入林下，为木枝所绊，坠不能起。元吉遽至，夺弓将扼之，敬德跃马叱之。元吉步欲趣武德殿，敬德追射，杀之。翊卫车骑将军冯翊冯立闻建成死，叹曰："岂有生受其恩而死逃其难乎！"乃与副护军薛万彻、屈咥直府左车骑万年谢叔方帅东宫、齐府精兵二千驰趣玄武门。张公谨多力，独闭关以拒之，不得入。云麾将军敬君弘掌宿卫后，屯玄武门，挺身出战，所亲止之曰："事未可知，且徐观变，俟兵集，成列而战，未晚也。"君弘不从，与中郎将吕世衡大呼而进，皆死之。君弘，显隽之曾孙也。守门兵与万彻等力战良久，万彻鼓噪欲攻秦府，将士大惧，尉迟敬德持建成、元吉首示之，宫府兵遂溃。万彻与数十骑亡入终南山。冯立既杀敬君弘，谓其徒曰："亦足以少报太子矣！"遂解兵，逃于野。

【译文】

李世民射杀李建成。

李建成、李元吉来到临湖殿的时候，察觉有变故，立即勒转马头向东，准备返回东宫和齐王府。李世民跟在后面招呼他们，李元吉张弓射李世民，一连两三次，怎么也没将弓拉满，李世民射中李建成，杀死了他。尉迟敬德带领七十人相继赶到，左右把李元吉射下马来。李世民的马跑到林子里，被树枝挂住，李世民坠马倒在地上，不能起来。李元吉突然赶到，夺过弓来，想要掐死李世民，尉迟敬德骑马赶到，大声呵斥李元吉。李元吉打算步行逃往武德殿，尉迟敬德追上去，将他射死了。翊卫车骑将军冯翊人冯立得知李建成死去的消息，叹息道："怎么能活着时蒙受人家的恩惠，人家一死便逃避人家的祸难吗！"于是就和副护军薛万彻、屈咥直府左车骑万年人谢叔方率领东宫、齐府二千精兵骑马赶往玄武门。张公谨膂力过人，独自关上宫门阻挡东宫、齐府兵，使他们不能进来。云麾将军敬君弘掌管宿卫军，驻扎在玄武门，他挺身而起，准备和冯立交战，手下阻止他说："事情未见分晓，姑且慢慢观察事态的发展变化，等军队都到了以后，再结成阵列出战也不晚。"敬君弘不肯听，便与中郎将吕世衡大声呼喊着出战，结果都战死了。敬君弘是敬显隽的曾孙。把守玄武门的士兵与薛万彻等人奋力交战，持续了很长时间，薛万彻擂鼓呼喊着，准备攻打秦王府，秦府的将士们大为惊惧，这时，尉迟敬德提着李建成和李元吉的头颅给薛万彻等人看，东宫和齐王府的人马就溃散了。薛万彻带数十骑逃进终南山。冯立杀了敬君弘后，对手下人说："这样也足够报答太子的了！"于是解散人马，落荒而逃。

【原文】

上方泛舟海池，世民使尉迟敬德入宿卫，敬德擐甲持矛，直至上所。上大惊，问曰："今日乱者谁邪？卿来此何为？"对曰："秦王以太子、齐王作乱，举兵诛之，恐惊动陛下，遣臣宿卫。"上谓裴寂等曰："不图今日乃见此事，当如之何？"萧瑀、陈叔达曰："建成、元吉本不预义谋，又无功于天下，疾秦王功高望重，共为奸谋。今秦王已讨而诛之，秦王功盖宇宙，率土归心，陛下若处以元良，委之国务，无复事矣！"上曰："善！此吾之夙心也。"时宿卫及秦府兵与二宫左右战犹未已，敬德请降手敕，令诸军并受秦王处分，上从之。天策府司马宇文士及自东上阁门出宣敕，众然后定。上又使黄门侍郎裴矩至东宫晓谕诸将卒，皆罢散。上乃召世民，抚之曰："近日以来，几有投杼之惑。"李世民跪而吮上乳，号恸久之。

【译文】

当时高祖正泛舟海池，李世民派尉迟敬德入宫守卫，尉迟敬德身披铠甲，手执长矛，径直来到高祖所在的地方。高祖很震惊，问他说："今日作乱的是谁？你来这里干什么？"尉迟敬德答道："由于太子和齐王作乱，秦王起兵诛杀了他们，秦王担心惊动陛下，所以派臣担任警卫。"高祖对裴寂等人说："想不到今天竟然会出现这种事情，现在该怎么办？"萧瑀和陈叔达说："李建成与李元吉本来就没有参与起兵反隋之事，又没有为天下立下功劳，他们嫉妒秦王功勋大、威望高，所以共同策划邪恶的阴谋。如今秦王既然已经讨伐诛杀了二人，加上秦王的功绩布满天下，百姓都诚心归向他，如果陛下立他为太子，将国家政务交托给他，就不会再发生事端了。"高祖说："好！这正是我一直以来的想法啊。"当时，宫廷宿卫、秦王府的兵马和东宫以及齐府的将士仍在激战，尉迟敬德请高祖颁布亲笔敕令，命令各军都由秦王统领，高祖答应了。天策府司马宇文士及从东上阁门出来宣布敕令，然后局势渐渐平息下来。高祖又派黄门侍郎裴矩到东宫开导各个将士，将他们罢兵解散。于是，高祖召见李世民，抚慰他说："近来，我几乎出现了曾母误听曾参杀人而丢开织具逃走的疑惑。"李世民跪下来，伏在高祖的胸前，放声痛哭了很长时间。

【原文】

建成子安陆王承道、河东王承德、武安王承训、汝南王承明、钜鹿王承义，元吉子梁郡王承业、渔阳王承鸾、普安王承奖、江夏王承裕、义阳王承度皆坐诛，仍绝属籍。

【译文】

李建成的儿子安陆王李承道、河东王李承德、武安王李承训、汝南王李承明、钜鹿王李承义，李元吉的儿子梁郡王李承业、渔阳王李承鸾、普安王李承奖、江夏王李承裕、义阳王李承度等人都因为受到牵连而被杀，还在宗室的名册上除去他们的名字。

李世民诛除李元吉、李建成的子嗣。

【原文】

初，建成许元吉以正位之后，立为太弟，故元吉为之尽死。诸将欲尽诛建成、元吉左右百余人，籍没其家，尉迟敬德固争曰："罪在二凶，既伏其诛，若及支党，非所以求安也！"乃止。是日，下诏赦天下。凶逆之罪，止于建成、元吉，自余党与，一无所问。其僧、尼、道士、女冠并宜依旧。国家庶事，皆取秦王处分。

李世民接受了尉迟敬德的建议不再追究其他人责任。

【译文】

当初，李建成答应李元吉在自己即位以后，将他立为皇太弟，所以李元吉为李建成尽死效力。各位将领准备将李建成和李元吉手下的一百多名亲信全部诛除，将他们的家产没收充公，尉迟敬德再三争辩说："罪过都在两个元凶身上，如今他们已经受到死刑的处罚了，倘若还要牵连他们的党羽，就不是殿下谋求安定天下的本愿了！"秦王接受了他的建议不再追究。当天，高祖颁诏大赦天下。叛逆的罪名只加在建成和李元吉二人身上，对其余党羽一概不问。那些僧人、女尼、男女道士依照原先颁布的诏令处理。国家的各项政务，全部由秦王处置。

【原文】

辛酉，冯立、谢叔方皆自出。薛万徹亡匿，世民屡使谕之，乃出。世民曰："此皆忠于所事，义士也。"释之。

【译文】

辛酉（初五），冯立和谢叔方都自动出来。薛万徹逃亡躲避起来以后，李世民多次让人晓示他，薛万徹就出来了。李世民说："这些人都忠于自己所侍奉的人，真是义士啊！"于是免除了他们的罪。

【原文】

癸亥，立世民为皇太子。又诏："自今军国庶事，无大小悉委太子处决，然后闻奏。"

【译文】

癸亥（初七），高祖立李世民为皇太子。又颁布诏书说："从今以后，军队和国家的各项事务，无论大小，都交给太子处决，然后再上奏。"

【原文】

臣光曰：立嫡以长，礼之正也。然高祖所以有天下，皆太宗之功；隐太子以庸劣居其右，地嫌势逼，必不相容。向使高祖有文王之明，隐太子有泰伯之贤，太宗有子臧之节，则乱何自而生矣！既不能然，太宗始欲俟其先发，然后应之，如此，则事非获已，犹为愈也。既而为群下所迫，遂至蹀血禁门，推刃同气，贻讥千古，惜哉！夫创业垂统之君，子孙之所仪刑也，彼中、明、肃、代之传继，得非有所指拟以为口实乎！

礼制的正常法则是将嫡长子立为太子。

【译文】

司马光说：将嫡长子立为太子，是礼制的正常法则。然而，高祖之所以拥有天下，完全是倚仗李世民的功劳。太子李建成天资平庸，却位居李世民之上，所处的地位居于尴尬的境地，易生嫌猜，所拥有的权力相互威胁，兄弟二人势必不能相容。假如高祖有周文王的明智，太子李建成有泰伯的贤德，太宗有子臧那样的节操，变乱又会从哪里生出来呢！既然不能如此，那么太宗这才打算等待李建成首先发难，然后采取相应的行动，这样说，太宗也是迫不得已才这样做的，尚且算是做得较好的了。接着，秦王被各位下属施加压力，于是导致宫廷门前发生了流血事件，手刃兄弟，引起后世人的嘲笑，多么可惜啊！一般说来，创立基业传给后世的君主，是子孙后代效仿的楷模，后来中宗、玄宗、肃宗、代宗帝位传承的情形，岂不是对太宗的指顾与效法中找到借口的吗！

贞观治道

【导语】

唐太宗李世民，是唐朝第二位皇帝，他名字的意思是“济世安民”。他被史学家司马光誉为“太宗文武之才，高出前古。盖三代以还，中国之盛未之有也”。

唐太宗开创了历史上的“贞观之治”，它是中国历史上最为人称道的治世，或者可以说这是最接近古代理想社会的时期。

关于“贞观之治”，太宗所说的“去奢省费，轻徭薄赋，选用廉吏，使民衣食有余”大约是最简约的概括了，《通鉴》涉及贞观之治的内容都是围绕着这些主题展开的。

唐太宗能够倡导文教，以诚信治理天下，他充分发挥大臣的作用，重农桑，轻徭薄赋，纳忠谏。太宗的知人善任、虚己以听和归美群臣都为后世所称赞，因此这一时期的君臣关系也成为古代社会君臣关系的典范。

史书记载：贞观年间“官吏多自清谨。制驭王公、妃主之家，大姓豪猾之伍，皆畏威屏迹，无敢侵欺细人。商旅野次，无复盗贼，囹圄常空，马牛布野，外户不闭。又频致丰稔，米斗三四钱，行旅自京师至于岭表，自山东至于沧海，皆不赍粮，取给于路。入山东村落，行客经过者，必厚加供待，或发时有赠遗。此皆古昔未有也”。

唐太宗开创的“贞观之治”是封建时代太平盛世的典范。唐太宗以其政治家的深谋远虑和思想家的远见卓识，为我们留下了丰富的治道资源。包括他居安思危的忧患意识、以史为鉴的反思精神、静抚天下的治国方针、民为邦本的民本情结、选贤任能的人才战略、从善如流的为政风格以及先正其身的安天下之道等，都值得后世认真研究和学习。

【原文】

武德九年（丙戌，公元626年）

丙午，上与群臣论止盗。或请重法以禁之，上哂之曰：“民之所以为盗者，由赋繁役重，官吏贪求，饥寒切身，故不暇顾廉耻耳。朕当去奢省费，轻徭薄赋，选用廉吏，使民衣食有余，则自不为盗，安用重法邪！”自是数年之后，海内升平，路不拾遗，外户不闭，商旅野宿焉。

唐太宗李世民和群臣讨论如何平息盗贼。

上又尝谓侍臣曰：“君依于国，国依于民。刻民以奉君，犹割肉以充腹，腹饱而身毙，君富而国亡。故人君之患，不自外来，常由身出。夫欲盛则费广，费广则赋重，赋重则民愁，民愁则国危，国危则君丧矣。朕常以此思之，故不敢纵欲也。”

【译文】

武德九年（丙戌，公元 626 年）

丙午（二十一日），唐太宗李世民和群臣讨论如何平息盗贼。有人请求设严格的法令来禁止，太宗微微笑了笑说："百姓之所以成为盗贼，是因为赋役繁重，官吏贪污求贿，民众饥寒交集，所以才不顾廉耻了。朕应当绝弃奢侈浪费，轻徭薄赋，任用清廉的官员，让百姓衣食有余，他们就不会做盗贼了，何必用严刑重法呢！"自此过了几年后，天下太平，路不拾遗，外面的大门都不用关闭，商旅之人可以在荒郊野外露宿。

太宗又曾经对身边的大臣说："君主依靠国家，国家依仗百姓。欺压百姓来侍奉君主，就像割肉用来充饥一样，肚子饱了人却死了，君主富有了国家却要灭亡了。因此人君最担心的，不是外患，而是国家内部出现问题。欲望多了花费就大，花费大了赋税就重，赋税重则百姓愁苦，百姓愁苦则国家就危险了，国家危险君主也就难以自保了。朕经常思考这些，所以不敢放纵自己的欲望。"

【原文】

唐太宗询问魏徵他施政的得失。

上厉精求治，数引魏徵入卧内，访以得失。徵知无不言，上皆欣然嘉纳。上遣使点兵，封德彝奏："中男虽未十八，其躯干壮大者，亦可并点。"上从之。敕出，魏徵固执以为不可，不肯署敕，至于数四。上怒，召而让之曰："中男壮大者，乃奸民诈妄以避征役，取之何害，而卿固执至此！"对曰："夫兵在御之得其道，不在众多。陛下取其壮健，以道御之，足以无敌于天下，何必多取细弱以增虚数乎！且陛下每云：'吾以诚信御天下，欲使臣民皆无欺诈。'今即位未几，失信者数矣！"上愕然曰："朕何为失信？"对曰："陛下初即位，下诏云：'逋负官物，悉令蠲免。'有司以为负秦府国司者，非官物，征督如故。陛下以秦王升为天子，国司之物，非官物而何！又曰：'关中免二年租调，关外给复一年。'既而继有敕云：'已役已输者，以来年为始。'散还之后，方复更征，百姓固已不能无怪。今既征得物，复点为兵，何谓以来年为始乎！又陛下所与共治天下者在于守宰，居常简阅，咸以委之，至于点兵，独疑其诈，岂所谓以诚信为治乎！"上悦曰："向者朕以卿固执，疑卿不达政事，今卿论国家大体，诚尽其精要。夫号令不信，则民不知所从，天下何由而治乎！朕过深矣！"乃不点中男，赐徵金瓮一。

【译文】

太宗励精图治，多次将魏徵带入卧室，询问他施政的得失。魏徵知无不言，太宗都欣然采纳。太宗派人征兵，封德彝奏道："未成丁的男子虽然未满十八，但是其中身材健壮的也可以征募。"太宗同意了。敕令传出后，魏徵坚持认为不可，不肯签署，以致往返四次。太宗发怒，召见魏徵责问道："未成丁的男子中身材壮大的，都是狡猾的百姓虚报年龄欺骗官府，妄图用这种方法逃避征役，征募这些人又有什么害处，而你却这么固执己见！"魏徵答道："军队在于统领得法，而不在人数众多。陛下征发成丁男子中身体健壮的，用合适的方法带领，便足以无敌于天下，又何必多征尚未成丁的男子以增加虚数呢！何况陛下经常说：‘我以诚信治理天下，欲使臣下百姓都没有欺诈行为。’如今陛下即位没多久，却已经失信好几次了！”太宗吃惊地问道：“朕怎么失信了？”魏徵答道：“陛下刚即位时，就下诏说：‘百姓所欠朝廷的赋税，全部免除。’有关部门认为欠秦王府库租税的，不属于官家财物，照旧征收。陛下从秦王升为天子，秦王府库之物不是朝廷之物又是什么呢！又下诏：‘关中免二年租调，关外免一年的赋税徭役。’不久又有敕令说：‘当年已经征发徭役和已经交纳赋税的，从第二年开始。’把百姓上交的赋税散还以后，又再征收，这样百姓不能没有责怪之意。如今已经征收赋役，还指派中男为兵，还谈什么从下一年开始免除呢！还有，辅佐陛下共同治理天下的都是这些地方官员，各方面要接受陛下的监督，日常公务陛下都交托给他们，可是到了征兵的时候，却怀疑他们欺骗，这难道是以诚信为治国之道吗！”太宗高兴地说：“以前朕觉得你固执，怀疑你不通达政务，如今见你议论国家大政方针，确实是说到了它的精要。朝廷政令没有诚信，则百姓不知道应当遵行什么，国家如何能得到治理呢！朕的过失很严重啊！”于是不再征募未成丁的男子，赏赐魏徵一件金瓮。

【原文】

上闻景州录事参军张玄素名，召见，问以政道，对曰：“隋主好自专庶务，不任群臣。群臣恐惧，唯知禀受奉行而已，莫之敢违。以一人之智决天下之务，借使得失相半，乖谬已多，下谀上蔽，不亡何待！陛下诚能谨择群臣而分任以事，高拱穆清而考其成败以施刑赏，何忧不治！又，臣观隋末乱离，其欲争天下者不过十余人而已，其余皆保乡党、全妻子，以待有道而归之耳。乃知百姓好乱者亦鲜，但人主不能安之耳。”上善其言，擢为侍御史。

【译文】

太宗听说了景州录事参军张玄素的名声，召见他，向他询问为政之道，张玄素答道：“隋朝皇帝喜欢自己把持所有事务，不委任给群臣。群臣内心恐惧，只知道奉命加以执行，没有敢违抗的。以一人的智慧决定天下事，即使能够做到得失参半，乖谬失误之处已经很多了，加上君主被下面阿谀奉承所蒙蔽，国家不灭亡还等什么！陛下如果能够谨慎地选择群臣，让他们各司其职，自己安坐在朝廷上，清和静穆，考查臣下的成败而施以刑法或者赏赐，如果能够这样，

唐太宗提拔张玄素为侍御史。

还担心国家治理不好吗！而且，我留心到隋末乱世，其中想要争夺天下的不过十余人，其余大部分都想保全乡里和妻子儿女，等待有道的君主出现而诚心归附。于是知道百姓很少有人喜欢乱世的，只不过君主不能使他们安定罢了。”太宗欣赏他的言论，提拔他为侍御史。

【原文】

上令封德彝举贤，久无所举。上诘之，对曰：“非不尽心，但于今未有奇才耳！”上曰：“君子用人如器，各取所长，古之致治者，岂借才于异代乎？正患己不能知，安可诬一世之人！”德彝惭而退。

太宗让封德彝推荐贤才。

御史大夫杜淹奏“诸司文案恐有稽失，请令御史就司检校”。上以问封德彝，对曰：“设官分职，各有所司。果有愆违，御史自应纠举；若遍历诸司，搜擿疵颣，太为烦碎。”淹默然。上问淹：“何故不复论执？”对曰：“天下之务，当尽至公，善则从之，德彝所言，真得大体，臣诚心服，不敢遂非。”上悦曰：“公等各能如是，朕复何忧！”

【译文】

太宗让封德彝推荐贤才，过了很久也没有人选。太宗质问他是怎么回事，封德彝回答说：“不是臣不尽心，只是如今没有杰出的人才！”太宗说：“君子用人如用器物，各取其长处，古代国家达到大治的，难道依靠的是从别的时代借来的人才吗？应当忧虑自己不能识别人才，怎么能冤枉天下所有的人呢！”封德彝惭愧地退下了。

御史大夫杜淹上奏道：“各部门文件案宗恐有稽延错漏，请求下令让御史到各部门检查核对。”太宗问封德彝，封德彝回答道：“设立不同的官职，各有分工。如果各部门真的有过失，御史自当纠察检举；如果让御史查遍各部门，搜擿出各种毛病，实在是太烦琐。”杜淹沉默不语。太宗问杜淹：“为什么不加争辩呢？”杜淹答道：“处理天下事务，应当尽心尽力，务求公正，听到好的意见就要接受，德彝讲的话深得大体，臣心悦诚服，不敢有所非议。”太宗很高兴，说：“各位如果都能做到这样，朕还有什么忧虑的呢！”

【原文】

初，隋末丧乱，豪桀并起，拥众据地，自相雄长。唐兴，相帅来归，上皇为之割置州县以宠禄之，由是州县之数，倍于开皇、大业之间。上以民少吏多，思革其弊。二月，命大加并省，因山川形便，分为十道：一曰关内，二曰河南，三曰河东，四曰河北，五曰山南，六曰陇右，七曰淮南，八曰江南，九曰剑南，十曰岭南。

【译文】

起初，隋朝末年天下大乱，英雄豪杰蜂拥而起，拥兵占据地盘，各自称雄一方。唐兴起后，各路豪杰相继归附，高祖为他们分置州县，施以恩宠，由于这一原因导致州县的数目大大超过隋朝开皇、大业年间。太宗认为官多民少，想革除这一弊端。二月，下令对这些州县大力合并，依山川地势条件，将全国分为十个区域单位：一关内，二河南，三河东，四河北，五山南，六陇右，七淮南，八江南，九剑南，十岭南。

【原文】

有上书请去佞臣者，上问："佞臣为谁？"对曰："臣居草泽，不能的知其人，愿陛下与群臣言，或阳怒以试之。彼执理不屈者，直臣也；畏威顺旨者，佞臣也。"上曰："君，源也；臣，流也。浊其源而求其流之清，不可得矣。君自为诈，何以责臣下之直乎！朕方以至诚治天下，见前世帝王好以权谲小数接其臣下者，常窃耻之。卿策虽善，朕不取也。"

【译文】

有大臣上书给唐太宗请求去除奸佞的人，太宗问上书的人："奸佞小人是谁？"上书者回答说："臣下居住在边荒野地，不能准确地知道谁是奸佞小人，希望陛下和大臣们说，或者佯装大怒来测试大臣们。那些坚持真理不肯屈服的人，是正直的大臣；那些害怕权势顺从旨意的大臣，便是奸佞之人。"太宗说："君主，是水的源头；臣子，是水的支流。源泉浑浊而要求水流清澈，是不可能的。君主自己都做欺诈的事，怎么能要求臣子们的行为正直呢！朕正用诚信来治理天下，看到以前的帝王喜欢用狡诈的伎俩来对待臣下，私下常常认为这是可耻的。你所说的方法虽然很好，朕不能采纳啊。"

太宗问上书的大臣谁是奸佞小人。

【原文】

上问公卿以享国久长之策，萧瑀言："三代封建而久长，秦孤立而速亡。"上以为然，于是始有封建之议。

【译文】

太宗向公卿大臣询问使国运长久的办法，萧瑀说："夏、商、周分封诸侯而统治时间长久，秦国孤立专制便迅速灭亡了。"太宗认为有道理，于是有了分封诸侯王的想法。

【原文】

上神采英毅，群臣进见者，皆失举措。上知之，每见人奏事，必假以辞色，冀闻规谏。尝谓公卿曰："人欲自见其形，必资明镜；君欲自知其过，必待忠臣。苟其君愎谏自贤，其臣阿谀顺旨，君既失国，臣岂能独全！如虞世基等谄事炀帝以保富贵，炀帝既弑，世基等亦诛。公辈宜用此为戒，事有得失，无毋尽言！"

【译文】

太宗神情、风采英武刚毅，进见的人看到他时，都手足失措。太宗知道后，每每见人上朝奏事，都对他们和颜悦色，希望听到大臣的规谏之言。太宗曾经对公卿说："人要想看见自己的样子，一定要借助于镜子；君主想要知道自己的过失，就一定要善待忠正耿直的大臣。如果君王刚愎自用，认为只有自己才最聪明正确，不听劝告，大臣阿谀逢迎，这样君主就会失去国家，君主亡了国，大臣又岂能独自保全！就像虞世基等人逢迎侍奉隋炀帝以此来保全自身的富贵，隋炀帝被杀以后，虞世基等人也被处死。各位应当把这些当作前车之鉴，处事总有得失，你们要把听到想到的话都说出来。"

进见的人看到唐太宗时，都手足失措。

【原文】

上谓公卿曰："昔禹凿山治水而民无谤讟者，与人同利故也。秦始皇营宫室而人怨叛者，病人以利己故也。夫靡丽珍奇，固人之所欲，若纵之不已，则危亡立至。朕欲营一殿，材用已具，鉴秦而止。王公已下，宜体朕此意。"由是二十年间，风欲素朴，衣无锦绣，公私富给。

【译文】

太宗对公卿说："从前大禹凿山治水而百姓没有怨言，是因为大禹治水的事是与民利益攸关的缘故。秦始皇营造宫室而百姓怨声载道、图谋反叛，是因为秦始皇损害老百姓的利益以利他自己的缘故。华丽的奇珍异宝，本是每个人都想得到的，假如放纵自己不知适可而止，那么国家的危亡立刻就到了。朕想要建造一个宫殿，材料费用已经齐备，有鉴于秦的灭亡，建造宫殿的事便停止了。亲王公卿以下，应当体会朕的这个想法。"从此二十年间，民风更加质朴淳厚，穿的衣服不用锦绣，官府与百姓都很富足。

【原文】

上谓黄门侍郎王珪曰："国家本置中书、门下以相检察，中书诏敕或有差失，则门下当行驳正。人心所见，互有不同，苟论难往来，务求至当，舍己从人，亦复何伤！比来或护己之短，遂成怨隙，或苟避私怨，知非不正，顺一人之颜情，为兆民之深患，此乃亡国之政也。炀帝之世，内外庶官，务相顺从。当是之时，皆自谓有智，祸不及身。及天下大乱，家国两亡，虽其间万一有得免者，亦为时论所贬，终古不磨。卿曹各当徇公忘私，勿雷同也！"

【译文】

太宗对黄门侍郎王珪说："朝中本来设置中书省、门下省，是用来相互监督检察，中书省起草诏令制敕如有差误，门下省当予以纠驳指正。每个人的见解都各有不同，如果往来辩论，务求准确恰当，放弃个人见解从善如流，又有什么不好呢！近来有的人对自己的短处不能正确处理，于是产生仇怨隔阂，有的人为了避免私人之间的怨恨，明明知道其所作所为错误却也不加指正，顺从顾及某个人的情面，造成万民的灾患，这是亡国的政治。隋炀帝在位时，内外官吏都相互顺从。在那个时候，都自认为有智慧，祸患殃及不到自身。等到天下大乱，家庭与国家俱亡，虽然这中间偶然有得以幸免的，也要被舆论所针砭，永远难以磨灭。你们每个人都应徇公忘私，不要犯同样的错误！”

唐太宗与亲近的大臣谈论政事。

【原文】

上谓侍臣曰：“吾闻西域贾胡得美珠，剖身以藏之，有诸？”侍臣曰：“有之。”上曰：“人皆知彼之爱珠而不爱其身也。吏受赇抵法，与帝王徇奢欲而亡国者，何以异于彼胡之可笑邪！”魏徵曰：“昔鲁哀公谓孔子曰：‘人有好忘者，徙宅而忘其妻。’孔子曰：‘又有甚者，桀、纣乃忘其身。’亦犹是也。”上曰：“然。朕与公辈宜戮力相辅，庶免为人所笑也！”

太宗对身边的大臣言说帝王、臣子因贪恋身外之物而导致亡身的道理。

【译文】

太宗对亲近的大臣说：“我听说西域有一个胡族的商人得到一颗宝珠，割开身上的肉来藏这颗宝珠，有这么回事吗？”大臣答道：“有这么回事。”太宗说：“人们都知道这个人爱珍珠而不爱惜自己的身体。有些官吏受贿贪赃受刑，帝王追求奢华而遭致国家灭亡，这些与胡族商人的可笑有什么区别呢！”魏徵说：“从前鲁哀公对孔子说：‘有的人非常健忘，搬家而忘记自己的妻子。’孔子说：‘还有比这严重的，夏桀、商纣均贪恋身外之物而忘记了自己的身体。’也是像这样啊。”太宗说：“对。朕与你们应当同心合力，相互辅助，以免被后人耻笑！”

【原文】

上谓房玄龄曰：“官在得人，不在员多。”命玄龄并省，留文武总六百四十三员。

【译文】

太宗对房玄龄说：“任用官吏最重要的是用人得当，而不在于人多。”命房玄龄裁减合并官职，只留下文武官员总计六百四十三人。

【原文】

上问魏徵曰：“人主何为而明，何为而暗？”对曰：“兼听则明，偏信则暗。昔尧清问下民，故有苗之恶得以上闻；舜明四目，达四聪，故共、鲧、驩兜不能蔽也。秦二世偏信赵高，以成望夷之祸；梁武帝偏信朱异，以取台城之辱；隋炀帝偏信虞世基，以致彭城阁之变。是故人君兼听广纳，则贵臣不得拥蔽，而下情得以上通也。”上曰：“善！”

魏徵阐述“兼听则明，偏信则暗”的道理。

【译文】

太宗问魏徵：“君主怎样做叫明，怎样做叫暗？”魏徵回答说：“能广泛听取各方面的意见，就是明，偏听偏信，就是暗。从前尧帝明晰地向下面民众了解情况，所以才能知道有苗的恶行；舜帝耳听四面，眼观八方，所以共工、鲧、驩兜都不能蒙蔽他。秦二世偏信赵高，导致在望夷宫被赵高所杀；梁武帝偏信朱异，招致台城下臣的羞辱；隋炀帝偏信虞世基，死于扬州的彭城阁兵变。所以人君善于听取各方面意见，则亲贵大臣就无法阻塞言路，下面的情况得以反映上来。”太宗说：“好啊！”

唐太宗与黄门侍郎王珪讨论国库存粮的事。

【原文】

上谓黄门侍郎王珪曰：“开皇十四年大旱，隋文帝不许赈给，而令百姓就食山东，比至末年，天下储积可供五十年。炀帝恃其富饶，侈心无厌，卒亡天下。但使仓廪之积足以备凶年，其余何用哉！”

【译文】

太宗对黄门侍郎王珪说：“隋朝开皇十四年天下大旱，隋文帝不准赈济百姓，而让百姓自己到关东地区寻找食物，等到了隋文帝末年，全国储备的粮食可供五十年食用。隋炀帝依仗着富足的粮食，奢侈无度，最后导致国家灭亡了。只要使仓库中的粮食足以应对灾年就可以了，多余的又有何用呢！”

【原文】

二月，上谓侍臣曰：“人言天子至尊，无所畏惮。朕则不然，上畏皇天之监临，下惮群臣之瞻仰，兢兢业业，犹恐不合天意，未副人望。”魏徵曰：“此诚致治之要，愿陛下慎终如始，则善矣。”

【译文】

二月，太宗对亲近的大臣说：“人们都说君主最尊贵，最崇高，行事无所顾忌。然而朕并不是这样，上怕皇天的监督，下惧群臣的仰望，兢兢业业，唯恐不符合上天的旨意，不能满足百姓的期望。”魏徵说：“这的确是达到治世的要旨，希望陛下能慎终就像开始时那样，那就好了。”

【原文】

上谓房玄龄等曰："为政莫若至公。昔诸葛亮窜廖立、李严于南夷，亮卒而立、严皆悲泣，有死者，非至公能如是乎！又高颎为隋相，公平识治体，隋之兴亡，系颎之存没。朕既慕前世之明君，卿等不可不法前世之贤相也！"

【译文】

太宗对房玄龄等人说："处理政务没有比大公无私更重要的了。以前诸葛亮流放廖立、李严到南夷之地，诸葛亮死的时候，廖立悲痛万分，李严哀伤而死，如果不是大公无私能这样吗！再如高颎为隋朝丞相，公正无私，颇识治国之本，隋朝的兴亡，与高颎的生死休戚相关。朕既然仰慕前代的明君，你们也不可不效法历史上的贤相啊！"

【原文】

上谓侍臣曰："古语有之：'赦者小人之幸，君子之不幸。''一岁再赦，善人喑哑。'夫养稂莠者害嘉谷，赦有罪者贼良民，故朕即位以来，不欲数赦，恐小人恃之轻犯宪章故也！"

【译文】

太宗对亲近的大臣说："古语说道：'宽赦是小人的幸事，是君子的不幸。''一年中两次大赦，善良的人都会哑口不言。'养杂草则对好谷子有害，宽赦有罪的人则使善良的百姓遭殃，所以自从朕即位以来，不想屡次发布赦令，唯恐小人靠着赦令而不顾忌法令轻易犯罪！"

唐太宗对亲近的大臣言说轻易宽赦有罪之人的危害。

【原文】

上曰："为朕养民者，唯在都督、刺史，朕常疏其名于屏风，坐卧观之，得其在官善恶之迹，皆注于名下，以备黜陟。县令尤为亲民，不可不择。"乃命内外五品已上，各举堪为县令者，以名闻。

【译文】

太宗说："为朕养护百姓的，唯有都督、刺史这些地方官，朕常常将他们的名字写在屏风上，坐卧的时候都看得到，了解了他们在任上做的好事和坏事，都一一注于他们的名下，以此作为他们升迁和降职时的依据。县令尤其与百姓亲近，不可不认真选择。"于是下令朝廷内外五品以上官员，各荐举能胜任县令职位的人，将名字奏报上来。

【原文】

丁巳，上谓房玄龄、杜如晦曰："公为仆射，当广求贤人，随才授任，此宰相之职也。比闻听受辞讼，日不暇给，安能助朕求贤乎！"因敕"尚书细务属左右丞，唯大事应奏者，乃关仆射"。

【译文】

丁巳（十六日），太宗对房玄龄、杜如晦说："你们身为仆射，应当广求天下贤才，根据他们的才能授予官职，这是宰相的职责。近来听说你们受理辞讼案情，日不暇给，怎么能帮助朕求得贤才呢！”于是下令“尚书省的日常事务交给尚书左右丞掌管，只有应当奏明的大事，才由左右仆射处理”。

唐太宗要求房玄龄、杜如晦广求天下贤才。

【原文】

玄龄明达政事，辅以文学，夙夜尽心，惟恐一物失所。用法宽平，闻人有善，若己有之，不以求备取人，不以己长格物。与杜如晦引拔士类，常如不及。至于台阁规模，皆二人所定。上每与玄龄谋事，必曰：“非如晦不能决。”及如晦至，卒用玄龄之策。盖玄龄善谋，如晦能断故也。二人深相得，同心徇国，故唐世称贤相者，推房、杜焉。玄龄虽蒙宠待，或以事被谴，辄累日诣朝堂，稽颡请罪，恐惧若无所容。

【译文】

房玄龄明敏通晓政务，又有文才，日夜尽心，唯恐一件事情处理不好有所失误。他用法宽大平和，听到别人的长处，就像他自己所有一样，待人不求全责备，不以自己的长处要求别人。与杜如晦一起引荐人才，常常不及杜如晦的样子。至于尚书省的制度程式，都由二人商议决定。太宗每次与房玄龄商议政事，一定要说：“非杜如晦不能决定。”等到杜如晦来，最后总是采用房玄龄的建议。这是因为房玄龄善于谋略，杜如晦长于决断的缘故。二人相处彼此投合，同心为国出力，所以唐朝被称为贤相的，首推房、杜二人。房玄龄虽然多蒙太宗宠爱，有时因某件事受责备，总是一连数日到朝堂内，磕头请罪，惶恐敬畏得好像无地自容。

【原文】

乙丑，上问房玄龄、萧瑀曰：“隋文帝何如主也？”对曰：“文帝勤于为治，每临朝，或至日昃，五品已上，引坐论事，卫士传餐而食；虽性非仁厚，亦励精之主也。”上曰：“公得其一，未知其二。文帝不明而喜察。不明则照有不通，喜察则多疑于物，事皆自决，不任群臣。天下至广，一日万机，虽复劳神苦形，岂能一一中理！郡臣既知主意，唯取决受成，虽有愆违，莫敢谏争，此所以二世而亡也。朕则不然。择天下贤才，寘之百官，使思天下之事，关由宰相，审熟便安，然后奏闻。有功则赏，有罪则刑，谁敢不竭心力以修职业，何忧天下之不治乎！”因敕百司：“自今诏敕行下有未便者，皆应执奏，毋得阿从，不尽己意。”

唐太宗问房玄龄、萧瑀对隋文帝的评价。

【译文】

乙丑（初二），太宗问房玄龄、萧瑀道：“隋文帝作为一代君主怎么样呢？”回答说：“隋文帝勤于治理朝政，每次监朝听政，有时要到日落西山的时候，五品以上的官员，围坐在一起商议朝政，卫士都要传递食物来吃饭；虽然品性不算仁厚，也可称为是励精图治的君主。”太宗说：“你们只知其一，不知其二。文帝不贤明却喜欢细致深刻地观察，不贤明则观察事情往往不能通达，喜欢细致深刻地观察事物往往对事物多有疑心，所有的事务都自行决定，不信任群臣。天下如此之大，日理万机，虽然一再伤身劳神处理政事，怎么能每一件事都切中要领！群臣已经知道隋文帝的意思，便只有按照他的意思办，即使主上出现过失，也没人敢争辩谏议，所以到了第二代隋朝就灭亡了。朕则不是这样。选拔天下贤能之士，分别充任文武百官，让他们思考国家大事，汇总到宰相那里，经过宰相深思熟虑后，然后上奏到朕这里。有功就奖赏，有罪就处罚，谁还敢不尽心竭力各司其职，何愁天下治理不好呢！”因而敕令各部门：“今后诏敕文书有不当之处，都应该执意禀奏，不要阿谀顺从，不充分发表自己的见解。”

【原文】

诸宰相侍宴，上谓王珪曰：“卿识鉴精通，复善谈论，玄龄以下，卿宜悉加品藻，且自谓与数子何如？”对曰：“孜孜奉国，知无不为，臣不如玄龄。才兼文武，出将入相，臣不如李靖。敷奏详明，出纳惟允，臣不如温彦博。处繁治剧，众务毕举，臣不如戴胄。耻君不及尧、舜，以谏争为己任，臣不如魏徵。至于激浊扬清，嫉恶好善，臣于数子，亦有微长。”上深以为然，众亦服其确论。

【译文】

众位宰相陪太宗饮宴，太宗对王珪说：“你精通鉴别人才，又善于言辞，房玄龄以下的官员，你要详细地加以品评，而且衡量一下自己与他们相比如何。”王珪答道：“勤勉努力地为国出力，知道的没有不去做的，我不如房玄龄。文武全才，出将入相，我不如李靖。议事详尽周到，传达诏令，反映群臣意见，都平允恰当，我不如温彦博。将繁重的事务处理得井井有条，我不如戴胄。唯恐君王赶不上尧、舜，以进谏为己任，我不如魏徵。至于辨别清浊，嫉恶奖善，我与他们相比，是臣略有所长的地方。”太宗非常赞同，众人也钦佩他的说法。

众位宰相陪太宗饮宴，唐太宗劝勉他们各尽所长。

【原文】

上之初即位也，尝与群臣语及教化，上曰：“今承大乱之后，恐斯民未易化也。”魏徵对曰：“不然。久安之民骄佚，骄佚则难教；经乱之民愁苦，愁苦则易化。譬犹饥者易为食，渴者易为饮也。”上深然之。封德彝非之曰：“三代以还，人渐浇讹，故秦任法律，汉杂霸道，盖欲化而不能，岂能之而不欲邪！魏徵书生，未识时务，若信其虚论，必败国家。”徵曰：“五帝、三王不易民而化，昔黄帝征蚩尤，颛顼诛九黎，汤放桀，武王伐纣，皆能身致太平，岂非承大乱之后邪！若谓古人淳朴，渐至浇讹，则至于今日，当悉化为鬼魅矣，人主安得而治之！”上卒从徵言。

【译文】

太宗刚刚即位的时候，曾经和群臣讨论教化，太宗说：“如今刚经过一场大劫乱，我担心百姓不容易教化。”魏徵回答说：“不是这样的。长久安定的百姓容易骄逸，骄逸则难以教化；经过战乱的百姓易于忧患，忧患倒容易接受教化。这如同饥饿的人容易吃得下食物，口渴了的人容易喝得下水一样。”太宗深表赞同。封德彝不同意这种观点，说道：“夏、商、周三代以后，人心逐渐浮薄诈伪，所以秦朝专用法律，汉代除了采用王道的同时还同时加以霸道，都是因为想教化百姓而不能收效，哪里是有能力做却不想去做呢！魏徵一介书生，不识时务，如果相信他的空谈，必然败坏国家。”魏徵说：“五帝、三王不是换掉百姓而施教化，昔日黄帝征伐蚩尤，颛顼诛杀九黎，成汤放逐夏桀，武王伐纣，都能够亲身努力造就太平盛世，这些难道不是承接大乱之后的缘故吗！如果说上古人淳朴，后代渐渐变得浮薄奸诈，那么到了今天，人早就全部化为鬼魅了，人主哪里还有天下治理！”太宗最后接受了魏徵的意见。

【原文】

唐太宗将贞观年间天下大治的功劳归功于大臣的辅佐。

元年，关中饥，米斗直绢一匹。二年，天下蝗。三年，大水。上勤而抚之，民虽东西就食，未尝嗟怨。是岁，天下大稔，流散者咸归乡里，米斗不过三、四钱，终岁断死刑才二十九人。东至于海，南及五岭，皆外户不闭，行旅不赍粮，取给于道路焉。上谓长孙无忌曰：“贞观之初，上书者皆云：‘人主当独运威权，不可委之臣下。’又云：‘宜震耀威武，征讨四夷。’唯魏徵劝朕‘偃武修文，中国既安，四夷自服’。朕用其言。今颉利成擒，其酋长并带刀宿卫，部落皆袭衣冠，徵之力也，但恨不使封德彝见之耳！”徵再拜谢曰：“突厥破灭，海内康宁，皆陛下威德，臣何力焉！”上曰：“朕能任公，公能称所任，则其功岂独在朕乎！”

【译文】

贞观元年（公元627年），关中闹饥荒，一斗米值一匹绢。贞观二年（公元628年），全国遭受蝗灾。贞观三年（公元629年），发大水。太宗勤勉听政，抚慰百姓，百姓虽然东乞西讨，却不曾嗟叹怨恨。到了贞观四年（公元630年），天下丰收，流散在外的都回到了家乡，每斗米不过三四钱，一年内被判死刑的才二十九人。东面到大海，南面到五岭，治安好到外门不关，出外旅行可以不必携带干粮，在路上就可以得到需要的物品。太宗对长孙无忌说：“贞观初年，上书的大臣都说：‘君王应当独自运用权威，不能委任给臣下。’又说：‘应当炫耀武力，征讨四夷。’只有魏徵劝朕说‘停止战备，提倡文教，只要中原安定，四夷自然臣服’。朕采纳了他的意见。如今突厥颉利可汗成了俘虏，其部族首领成为朝廷的带刀宿卫，其族人都改穿我们的衣服，戴我们的帽子，这都是魏徵的功劳，只恨没能让封德彝见到这些啊！”魏徵再拜辞让说：“突厥灭亡，天下太平，都是陛下的威德，我又做了什么呢！”太宗说：“朕能够任用你，你能够胜任这一职位，那么天下太平的功劳岂是朕一个人的！”

中宗复辟

【导语】

从武则天统治结束到唐玄宗的开元盛世，这一时期是唐朝上层统治飘摇动荡的一段时期。

继唐高宗之后，李显继位，即为中宗，第二年改年号为“嗣圣”。中宗庸柔无能，他即位后，尊武则天为皇太后。裴炎受遗诏辅政，政事皆取决于武则天。中宗重用韦后亲戚，试图组成自己的集团。武则天对他的举动大为恼火，继位才两个月的中宗被武则天废为庐陵王，贬出长安。

武则天掌握了政权，改国号为周，从太后变成了皇帝。随着年纪的增长，武则天开始考虑身后事，心目中的继承者在儿子李显和武氏诸侄中摇摆不定。经过朝臣的劝说，她立李显为嗣，将他召回京师。但是她又担心李氏家族和武家的矛盾尖锐，他们在自己身后会互不相容，所以让他们发誓和好。当时朝中大臣大多支持太子李显，武氏家族也拥有相当的实力，而武则天又非常宠爱张易之兄弟，这几种力量之间的关系错综复杂，各集团之间矛盾重重。

长安四年（公元 704 年）武后患病，移居长生殿疗养。这时武后已年逾八十，体力衰弱，数月不能临朝，连宰相都不能相见，只有张易之兄弟随侍左右。狄仁杰在世时，武后曾要他推荐人才，狄仁杰便推举了姚元之、张柬之、桓彦范、敬晖等。这些人和狄仁杰一样，表面上接受武周的官位，内心却仍忠于唐室，当武后卧病之时，这些心怀唐室的朝臣便密谋政变。

公元 705 年，武则天病危。正月丙午日，凤阁侍郎张柬之、右羽林卫大将军李多祚等人发动政变，冲入玄武门，以禁军包围太后所在的迎仙宫，诛除张易之兄弟，并且向太后提出还政太子的要求。至此，局势已经完全扭转，太后迁居上阳宫，太子即位，恢复李唐国号，武周政权结束。唐中宗得以复辟，改年号为“神龙”。二月，复国号为唐。当他第二次坐上象征皇权的宝座时，其间已经相隔二十三年。

【原文】

圣历二年（己亥，公元 699 年）

太后春秋高，虑身后太子与诸武不相容。壬寅，命太子、相王、太平公主与武攸暨等为誓文，告天地于明堂，铭之铁券，藏于史馆。

武则天令李显、李旦、太平公主、武攸暨等在明堂祭告天地。

【译文】

圣历二年（己亥，公元 699 年）

武则天年事已高，她担心死后太子李显与武氏诸人不能相容。壬寅（十八日），命太子李显、相王李旦、太平公主与武攸暨等一起拟定互不伤害的誓词，在明堂祭告天地，将誓言记刻在铁券上，收藏于史馆中。

【原文】

太后春秋高，政事多委张易之兄弟。邵王重润与其妹永泰郡主、主婿魏王武延基窃议其事。易之诉于太后，九月壬申，太后皆逼令自杀。延基，承嗣之子也。

【译文】

武则天年事已高，朝廷政事多让张易之兄弟去处理。邵王李重润和他的妹妹永泰郡主、永泰郡主的丈夫魏王武延基一起私下议论这件事。张易之知道后告诉了武则天，九月壬申（初三），武则天逼迫邵王等人自杀。武延基，是武则天的侄子武承嗣之子。

武则天虽然年事已高，政务多有委托，但对于潜在威胁丝毫不放松警惕。

【原文】

神龙元年（乙巳，公元 705 年）

太后疾甚，麟台监张易之、春官侍郎张昌宗居中用事，张柬之、崔玄暐与中台右丞敬晖、司刑少卿桓彦范、相王府司马袁恕己谋诛之。柬之谓右羽林卫大将军李多祚曰："将军今日富贵，谁所致也？"多祚泣曰："大帝也。"柬之曰："今大帝之子为二竖所危，将军不思报大帝之德乎！"多祚曰："苟利国家，惟相公处分，不敢顾身及妻子。"因指天地以自誓。遂与定谋。

李多祚与张柬之定下计谋除去张氏兄弟，恢复李唐政权。

【译文】

神龙元年（乙巳，公元 705 年）

武则天病重，麟台监张易之、春官侍郎张昌宗在宫中把持朝政。张柬之、崔玄暐与中台右丞敬晖、司刑少卿桓彦范、相王府司马袁恕己商量要除掉张易之和张昌宗。张柬之对右羽林卫大将军李多祚说："将军今日富贵，是谁给的？"李多祚流泪说道："高宗皇帝。"张柬之说："现在高宗皇帝的儿子受到张易之兄弟的迫害，难道将军不想报答大帝的恩德吗！"李多祚说："只要有利于国家，一切都听您的安排，我不敢只考虑自身和妻儿的安危。"于是指天发誓，就与张柬之定下了计谋。

【原文】

初，柬之与荆府长史阌乡杨元琰相代，同泛江，至中流，语及太后革命事，元琰慨然有匡复之志。及柬之为相，引元琰为右羽林将军，谓曰："君颇记江中之言乎？今日非轻授也。"柬之又用彦范、晖及右散骑侍郎李湛皆为左、右羽林将军，委以禁兵。易之等疑惧，乃更以其党武攸宜为右羽林大将军，易之等乃安。

【译文】

当初，张柬之与荆州都督府长史阌乡人杨元琰互相对调职务，二人一同泛舟于长江之中，当小船漂到江心时，谈到了武则天以周代唐的事，杨元琰慷慨激昂，有匡复唐室的志向。等到张柬之入朝做了宰相后，便推荐杨元琰担任右羽林将军，对他说："您大概还记得我们当初在江心泛舟时所说的话吧？今天这项任命可不是随便给您的呀。”张柬之还任用了桓彦范、敬晖以及右散骑侍郎李湛，都让他们担任左、右羽林将军，委任他们掌管禁兵。这件事引起了张易之等人的怀疑和忧虑，于是张柬之又改换他们的党羽武攸宜为右羽林大将军，张易之等人才放了心。

张柬之与杨元琰曾一同泛舟于长江之中，二人都有匡复唐室的志向。

【原文】

俄而姚元之自灵武至都，柬之、彦范相谓曰：“事济矣！”遂以其谋告之。彦范以事白其母，母曰：“忠孝不两全，先国后家可也。”时太子于北门起居，彦范、晖谒见，密陈其策，太子许之。

【译文】

不久，姚元之自灵武回到洛阳，张柬之、桓彦范交谈说：“事情成了！”于是把商量好的计谋告诉了姚元之。桓彦范将此事告诉了母亲，母亲说：“忠孝不能两全，应当先考虑国家，然后再考虑自家，你这样做是对的。”当时太子李显住在洛阳宫的北门，桓彦范、敬晖前往拜见太子，秘密地把他们的计策告诉太子，太子允许他们这样去做。

【原文】

癸卯，柬之、玄暐、彦范与左威卫将军薛思行等帅左右羽林兵五百余人至玄武门，遣多祚、湛及内直郎、驸马都尉安阳王同皎诣东宫迎太子。太子疑，不出，同皎曰：“先帝以神器付殿下，横遭幽废，人神同愤，二十三年矣。今天诱其衷，北门、南牙，同心协力，以诛凶竖，复李氏社稷，愿殿下暂至玄武门以副众望。”太子曰：“凶竖诚当夷灭，然上体不安，得无惊怛！诸公更为后图。”李湛曰：“诸将相不顾家族以徇社稷，殿下奈何欲纳之鼎镬乎！请殿下自出止之。”太子乃出。

【译文】

癸卯（二十二日），张柬之、崔玄暐、桓彦范和左威卫将军薛思行等人率领左右羽林兵五百余人来到玄武门，派李多祚、李湛和内直郎、驸马都尉安阳王同皎到东宫迎接太子李显。太子疑虑，不肯出宫，王同皎说：“先帝将国家交付给殿下，殿下无故遭到幽禁废黜，这是人神共愤的事，到如今已经二十三年了。如今上天教人向善，赐予了这样的机会，北门禁军和南牙廷臣同心协力，就在今日诛除奸佞小人，恢复李氏的江山社稷，希望殿下暂到玄武门，以满足大家的期望。”太子说：“奸佞小人确实应当诛灭，但是圣上圣体欠安，你们这样做圣上能不受惊吗！诸公还是以后再作打算吧。”李湛说：“诸将相不顾身家性命和家族安危而扶保社稷，殿下为什么非要让他们面临鼎镬的酷刑呢！如果殿下要阻止大家，请您自己出去跟大家说。”太子这才出来。

【原文】

同皎扶抱太子上马，从至玄武门，斩关而入。太后在迎仙宫，柬之等斩易之、昌宗于庑下，进至太后所寝长生殿，环绕侍卫。太后惊起，问曰：“乱者谁邪？”对曰：“张易之、昌宗谋反，臣等奉太子令诛之，恐有漏泄，故不敢以闻。称兵宫禁，罪当万死！”太后见太子曰：“乃汝邪？小子既诛，可还东宫。”彦范进曰：“太子安得更归！昔天皇以爱子托陛下，今年齿已长，久居东宫，天意人心，久思李氏。群臣不忘太宗、天皇之德，故奉太子诛贼臣。愿陛下传位太子，以顺天人之望！”李湛，义府之子也。太后见之，谓曰：“汝亦为诛易之将军邪？我于汝父子不薄，乃有今日！”湛惭不能对。又谓崔玄晧曰：“他人皆因人以进，惟卿朕所自擢，亦在此邪？”对曰：“此乃所以报陛下之大德。”

张柬之等人起事诛杀张氏兄弟，武则天惊问详情。

【译文】

王同皎将太子扶抱到马上，大家跟随太子来到玄武门，斩断门闩进入宫中。当时武则天在迎仙宫，张柬之等在高堂之下的厢房中斩杀了张易之、张昌宗，然后进到武则天居住的长生殿，围绕着她的床第侍立卫护。武则天吃惊地坐起来，问道：“作乱的是谁？”众人回答道：“张易之、张昌宗谋反，臣等奉太子令诛杀了他们，怕事情会泄露，所以不敢事先奏知陛下。在皇宫禁地举兵诛杀逆贼，惊动天子，臣等罪该万死！”武则天看见了太子，说：“这事是你让干的吗？既然奸人已经杀掉了，你可以回东宫去了。”桓彦范上前说：“太子怎么可以再回去？当年高宗皇帝将爱子托付给陛下，如今太子年纪已大，一直在东宫当太子，天意人心，都希望李家重掌天下。群臣不忘太宗皇帝和高宗皇帝的恩德，所以尊奉太子诛灭犯上作乱的逆臣。希望陛下将帝位传给太子，以顺天意和人心。”李湛是李义府的儿子。武则天发现了他，对他说：“你也是杀张易之的将军吗？我待你们父子不薄，想不到也有今天！”李湛惭愧不能对答。武则天又对崔玄晧说：“别人都是经由他人举荐后提拔的，只有你是朕亲手提拔的，你怎么也在这里？”崔玄晧答道：“我这样做正是为了报答陛下对我的大恩大德。”

【原文】

于是收张昌期、同休、昌仪等，皆斩之，与易之、昌宗枭首天津南。是日，袁恕己从相王统南牙兵以备非常，收韦承庆、房融及司礼卿崔神庆系狱，皆易之之党也。

【译文】

接下来张柬之等收捕张昌期、张同休、张昌仪等人，将他们全部斩首，和张易之、张昌宗一起于天津桥南枭首示众。这一天，为防范突然事变

张同休、张昌仪等人全部被斩首。

的发生，袁恕己跟随相王李旦统领南牙兵马，收捕韦承庆、房融及司礼卿崔神庆入狱，这些人都是张易之的党羽。

【原文】

甲辰，制太子监国，赦天下。以袁恕己为凤阁侍郎、同平章事，分遣十使赍玺书宣慰诸州。乙巳，太后传位于太子。

【译文】

甲辰（二十三日），武则天颁布制书，决定由太子李显代行处理国政，大赦天下。任命袁恕己为凤阁侍郎、同平章事，分别派出十使臣携带玺书前往各州进行安抚工作。乙巳（二十四日），武则天将帝位传给太子李显。

【原文】

丙午，中宗即位。赦天下，惟张易之党不原。其为周兴等所枉者，咸令清雪，子女配没者皆免之。相王加号安国相王，拜太尉、同凤阁鸾台三品，太平公主加号镇国太平公主。皇族先配没者，子孙皆复属籍，仍量叙官爵。

【译文】

丙午（二十五日），唐中宗李显即皇帝位。中宗下诏大赦天下，只有张易之的党羽不在赦免之列。那些被周兴等人冤枉的人，都加以昭雪，他们的子女中如有被发配流放或者被没入官府做奴婢的都予以赦免。唐中宗还加相王李旦的封号为安国相王，并任命他为太尉、同凤阁鸾台三品；加太平公主封号为镇国太平公主。此外，皇族先前被发配或没入官府为奴的，子孙都恢复宗籍，并且根据情况酌情封授官爵。

【原文】

丁未，太后徙居上阳宫，李湛留宿卫。戊申，帝帅百官诣上阳宫，上太后尊号曰则天大圣皇帝。

二月辛亥，帝帅百官诣上阳宫问太后起居，自是每十日一往。

甲寅，复国号曰唐。郊庙、社稷、陵寝、百官、旗帜、服色、文字皆如永淳以前故事。复以神都为东都，北都为并州，老君为玄元皇帝。

【译文】

丁未（二十六日），武则天迁到上阳宫居住，李湛留下负责警卫。戊申（二十七日），唐中宗带领文武百官到上阳宫，上武则天尊号为则天大圣皇帝。

二月辛亥（初一），唐中宗带领文武百官到上阳宫去向武则天请安，问候她的日常生活状况；从此唐中宗每十天前来问候一次。

甲寅（初四），唐中宗下诏恢复大唐国号，并规定郊庙、社稷、陵寝、百官、旗帜、服色、文字等都恢复唐高宗永淳年间以前的旧制。恢复

唐中宗李显即皇帝位。

神都的旧名为东都，恢复北都的旧名为并州，老君仍称为玄元皇帝。

【原文】

太后之迁上阳宫也，太仆卿、同中书门下三品姚元之独呜咽流涕。桓彦范、张柬之谓曰："今日岂公涕泣时邪！恐公祸由此始。"元之曰："元之事则天皇帝久，乍此辞违，悲不能忍。且元之前日从公诛奸逆，人臣之义也；今日别旧君，亦人臣之义也，虽获罪，实所甘心。"是日，出为亳州刺史。

甲子，立妃韦氏为皇后，赦天下。追赠后父玄贞为上洛王、母崔氏为妃。

【译文】

武则天迁到上阳宫的时候，只有太仆卿、同中书门下三品姚元之一人痛哭流涕。桓彦范、张柬之对他说："今天哪里是您悲哀哭泣的日子啊！恐怕从今您就要大祸临头了。"姚元之回答说："元之侍奉则天皇帝的时间很长，现在突然要分手了，悲痛难忍。况且元之前几天追随诸公诛灭恶逆之徒，是尽做臣子的本分啊；今天辞别旧主，也同样是在尽做臣子的本分。即使因此而获罪，我也心甘情愿。"这天，姚元之被任命为亳州刺史。

甲子（十四日），唐中宗立妃子韦氏为皇后，大赦天下。又追赠韦后之父韦玄贞为上洛王，追赠韦后之母崔氏为上洛王妃。

武则天迁到上阳宫居住。

安史之乱

【导语】

要读懂唐朝，先要读懂“安史之乱”。由于发起叛乱者乃是安禄山与史思明二人，事件被冠以“安史”之名。又由于其爆发于唐玄宗天宝年间，也称“天宝之乱”。

唐代在历经唐太宗“贞观之治”、唐高宗“永徽之治”、武则天及唐玄宗的“开元之治”后，国势大增，文治武功在唐玄宗开元年间达到鼎盛，属史无前例的盛世。

开元后期，由于安定繁荣的日子已久，唐玄宗逐渐丧失了以前那种励精图治的精神。改元天宝后，他纵情享乐，宠爱杨贵妃，信任宦官高力士，把朝政全交给宰相李林甫处理。李林甫对玄宗事事逢迎，私下却利用职权，专横独断。李林甫死后，杨贵妃的堂兄杨国忠继任宰相，更是排斥异己，贪污受贿，使政治日益败坏。加上当时土地兼并严重，贫富悬殊，政治、经济、社会渐呈衰败之象。

原来玄宗因对外开拓，在边境驻以重兵，设立十大兵镇，以节度使为最高军事长官。节度使领若干州，权力很大，初时由中央派大臣充任，立功后往往入朝拜相。天宝以后，李林甫为了巩固本身权位，堵塞边帅入相的路径，借口文官不懂军事，多用胡人担任节度使。结果给胡人节度使安禄山起兵反唐的机会。

安禄山本是混血胡人，貌似忠诚，生性狡诈，由于得到玄宗和杨贵妃的欢心，身兼范阳、河东、平卢三镇节度使。安禄山见唐室政治腐败，武备废弛，便于公元 755 年，以讨杨国忠为名，自范阳率兵南下，起兵反唐。

“安史之乱”是唐由盛而衰的转折点。它始于唐玄宗天宝十四载（公元 755 年），至唐代宗宝应元年（公元 762 年）结束，前后达八年之久。

“安史之乱”对中国后世的发展产生了重大影响，这场战乱结束了盛唐的神话。八年的安史之乱结束，唐朝出现了藩镇割据的局面。

关于这场叛乱的历史记录，《通鉴》原分散载于十余卷中，使事件发展线索颇难理清，袁枢把这些分散的材料集中在一起，比较清楚地展现了“安史之乱”的全过程。

【原文】

开元二十四年（丙子，公元 736 年）

安禄山者，本营州杂胡，初名阿荦山。其母，巫也；父死，母携之再适突厥安延偃。会其部落破散，与延偃兄子思顺俱逃来，故冒姓安氏，名禄山。又有史窣干者，与禄山同里闬，先后一日生。及长，相亲爱，皆为互市牙郎，以骁勇闻。张守珪以禄山为捉生将，禄山每与数骑出，辄擒契丹数十人而返。狡猾，善揣人情，守珪爱之，养以为子。

【译文】

开元二十四年（丙子，公元 736 年）

安禄山本是营州地方的混血胡人，

安禄山本是营州地方的混血胡人，后来做了互市牙郎。

原名叫阿荦山。他的母亲是一个女巫；他父亲死后，母亲携带着他又嫁给了突厥人安延偃。正赶上突厥部落败散，他就与安延偃哥哥的儿子安思顺一起逃到幽州，于是冒姓安氏，名叫禄山。还有一个名叫史窣干的混血胡人，与安禄山原来是街坊邻居，两人生日相差一天。等长大后，二人成为朋友，都做了互市牙郎，以勇敢而闻名。张守珪任安禄山为捉生将，安禄山每次带领数名骑兵出去，总是能擒获数十名契丹人回来。再加上安禄山为人狡猾，善于揣摸人的心思，所以深受张守珪的喜爱，就把他认为养子。

张守珪把安禄山认为养子。

【原文】

开元二十九年（辛巳，公元 741 年）

平卢兵马使安禄山，倾巧，善事人，人多誉之。上左右至平卢者，禄山皆厚赂之，由是上益以为贤。御史中丞张利贞为河北采访使，至平卢，禄山曲事利贞，乃至左右皆有赂。利贞入奏，盛称禄山之美。八月乙未，以禄山为营州都督，充平卢军使，两蕃、勃海、黑水四府经略使。

【译文】

开元二十九年（辛巳，公元 741 年）

平卢兵马使安禄山性格巧诈，善于讨人喜欢，所以人们都称誉他。唐玄宗身边的人到了平卢，安禄山都用重金收买他们，因此唐玄宗更加认为安禄山是贤能之士。御史中丞张利贞担任河北采访使，到了平卢，安禄山对张利贞刻意阿谀逢迎，以至张利贞身边的人都受到安禄山的贿赂。张利贞入朝上奏，极力夸耀安禄山。八月乙未（十七日），唐玄宗任命安禄山为营州都督，兼任平卢军使，两蕃、勃海、黑水四府经略使。

【原文】

天宝元年（壬午，公元 742 年）

壬子，分平卢别为节度，以安禄山为节度使。

三载（甲申，公元 744 年）

三月己巳，以平卢节度使安禄山兼范阳节度使，以范阳节度使裴宽为户部尚书。礼部尚书席建侯为河北黜陟使，称禄山公直；李林甫、裴宽皆顺旨称其美。三人皆上所信任，由是禄山之宠益固不摇矣。

【译文】

天宝元年（壬午，公元 742 年）

壬子（初六），唐玄宗分平卢另为节度镇，任命安禄山为节度使。

安禄山对张利贞刻意阿谀逢迎。

三载（甲申，公元744年）

三月己巳（初五），唐玄宗任命平卢节度使安禄山兼任范阳节度使，任范阳节度使裴宽为户部尚书。礼部尚书席建侯为河北黜陟使，称赞安禄山公正无私；李林甫、裴宽都顺着皇上的意思称颂安禄山。席建侯、李林甫、裴宽这三个人都是唐玄宗所信任的大臣，由此安禄山愈加受到唐玄宗的宠信，其地位稳固不可动摇。

【原文】

六载（丁亥，公元747年）

戊寅，以范阳、平卢节度使安禄山兼御史大夫。

禄山体充肥，腹垂过膝，尝自称腹重三百斤。外若痴直，内实狡黠。常令其将刘骆谷留京师诇朝廷指趣，动静皆报之；或应有笺表者，骆谷即为代作通之。岁献俘虏、杂畜、奇禽、异兽、珍玩之物，不绝于路，郡县疲于递运。

禄山在上前，应对敏给，杂以诙谐。上尝戏指其腹曰："此胡腹中何所有？其大乃尔！"对曰："更无余物，正有赤心耳！"上悦。

唐玄宗问安禄山大腹便便内装何物，安禄山回答是赤心。

【译文】

六载（丁亥，公元747年）

戊寅，唐玄宗任命范阳、平卢节度使安禄山兼任御史大夫。

安禄山身体肥胖，大腹便便，过了膝盖，曾自称腹重三百斤。他外表看似老实憨厚，内心实际上狡猾诡诈。他经常命令他的部将刘骆谷留在京师，刺探朝廷的动向，朝廷的一举一动都得向他报告；如果有事应当向皇上奏表，刘骆谷就替他代写上奏唐玄宗。安禄山每年都向朝廷献俘虏、杂畜、奇禽、异兽和珍宝玩物，一路不绝，沿途郡县都因转运这些东西而疲乏。

安禄山在唐玄宗面前应对敏捷，常常夹杂着诙谐幽默的语言。唐玄宗曾经指着安禄山的肚子开玩笑说："你这个胡人肚子里都有什么？竟如此大！"安禄山回答说："臣下的肚子里没有其他东西，只有对陛下您的一片赤心！"唐玄宗听后十分高兴。

【原文】

又尝命见太子，禄山不拜。左右趣之拜，禄山拱立曰："臣胡人，不习朝仪，不知太子者何官？"上曰："此储君也，朕千秋万岁后，代朕君汝者也。"禄山曰："臣愚，向者惟知有陛下一人，不知乃更有储君。"不得已，然后拜。上以为信然，益爱之。上尝宴勤政楼，百官列坐楼下，独为禄山于御座东间设金鸡障，置榻使坐其前，仍命卷帘以示荣宠。命杨铦、杨锜、贵妃三姊皆与禄山叙兄弟。禄山得出入禁中，因请为贵妃儿。上与贵妃共坐，禄山先拜贵妃。上问何故，对曰："胡人先母而后父。"上悦。

【译文】

唐玄宗又曾经让安禄山去见太子，安禄山见到太子不下拜。左右的人催促他下拜，安禄山却拱手站立说："臣下是胡人，不熟悉朝廷中的礼仪，不知道太子是什么官？"唐玄宗说："这位太子就是将来的皇上，朕去世以后，代替朕作为君主统治你们的人就是他。"安禄山说："臣下愚笨，过去只知有陛下您一人，不知还有太子。”没有办法，说完后拜见了太子。玄宗相信安禄山说的这些话，更加宠爱他。唐玄宗曾经在勤政楼上设宴，百官都坐在楼下，单独为安禄山在自己座位的东边设置了用金鸡羽毛装饰而成的障子，还设置了床榻，让安禄山坐在床榻前面，并命令卷起帘子以示恩宠。又命令杨铦、杨锜和杨贵妃姐妹三人都与安禄山叙兄弟之情。安禄山得以自由出入宫中，便乘机上奏请求做杨贵妃的儿子。唐玄宗与杨贵妃一起坐着，安禄山先拜杨贵妃。唐玄宗问他这是为什么，安禄山回答说：“我们胡人的习惯是先母而后父。”玄宗听后十分高兴。

安禄山用花言巧语表示对玄宗的忠诚。

【原文】

李林甫以王忠嗣功名日盛，恐其入相，忌之。安禄山潜蓄异志，托以御寇，筑雄武城，大贮兵器，请忠嗣助役，因欲留其兵。忠嗣先期而往，不见禄山而还，数上言禄山必反，林甫益恶之。

【译文】

李林甫因为王忠嗣功绩名声一天比一天高，恐怕他入朝担任宰相，就忌恨他。安禄山暗中蓄谋反叛，假称要抵御外族入侵，修筑雄武城，大量储备武器。又请求王忠嗣率领部下来帮助筑城，打算乘机将他的兵马留下。王忠嗣先期前往雄武，没有见到安禄山就回去了，多次上言说安禄山一定会反叛，李林甫更加忌恨王忠嗣。

【原文】

自唐兴以来，边帅皆用忠厚名臣，不久任，不遥领，不兼统，功名著者，往往入为宰相。其四夷之将，虽才略如阿史那社尔、契苾何力犹不专大将之任，皆以大臣为使以制之。及开元中，天子有吞四夷之志，为边将者十余年不易，始久任矣；皇子则庆、忠诸王，宰相则萧嵩、牛仙客，始遥领矣；盖嘉运、王忠嗣专制数道，始兼统矣。李林甫欲杜边帅入相之路，以胡人不知书，乃奏言：“文臣为将，怯当矢石，不若用寒畯胡人；胡人则勇决习战，寒族则孤立无党，陛下诚以恩洽其心，彼必能为朝廷尽死。”上悦其言，始用安禄山。至是，诸道节度使尽用胡

李林甫以胡人没有文化为由上奏玄宗，想要杜绝边将入朝为宰相的路。

人，精兵咸戍北边，天下之势偏重，卒使禄山倾覆天下，皆出于林甫专宠固位之谋也。

【译文】

从唐朝建立以来，边防将帅用的都是忠厚名臣，不让久任，不让在朝中只担任职名不亲往任职，不让同时兼任数职，功名显著的常常入朝为宰相。那些四方少数民族的将领，虽然才略像阿史那社尔、契苾何力那样的名将，仍然不让他们单独为一方大将，都任命朝中大臣为使职来辖制他们。到了开元年间，天子有吞并周边的想法，为此为边将的人十多年都不换，边将开始久任了；皇子中则有庆王、忠王等人，宰相中则有萧嵩、牛仙客等人，开始遥领边将之职；盖嘉运与王忠嗣等一人统领数道之兵，开始兼任数职统领军队了。李林甫想要杜绝边将入朝为宰相的路，以胡人没有文化为由，就上奏说："文臣为将帅，怯懦不敢作战，不如用出身低贱的胡人；胡人都勇敢善战，出身低贱则孤立没有党援，陛下如果真能用恩惠笼络他们的心，他们一定能够为朝廷尽力死战。"唐玄宗对李林甫的话很感兴趣，就开始重用安禄山。到了这时，各道节度使几乎都是用胡人，精兵强将都戍守在北方边疆，形成里轻外重的局面，最后使安禄山得以发动叛乱，几乎推翻唐朝的天下，这都是因为李林甫追求专宠以巩固其宰相地位的阴谋导致的。

【原文】

七载（戊子，公元748年）

六月庚子，赐安禄山铁券。

九载（庚寅，公元750年）

五月乙卯，赐安禄山爵东平郡王。唐将帅封王自此始。

十载（辛卯，公元751年）

上命有司为安禄山治第于亲仁坊，敕令但穷壮丽，不限财力。既成，具幄帟器皿，充牣其中，有帖白檀床二，皆长丈，阔六尺；银平脱屏风帐一，方丈六尺；于厨厩之物皆饰以金银，金饭罂二，银淘盆二，皆受五斗，织银丝筐及笊篱各一。他物称是。虽禁中服御之物，殆不及也。上每令中使为禄山护役，筑第及造储偫赐物，常戒之曰："胡眼大，勿令笑我。"

禄山入新第，置酒，乞降墨敕请宰相至第。是日，上欲于楼下击球，遽为罢戏，命宰相赴之。日遣诸杨与之选胜游宴，侑以梨园教坊乐。上每食一物稍美，或后苑校猎获鲜禽，辄遣中使走马赐之，络绎于路。

【译文】

七载（戊子，公元748年）

六月庚子（初一），唐玄宗赐给安禄山享有特权的铁制契书。

九载（庚寅，公元750年）

五月乙卯（二十八日），唐玄宗赐给安禄山东平郡王爵位。唐朝将帅封王从此开始了。

十载（辛卯，公元751年）

唐玄宗命令主管建造的大臣为安禄山在亲仁坊建造宅第，并下敕书说不管耗费多少钱财，越壮丽越好。宅第造成后，又装饰了各种幄

唐玄宗命令大臣为安禄山在亲仁坊建造宅第。

帐，放置了很多器物，宅屋都放满了。其中有帖白檀香木床两个，都是长一丈，宽六尺；用银平脱工艺制成的屏风帐一具，长宽一丈六尺；厨房和马厩中所用的物品都用金银装饰，其中有金饭罂两个，银淘盆两个，都能装五斗粮；还有织银丝筐和笊篱各一个。其他器物还有许多。即使是宫禁中皇上所使用的器物，恐怕都比不上这里的。唐玄宗命令宦官监工，在建造宅第和制作屋中所用的器物时，唐玄宗常常告诫他们说："胡人大方，不要让人笑我小气。"

安禄山住进新建的宅第后，设置酒宴，并请求玄宗降下敕书让宰相至宅第赴宴。这一天，唐玄宗原来准备在楼下打马球，却立刻取消了游戏，命令宰相去赴会。又每天让杨家的人与安禄山选择风景优美的地方游玩宴会，并让梨园弟子和教坊乐队陪伴。唐玄宗每吃到一种鲜美的食物，或者在后苑中猎获了鲜禽，都要派宦官骑马赐给安禄山，以至走马络绎不绝于路。

【原文】

安禄山求兼河东节度。二月丙辰，以河东节度使韩休珉为左羽林将军，以禄山代之。

户部郎中吉温见禄山有宠，又附之，约为兄弟。

禄山既兼领三镇，赏刑已出，日益骄恣。自以曩时不拜太子，见上春秋高，颇内惧，又见武备堕弛，有轻中国之心。孔目官严庄、掌书记高尚因为之解图谶，劝之作乱。

禄山养同罗、奚、契丹降者八千余人，谓之"曳落河"。曳落河者，胡言壮士也。及家僮百余人，皆骁勇善战，一可当百。又畜战马数万匹，多聚兵仗，分遣商胡诣诸道贩鬻，岁输珍货数百万。私作绯紫袍、鱼袋，以百万计。

【译文】

安禄山请求兼任河东节度使。二月丙辰（初二），唐玄宗任命河东节度使韩休珉为左羽林将军，由安禄山代韩休珉任河东节度使。

户部郎中吉温见安禄山受到唐玄宗的宠信，又依附安禄山，与他结拜为兄弟。

安禄山兼任范阳、平卢、河东三镇节度使，赏罚由自己做主，日益骄横放纵。自认为过去见太子没有下拜，如今唐玄宗年事已高，内心十分恐惧。又看到唐朝的武备松弛，有轻视中原朝廷之心。孔目官严庄和掌书记高尚借机为他讲解预卜吉凶祸福的图谶，劝他起兵反叛。

安禄山豢养了同罗、奚、契丹投降来的八千多士兵，称为"曳落河"。曳落河，胡语的意思是壮士。还有家奴一百多人，这些人个个骁勇善战，可以以一当百。又畜养战马数万匹，大量地聚集军械装备，分派胡商到各地去做买卖，每年输送珍宝货物，价值数百万缗钱。暗中制作绯色、紫色的袍子和金鱼袋等，数以百万计。

【原文】

安禄山将三道兵六万以讨契丹，以奚骑二千为向导。过平卢千余里，至土护真水，遇雨。禄山引兵昼夜兼行三百余里，至契丹牙帐，契丹大骇。时久雨，弓弩筋胶皆弛，大将何思德言于禄山曰："吾兵虽多，远来疲弊，实不可用，不如按甲息兵以临之，不过三日，虏必降。"禄山怒，欲斩之，思德请前驱效死。思德貌类禄山，虏争击，杀之，以为已得禄山，勇气增倍。奚复叛，与契丹合，夹击唐兵，杀伤殆尽。射禄山，中鞍，折冠簪，失履，独与麾下二十骑走。会夜，追骑解，得入师州。归罪于左贤王哥解、河东兵马使鱼承仙而斩之。

【译文】

安禄山率领范阳、河东、平卢三镇兵马六万讨伐契丹，以奚族骑兵二千作为向导。过了平卢一千多里，到了土护真水，遇到大雨。安禄山率兵昼夜兼程行军三百余里，来到契丹大本营，契丹十分惊骇。当时大雨连绵，弓箭和弩机的筋胶都因淋雨而松弛，大将何思德对安禄山说："我们虽然兵多，但远道而来士卒疲劳不堪，士卒无法战斗，不如暂时休兵，只与敌人对阵，这样用不了三天，敌人必定投降。”安禄山大怒，要杀何思德，何思德请求愿为先锋以效死力。何思德长相像安禄山，契丹人争着攻打他，杀了他，以为已经杀了安禄山，士气大盛。这时奚族也背叛了唐军，与契丹合兵，前后夹击唐军，唐军死伤殆尽。敌兵用箭射安禄山，射中了安禄山的马鞍，还折断了帽簪，丢掉了鞋子，仅与部下二十个骑兵逃走。正赶上天黑，追击的骑兵松懈下来，安禄山才得以逃入师州城。安禄山把战败的罪过归咎于左贤王哥解和河东兵马使鱼承仙，杀了他们。

安禄山率领范阳、河东、平卢三镇兵马六万讨伐契丹。

【原文】

甲申，以平卢兵马使史思明兼北平太守，充卢龙军使。

哥舒翰素与安禄山、安思顺不协，上常和解之，使为兄弟。是冬，三人俱入朝，上使高力士宴之于城东。禄山谓翰曰：“我父胡，母突厥，公父突厥，母胡，族类颇同，何得不相亲？”翰曰：“古人云，狐向窟嗥不祥，为其忘本故也。兄苟见亲，翰敢不尽心！”禄山以为讥其胡也，大怒，骂翰曰：“突厥敢尔！”翰欲应之，力士目翰，翰乃止，阳醉而散，自是为怨愈深。

哥舒翰与安禄山不和。

【译文】

甲申（十二日），唐玄宗任命平卢兵马使史思明兼任北平太守，担任卢龙军使。

哥舒翰一向和安禄山、安思顺不和，唐玄宗经常为他们调解，让他们结拜为兄弟。这年冬天，三人一起上朝，玄宗让高力士在长安城东设宴招待他们。席间安禄山对哥舒翰说：“我的父亲是胡人，母亲是突厥人，明公您的父亲是突厥人，母亲是胡人，我们的族类十分相近，为什么不互相亲善呢？”哥舒翰说：“古人说，狐狸向着自己的洞窟嚎叫不吉祥，这是因为忘本的缘故。老兄如果能与我亲善，我怎敢不尽心呢！”安禄山认为哥舒翰讥讽他是胡人，极为愤怒，骂哥舒翰说：“你这个突厥人竟敢无礼！”哥舒翰要回应他，高力士用眼示意哥舒翰，哥舒翰就没再理会安禄山，假装喝醉了酒便散了席，从此两人积的怨恨更深了。

【原文】

杨国忠使人说安禄山诬李林甫与阿布思谋反，禄山使阿布思部落降者诣阙，诬告林甫与阿布思约为父子。上信之，下吏按问；林甫婿谏议大夫杨齐宣惧为所累，附国忠意证成之。时林甫尚未葬，二月癸未，制削林甫官爵，子孙有官者除名，流岭南及黔中，给随身衣及粮食，自余赀产并没官；近亲及党与坐贬者五十余人。剖林甫棺，抉取含珠，褫金紫，更以小棺如庶人礼葬之。己亥，赐陈希烈爵许国公，杨国忠爵魏国公，赏其成林甫之狱也。

杨国忠使人说安禄山诬李林甫与阿布思谋反。

【译文】

杨国忠派人劝说安禄山，让他诬告李林甫与阿布思谋反，安禄山让阿布思部落投降的人到朝廷，诬告说李林甫与阿布思曾经结为父子。玄宗相信了，就派人去调查。李林甫的女婿谏议大夫杨齐宣怕牵连自己，就按照杨国忠的意图证明说有此事。当时李林甫还没有埋葬，二月癸未（十一日），玄宗下制书削去李林甫的官爵，子孙中有官职的被罢免，流放到岭南和黔中，只给随身穿的衣服和所吃的粮食，其余的家产全部没收。李林甫的亲戚和党羽被贬官的有五十余人。剖开李林甫的棺材，取出口中所含的珍珠，脱下金紫色衣服，换了一个小棺材，按照一般平民的礼仪埋葬了他。己亥（二十七日），玄宗赐陈希烈许国公爵位，赐杨国忠魏国公爵位，以奖赏他们揭发和处置李林甫案件一事。

【原文】

安禄山以李林甫狡猾逾己，故畏服之。及杨国忠为相，禄山视之蔑如也，由是有隙。国忠屡言禄山有反状，上不听。

杨国忠欲厚结翰共排安禄山，奏以翰兼河西节度使。秋，八月戊戌，赐翰爵西平郡王。翰表侍御史裴冕为河西行军司马。

【译文】

安禄山因为李林甫的狡猾超过自己，所以因畏惧他而服从。到杨国忠为宰相，安禄山觉着他没有什么了不起，看不起他，因此二人有矛盾。杨国忠多次说安禄山有谋反的迹象，玄宗不听。

杨国忠想和哥舒翰深交，共同对付安禄山，就奏请玄宗任命哥舒翰兼任河西节度使。秋季，八月戊戌（三十日），玄宗赐哥舒翰为西平郡王。哥舒翰上表奏请任命侍御史裴冕为河西行军司马。

【原文】

十二载（癸巳，公元753年）

阿布思为回纥所破，安禄山诱其部落而降之，由是禄山精兵，天下莫及。

【译文】

十二载（癸巳，公元753年）

阿布思被回纥打败，安禄山诱降了他的部落，从此安禄山的军队兵强马壮，天下没有谁能赶得上他。

【原文】

十三载（甲午，公元754年）

春，正月己亥，安禄山入朝。是时杨国忠言禄山必反，且曰："陛下试召之，必不来。"上使召之，禄山闻命即至。庚子，见上于华清宫，泣曰："臣本胡人，陛下宠擢至此，为国忠所疾，臣死无日矣！"上怜之，赏赐巨万，由是益亲信禄山，国忠之言不能入矣。太子亦知禄山必反，言于上，上不听。

玄宗召见安禄山。

安禄山求兼领闲厩、群牧。庚申，以禄山为闲厩、陇右群牧等使。禄山又求兼总监。壬戌，兼知总监事。禄山奏以御史中丞吉温为武部侍郎，充闲厩副使，杨国忠由是恶温。禄山密遣亲信选健马堪战者数千匹，别饲之。

己丑，安禄山奏："臣所部将士讨奚、契丹、九姓、同罗等，勋效甚多，乞不拘常格，超资加赏，仍好写告身付臣军授之。"于是除将军者五百余人、中郎将者二千余人。禄山欲反，故先以此收众心也。

三月丁酉朔，禄山辞归范阳。上解御衣以赐之，禄山受之惊喜。恐杨国忠奏留之，疾驱出关。乘船沿河而下，令船夫执绳板立于岸侧，十五里一更，昼夜兼行，日数百里，过郡县不下船。自是有言禄山反者，上皆缚送，由是人皆知其将反，无敢言者。

【译文】

十三载（甲午，公元754年）

春季，正月己亥（初三），安禄山入朝。当时杨国忠进言说安禄山必反，并且说："陛下试召他，他一定不会来。"玄宗派人召见安禄山，安禄山听说皇上召见立刻来了。庚子（初四），安禄山在华清宫觐见玄宗，哭诉说："我本是一名胡人，只是受到陛下的信任才有今天，却为杨国忠所嫉恨，我恐怕死期将近，没有多少日子了！"玄宗十分怜爱他，重加赏赐，由此更加信任安禄山，杨国忠的话一点也听不进去。太子李亨也知道安禄山一定会谋反，对玄宗说了这事，玄宗不听。

安禄山向玄宗哭诉表忠心。

安禄山请求兼任闲厩、群牧的职位。庚申（二十四日），唐玄宗任命安禄山为闲厩、陇右群牧等使。安禄山又请求兼任群牧总监。壬戌（二十六日），安禄山兼任群牧总监。安禄山上奏请求任命御史中丞吉温为武部侍郎，担任闲厩副使。杨国忠由于这事憎恨吉温。安禄山暗中派亲信挑选善战的健壮军马几千匹，另选地方饲养。

己丑（二十三日），安禄山上奏说："臣下所率领的将士讨伐奚、契丹、九姓回纥、同罗等，功勋卓著，乞请陛下能够打破常规，封官赏赐，并希望写好委任状交给我，让我在军中授予他们。"于是安禄山的部将被唐玄宗任命为将军的有五百多人，任命为中郎将的有二千多人。安禄山要谋反，所以先用这种办法收买人心。

三月丁酉朔（初一），安禄山向玄宗告辞，要回范阳。玄宗脱下自己的衣服赐给他，安禄山得到玄宗的衣服十分惊喜。他恐怕杨国忠向玄宗上奏把他留在朝中，所以急忙出了潼关。然后乘船沿黄河而下，命令船夫手执挽船用的绳板立在岸边，十五里一换，昼夜兼程，日行几百里，经过郡县也不下船。从此有说安禄山谋反的人，玄宗都把他们捆绑起来送给安禄山，因此人们都知道安禄山要谋反，但没有敢说的了。

【原文】

冬，十月庚寅，上幸华清宫。

安禄山检阅全军，召开誓师大会。

安禄山专制三道，阴蓄异志，殆将十年，以上待之厚，欲俟上晏驾然后作乱。会杨国忠与禄山不相悦，屡言禄山且反，上不听；国忠数以事激之，欲其速反以取信于上。禄山由是决意遽反，独与孔目官、太仆丞严庄，掌书记、屯田员外郎高尚，将军阿史那承庆密谋，自余将佐皆莫之知，但怪其自八月以来，屡飨士卒，秣马厉兵而已。会有奏事官自京师还，禄山诈为敕书，悉召诸将示之曰："有密旨，令禄山将兵入朝讨杨国忠，诸君宜即从军。"众愕然相顾，莫敢异言。十一月甲子，禄山发所部兵及同罗、奚、契丹、室韦凡十五万众，号二十万，反于范阳。命范阳节度副使贾循守范阳，平卢节度副使吕知诲守平卢，别将高秀岩守大同。诸将皆引兵夜发。

诘朝，禄山出蓟城南，大阅誓众，以讨杨国忠为名，榜军中曰："有异议扇动军人者，斩及三族！"于是引兵而南。禄山乘铁轝，步骑精锐，烟尘千里，鼓噪震地。时海内久承平，百姓累世不识兵革，猝闻范阳兵起，远近震骇。河北皆禄山统内，所过州县，望风瓦解，守令或开门出迎，或弃城窜匿，或为所擒戮，无敢拒之者。禄山先遣将军何千年、高邈将奚骑二十，声言献射生手，乘驿诣太原。乙丑，北京副留守杨光翙出迎，因劫之以去。太原具言其状。东受降城亦奏禄山反。上犹以为恶禄山者诈为之，未之信也。

【译文】

冬季，十月庚寅（初四），玄宗前往华清宫。

安禄山一身兼任三道节度使，阴谋作乱已将近十年，只是因为玄宗待他很好，所以想等到玄宗死后再反叛。适逢杨国忠与安禄山不和，多次上言说安禄山要谋反，玄宗不听他的这些话。杨国忠又做出种种事来想激怒安禄山，使安禄山立刻反叛以取信于玄宗。安禄山为此仓猝决定举兵

安禄山军队经过的州县都望风瓦解。

反叛，行动前只与孔目官、太仆丞严庄和掌书记、屯田员外郎高尚以及将军阿史那承庆等人密谋，其他将领都不知道，那些将领只是觉得奇怪，安禄山为什么从八月份以来多次招待士卒，秣马厉兵，准备打仗。这时有入朝奏事的人从京师回来，安禄山就假造敕书，召来所有将领，将密诏向他们展示，说："皇上有密诏给我，让我率兵入朝讨伐杨国忠，你们要立即随军行动。"众将十分惊愕，彼此相顾而不敢反对。十一月甲子（初九），安禄山率领所统辖的三镇军马及同罗、奚、契丹、室韦兵共十五万人，号称二十万，在范阳起兵反叛。安禄山命令范阳节度副使贾循留守范阳，平卢节度副使吕知诲留守平卢，别将高秀岩守大司。其余将领都率兵连夜出发了。

第二天早晨，安禄山出蓟城南门，检阅全军，召开誓师大会，以讨伐杨国忠为名，在军中发文告说："胆敢有反对出兵惑乱军心的人，灭杀他的三族！"然后率兵向南进军。安禄山坐着铁车，精锐步骑浩浩荡荡，战尘千里，鼓声震地。当时唐朝国内长治久安，老百姓几代没有经过战争，突然听说范阳起兵，远近惊骇。河北地区都在安禄山的统辖之内，叛军经过的州县望风瓦解，郡守与县令有的大开城门出来迎接敌人，有的弃城逃命，有的被叛军俘虏杀害，没有敢抵抗的人。安禄山先派将军何千年与高邈率领奚族骑兵二十名，声称是向朝廷献射生手，乘驿马到太原。乙丑（初十），太原副留守杨光翙出城迎接，被劫持而去。太原向朝廷详细报告了当时的情况。东受降城也上奏说安禄山反叛。玄宗还认为这是恨安禄山的人故意编造的，不相信真有其事。

【原文】

庚午，上闻禄山定反，乃召宰相谋之。杨国忠扬扬有得色，曰："今反者独禄山耳，将士皆不欲也。不过旬日，必传首诣行在。"上以为然，大臣相顾失色。上遣特进毕思琛诣东京，金吾将军程千里诣河东，各简募数万人，随便团结以拒

玄宗听说安禄山确实率兵反叛，才召来宰相商议这事。

之。辛未，安西节度使封常清入朝，上问以讨贼方略，常清大言曰："今太平积久，故人望风惮贼。然事有逆顺，势有奇变，臣请走马诣东京，开府库，募骁勇，挑马棰渡河，计日取逆胡之首献阙下！"上悦。壬申，以常清为范阳、平卢节度使。常清即日乘驿诣东京募兵，旬日，得六万人；乃断河阳桥，为守御之备。

【译文】

庚午（十五日），玄宗听说安禄山确实率兵反叛，才召来宰相商议这事。杨国忠一副得意的样子，说："现在要反叛的只是安禄山一个人，所部将士都不想反叛。不过十天，一定会把安禄山的首级送到行在。"玄宗觉得杨国忠的话有道理，大臣们听后彼此相看大惊失色。玄宗派特进毕思琛到洛阳，金吾将军程千里到河东，各招募数万人，各随便利，编组教练，以抗拒叛军。辛未（十六日），安西节度使封常清入朝，玄宗问他平叛的事，封常清夸大其辞地说："现在因为天下太平已久，所以看见叛军人人都十分害怕。但事情有逆顺，形势也会不断变化。我请求立刻到洛阳，打开府库，招募勇士，然后跃马挥师渡过黄河，用不了几天就会把逆贼安禄山的首级献给朝廷！"玄宗大喜。壬申（十七日），玄宗任命封常清为范阳、平卢节度使。封常清当天就乘驿马到洛阳募兵，十天募得六万人；然后毁坏河阳桥，准备抵御叛军。

封常清向玄宗请兵平定安禄山之乱。

【原文】

丁丑，以荣王琬为元帅，右金吾大将军高仙芝副之，统诸军东征。出内府钱帛，于京师募兵十一万，号曰天武军，旬日而集，皆市井子弟也。

十二月丙戌，高仙芝将飞骑、彍骑及新募兵、边兵在京师者合五万人，发长安。上遣宦者监门将军边令诚监其军，屯于陕。

【译文】

丁丑（二十二日），玄宗任命荣王李琬为元帅，右金吾大将军高仙芝为副元帅，统率各路军马东征。又拿出内府中的金钱布帛，在京师招募兵士十一万，号为天武军，十天便集合起来，这些人都是市民子弟。

十二月丙戌（初一），副元帅高仙芝率领飞骑、彍骑及新招募的兵士，再加上留在京师的边镇兵共五万人，从长安出发。玄宗派监门将军宦官边令诚监军，大军在陕郡驻扎下来。

【原文】

高仙芝之东征也，监军边令诚数以事干之，仙芝多不从。令诚入奏事，具言仙芝、常清桡败之状，且云："常清以贼摇众，而仙芝弃陕地数百里，又盗减军士粮赐。"上大怒，癸卯，遣令诚赍敕即军中斩仙芝及常清。初，常清既败，三遣使奉表陈贼形势，上皆不之见。常清乃自驰诣阙，至渭南，敕削其官爵，令还仙芝军，白衣自效。常清草遗表曰："臣死之后，望陛下不轻此贼，无忘臣言！"时朝议皆以为禄山狂悖，不日授首，故常清云然。令诚至潼关，先引常清，宣敕示之；常清以表附令诚上之。常清既死，陈尸蘧蒢。仙芝还，至听事，令诚索陌刀手百余人自随，乃谓仙芝曰："大夫亦有恩命。"仙芝遽下，令诚宣敕。仙芝曰："我遇敌而退，死则宜矣。今上戴天，下履地，谓我盗减粮赐则诬也。"时士卒在前，皆大呼称枉，其声振地，遂斩之。以将军李承光摄领其众。

【译文】

高仙芝率兵东征，监军边令诚多次以私事相托，高仙芝大都不听。边令诚入朝奏事，向玄宗报告了高仙芝、封常清战败的情况，并且说："封常清借叛军的强大势力动摇军心，高仙芝丧失陕郡数百里之地，还贪污军士的粮饷。"玄宗大怒，癸卯（十八日），派边令诚手持敕书到军中杀高仙芝及封常清。起初，封常清兵败后，三次派使者入朝上表陈述叛军的形势，玄宗都不见。于是封常清就亲自骑马入朝报告，到了渭南，玄宗下敕书削去他的官职和爵位，让他回到高仙芝的军中，作为一名普通的士卒去效命。封常清草写遗表说："我死了以后，希望陛下千万不要轻视逆贼安禄山，不要忘记我说的话！"当时朝臣都认为安禄山狂傲叛逆，用不了多长时间就会失败，所以封常清这样告诫玄宗。边令诚到了潼关，先把封常清叫来，向他宣示了敕书；封常清把自己草写的遗表交给边令诚，要他呈送玄宗。封常清被杀后，尸体陈放在一张席子上。高仙芝回到官署后，边令诚带领着陌刀手一百余人，对高仙芝说："高大夫也有皇帝的恩命。"高仙芝听后立刻下了厅堂，边令诚遂宣示敕书。高仙芝说："我遇到叛军没有抵抗而退却，死了是应该的。现在上有天，下有地，说我贪污士兵的粮饷，这是在诬陷我。"当时高仙芝部下的士卒都在场，都大呼高仙芝冤枉，吼声震地，边令诚还是杀了他。然后命令将军李承光代理统领军队。

监军边令诚向玄宗报告高仙芝、封常清战败的情况。

高仙芝向士兵愤言自己贪污粮饷的罪名实属诬陷。

【原文】

河西、陇右节度使哥舒翰病废在家，上藉其威名，且素与禄山不协，召见，拜兵马副元帅，将兵八万以讨禄山，仍敕天下四面进兵，会攻洛阳。翰以疾固辞，上不许，以田良丘为御史中丞，充行军司马，起居郎萧昕为判官，蕃将火拔归仁等各将部落以从，并仙芝旧卒，号二十万，军于潼关。翰病，不能治事，悉以军政委田良丘；良丘复不敢专决，使王思礼主骑，李承光主步，二人争长，无所统壹。翰用法严而不恤，士卒皆懈弛，无斗志。

至德元载（丙申，公元 756 年）

春，正月乙卯朔，禄山自称大燕皇帝，改元圣武，以达奚珣为侍中，张通儒为中书令，高尚、严庄为中书侍郎。

初，户部尚书安思顺知禄山反谋，因入朝奏之。及禄山反，上以思顺先奏，不之罪也。哥舒翰素与之有隙，使人诈为禄山遗思顺书，于关门擒之以献，且数思顺七罪，请诛之。丙辰，思顺及弟太仆卿元贞皆坐死，家属徙岭外。杨国忠不能救，由是始畏翰。

郭子仪至朔方，益选精兵，戊午，进军于代。

【译文】

河西、陇右节度使哥舒翰因病在家中休养，玄宗因他有威名，而且素来与安禄山关系不好，于是就召见他，拜为兵马副元帅，率兵八万去征讨安禄山。还下敕让各地进军，一齐攻打洛阳。哥舒翰因病坚辞不受，玄宗不答应，任命田良丘为御史中丞，担任行军司马，起居郎萧昕为判官，蕃人将领火拔归仁等都率领部落归哥舒翰指挥，再加上高仙芝原来的军队，号称二十万，守卫潼关。哥舒翰因病不能料理军务，把军政大事都交给田良丘处理。田良丘又不敢一人决定，于是就让王思礼统领骑兵，李承光统领步兵，因为二人争权，军令无法统一。哥舒翰用法严厉而不体恤士卒，士卒都意志松懈消极，没有斗志。

至德元载（丙申，公元 756 年）

春季，正月乙卯朔（初一），安禄山自封为大燕皇帝，改年号为圣武，任命达奚珣为侍中，张通儒为中书令，高尚、严庄为中书侍郎。

起初，户部尚书安思顺得

哥舒翰、田良丘奉命率大军出守潼关。

唐军重兵守卫潼关。

知安禄山要谋反，借入朝之机向玄宗奏报了此事。到了安禄山起兵反叛时，玄宗因为安思顺先已奏报，所以不加问罪。哥舒翰素来与安思顺有矛盾，他让人伪造了一封安禄山给安思顺的书信，在潼关城门口抓住送信的人，献给朝廷，并且列举了安思顺的七条罪状，请求玄宗杀了他。丙辰（初三），安思顺和他的弟弟太仆卿安元贞都因此事被处死，家人被流放到岭南。杨国忠无法救他们，因此开始惧怕哥舒翰。

郭子仪回到朔方，增加了精兵强将，戊午（初五），向代州进军。

【原文】

郭子仪、李光弼还常山，史思明收散卒数万踵其后。子仪选骁骑更挑战，三日，至行唐，贼疲，乃退。子仪乘之，又败之于沙河。蔡希德至洛阳，安禄山复使将步骑二万人北就思明，又使牛廷玠发范阳等郡兵万余人助思明，合五万余人，而同罗、曳落河居五分之一。子仪至恒阳，思明随至，子仪深沟高垒以待之，贼来则守，去则追之，昼则耀兵，夜斫其营，贼不得休息。数日，子仪、光弼议曰："贼倦矣，可以出战。"壬午，战于嘉山，大破之，斩首四万级，捕虏千余人。思明坠马，露髻跣足步走，至暮，杖折枪归营，奔于博陵，光弼就围之，军声大振。于是河北十余郡皆杀贼守将而降。渔阳路再绝，贼往来者皆轻骑窃过，多为官军所获，将士家在渔阳者无不摇心。

【译文】

郭子仪与李光弼率兵退回常山，史思明收罗散兵数万随后追击，郭子仪挑选骁勇善战的骑兵轮番挑战，三天后，到了行唐县，叛军疲劳，无力再战，就退兵了。郭子仪乘机出击，又败叛军于沙河县。蔡希德到了洛阳，安禄山又让他率领步、骑兵两万人向北靠近史思明，又派牛廷玠发范阳等郡兵一万多人增援史思明，合兵五万多人，其中同罗、曳落河的兵力占五分之一。郭子仪抵达恒阳，史思明也率兵随后赶到，郭子仪依靠深沟高垒对付叛军，如果叛军来攻就固守，撤兵就追击，白天以大兵向叛军炫耀武力，夜里则派部队袭击敌营，使叛军不得安宁。这样持续了数天，郭子仪与李光弼商议说："叛军已经疲劳，现在可以出战了。"壬午（二十九日），两军战于嘉山，唐军大败叛军，斩杀叛军四万多人，俘获一千多人。史思明从马上坠落下来，发髻散乱，赤脚步行而逃，到了晚上，拄着折断的长枪回到军营，然后又逃往博陵。李光弼率兵包围博陵，军势大振。于是河北地区原先被叛军占据的十多个州郡都杀了叛军的守将而归降朝廷。范阳的归路再次被切断，叛军往来都是轻骑偷偷地通过，大多被官军俘获，家在范阳的叛军将士军心没有不动摇的。

【原文】

禄山大惧，召高尚、严庄诟之曰："汝数年教我反，以为万全。今守潼关，数月不能进，北路已绝，诸军四合，吾所有者止汴、郑数州而已，万全何在？汝自今勿来见我！"尚、庄惧，数日不敢见。田乾真自关下来，为尚、庄说禄山曰："自

唐军大败叛军。

古帝王经营大业，皆有胜败，岂能一举而成！今四方军垒虽多，皆新募乌合之众，未更行陈，岂能敌我蓟北劲锐之兵，何足深忧！尚、庄皆佐命元勋，陛下一旦绝之，使诸将闻之，谁不内惧！若上下离心，臣窃为陛下危之！”禄山喜曰：“阿浩，汝能豁我心事。”即召尚、庄，置酒酣宴，自为之歌以侑酒，待之如初。阿浩，乾真小字也。禄山议弃洛阳，走归范阳，计未决。

【译文】

安禄山设宴安抚高尚、严庄。

安禄山十分恐惧，召来高尚、严庄，骂道：“你们数年来都劝我反叛，认为一定能够成功。现在大军被阻于潼关，数月不能攻破，北归的路也被切断，官军正四面八方朝这里涌来，我们占据的只有汴州、郑州等几个州郡，如何能够取胜呢？从现在起你们不要来见我！”高尚、严庄听后极为害怕，好多天都不敢去见安禄山。这时田乾真从潼关回来，为高尚、严庄说话，劝安禄山说：“自古以来，帝王要成就大事业的，都有胜有败，怎么能够指望一举成功呢！现在四面八方的官军虽然多，但都是新招募的乌合之众，没有经过战阵，怎么能够敌得过我们蓟北的精兵强将，何必担忧呢！高尚、严庄都是跟随您多年的功臣元勋，陛下就这样一下子把他们抛弃，让诸将知道了这事，哪一个心中不恐惧呢！如果上下不是一条心了，我觉得陛下的处境就危险了！”安禄山听后高兴地说：“阿浩，你真能体会我的心事。”于是就把高尚与严庄召来，摆设宴席招待他们，安禄山还亲自为他们唱歌劝酒，仍像以前那样对待他们。阿浩是田乾真的小名。安禄山打算放弃洛阳，率军回保范阳，但没有最后决定。

黄巢进京

【导语】

黄巢建立大齐政权后，一改之前战无不胜、攻无不取的威风形象，既没有出台什么改革措施，以稳定人心，也没有及时出兵，乘胜追击望风而逃的唐僖宗，更没有消灭关中附近的禁军，以致给了唐朝廷难得的喘息机会。

黄巢当了皇帝后，开始了花天酒地的享乐生活。上行下效，农民军将领们在得到高官厚禄后，也沉湎于纸醉金迷的生活，不思进取。

黄巢虽然四处作战，或胜或败，但始终未能打开局面。他不知道建立根据地，即使在其声势十分强大时，也往往是攻下一城，不久又丢弃，像东都洛阳这样的经济、军事重地也不留一兵一卒驻守。这就使唐军得以重新占领曾被农民军占领的地区，并逐渐收缩包围圈。而农民军到长安后，仍然未能巩固。这样，农民军得不到充足的供给，后勤没有保障，农民军的队伍虽壮大发展，但给养困难。黄巢虽然称帝，基本上仍然局限于长安一隅之地。

黄巢起义军在大规模的运动战中，牵着唐军疲于奔命，顾此失彼，使唐朝对洛阳、淮南、江南不能兼顾，暂时取得了攻占长安的胜利。一些乡绅富豪多入深山，“筑栅自保，农事俱废，长安城中斗米直三十缗”。到了后来，农民军将士不得不以树皮来充饥，甚至发生了吃人事件。在这样的情况下，当唐朝诸路大军云集长安，向农民军发起总攻时，形势便急转直下，历时三年的大齐政权也就很快瓦解了。

【原文】

乾符二年（乙未，公元 875 年）

冤句人黄巢亦聚众数千人应仙芝。巢少与仙芝皆以贩私盐为事，巢善骑射，喜任侠，粗涉书传，屡举进士不第，遂为盗，与仙芝攻剽州县，横行山东，民之困于重敛者争归之，数月之间，众至数万。

黄巢聚集数千人响应王仙芝反唐。

【译文】

乾符二年（乙未，公元 875 年）

冤句人黄巢也聚集了数千人响应王仙芝。黄巢少年时与王仙芝都以贩私盐为生，黄巢善于骑马射箭，性格豪爽任侠，粗略涉猎了史传经书，屡次参加进士科考试都未及第，于是成为盗贼，与王仙芝攻略州县，横行于山东，农民无法忍受繁重的苛捐杂税，争相投奔黄巢，几个月内，跟随黄巢的达数万人。

【原文】

广明元年（庚子，公元 880 年）

丁卯，黄巢陷东都，留守刘允章率百官迎谒；巢入城，劳问而已，闾里晏然。

乙亥，张承范等将神策弩手发京师。神策军士皆长安富家子，赂宦官窜名军籍，厚得禀赐，但华衣怒马，凭势使气，未尝更战陈；闻当出征，父子聚泣，多以金帛雇病坊贫人代行，往往不能操兵。是日，上御章信门楼临遣之。承范进言："闻黄巢拥数十万之众，鼓行而西，齐克让以饥卒万人依托关外，复遣臣以二千余人屯于关上，又未闻为馈饷之计，以此拒贼，臣窃寒心。愿陛下趣诸道精兵早为继援。"上曰："卿辈第行，兵寻至矣！"丁丑，承范等至华州。会刺史裴虔余徙宣歙观察使，军民皆逃入华山，城中索然，州库唯尘埃鼠迹，赖仓中犹有米千余斛，军士裹三日粮而行。

张承范向唐僖宗进言请求支援。

张承范等率领神策军弓弩手从京师出发。

【译文】

广明元年（庚子，公元 880 年）

丁卯（十七日），黄巢攻下东都洛阳，留守刘允章率领百官出城迎拜；黄巢进城，对城中百姓只是慰问安抚，坊里和平常一样，人民生活正常。

乙亥（二十五日），张承范等率领神策军弓弩手从京师出发，神策军的将士都是长安有钱人家子弟，贿赂宦官在神策军的簿籍上挂名，以多得给养赏赐，但这些人平时穿着华丽的衣服，骑着快马疾驰，仗势耍弄威风，却从未参加过战阵；听说要出征，父子相聚抱头哭泣，许多人用金帛雇佣居住在病坊的贫苦人代行，这些人往往连兵器都不会拿。这一天，唐僖宗登上章信门楼送征人出发，张承范向唐僖宗进言道："听说黄巢拥兵数十万，擂着战鼓向西涌来，齐克让仅率领饥饿不堪的万名士卒在潼关外拒敌，现在又派我率二千多人驻屯在潼关，也没有听到有供应粮饷的计划，就这样去抗拒强敌，实在令我寒心。希望陛下调集诸道精兵尽早前来支援我们。"唐僖宗回答说："你们先行一步，援兵很快就到了！"丁丑（二十七日），张承范等率军到了华州。正值华州刺史裴虔余迁任宣歙观察使，军民全都逃入华山，城中空荡荡的，州库只剩下尘埃鼠迹，幸亏粮仓中仍有米千余斛，军士们每人带上三天的粮食继续前行。

【原文】

十二月庚辰朔，承范等至潼关，搜菁中，得村民百许，使运石汲水，为守御之备；与齐克让军皆绝粮，士卒莫有斗志。是日，黄巢前锋军抵关下，白旗满野，不见其际，克让与战，贼小却，俄而巢至，举军大呼，声振河、华。克让力战，自午至酉始解，士卒饥甚，遂喧噪，烧营而溃，克让走入关。关左有谷，平日禁人往来，以榷征税，谓之"禁坑"。贼至仓猝，官军忘守之，溃兵自谷而入，谷中灌木寿藤茂密如织，一夕践为坦途。承范尽散其辎囊以给士卒，遣使上表告急，称："臣离京六日，甲卒未增一人，馈饷未闻影响。到关之日，巨寇已来，以二千余人拒六十万众，外军饥溃，蹋开禁坑。臣之失守，鼎镬甘心；朝廷谋臣，愧颜何寄！或闻陛下已议西巡，苟銮舆一动，则上下土崩。臣敢以犹生之躯奋冒死之语，愿与近密及宰臣熟议，急征兵以救关防，则高祖、太宗之业庶几犹可扶持，使黄巢继安禄山之亡，微臣胜哥舒翰之死！"

唐军溃败的士兵进入"禁坑"。

【译文】

十二月庚辰朔（初一），张承范等来到潼关，在青草茂密处搜得村民一百来人，叫他们运石汲水，做守御准备；这时张承范与齐克让军中都已绝粮，士卒全无斗志。当天，黄巢前锋抵达潼关城下，白旗遍野，不见边际，齐克让率军出战，黄巢军稍微后退，很快黄巢率大军到了，全军呐喊，声音震动黄河、华山。齐克让奋力死战，从午时打到酉时双方才收兵，齐克让的士卒饿极了，于是呼喊喧闹，把营寨烧毁，溃散而去，齐克让只好退进潼关。潼关左面有一山谷，平时禁止人往来，以便榷征出入潼关的商税，人们称此谷为"禁坑"。黄巢大军来得仓促，官军忘了派人在这里守卫，溃退的士兵从这里进去，谷里灌木长藤茂密犹如蜘蛛网，一晚上就践踏成了一条平坦的大路。张承范把辎重和私人财物全都分发给士卒，派使者上表告急，说："我率军离京六日，士卒没有增援一个，军饷连影子也未见到，到达潼关那天，黄巢大军已来到关下，我以二千余人抵御六十万敌众，在关外的齐克让军因饥饿而溃退，踏开禁坑。我如果失守潼关，就是处以投身油锅的极刑也心甘情愿；但朝廷上那些出谋划策的人，羞愧之颜又寄托于何处！有人说陛下已在议论西巡，如果陛下的金銮舆驾一动，恐怕朝廷上下将土崩瓦解。臣敢在战死之前，以尚存一刻的身躯，大胆说几句冒死的话，希望陛下与亲近的宦官及宰相大臣商量，赶快征兵来救援潼关的关防，这样，高祖、太宗创下的基业或许还可以扶持维系，使黄巢继安禄山的后尘遭到灭亡，微臣战死也比哥舒翰要强！"

【原文】

辛巳，贼急攻潼关，承范悉力拒之，自寅及申，关上矢尽，投石以击之。关外有天堑，贼驱民千余人入其中，掘土填之，须臾即平，引兵而度。夜，纵火焚关楼俱尽。承范分兵八百人，使王师会守禁坑，

张承范把辎重和私人财物全都分发给士卒。

比至，贼已入矣。壬午旦，贼夹攻潼关，关上兵皆溃，师会自杀，承范变服帅余众脱走。至野狐泉，遇奉天援兵二千继至，承范曰："汝来晚矣！"博野、凤翔军还至渭桥，见所募新军衣裘温鲜，怒曰："此辈何功而然，我曹反冻馁！"遂掠之，更为贼向导，以趣长安。

【译文】

辛巳（初二），黄巢猛攻潼关，张承范全力抵抗黄巢军的进攻，从寅时打到申时，关上官军的箭都用完了，于是就往下投石头。潼关外边有条自然形成的沟堑，黄巢军驱赶平民千余人来壕中挖土填堑，一会儿便填平了，于是，黄巢军渡过壕沟。到夜里，放火把关上的城楼都烧掉。张承范分兵八百交给王师会，令他拒守禁坑，等他们赶到时，黄巢的部队已经攻进来了。壬午（初三）清晨，黄巢大军夹攻潼关，关上守兵溃逃，王师会自杀，张承范身穿便服率领余众逃向长安。逃到野狐泉，遇到相继到来的奉天援兵两千人，张承范说："你们来迟了！"博野镇和凤翔镇的军队退至渭桥，见田令孜所招募的新军穿着新衣皮裘，发怒道："这些家伙有什么功劳能穿上这样好的衣服，我们殊死拼战反倒受冻挨饿！"于是抢劫新军，并为黄巢军做向导，直奔长安。

唐僖宗从金光门逃出。

【原文】

百官退朝，闻乱兵入城，布路窜匿。令孜帅神策兵五百奉帝自金光门出，惟福、穆、泽，寿四王及妃嫔数人从行，百官皆莫知之。上奔驰昼夜不息，从官多不能及。车驾既去，军士及坊市民竞入府库盗金帛。

【译文】

百官退朝，听说乱兵已攻入城来，分道逃窜躲藏。田令孜率领神策兵五百人护着僖宗从金光门出来，只有福、穆、泽、寿四王和几个妃嫔跟随，百官都不知道皇帝的去向。僖宗昼夜不停地狂逃，随从官员都赶不上。僖宗的车驾既已离去，长安城中的军士及坊市百姓争着到府库盗取金帛。

【原文】

晡时，黄巢前锋将柴存入长安，金吾大将军张直方帅文武数十人迎巢于霸上。巢乘金装肩舆，其徒皆被发，约以红缯，衣锦绣，执兵以从，甲骑如流，辎重塞途，千里络绎不绝。民夹道聚观，尚

大将军张直方率文武数十人在霸上迎接黄巢。

让历谕之曰："黄王起兵，本为百姓，非如李氏不爱汝曹，汝曹但安居无恐。"巢馆于田令孜第，其徒为盗久，不胜富，见贫者，往往施与之。居数日，各出大掠，焚市肆，杀人满街，巢不能禁；尤憎官吏，得者皆杀之。

黄巢部下将抓获的唐朝官吏全部杀掉。

【译文】

临近傍晚时，黄巢部下前锋将柴存进入长安，唐金吾大将军张直方率文武官数十人在灞上迎接黄巢。黄巢坐着用黄金装饰的轿子，其部下全都披着头发，扎着红丝，身穿锦绣衣裳，手持兵器跟从着，铁甲骑兵行如流水，辎重车辆塞满道路，大军延绵千里络绎不绝。长安居民夹道聚观，尚让向士民宣谕说："黄王起兵，本是为了百姓！不像唐朝李氏皇帝不爱惜你们，你们只管安居乐业，不要恐慌。"黄巢住进田令孜的府第里，其部下将士为盗贼很久了，极为富有，看到贫穷的人，往往施舍财物给他们。在长安居住几天后，又各自出来大肆抢劫，焚烧坊市，到处杀人，使死尸满街，黄巢无法禁止；黄巢部下尤其憎恨唐朝官吏，凡抓获的全部杀掉。

【原文】

庚寅，黄巢杀唐宗室在长安者无遗类。辛卯，巢始入宫。壬辰，巢即皇帝位于含元殿，画皂缯为衮衣，击战鼓数百以代金石之乐。登丹凤楼，下赦书；国号大齐，改元金统。谓廣明之号，去唐下体而著黄家日月，以为己符瑞。唐官三品以上悉停任，四品以下位如故。以妻曹氏为皇后。

【译文】

黄巢在含元殿即皇帝位。

庚寅（十一日），黄巢将留在长安的唐朝宗室全部杀光。辛卯（十二日），黄巢才进入禁宫。壬辰（十三日），黄巢在含元殿即皇帝位，将布和绸画作天子礼服，敲响数百只战鼓替代金石音乐。黄巢登上丹凤楼，颁下赦书；定国号为大齐，改年号为金统。宣称当朝年号廣明是"唐"字去"肀"而留"广"，"广"字加"黄"字为"廣"，再将日、月合并为"明"字，指的是黄家明，认为这是自己将当皇帝的符瑞。黄巢又发布命令，凡唐朝三品以上官员全部停任，四品以下官员保留官位如故。册立其妻曹氏为皇后。

【原文】

诸葛爽以代北行营兵屯栎阳，黄巢将砀山朱温屯东渭桥，巢使温诱说之，爽遂降于巢。温少孤贫，与兄昱、存随母王氏依萧县刘崇家，崇数笞辱之，崇母独怜之，戒家人曰："朱三非常人也，汝曹善遇之。"巢以诸葛爽为河阳节度使，爽赴镇，罗元杲发兵拒之，士卒皆弃甲迎爽，元杲逃奔行在。

黄巢让朱温诱降诸葛爽。

【译文】

唐将诸葛爽率领代北行营的军队屯驻于栎阳，黄巢的大将砀山人朱温率军驻扎在东渭桥，黄巢让朱温游说诱降诸葛爽，于是诸葛爽向黄巢投降。朱温年少时失去父亲，家境贫困，与哥哥朱昱、朱存随母亲王氏依靠萧县刘崇家为生，刘崇多次鞭笞侮辱朱温一家，只有刘崇的母亲可怜朱温，告诫家人说："朱三不是平常人，你们要好好待他。"诸葛爽被黄巢任命为河阳节度使，当诸葛爽回到河阳之时，将军罗元杲调军队抗拒，但罗元杲部下士卒都抛弃兵器迎接诸葛爽，罗元杲只好逃奔唐僖宗的行宫。

【原文】

丁酉，车驾至兴元，诏诸道各出全军收复京师。

黄巢遣使调发河中，前后数百人，吏民不胜其苦。王重荣谓众曰："始吾屈节以纾军府之患，今调财不已，又将征兵，吾亡无日矣！不如发兵拒之。"众皆以为然，乃悉驱巢使者杀之。巢遣其将朱温自同州，弟黄邺自华州，合兵击河中，重荣与战，大破之，获粮仗四十余船，遣使与王处存结盟，引兵营于渭北。

【译文】

丁酉（十八日），唐僖宗的车驾来到兴元，向天下诸道颁发诏书，命令各道调发全军收复京师。

黄巢派使者到河中调发兵粮，使者前后达数百人，河中吏民无法负担，苦不堪言。王重荣对部众说："起初我屈节事贼，是想缓解军府的急患，如今黄巢调财不已，又要征调士兵，我们早晚要死于他手，不如发兵抗拒黄巢。"手下都认为应加以抗拒，于是将黄巢派来的使节全部处死。黄巢派部将朱温从同州发兵，弟弟黄邺从华州发兵，两军会合攻打河中，王重荣出兵迎战，大破黄巢军，缴获粮食兵仗四十多船，又派使者与唐义武节度使王处存结盟，率军到渭北扎营。

【原文】

壬午，黄巢帅众东走，程宗楚先自延秋门入，弘夫继至，处存帅锐卒五千夜入城。坊市民喜，争欢呼出迎官军，或以瓦砾击贼，或拾箭以供官军。宗楚等恐诸将分其功，不报凤翔、鄜夏，军士释兵入第舍，掠金帛、妓妾。处存令军士系白絮为号，坊市少年或窃其号以掠人。贼露宿霸上，诇知官军不整，且诸军不相继，引兵还袭之，自诸门分入，大战长安中，宗楚、弘夫死，军士重负不能走，是以甚败，死者什八九。处存收余众还营。

丁亥，巢复入长安，怒民之助官军，纵兵屠杀，流血成川，谓之洗城。于是诸军皆退，贼势愈炽。

【译文】

壬午（初五），黄巢率军出长安城向东撤退，唐将程宗楚率军先从延秋门进入长安城，唐弘夫紧接着率军赶到，王处存率领精锐士卒五千于夜晚进入长安。长安坊市居民十分欢喜，争先恐后出来欢迎官军，有的用瓦砾投击黄巢没有来得及出城的人马，有的收拾弓箭给官军。入城的程宗楚等人恐怕其他将领入城分去他们的战功，没有向凤翔节度使郑畋和鄜夏节度使拓跋思恭通报，入城的官军士兵们放下军器进入居民私宅，抢夺金帛，掠取妓妾。王处存下令军士在头上系上白色丝绸作为记号，坊市无赖少年有的也偷偷系上白丝掠人劫货，长安城内一片混乱。黄巢率军露宿灞上，侦察到城内官军号令不整，而且诸路官军互不联系，于是回军突袭长安，黄巢军自诸城门分别进入，大战长安城中，唐将程宗楚、唐弘夫被杀死，官军士兵由于抢劫财物太多，负重走不动路，被黄巢军杀得大败，死者有十之八九。王处存收拾残兵回到渭桥扎营。

黄巢进入长安，纵兵进行屠杀。

丁亥（十日），黄巢再次进入长安，对长安居民帮助官军感到极为愤怒，于是纵兵进行屠杀，长安城血流成河，将此称之为洗城。于是唐诸路军全部撤退，黄巢军的声势更盛了。

后梁纪

朱温之死

【导语】

公元907年二月，朱温逼迫唐哀帝退位，自己称帝，建国号为梁，定都汴，建年号为“开平”，史称后梁。朱温称帝后，改名朱晃。他改革了一些唐末的弊政，但因连年用兵，又经常诛杀将帅功臣，致使统治集团内部矛盾日益尖锐，政权不稳。

公元912年，朱温亲自率领五十万大军乘虚进攻成德镇。他日夜兼程赶到观津冢时，巡逻兵报告说，后唐李克用之子李存勖的大军来了。朱温曾几次败在李存勖手下，听到消息后，他仓皇逃奔到枣强。黄昏时，李存勖派兵数百冲进朱温军营中乱砍滥杀。朱温以为李存勖大军杀到，连夜烧营狂逃，急奔冀州，辎重损失无数。事后知道只有李存勖的几百兵士冲营，朱温羞恼，因此大病。返回洛阳，便卧床不起。

朱温沉迷于女色，淫乱如禽兽，连儿媳们都要入宫侍候，儿子们也借此谋取继承权。公元912年五月，朱温在病中应允儿媳王氏的要求，要将皇位传于朱友文。三子朱友珪和妻张氏听到后，十分妒恨，决心杀死朱温，夺取皇位。

六月，朱友珪和家将冯廷锷带着五百牙兵，混入皇宫，分散埋伏。夜深人静时，牙兵集中起来，冲进朱温寝宫。左右侍从早就怨恨朱温荒淫暴虐，都纷纷逃散，只剩朱温一人。冯廷锷一剑刺入朱温腹部，将其刺死。

【原文】

乾化二年（壬申，公元912年）

闰月壬戌，帝疾增甚，谓近臣曰：“我经营天下三十年，不意太原余孽更昌炽如此！吾观其志不小，天复夺我年，我死，诸儿非彼敌也，吾无葬地矣！”因哽咽，绝而复苏。

高季昌潜有据荆南之志，乃奏筑江陵外郭，增广之。

丙寅，蜀门下侍郎、同平章事王锴罢为兵部尚书。

帝长子郴王友裕早卒。次假子博王友文，帝特爱之，常留守东都，兼建昌宫使。次郢王友珪，其母亳州营倡也，为左右控鹤都指挥使，无宠。次均王友贞，为东都马步都指挥使。

后梁太祖纵情歌舞女色。

初，元贞张皇后严整多智，帝敬惮之。后殂，帝纵意声色，诸子虽在外，常征其妇入侍，帝往往乱之。友文妇王氏色美，帝尤宠之，虽未以友文为太子，帝意常属之。友珪心不平。友珪尝有过，帝挞之，友珪益不自安。帝疾甚，命王氏召友文于东都，欲与之诀，且付以后事。友珪妇张氏亦朝夕侍帝侧，知之，密告友珪曰：“大家以传国宝付王氏，怀往东都，吾属死无日矣！”夫妇相泣。左右或说之曰：“事急计生，何不改图？时不可失！”

六月丁丑朔，帝使敬翔出友珪为莱州刺史，即令之官。已宣旨，未行敕。时左迁者多追赐死，友珪益恐。

【译文】

乾化二年（壬申，公元912年）

闰五月壬戌（十五日），后梁太祖的病情加重，对亲近的大臣说：“我管理天下三十年，想不到太原李克用的余孽更加强大了，以至到了这般地步！我看他的志向不小，上天又削除我的年寿，我死了，我的儿子们都不是他们的敌手，我没有葬身之地了！”于是哽咽失声，呼吸停止后又苏醒过来。

荆南节度使高季昌暗中有盘踞荆南的志向，于是奏请修筑江陵的外城，把它增广扩大。

丙寅（十九日），前蜀门下侍郎、同平章事王锴被免职，降为兵部尚书。

后梁太祖的长子郴王朱友裕早死。次养子博王朱友文，特别受太祖喜爱，经常留守东都大梁，兼任建昌宫使。郢王朱友珪，担任左右控鹤都指挥使，他的母亲是亳州营妓。均王朱友贞担任东都马步都指挥使。

当初，元贞张皇后严肃端正，聪明多智，后梁太祖对她既恭敬又畏惧。张皇后死后，后梁太祖纵情歌舞女色，儿子们即使在外地，也常征召他们的妻子入宫侍奉，太祖往往与她们淫乱。朱友文的妻子王氏容貌美丽，太祖尤其宠爱她，虽然没有立友文为太子，太祖的意向也经常放在他身上。朱友珪心里愤愤不平。朱友珪曾经犯过错，太祖用鞭子打了他，朱友珪更加不能自安。后梁太祖病情严重，命王氏到东都大梁召朱友文来西都洛阳，想要与他诀别，并且将后事托付给他。朱友珪的妻子张氏也日夜侍奉在太祖身边，知道了这件事，秘密地告知朱友珪说：“皇上把传国宝玺交给王氏带往东都，我们的死期没有几天了。”夫妇二人相对流泪。左右有人劝解他们说：“事情紧急了就要另外想计策，为什么不想别的办法呢，时机不可错过啊！”

六月丁丑朔（初一），后梁太祖命敬翔将朱友珪调出任莱州刺史，立即让他赴任。已经传旨了，但没有颁行敕书。当时贬官者大多追命赐死，朱友珪越发恐慌。

【原文】

戊寅，友珪易服微行入左龙虎军。见统军韩勍，以情告之。勍亦见功臣宿将多以小过被诛，惧不自保，遂相与合谋。勍以牙兵五百人从友珪杂控鹤士入，伏于禁中，中夜斩关入，至寝殿，侍疾者皆散走。帝惊起，问：“反者为谁？”友珪曰：“非他人也！”帝曰：“我固疑此贼，恨不早杀之。汝悖逆如此，天地岂容汝乎！”友珪曰：“老贼万段！”友珪仆夫冯廷谔刺帝腹，刃出于背。友珪自以败毡裹之，瘗于寝殿，秘不发丧。遣供奉官丁昭溥驰诣东

朱温被杀。

朱友珪即皇帝位。

都，命均王友贞杀友文。

己卯，矫诏称："博王友文谋逆，遣兵突入殿中，赖郢王友珪忠孝，将兵诛之，保全朕躬。然疾因震惊，弥致危殆，宜令友珪权主军国之务。"韩勍为友珪谋，多出府库金帛赐诸军及百官以取悦。

辛巳，丁昭溥还，闻友文已死，乃发丧，宣遗制，友珪即皇帝位。

时朝廷新有内难，中外人情忷忷。许州军士更相告变，匡国节度使韩建皆不之省，亦不为备。丙申，马步都指挥使张厚作乱，杀建，友珪不敢诘。甲辰，以厚为陈州刺史。

秋，七月丁未，大赦。

丙寅，废建昌宫使，以河南尹张宗奭为国计使，凡天下金谷旧隶建昌宫者悉主之。

【译文】

戊寅（初二），朱友珪改换服装隐藏身份，进入左龙虎军，会见统军韩勍，把实情告诉了他。韩勍也见功臣老将多因小的过错被杀，害怕不能保全自己，于是与朱友珪共同策划。韩勍领牙兵五百人随从朱友珪混杂在控鹤军士中进入皇宫，埋伏在宫内，半夜砍断门闩进入，到达寝殿，侍候病人的都逃散了。后梁太祖惊起，问："谋反的是谁？"朱友珪说："不是别人。"太祖说："我原来怀疑你这贼子，只恨没有早把你杀死。你如此叛逆，天地难道能容你吗！"朱友珪说："把老贼碎尸万段。"朱友珪的马夫冯廷谔猛刺太祖的肚子，刀尖从背上穿出。朱友珪亲自用毁坏的毡子把太祖裹起来，埋在寝殿里，封锁消息，不发丧。派遣供奉官丁昭溥驰往东都大梁，命令均王朱友贞杀死朱友文。

己卯（初三），朱友珪假造诏令称："博王朱友文谋反，派兵冲入殿中，朕依赖郢王朱友珪忠诚孝敬，率领军队把朱友文杀死，保全朕身。但朕的病因为震动惊恐，更加危险，应令朱友珪暂时主持军队国家事务。"韩勍替朱友珪谋划，取出府库内的大量金帛赐给各军及百官来取悦他们。

辛巳（初五），供奉官丁昭溥返回，朱友珪听说朱友文已经死了，这才发丧，宣布先帝遗留的制书，朱友珪即皇帝位。

当时朝廷内部出现新的变故，内外人情纷扰不安。许州军士轮番报告事变，匡国节度使韩建不检查，也不防备；丙申（二十日），马步都指挥使张厚发动叛乱，杀死韩建，朱友珪不敢追究，甲辰（二十八日），任命张厚为陈州刺史。

秋季，七月丁未（初二），后梁宣布大赦。

丙寅（二十一日），后梁撤销建昌宫使，任命河南尹张宗奭为国计使，凡天下钱粮过去隶属于建昌宫的，都由他掌管。

后唐纪

后唐灭梁

【导语】

五代十国是继春秋战国、三国鼎立、南北朝之后，又一个天下大乱、事态百变的动荡纷争时期。在五代十国的历史事件中，“后唐灭梁”可谓重中之重。

《通鉴纪事本末》中记载：李存勖进取大梁之前，“魏遣魏国夫人刘氏，皇子继发归兴唐，与之决曰：‘事之成败，在此一举，若其不济，当聚吾家于魏宫而焚之。’”这表现了李存勖破釜沉舟的壮气，明末史学家张溥在《通鉴纪事本末·后唐灭梁》篇末史论中，盛赞“晋王志气远大”。

唐朝末年，各藩镇借抗击黄巢农民起义为名，拥兵割据。朱全忠消灭了许多割据者，初步统一了黄河流域。朱全忠本来参加黄巢的起义，后叛变降唐，被封为梁王。他逼唐哀帝以禅让形式将帝位让给自己，国号梁，是为五代十国的梁太祖。

朱全忠篡唐称帝后，对其威胁最大的是河东李克用的割据势力。李克用原为唐朝河东节度使，拥有一支较强的骑兵部队，因镇压黄巢起义有功，被唐朝封为晋王。李克用父子，用了六年的时间与梁展开了殊死的争夺战，其中反反复复，有胜有败。期间柏乡（河北柏乡西南）与魏州之战，是两次规模较大的作战，对争夺河北，乃至晋、梁最后的胜败兴亡起了较为重要的作用。公元908年，朱全忠称帝后的次年，李克用病死，其子李存勖继位，据有太原，与后梁连年混战。李存勖整顿军纪，训练士卒，作战时亲自冲锋陷阵。不久，李存勖与后梁在潞州作战中取胜，稳定了晋的统治地位，继而又在政治、军事上采取了一些改进措施，为与后梁争夺北方统治权创造了条件。

李存勖父亲李克用活着的时候，他对梁的威胁很忧虑，“晋王慰以养尊待时，勿轻沮丧”。他说，“夫为天下者，不顾小怨”。李存勖一即帝位，立即直入大梁，“兵败而复胜，师正而出奇，询谋良将，决断胸中，履险若夷，及锋即用”。早年他牢记父亲遗恨，卧薪尝胆，夙夜忧劳，和朱全忠血战二十年，终于在公元923年在上党打败朱梁军队，得以报仇雪恨。梁末帝自杀后，李存勖自立为帝，是为庄宗，国号唐，史学家称之为“后唐”。

【原文】

开平二年（戊辰，公元908年）

夹寨奏余吾晋兵已引去，帝以援兵不能复来，潞州必可取，丙午，自泽州南还；壬子，至大梁。梁兵在夹寨者亦不复设备。晋王与诸将谋曰：“上党，河东之藩蔽，无上党，是无河东也。且朱温所惮者独先王耳，闻吾新立，以为童子未闲军旅，必有骄怠之心。若简精兵倍道趣之，出其不意，破之必矣。取威定霸，在此一举，不可失也！”张承业亦劝之行。乃遣承业及判官王缄乞于凤翔，又遣使赂契丹王阿保机求骑兵。岐王衰老，兵弱财竭，意不能应。晋王大

后梁太祖以为晋的援兵不再来，就自泽州南下返回。

阅士卒，以前昭义节度使丁会为都招讨使。甲子，帅周德威等发晋阳。

晋王李存勖与诸将商议奇袭后梁军。

【译文】

开平二年（戊辰，公元908年）

潞州夹寨的后梁军将领奏报余吾寨的晋兵已经退走，后梁太祖以为晋的援兵不再来，潞州一定能够夺取，丙午（初六），自泽州南下返回；壬子（十二日），到大梁。后梁兵在夹寨也不再布置防备。晋王李存勖与诸将商议说："上党是河东的屏障，没有上党，就没有河东啊。况且朱温惧怕的只是先王罢了，听说我新立为王，以为小孩不熟习军事，一定有骄傲懈怠的心理。如果选派精锐部队兼程急速前去，出其不意，一定能打败梁军的。取得威势，确定霸业，在此一举，不可失掉机会啊！"张承业也劝他亲自出征。于是，李存勖派张承业及判官王缄到凤翔请求李茂贞发兵援助，又派使者贿赂契丹王阿保机请求借给骑兵。岐王李茂贞衰老，兵弱财竭，结果没能答应出兵。李存勖大阅士卒，任命前昭义节度使丁会为都招讨使。甲子（二十四日），晋王率领周德威等由晋阳出发。

【原文】

己巳，晋王军于黄碾，距上党四十五里。五月辛未朔，晋王伏兵三垂冈下，诘旦大雾，进兵直抵夹寨。梁军无斥候，不意晋兵之至，将士尚未起，军中惊扰。晋王命周德威、李嗣源分兵为二道，德威攻西北隅，嗣源攻东北隅，填堑烧寨，鼓噪而入。梁兵大溃，南走，招讨使符道昭马倒，为晋人所杀；失亡将校士卒以万计，委弃资粮、器械山积。

【译文】

己巳（二十九日），李存勖在黄碾驻扎军队，此地距上党四十五里。五月，辛未朔（初一），李存勖在三垂冈下埋伏军队，次日清晨大雾，晋军直达夹寨。后梁军没有侦察放哨的士兵，没有预料到晋兵的到来，将士们还没起床，军中一片混乱。李存勖命周德威、李嗣源分兵两路，周德威进攻西北角，李嗣源进攻东北角，填渠沟烧营寨，擂鼓呐喊攻入敌营。后梁兵溃不成军，向南逃跑，招讨使符道昭的战马倒地，被晋兵杀死；后梁逃失死亡将士以万计，丢弃的物资、粮草和军用器械堆积如山。

【原文】

周德威等至城下，呼李嗣昭曰："先王已薨，今王自来，破贼夹寨。贼已去矣，可开门！"嗣昭不信，曰："此必为贼所得，使来诳我耳。"欲射之。左右止之，嗣昭曰："王果来，可见乎？"王自往呼之。嗣昭见王白服，大恸几绝，城中皆哭，遂开门。初，德威与嗣昭有隙，晋王克用临终谓晋王存勖曰："进通忠孝，吾爱之深。今不出重围，岂德威不忘旧怨邪！汝为吾以此意谕之。若潞围不解，吾死不瞑目。"进通，嗣昭小名也。晋王存勖以告德威，德威感泣，由是战夹寨甚力；既与嗣昭相见，遂欢好如初。

【译文】

李嗣昭在城上想用箭射周德威。

周德威等到了潞州城下，呼唤李嗣昭说："先王已经去世，现在嗣王亲自前来，已攻破梁贼夹寨。梁贼已逃走了，可以开城门！"李嗣昭不信，说："这一定是被后梁贼兵俘获了，让他来骗我们的。"想用箭射周德威。左右的人阻止了他。李嗣昭说："嗣王果真来了，可以相见吗？"李存勖自己到前面呼喊他。李嗣昭见李存勖穿着白色孝服，放声痛哭，几乎气绝，城中的人都哭了，于是开了城门。当初，周德威与李嗣昭有仇怨，晋王李克用临终前对李存勖说："进通忠诚孝敬，我很爱他。现在没有突出重围，难道周德威还没有忘记过去的仇怨吗！你替我把这个意思告诉他。如果潞州的重围不解除，我死不瞑目。"进通是李嗣昭的小名。李存勖将这番话告诉给周德威，周德威感激哭泣，由此他攻打夹寨非常卖力；与嗣昭相见后，两人和好如初。

【原文】

康怀贞以百余骑自天井关遁归。帝闻夹寨不守，大惊，既而叹曰："生子当如李亚子，克用为不亡矣！至如吾儿，豚犬耳！"诏所在安集散兵。

【译文】

后梁潞州行营都虞候康怀贞率领骑兵一百余人自天井关逃回大梁。后梁太祖朱温听说潞州夹寨没有守住，大惊失色，过了一会儿感叹说："生子当如李亚子，李克用的家业是不会亡的了！至于像我的儿子，只是猪狗罢了！"诏令当地安抚召集逃散的兵卒。

【原文】

周德威、李存璋乘胜进趣泽州，刺史王班素失人心，众不为用。龙虎统军牛存节自西都将兵应接夹寨溃兵，至天井关，谓其众曰："泽州要害地，不可失也；虽无诏旨，当救之。"众皆不欲，曰："晋人胜气方锐，且众寡不敌。"存节曰："见危不救，非义也；畏敌强而避之，非勇也。"遂举策引众而前。至泽州，城中人已纵火喧噪，欲应晋王，班闭牙城自守，存节至，乃定。晋兵寻至，缘城穿地道攻之，存节昼夜拒战，凡旬有三日；刘知俊自晋州引兵救之，德威焚攻具，退保高平。

【译文】

周德威、李存璋乘胜进赴泽州，泽州刺史王班一向不得人心，众人不愿跟从他。龙虎统军牛存节自西都率军前来接应夹寨溃败的士卒，到天井关，对他的部下说："泽州是要害之地，不可丢失；即使没有诏书圣旨，也应当救援。"众人都不想救，说："晋军胜气正锐，况且众寡不敌。"牛存节说："见到危难不救，是不义；怕强敌而躲避，是不勇。"于是挥鞭带领众士卒前进。到了泽州，城中人已放火喧嚷，想要响应晋王李存勖，刺史王班关闭牙城自己坚守，牛存节到后，城中才安定下来。晋兵随后赶到，沿城挖掘地道进攻，牛存节日夜抵御作战，一共十三天；刘知俊率军从晋州来救援，周德威焚烧了攻城的器械，撤军退保高平。

【原文】

晋王归晋阳，休兵行赏，以周德威为振武节度使、同平章事。命州县举贤才，黜贪残，宽租赋，抚孤穷，伸冤滥，禁奸盗，境内大治。以河东地狭兵少，乃训练士卒，令骑兵不见敌无得乘马；部分已定，无得相逾越，及留绝以避险；分道并进，期会无得差晷刻。犯者必斩。故能兼山东，取河南，由士卒精整故也。

晋王李存勖整顿军队，论功行赏。

【译文】

晋王李存勖回到晋阳，整顿军队，论功行赏，任命周德威为振武节度使、同平章事。诏令州县举荐有才德的人，罢斥贪婪凶残的官吏，减轻田租赋税，抚恤孤寡贫困，昭雪冤案，禁止奸诈偷盗，境内太平。由于河东地狭兵少，于是训练士卒，命骑兵不见敌人不准骑马。军队的部署及职分定下后，不得相互超越和停留、中断来躲避危险；军队分路并进，约定会合的时间不得相差片刻。有违犯者，一律斩首。晋王之所以能兼并山东、攻取河南，是由于军队精锐整齐的缘故。

【原文】

同光元年（癸未，公元 923 年）

晋王筑坛于魏州牙城之南，夏，四月己巳，升坛，祭告上帝，遂即皇帝位，国号大唐，大赦，改元。尊母晋国太夫人曹氏为皇太后，嫡母秦国夫人刘氏为皇太妃。以豆卢革为门下侍郎，卢程为中书侍郎，并同平章事；郭崇韬、张居翰为枢密使，卢质、冯道为翰林学士，张宪为工部侍郎、租庸使，又以义武掌书记李德休为御史中丞。

【译文】

同光元年（癸未，公元 923 年）

晋王在魏州牙城南面修筑坛宇，夏季，四月己巳（二十五日），晋王登上祭坛，祭告上帝，随即登皇帝位，国号大唐，实行大赦，改年号。尊其母晋国太夫人曹氏为皇太后，尊嫡母秦国夫人刘氏为皇太妃。任命豆卢革为门下侍郎，卢程为中书侍郎，两人都为同平章事；任命郭崇韬、张居翰为枢密使，卢质、冯道为翰林学士，张宪为工部侍郎、租庸使，又任命义武节度掌书记李德休为御史中丞。

【原文】

以魏州为兴唐府，建东京；又于太原府建西京，又以镇州为真定府，建北都。以魏博节度判官王正言为礼部尚书，行兴唐尹；太原马步都虞候孟知祥为太原尹，充西京副留守；潞州观察判官任圜为工部尚书，兼真定尹，充北京副留守；皇子继岌为北都留守、兴圣宫使，判六军诸卫事。时唐国所有凡十三节度、五十州。

【译文】

后唐把魏州升为兴唐府，在这里建东京，又在太原府建西京，同时把镇州升为真定府，建北都。任命魏博节度判官王正言为礼部尚书，兼任兴唐尹。任命太原马步都虞候孟知祥为太原尹，担任西京副留守。任命潞州观察判官任圜为工部尚书，兼真定尹，担任北京副留守。任命皇子李继岌为北都留守、兴圣宫使，兼管六军诸卫事。当时的南唐共有十三个节度、五十个州。

后唐在魏州建东京。

【原文】

闰月，追尊皇曾祖执宜曰懿祖昭烈皇帝，祖国昌曰献祖文皇帝，考晋王曰太祖武皇帝。立宗庙于晋阳，以高祖、太宗、懿宗、昭宗洎懿祖以下为七室。

【译文】

闰三月，庄宗李存勖追尊曾祖父李执宜为懿祖昭烈皇帝，追尊祖父李国昌为献祖文皇帝，追尊父亲晋王李克用为太祖武皇帝。在晋阳建立宗庙，从高祖、太宗、懿宗、昭宗至懿祖以下，共七个庙宇。

【原文】

时契丹屡入寇，钞掠馈运，幽州食不支半年，卫州为梁所取，潞州内叛，人情岌岌，以为梁未可取，帝患之。会郓州将卢顺密来奔。先是，梁天平节度使戴思远屯杨村，留顺密与巡检使刘遂严、都指挥使燕颙守郓州。顺密言于帝曰："郓州守兵不满千人，遂严、颙皆失众心，可袭取也。"郭崇韬等皆以为"悬军远袭，万一不利，虚弃数千人，顺密不可从"。帝密召李嗣源于帐中谋之曰："梁人志在吞泽潞，不备东方，若得东平，则溃其心腹。东平果可取乎？"嗣源自胡柳有渡河之惭，常欲立奇功以补过，对曰："今用兵岁久，生民疲弊，苟非出奇取胜，大功何由可成！臣愿独当此役，必有以报。"帝悦。壬寅，遣嗣源将所部精兵五千自德胜趣郓州。比及杨刘，日已暮，阴雨道黑，将士皆不欲进，高行周曰："此天赞我也，彼必无备。"夜，渡河至城下，郓人不知，李从珂先登，杀守卒，启关纳外兵，进攻牙城，城中大扰。癸卯旦，嗣源兵尽入，遂拔牙城，刘遂严、燕颙奔大梁。嗣源禁焚掠，抚吏民，执知州事节度副使崔筜、判官赵凤送兴唐。帝大喜曰："总管真奇才，吾事集矣。"即以嗣源为天平节度使。

李从珂杀死守郓州城的士卒。

【译文】

当时契丹经常入侵后唐，抢夺他们的粮食，幽州的粮食不够半年用。卫州被后梁夺取，潞州发生叛乱，人们都感到很危险，认为不能消灭后梁，庄宗也为此担忧。这时正好后梁郓州将领卢顺密来投奔。在此之前，后梁天平节度使戴思远驻扎在杨村，留下卢顺密和巡检使刘遂严、都指挥使燕颙驻守郓州。卢顺密告诉庄宗说："驻守郓州的士兵不足一千人，刘遂严和燕颙都失掉了民心，可以攻取。"郭崇韬等都认为"孤军远袭，万一不利，白白损失数千人，卢顺密的话不可听"。庄宗在帷帐中秘密召见李嗣源，谋划说："梁人志在吞并泽州、潞州，东边没有什么防备，如果能取得东平，就击败了他的心腹之地。东平真的可以夺取吗？"李嗣源自从在胡柳战役中因为没有跟从晋王，率兵北渡黄河，一直感到惭愧，经常想建立奇功来弥补过去的过错。于是回答说："现在长时间用兵，百姓们很疲惫，如果不出奇制胜，怎能成就大的功业呢！我希望一个人担当这一战的重任，定会有好消息报告。"庄宗很高兴。壬寅（二十八日），庄宗派李嗣源率领他的五千精锐军马从德胜直取郓州。到达杨刘时，太阳已经落山，阴雨绵绵，道路漆黑，将士们都不想继续走了。高行周说："这是上天帮助我们，他们一定毫无准备。"黑夜，渡过黄河到了城下，郓州人没有发觉，李从珂先登上城，杀死守城门的士卒，打开城门让队伍进去，接着进攻牙城，城中大乱。癸卯（二十九日）早晨，李嗣源的军马全部进入城内，攻取了牙城。刘遂严、燕颙逃奔到大梁。李嗣源禁止士卒在城内焚烧抢掠，安抚百姓，把知州事节度副使崔篔、判官赵凤押送到兴唐。庄宗十分高兴地说："总管真是奇才，我们的事情成功了。"马上任命李嗣源为天平节度使。

【原文】

梁主闻郓州失守，大惧，斩刘遂严、燕颙于市，罢戴思远招讨使，降授宣化留后，遣使诘让北面诸将段凝、王彦章等，趣令进战。敬翔知梁室已危，以绳内靴中，入见梁主曰："先帝取天下，不以臣为不肖，所谋无不用。今敌势益强，而陛下弃忽臣言，臣身无用，不如死。"引绳将自经。梁主止之，问所欲言，翔曰："事急矣，非用王彦章为大将，不可救也。"梁主从之，以彦章代思远为北面招讨使，仍以段凝为副。

【译文】

后梁主听说郓州失守，十分惊惧，在街市上把刘遂严、燕颙斩了，罢免了戴思远的招讨使官职，降为宣化留后，派使者去责问驻守在北面的段凝、王彦章等将领，命令他们前进作战。敬翔知道后梁王室已经很危险了，把绳子装在靴子里，进宫求见后梁主说："先帝夺取天下的时候，不认为我没有才能，无论什么谋划都让我参与。现在敌人的势力越来越强大，而陛下不听或忽视我的话，我已经没有什么用了，不如死去。"把绳子从靴子里取出来要上吊自缢。后梁主制止了他，并问他有什么话想说。敬翔说："现在的事情十分紧急，不用王彦章为大将，则不能挽救梁王室的危亡。"后梁主听从了他的建议，让王彦章代替戴思远为北面招讨使，仍然用段凝为副招讨使。

【原文】

帝闻之，自将亲军屯澶州，命蕃汉马步都虞候朱守殷守德胜，戒之曰："王铁枪勇决，乘愤激之气，必来唐突，宜谨备之！"守殷，王幼时所役苍头也。

【译文】

庄宗听说这件事后，亲自率领亲军驻守在澶州，命蕃汉马步都虞候朱守殷守卫德胜，告诫他说："王铁枪勇敢果断，他们乘士卒愤怒激动的气势，一定会来骚扰，应当谨

后梁主问敬翔有什么话想说。

慎小心地防备他们。”朱守殷是庄宗小时候用的奴仆。

【原文】

梁主召问王彦章以破敌之期，彦章对曰：“三日。”左右皆失笑。彦章出，两日，驰至滑州。辛酉，置酒大会，阴遣人具舟于杨村；夜，命甲士六百，皆持巨斧，载冶者，具鞴炭，乘流而下。会饮尚未散，彦章阳起更衣，引精兵数千循河南岸趋德胜。天微雨，朱守殷不为备，舟中兵举锁烧断之，因以巨斧斩浮桥，而彦章引兵急击南城。浮桥断，南城遂破，时受命适三日矣。守殷以小舟载甲士济河救之，不及。彦章进攻潘张、麻家口、景店诸寨，皆拔之，声势大振。

【译文】

后梁主召见王彦章，问他击败敌人的时间，王彦章回答说：“三天。”左右大臣都不禁笑起来。王彦章率兵出发，两天后，飞速到达滑州。辛酉（十八日），王彦章大办宴会，秘密派人在杨村准备舟船。晚上，命六百名全副武装的士卒都拿着大斧，船上载着冶炼的工匠，准备了吹火用的皮囊和炭，顺流而下。这时宴会还没有结束，王彦章装作换衣服，实际上率领数千精兵沿着黄河南岸直奔德胜。天下着小雨，朱守殷没有防备，王彦章船上的士兵将城门的锁用火烧断，用大斧把浮桥砍断。王彦章率兵迅速向南城发起进攻。浮桥被砍断，南城很快就被攻破了，此时正好是接受命令后的第三天。朱守殷用小船载着全副武装的士卒渡过黄河援救，但已来不及了。王彦章又向潘张、麻家口、景店诸寨发起进攻，都攻了下来，后梁军声势大振。

王彦章暗中率军袭击德胜。

【原文】

帝遣宦者焦彦宾急趣杨刘，与镇使李周固守，命守殷弃德胜北城，撤屋为筏，载兵械浮河东下，助杨刘守备，徙其刍粮薪炭于澶州，所耗失殆半。王彦章亦撤南城屋材浮河而下，各行一岸，每遇湾曲，辄于中流交斗，飞矢雨集，或全舟覆没，一日百战，互有胜负。比及杨刘，殆亡士卒之半。己巳，王彦章、段凝以十万之众攻杨刘，百道俱进，昼夜不息，连巨舰九艘，横亘河津以绝援兵。城垂陷者数四，赖李周悉力拒之，与士卒同甘苦，彦章不能克，退屯城南，为连营以守之。

【译文】

庄宗派宦官焦彦宾急速赶到杨刘，与杨刘镇使李周坚守杨刘，命朱守殷放弃德胜北城，把房屋拆掉做成木筏，载着士兵和武器从黄河向东顺流而下，帮助杨刘坚守，把德胜的粮草薪炭运往澶州，损失近一半。王彦章也把德胜南城的房屋拆掉，做成木筏，顺着黄河漂下去。王彦章和朱守殷各走一边，每遇上弯曲的地方，就在河中间交战，射出的箭像雨一般密集，有时整船覆没，一日交战百次，两军互有胜负。等到了杨刘，朱守殷的士卒有一半伤亡。己巳（二十六日），王彦章、段凝率领十万大军向杨刘发起进攻，四面八方一齐推进，昼夜不停。把九艘大船连在一起，横放在黄河的渡口上，来阻挡朱守殷的援兵。杨刘城几次都险些被攻陷，全靠李周与士卒同甘共苦，全力抵御，王彦章才没攻下，于是退兵到城南驻扎，把营寨连起来坚守。

【原文】

郭崇韬领兵昼夜不停地修筑城堡。

庄宗在路上照常打猎。

杨刘告急于帝，请日行百里以赴之。帝引兵救之，曰："李周在内，何忧！"日行六十里，不废畋猎，六月乙亥，至杨刘。梁兵堑垒重复，严不可入，帝患之，问计于郭崇韬，对曰："今彦章据守津要，意谓可以坐取东平；苟大军不南，则东平不守矣。臣请筑垒于博州东岸以固河津，既得以应接东平，又可以分贼兵势。但虑彦章诇知，径来薄我，城不能就。愿陛下募敢死之士，日令挑战以缀之，苟彦章旬日不东，则城成矣。"时李嗣源守郓州，河北声问不通，人心渐离，不保朝夕。会梁右先锋指挥使康延孝密请降于嗣源，延孝者，太原胡人，有罪，亡奔梁，时隶段凝麾下。嗣源遣押牙临漳范延光送延孝蜡书诣帝，延光因言于帝曰："杨刘控扼已固，梁人必不能取，请筑垒马家口以通郓州之路。"帝从之，遣崇韬将万人夜发，倍道趣博州，至马家口渡河，筑城昼夜不息。帝在杨刘，与梁人昼夜苦战。崇韬筑新城凡六日，王彦章闻之，将兵数万人驰至，戊子，急攻新城，连巨舰十余艘于中流以绝援路。时板筑仅毕，城犹卑下，沙土疏恶，未有楼橹及守备；崇韬慰劳士卒，以身先之，四面拒战，遣间使告急于帝。帝自杨刘引大军救之，陈于新城西岸，城中望之增气，大呼叱梁军，梁人断绁敛舰；帝舣舟将渡，彦章解围，退保邹家口。郓州奏报始通。

【译文】

杨刘方面向庄宗告急，请求皇帝日行百里赶赴杨刘。庄宗率兵救援杨刘，说："有李周在那里，有什么忧虑的。"于是日行六十里，在路上照常打猎。六月乙亥（初二），到达杨刘。后梁军修筑了重重营垒，防守十分严密，无法进去，庄宗十分担忧，向郭崇韬问计，郭崇韬回答说："现在王彦章据守着重要的渡口，意思是想坐取东平。如果大军不向南开进，那么东平就难以坚守。我请求在博州东岸修筑营垒来巩固黄河渡口，这样既可以接应东平，又可以分散敌人的兵力。只是担心王彦章得知我们的情况，直接逼近我们，那时城还没修好。希望陛下招募敢死的士卒，每天让他们向敌人挑战，以此牵制他们，如果王彦章十天不向东去，城垒就可以修好。"当时李嗣源在郓州坚守，黄河以北的消息一点也不知晓，人心离散，朝不保夕。恰好后梁军右先锋指挥使康延孝秘密请求投降李嗣源，康延孝是太原胡人，因为有罪，逃奔到后梁，当时属于段凝的部下。李嗣源派押牙临漳人范延光把康延孝请求投降的信用蜡封好送到庄宗那里，范延光为此对庄宗说："杨刘把守很坚固，梁军一定攻不下来，请在马家口修筑城堡，打通通往郓州的道路。"庄宗听从了他的意见，派郭崇韬率领万人连夜出发，兼程赶奔博州，到马家口渡过黄河，昼夜不停地修筑城堡。庄宗在杨刘，与后梁军昼夜苦战。郭崇韬修筑新城共用了六天，王彦章听到此事，率数万大军直奔新城，戊子（十五日），向新城突然发起进攻，把十余艘战船连起来放到河的中间，断绝郭崇韬的援兵。当时马家口城垒的板墙刚刚修好，城墙还很低，修墙用的沙土质量不好，没有修建瞭望台和守备设施。郭崇韬慰劳部下，身先士卒，四面抗击，同时派出密使向庄宗告急。庄宗从杨刘率大军援救郭崇韬，在新城西岸摆开阵势，城里的士卒望见援兵来到，斗志倍增，大声斥骂后梁军，后梁军砍断了连接战船的绳子收回了战船。庄宗的船刚要渡河，王彦章便撤除了包围，退到邹家口坚守。郓州向庄宗奏报的道路才打通。

【原文】

秋，七月丁未，帝引兵循河而南，彦章等弃邹家口，复趋杨刘。甲寅，游弈将李绍兴败梁游兵于清丘驿南。段凝以为唐兵已自上流渡，惊骇失色，面数彦章，尤其深入。

【译文】

秋季，七月丁未（初五），庄宗率军沿着黄河向南开进，王彦章等放弃了邹家口，又奔向杨刘。甲寅（十二日），游弈将李绍兴在清丘驿的南面击败了后梁军的流动部队。段凝以为后唐兵已从上游渡过了黄河，惊慌害怕得变了脸色，当面指责王彦章不该深入郓州之境。

段凝当面指责王彦章。

【原文】

戊午，帝遣骑将李绍荣直抵梁营，擒其斥候，梁人益恐，又以火筏焚其连舰。王彦章等闻帝引兵已至邹家口，己未，解杨刘围，走保杨村；唐兵追击之，复屯德胜。梁兵前后急攻诸城，士卒遭矢石、溺水、暍死者且万人，委弃资粮、铠仗、锅幕，动以千计。杨刘比至围解，城中无食已三日矣。

梁主命于滑州决河，东注曹、濮及郓以限唐兵。

后梁军紧急攻打后唐城池。

【译文】

戊午（十六日），庄宗派骑将李绍荣直抵后梁大营，抓获后梁军的侦察兵，后梁军更加恐惧，李绍荣又用火点着木筏焚烧了后梁军连在一起的战船。王彦章等听说庄宗率兵已经到达邹家口，己未（十七日），撤去对杨刘的包围，逃到杨村去坚守；后唐军追击后梁军，再次驻扎在德胜。后梁军先后紧急攻打后唐的几座城，士卒们遭到箭石射击、河水淹死、中暑而死的近万人，丢弃的物资、粮食、铠甲、武器、军锅、幕帐等，常常数以千计。等到杨刘解除包围时，城中已经三天没有粮食吃了。

后梁主命令从滑州打开黄河堤，引水向东灌注曹、濮以及郓州三城，来阻止后唐兵。

【原文】

初，梁主遣段凝监大军于河上，敬翔、李振屡请罢之，梁主曰："凝未有过。"振曰："俟其有过，则社稷危矣。"至是，凝厚赂赵、张求为招讨使，翔、振力争以为不可；赵、张主之，竟代王彦章为北面招讨使，于是宿将愤怒，士卒亦不服。天下兵马副元帅张宗奭言于梁主曰："臣为副元帅，虽衰朽，犹足为陛下扞御北方。段凝晚进，功名未能服人，众议汹汹，恐贻国家深忧。"敬翔曰："将帅系国安危，今国势已尔，陛下岂可尚不留意邪！"梁主皆不听。

【译文】

当初，后梁主曾派段凝在黄河上监督大军作战，敬翔、李振多次请求罢免他，后梁主说："段凝没有过错。"李振说："等到他有了过错时，国家就危险了。"这时，段凝用厚礼贿赂赵岩、张汉杰，请求出任招讨使，敬翔、李振极力争辩说不能任命段凝；最后由赵岩、张汉杰作主，竟用段凝代替了王彦章北面招讨使的职务，于是老将们很愤怒，士卒们也不服气。天下兵马副元帅张宗奭对后梁主说："我做天下兵马副元帅，虽然已经老了，但足以为陛下保卫北方。段凝是个晚辈，他的功名不能服人，众人议论纷纷，恐怕要给国家留下深深的忧患。"敬翔说："军队的将帅关系到国家的安危，现在国家的形势已经危急，陛下怎么能还不留意呢！"这些话后梁主都没有听进去。

天下兵马副元帅张宗奭向后梁主进言。

【原文】

戊戌，康延孝帅百余骑来奔，帝解所御锦袍玉带赐之，以为南面招讨都指挥使，领博州刺史。帝屏人问延孝以梁事，对曰："梁朝地不为狭，兵不可少；然迹其行事，终必败亡。何则？主既暗懦，赵、张兄弟擅权，内结宫掖，外纳货赂，官之高下唯视赂之多少，不择才德，不校勋劳。段凝智勇俱无，一旦居王彦章、霍彦威之右，自将兵以来，专率敛行伍以奉权贵。每出一军，不能专任将帅，常以近臣监之，进止可否动为所制。近又闻欲数道出兵，令董璋引陕、虢、泽、潞之兵自石会关趣太原，霍彦威以汝、洛之兵自相、卫、邢、洺寇镇定，王彦章、张汉杰以禁军攻郓州，段凝、杜晏球以大军当陛下，决以十月大举。臣窃观梁兵聚则不少，分则不多。愿陛下养勇蓄力以待其分兵，帅精骑五千自郓州直抵大梁，擒其伪主，旬月之间，天下定矣。"帝大悦。

【译文】

戊戌（二十七日），康延孝率一百多骑兵来投奔后唐，庄宗脱下身上的锦袍玉带赏赐给他，并任命他为南面招讨都指挥使，兼任博州刺史。庄宗屏退身边的人，然后向康延孝询问后梁的事情。康延孝回答说："梁朝的地盘不算小，兵力也不算少，然而看看过去所干的事情，最后一

康延孝率骑兵投奔后唐。

庄宗向康延孝询问后梁的事情。

定会灭亡。为什么呢？梁主愚昧软弱，赵岩、张汉杰兄弟独揽大权，在内勾结皇宫的人，外面接受贿赂，官职的高低只看贿赂的多少而定，用人不是看人的才能和品德，也不管有无功劳。段凝智勇都没有，一夜之间竟升到王彦章、霍彦威的上面，自从段凝统兵以来，任意约束士卒，以此来讨好权贵。梁王每次出兵，不能把军权交给将帅，常常用亲信的大臣来监军，军队前进与否常受这些人制约。最近又听说梁主打算四面出击，令董璋率领陕州、虢州、泽州、潞州的军马从石会关直驱太原，命令霍彦威率汝州、洛州的军马从相州、卫州、邢州、洺州侵犯镇定，命令王彦章、张汉杰率领禁卫军攻打郓州，段凝、杜晏球率领大军抵挡陛下，决定在十月大举进攻。我认为梁兵集中在一起确实不少，但一分散开就不多了。希望陛下养精蓄锐等待他们分兵作战，到那时您率领五千精锐的骑兵从郓州出发直捣大梁，抓获后梁王，十天一个月之间，天下即可平定。”庄宗十分高兴。

【原文】

帝在朝城，梁段凝进至临河之南，澶西、相南，日有寇掠。自德胜失利以来，丧刍粮数百万，租庸副使孔谦暴敛以供军，民多流亡，租税益少，仓廪之积不支半岁。泽、潞未下。卢文进、王郁引契丹屡过瀛、涿之南，传闻俟草枯冰合，深入为寇，又闻梁人欲大举数道入寇，帝深以为忧，召诸将会议。宣徽使李绍宏等皆以为郓州城门之外皆为寇境，孤远难守，有之不如无之，请以易卫州及黎阳于梁，与之约和，以河为境，休兵息民，俟财力稍集，更图后举。帝不悦，曰：“如此吾无葬地矣。”乃罢诸将，独召郭崇韬问之。对曰：“陛下不栉沐，不解甲，十五余年，其志欲以雪家国之雠耻也。今已正尊号，河北士庶日望升平，始得郓州尺寸之地，不能守而弃之，安能尽有中原乎！臣恐将士解体，将来食尽众散，虽画河为境，谁为陛下守之！臣尝细询康延孝以河南之事，度己料彼，日夜思之，成败之机决在今岁。梁今悉以精兵授段凝，据我南鄙，又决河自固，谓我猝不能渡，恃此不复为备。使王彦章侵逼郓州，其意冀有奸人动摇，变生于内耳。段凝本非将材，不能临机决策，无足可畏。降者皆言大梁无兵，陛下若留兵守魏，固保杨刘，自以精兵与郓州合势，长驱入汴，彼城中既空虚，必望风自溃。苟伪主授首，则诸将自降矣。不然，今秋谷不登，军粮将尽，若非陛下决志，大功何由可成！谚曰：‘当道筑室，三年不成。’帝王应运，必有天命，在陛下勿疑耳。”帝曰：“此正合朕志。丈夫得则为王，失则为虏，吾行决矣！”司天奏：“今岁天道不利，深入必无功。”帝不听。

【译文】

庄宗在朝城，段凝率兵到临河县南面，澶州西面、相州南面每天都有后梁军来侵扰。自从德胜失利以来，损失粮草数百万，租庸副使孔谦残暴地收取赋税以供应军需，很多百姓逃跑了，收上来的租税越来越少，仓库里的积蓄支持不了半年。泽州、潞州尚未攻下，卢文进、王郁率领契丹人多次经过瀛、涿的南面，传说等到草枯结冰时就进一步深入后唐境。又听说后梁主准备从四面八方大举进攻后唐，庄宗为此深感忧患，召集诸将商议对策。宣徽使李绍宏等都认为郓州城门之外都是后梁军占领区，孤立遥远，难以坚守，占有不如放弃，请求用这些地方换取后梁的卫州和黎阳，和后梁定约和好，以黄河为界，停止战争，使人民得到休养生息，等到财力稍有积蓄时，再计划以后的行动。庄宗听后很不高兴，说："这样下去我就没有葬身之地了。"于是停止与诸将商议，单独召见郭崇韬问他有什么想法。郭崇韬回答说："陛下不梳头洗浴、不解甲已经十五年多了，您的志向是想雪洗朝廷的耻辱。现在已经名正言顺地做了皇帝，黄河以北的士卒百姓们天天盼望天下太平，现在刚刚得到郓州这块很小的地方，不能坚守而要放弃它，怎么能占有整个中原呢！我担心将士们灰心丧气，将来粮食吃完了，大家都散了，虽然划河为界，又有谁来为陛下坚守它呢！我曾详细地向康延孝询问过黄河以南的情况，揣度自己，估计敌人，日夜思考这些事，我认为成败的时机就在今年。梁国现在将全部精锐部队交给段凝，占领我们的南边，又把河堤决开来保护自己，说我们不能很快渡过黄河，他依靠这些有利条件不再设防。他们派王彦章逼近郓州，目的是希望有奸人动摇，在我们内部发生变故。段凝本来不是将才，他不能临阵决策，没有什么可畏惧的。投降过来的人都说大梁没有什么军队，如果陛下留下部分兵力坚守魏州，保卫杨刘，之后亲自率领精锐部队与郓州人马会合，长驱直入汴梁，梁国城中本来就空虚，一定会望风自溃。如果伪主投降或者被杀，那么他们的将领自然也会投降。不然的话，今年秋天粮食不丰收，军粮将要吃完，如果陛下不下决心，大的功业怎么可以成功！俗谚说：'当道筑室，三年不成。'帝王顺应天运，一定会有天命，关键是陛下不能再迟疑了。"庄宗说："这话正合乎我的想法。大丈夫成则为王，败则为虏，我已经决定行动了！"有司天监上奏说："今年天道不利，深入敌境一定不会成功。"庄宗没有听这话。

租庸副使孔谦残暴地收取赋税以供应军需。

【原文】

王彦章引兵逾汶水，将攻郓州，李嗣源遣李从珂将骑兵逆战，败其前锋于递坊镇，获将士三百人，斩首二百级，彦章退保中都。戊辰，捷奏至朝城，帝大喜，谓郭崇韬曰："郓州告捷，足壮吾气。"己巳，命将士悉遣其家属归兴唐。

【译文】

王彦章率兵过了汶水，将进攻郓州，李嗣源派李从珂率骑兵迎战，在递坊镇打败了王彦章的前锋部队，擒获三百多名将士，斩杀二百多人，王彦章退守中都。戊辰（二十七日），捷报上奏到朝城，庄宗十分高兴，对郭崇韬说："郓州首战告捷，足以鼓舞我们的士气。"己巳（二十八日），命令将士们把全部家属送回兴唐府。

【原文】

壬申，帝以大军自杨刘济河，癸酉，至郓州，中夜，进军逾汶，以李嗣源为前锋，甲戌旦，遇梁兵，一战败之，追至中都，围其城。城无守备，少顷，梁兵溃围出，追击，破之。王彦章以数十骑走，龙武大将军李绍奇单骑追之，识其声，曰："王铁枪也！"拔矟刺之，彦章重伤，马踬，遂擒之，并擒都监张汉杰、曹州刺史李知节、裨将赵廷隐、刘嗣彬等二百余人，斩首数千级。

【译文】

壬申（初二），庄宗率大军从杨刘渡过黄河，癸酉（初三），到达郓州，半夜，大军过了汶水，命李嗣源为前锋部队，甲戌（初四）早晨，与后梁军相遇，一战打败了后梁军，一直追到中都，包围了中都城。城中没有防备，时间不长，后梁军冲出包围，后唐军追击，打败后梁军。王彦章率数十名骑兵逃跑，龙武大将军李绍奇单枪匹马追击，李绍奇听出是王彦章的声音，说："王铁枪！"拔出长槊刺向王彦章，王彦章负重伤，马被东西绊倒，李绍奇抓获了王彦章，同时抓获了后梁军都监张汉杰、曹州刺史李知节、副将赵廷隐、刘嗣彬等二百多人，斩杀了好几千人。

【原文】

彦章尝谓人曰："李亚子斗鸡小儿，何足畏！"至是，帝谓彦章曰："尔常谓我小儿，今日服未？"又问："尔名善将，何不守兖州？中都无壁垒，何以自固？"彦章对曰："天命已去，无足言者。"帝惜彦章之材，欲用之，赐药傅其创，屡遣人诱谕之。彦章曰："余本匹夫，蒙梁恩，位至上将，与皇帝交战十五年；今兵败力穷，死自其分，纵皇帝怜而生我，我何面目见天下之人乎！岂有朝为梁将，暮为唐臣！此我所不为也。"帝复遣李嗣源自往谕之，彦章卧谓嗣源曰："汝非邈佶烈乎？"彦章素轻嗣源，故以小名呼之。于是诸将称贺，帝举酒属嗣源曰："今日之功，公与崇韬之力也。向从绍宏辈语，大事去矣。"

【译文】

王彦章曾经对人说："李存勖是个斗鸡小儿，有什么可怕的！"到现在，庄宗对王彦章说："你常说我是小儿，今天服不服？"又问王彦章说："你名为善战将领，为什么不坚守兖州？中都没有修筑防御工事，怎么能守住？"王彦章回答说："天命已去，没有什么可说的。"庄宗怜惜王彦章的才能，打算起用他，赐药让他疗治伤口，多次派人去诱导劝说他。王彦章说："我本是个平民，承蒙梁国的恩爱，把我提拔成上将，与皇帝交战了十五年。今天兵败力穷，死是预料之中的事，纵使皇帝可怜我让我活着，我有什么面目去见天下的人呢？哪里有早晨还是梁国的将领，晚上就变成唐朝的大臣的道理呢。这是我不能做的。"庄宗又派李嗣源去说服他，王彦章躺着对李嗣源说："你不是邈佶烈吗？"王彦章平素轻视李嗣源，所以用小名来叫他。这时，各位将领都在举杯庆贺胜利，庄宗也举杯对李嗣源说："今日之功，全靠你和郭崇韬的力量。如果从前听了李绍宏等人的话，大事就完了。"

庄宗问王彦章服不服。

【原文】

帝又谓诸将曰："向所患惟王彦章，今已就擒，是天意灭梁也。段凝犹在河上，进退之计，宜何向而可？"诸将以为："传者虽云大梁无备，未知虚实。今东方诸镇兵皆在段凝麾下，所余空城耳，以陛下天威临之，无不下者。若先广地，东傅于海，然后观衅而动，可以万全。"康延孝固请亟取大梁。李嗣源曰："兵贵神速。今彦章就擒，段凝必未之知；就使有人走告，疑信之间尚须三日。设若知吾所向，即发救兵，直路则阻决河，须自白马南渡，数万之众，舟楫亦难猝办。此去大梁至近，前无山险，方陈横行，昼夜兼程，信宿可至。段凝未离河上，友贞已为吾擒矣。延孝之言是也。请陛下以大军徐进，臣愿以千骑前驱。"帝从之。令下，诸军皆踊跃愿行。

【译文】

庄宗又对各位将领说："过去我所忧患的只有王彦章，今天他已被抓获，这是天意要灭掉梁国。段凝目前还在黄河边上，是进是退，应该向哪个方向去呢？"诸将领认为："虽然传话的人说梁国没有什么防备，但不知道是真是假。现在东方各镇的兵力都集中到段凝的手中，剩下的全是空城，靠陛下的天威去攻打这些城，没有攻不下的。如果先扩大我们占据的地方，东面靠近海边，然后乘机会行动，可以万无一失。"康延孝坚决请求急速攻取大梁。李嗣源说："兵贵神速。现在王彦章已被抓获，段凝一定还不知道，即使有人跑去告诉他，段凝是否相信也需要三天时间来决定。假使他知道了我军所向，就会发兵援救。我们从直路去，有决口的黄河阻挡，需从白马以南渡过黄河，数万人马，船只和船桨也难以很快筹办到。从这里去大梁最近，前面没有高山险要的地方，把部队排成方阵，昼夜兼程，过两个晚上就能到达。段凝还没离开黄河边，朱友贞就会被我们抓获。康延孝的话是对的，请陛下率领大军慢慢前进，我愿率领一千骑兵作为前锋。"庄宗听从了他的意见。命令下达后，各路军马都争先恐后希望赶快行动。

【原文】

是夕，嗣源帅前军倍道趣大梁。乙亥，帝发中都，舁王彦章自随，遣中使问彦章曰："吾此行克乎？"对曰："段凝有精兵六万，虽主将非材，亦未肯遽尔倒戈，殆难克也。"帝知其终不为用，遂斩之。

【译文】

这天晚上，李嗣源率领前锋部队快速行军直奔大梁。乙亥（初五），庄宗从中都出发，抬着王彦章跟随在后面。庄宗派中使问王彦章说："我们此行能得胜吗？"王彦章回答说："段凝率领精锐部队六万人，虽然主将没有才能，但也不会马上投降，几乎很难击败他们。"庄宗知道他最终也不会为己所用，于是就把他杀了。

庄宗派中使问王彦章此次征伐后梁能否取胜。

【原文】

丁丑，至曹州，梁守将降。

王彦章败卒有先至大梁，告梁主以"彦章就擒，唐军长驱且至"者，梁主聚族哭曰："运祚尽矣！"召群臣问策，皆莫能对。梁主谓敬翔曰："朕居常忽卿所言，以至于此。今事急矣，卿勿以为怼。将若之何？"翔泣曰："臣受先帝厚恩，殆将三纪，名为宰相，其实朱氏老奴，事陛下如郎君。臣前后献言，莫匪尽忠。陛下初用段凝，臣极言不可，小人朋比，致有今日。今唐兵且至，段凝限于水北，不能赴救。臣欲请陛下出避狄，陛下必不听从；请陛下出奇合战，陛下必不果决；虽使良、平更生，谁能为陛下计者！臣愿先赐死，不忍见宗庙之亡也。"因与梁主相向恸哭。

王彦章的败卒告诉后梁主王彦章已被后唐军抓获。

【译文】

丁丑（初七），后唐军到达曹州，后梁军的将领投降了后唐军。

王彦章的败卒有先到大梁的，告诉后梁主"王彦章已经被后唐军抓获，后唐军长驱直入，不久就到来了"的话。后梁主把全家聚在一起哭着说："我朝的气数已经尽了。"召集大臣们问询办法，大臣都不能回答。后梁主对敬翔说："我平时忽视你所说的话，才到了今天这步。现在事情非常紧急，你不要对我有怨恨。眼下该怎么办呢？"敬翔哭着说："我蒙受先帝的厚恩，差不多三十年了，名为宰相，其实是朱家的老奴，侍奉陛下如同少主人一般。我前后所提出的意见，无一不是竭尽忠诚。陛下当初起用段凝时，我极力说不可，小人们互相勾结，才导致有今天这样。现在唐军就要到来，段凝隔在黄河以北，不能赶来援救。我打算请陛下到北面契丹那里躲避一下，陛下一定不会听我的意见；请求陛下出奇兵与唐军交战，陛下一定不会果断决定。即使张良、陈平再生，谁又能为陛下想出好办法来呢？我希望陛下赐我先死，我不忍看到朝廷的灭亡。"于是和后梁主面对面痛哭。

【原文】

时城中尚有控鹤军数千，朱珪请帅之出战；梁主不从，命开封尹王瓒驱市人乘城为备。

梁主登建国楼，面择亲信厚赐之，使衣野服，赍蜡诏，促段凝军，既辞，皆亡匿。或请幸洛阳，收集诸军以拒唐，唐虽得都城，势不能久留。或请幸段凝军，控鹤都指挥使皇甫麟曰："凝本非将才，官由幸进，今危窘之际，望其临机制胜，转败为功，难矣。且凝闻彦章败，其胆已破，安知能终为陛下尽节乎！"赵岩曰："事势如此，一下此楼，谁心可保！"梁主乃止。复召宰相谋之，郑珏请自怀传国宝诈降以纾国难，梁主曰："今日固不敢爱宝，但如卿此策，竟可了否？"珏俯首久之，曰："但恐未了。"左右皆缩颈而笑。梁主日夜涕泣，不知所为；置传国宝于卧内，忽失之，已为左右窃之迎唐军矣。

后唐军兵临城下，后梁主日夜涕泣，不知道怎么办。

【译文】

当时城中还有几千控鹤军，朱珪请求率领他们出去迎战，后梁主没有答应，命令开封尹王瓒驱赶市民登城守备。

后梁主登上建国楼，当面选择亲信，丰厚地赏赐他们，让他们穿上百姓的衣服，送给他们一份用蜡封的诏书，让他们去催促段凝的军队，刚刚告别，这些人就都逃跑躲藏起来了。有人请后梁主到洛阳，集合各军抵御后唐军，后唐军虽然占领了都城，势必不能在那里久留。有人请求到段凝的军队那里，控鹤都指挥使皇甫麟说："段凝本不是将才，他的官位是因为他妹妹才晋升的，现正值危难之际，希望他抓住机会以谋略取胜，将失败转化为胜利，很难啊。况且段凝听到王彦章已被击败，他的胆子已被吓破，怎么知道他能在最后时刻为陛下尽忠尽节呢！"赵岩说："事态到现在这样，一下此楼，谁的心都难保证。"后梁主于是不这样做了。又召来宰相郑珏商量，郑珏请求自己拿着传国之宝去假装投降后唐军来缓解国难。后梁主说："今天一定不是吝惜国宝，只是如果按你的办法去办，真能解除国难吗？"郑珏低下头好久，说："恐怕不能。"左右大臣们都缩着脖子发笑。后梁主日夜哭泣，不知道怎么办。他把传国之宝放在卧室里，忽然没有了，原来是左右大臣偷去迎接后唐军去了。

【原文】

梁主谓皇甫麟曰："李氏吾世雠，理难降首，不可俟彼刀锯。吾不能自裁，卿可断吾首。"麟泣曰："臣为陛下挥剑死唐军则可矣，不敢奉此诏。"梁主曰："卿欲卖我邪？"麟欲自刭，梁主持之曰："与卿俱死。"麟遂弑梁主，因自杀。梁主为人温恭俭约，无荒淫之失；但宠信赵、张，使擅威福，疏弃敬、李旧臣，不用其言，以至于亡。

【译文】

后梁主对皇甫麟说："李氏是我世世代代的仇人，按理难向他们投降，不能等着让他们杀害我。我不能自杀，你可以把我的头砍下来。"皇甫麟哭着说："我为陛下挥剑抗战死于唐军之手是可以的，但不敢接受这个诏令。"后梁主说："你打算出卖我吗？"皇甫麟想自杀，后梁主拉住他说："我和你一起死。"皇甫麟于是杀了梁主，随即自杀。后梁主为人温和恭敬，而且简朴，没有荒淫方面的过失；只是宠信赵岩、张汉杰，使他们独断专行，作威作福，丢弃和疏远了敬翔、李振等旧臣，不采用他们的意见，所以导致灭亡了。

后梁主要求皇甫麟把自己杀死。

【原文】

己卯旦，李嗣源军至大梁，攻封丘门，王瓒开门出降，嗣源入城，抚安军民。是日，帝入自梁门，百官迎谒于马首，拜伏请罪，帝慰劳之，使各复其位。李嗣源迎贺，帝喜不自胜，手引嗣源衣，以头触之曰："吾有天下，卿父子之功也，天下与尔共之。"帝命访求梁主，顷之，或以其首献。

后梁百官迎接庄宗。

【译文】

己卯（初九）早晨，李嗣源的军队到达大梁城，向封丘门发起进攻，王瓒开门出来投降，李嗣源进城，安抚军民。这一天，庄宗从梁门进入城内，后梁国的百官在庄宗的马前迎接庄宗，跪在地上请罪，庄宗慰劳他们，让他们恢复各自的官位。李嗣源出来迎接并祝贺庄宗，庄宗喜不自胜，用手拉着李嗣源的衣服，用头撞了一下李嗣源说："我取得天下，是你父子二人的功劳，我和你们共享天下。"庄宗命令访求后梁主，时间不长，有人拿着后梁主的首级献给了庄宗。

【原文】

李振谓敬翔曰："有诏洗涤吾辈，相与朝新君乎？"翔曰："吾二人为梁宰相，君错不能谏，国亡不能救，新君若问，将何辞以对！"是夕未曙，或报翔曰："崇政李太保已入朝矣。"翔叹曰："李振谬为丈夫！朱氏与新君世为仇雠，今国亡君死，纵新君不诛，何面目入建国门乎！"乃缢而死。

【译文】

李振对敬翔说："如果唐帝下诏除去我们的罪过，我们朝见新君吗？"敬翔说："我二人是梁国的宰相，君主昏庸不能接受进谏，国家灭亡了不能拯救，新君如果问我们，将用什么话来回答呢！"这天晚上天还未亮的时候，有人来报敬翔说："崇政使太保李振已经入朝投降了。"敬翔叹息说："李振枉为大丈夫！朱氏与新君世代为仇敌，现在国亡君死，即使新君不杀我，我还有什么脸再进大梁的建国门呢！"于是自缢而死。

【原文】

庚辰，梁百官复待罪于朝堂，帝宣敕赦之。

段凝自滑州济河入援，以诸军排陈使杜晏球为前锋；至封丘，遇李从珂，晏球先降。壬午，凝将其众五万至封丘，亦解甲请降。凝帅诸大将先诣阙待罪，帝劳赐之，慰谕士卒，使各复其所。凝出入公卿间，扬扬自得无愧色，梁之旧臣见者皆欲龁其面，抉其心。

段凝脱去铠甲请求投降。

【译文】

庚辰（初十），后梁百官又在朝廷大堂内等待治罪，庄宗宣布赦免他们。

段凝从滑州渡过黄河前往增援，命令诸军排阵，命杜晏球为前锋；到封丘后，遇上李从珂的部队，杜晏球先投降了。壬午（十二日），段凝率领五万大军到达封丘，也脱去铠甲请求投降。段凝带领将领先到朝堂等待治罪，庄宗慰劳赏赐了他们，并宽慰晓谕士卒，让他们各自回到自己住的地方。段凝出入于后唐公卿之间，扬扬自得，脸上没有一点愧色，后梁的旧臣见了，都想咬他的脸，挖他的心。

【原文】

段凝、杜晏球上言："伪梁要人赵岩、赵鹄、张希逸、张汉伦、张汉杰、张汉融、朱珪等，窃弄威福，残蠹群生，不可不诛。"诏："敬翔、李振首佐朱温，共倾唐祚；契丹撒剌阿拨叛兄弃母，负恩背国，宜与岩等并族诛于市；自余文武将吏一切不问。"又诏追废朱温、朱友贞为庶人，毁其宗庙神主。

【译文】

段凝、杜晏球上书庄宗说："伪梁的要害人物赵岩、赵鹄、张希逸、张汉伦、张汉杰、张汉融、朱珪等窃取权力，作威作福，残害百姓，不可不杀。"庄宗下诏："敬翔、李振带头帮助朱温颠覆唐帝；契丹撒剌阿拨叛兄弃母，辜负恩德，背叛国家，应当和赵岩等在街市上诛灭全族；其余的文武将吏一概不追究。"又下诏废除朱温、朱友贞原有的封诰，降为平民，毁掉他们的宗庙神主。

后梁的各藩镇进朝投降。

【原文】

梁诸藩镇稍稍入朝，或上表待罪，帝皆慰释之。宋州节度使袁象先首来入朝，陕州留后霍彦威次之。象先辇珍货数十万，遍赂刘夫人及权贵、伶官、宦者，旬日，中外争誉之，恩宠隆异。己丑，诏伪庭节度、观察、防御、团练使、刺史及诸将校，并不议改更，将校官吏先奔伪庭者一切不问。

帝遣使宣谕诸道，梁所除节度使五十余人皆上表入贡。

后梁宋州节度使袁象用车拉着珍宝财货贿赂后唐庄宗亲信。

【译文】

后梁的各藩镇逐渐进朝投降，有的上表请求治罪，庄宗都宽慰、释放了他们。宋州节度使袁象先首先谒见庄宗投降，陕州留后霍彦威稍晚一点。袁象先首先用车拉着数十万珍宝财货，贿赂了刘夫人以及权贵、伶官、宦者等人，十几天来，朝内朝外都争相说他好，受到庄宗格外的宠爱。己丑（十九日），庄宗下诏，后梁的节度使、观察使、防御使、团练使、刺史以及各位将校官员，都不更改，将校官吏中原先投奔后梁的人一律不追究。

庄宗派使者去各道宣谕，后梁任命的五十多名节度使都向庄宗上表进贡。

后晋纪

割让幽蓟

【导语】

在中国的政治格局和历史进程中，发生过一件影响持续四百年的大事，这就是割让幽云十六州。而始作俑者就是石敬瑭。

幽云十六州，又称燕云十六州、幽蓟十六州。清泰三年（公元936年）五月，作为河东节度使的石敬瑭反于晋阳，后唐发兵讨伐。石敬瑭求救于契丹，向契丹主耶律德光称臣，并以父礼事之，约定解围称帝事成后割让卢龙一道及雁门关以北诸州。九月，耶律德光亲率骑兵击破包围晋阳的后唐军队。十一月，耶律德光立石敬瑭为“大晋皇帝”。石敬瑭依前约，将十六州割付契丹。

长城以北的少数民族在东汉末、西晋至北朝、唐代都曾进入长城以南，正因为如此，才导致了当时激烈的民族矛盾以及随之而来的大规模的民族融合。作为北方的天然屏障，幽云十六州是重要的战略要冲，进可攻，退可守，中原政权占据它，就能抵御游牧民族的侵扰，而游牧民族占据它，则是冲击中原的跳板。它是重要的生产资料供应基地，还是中原汉民族和其他游牧民族分片而居的天然分界线。唐玄宗时期，安禄山和史思明就是凭借幽云之地作为强有力的战略后方，把唐帝国推入了万劫不复的深渊。这次割让的直接恶果是，燕云十六州从此脱离中原政权的控制，北部边防几乎无险可守，中原完全暴露在契丹铁蹄之下，而契丹昼夜之间即可饮马黄河。

但是有一点要说明的是，胡三省在《资治通鉴》的注文中也谈到自撤藩篱并不始于石敬瑭。契丹是自己起兵灭了赵延寿，才得到幽州的。

纵观石敬瑭之一生，初以骁勇善战发迹，继因廉政而闻名。在战乱频繁之际，他借重契丹援助得以问鼎，建立后晋王朝。

因为石敬瑭割让燕云十六州以及岁输布帛三十万给契丹，并甘当百依百顺的“儿皇帝”以换取契丹对自己的支持，将北方百姓置于契丹铁蹄之下，所以民心尽失。

石敬瑭的帝位并不稳固。他对契丹的屈辱行为，遭到人民的唾弃；尽管石敬瑭卑屈地侍奉契丹，仍常遭到契丹的责备。天福七年，石敬瑭忧郁而死，契丹得知石敬瑭死讯，契丹主驱兵南下。

【原文】

天福元年（丙申，公元936年）

初，石敬瑭欲尝唐主之意，累表自陈羸疾，乞解兵柄，移他镇；帝与执政议从其请，移镇郓州。房暠、李崧、吕琦等皆力谏，以为不可，帝犹豫久之。

【译文】

天福元年（丙申，公元936年）

最初，石敬瑭想试探后唐朝廷的意图，多次上表陈述身体羸弱，请求解除他的兵权，调迁到别的镇所；末帝与执政大臣商议后答应了他的请求，调迁郓州。房暠、李崧、吕琦等人都极力劝谏，认为不能这样，末帝犹疑了很久。

【原文】

五月庚寅夜，李崧请急在外，薛文遇独直，帝与之议河东事，文遇曰：“谚有之：‘当道筑室，三年不成。’兹事断自圣志；群臣各为身谋，安肯尽言！以臣观之，河东移亦反，不移亦反，在旦暮耳，不若先事图之。”先是，术者言国家今年应得贤佐，出奇谋，定天下，帝意文遇当之，闻其言，大喜，曰："卿言殊豁吾意，成败吾决行之。"即为除目，付学士院使草制。辛卯，以敬瑭为天平节度使，以马军都指挥使、河阳节度使宋审虔为河东节度使。制出，两班闻呼敬瑭名，相顾失色。

末帝让薛文遇起草封授官职的拟议。

【译文】

五月庚寅（初二）夜间，李崧有急事请假在外，薛文遇独自值夜班，末帝与他议论河东的事，薛文遇说："俗谚说：'在道路当中盖房，三年也盖不成。'这种事只能由主上根据自己的意志来决断。群臣各为自身打算，怎么肯把心里的话都说出来呢！以臣看来，河东方面的事，移镇反，不移也要反，这是早晚的事，不如先动手把这事解决了。"以前，术士说朝廷今年当有贤人辅佐，提出奇谋，安定天下，末帝还以为这个人当由薛文遇来应验，听到他的话，心里很高兴，于是说道："爱卿的话使我豁然开朗，不论成败我决心这样做了。"立即让薛文遇起草封授官职的拟议，交付学士院草拟任命制书。辛卯（初三），任命石敬瑭为天平节度使，任用马军都指挥使、河阳节度使宋审虔为河东节度使。制令一出，文武两班听到叫石敬瑭的名字，相顾失色。

【原文】

甲午，以建雄节度使张敬达为西北蕃汉马步都部署，趣敬瑭之郓州。敬瑭疑惧，谋于将佐曰："吾之再来河东也，主上面许终身不除代；今忽有是命，得非如今年千春节与公主所言乎？我不兴乱，朝廷发之，安能束手死于道路乎！今且发表称疾以观其意，若其宽我，我当事之；若加兵于我，我则改图耳。"幕僚段希尧极言拒之，敬瑭以其朴直，不责也。节度判官华阴赵莹劝敬瑭赴郓州；观察判官平遥薛融曰："融书生，不习军旅。"都押牙刘知远曰："明公久将兵，得士卒心；今据形胜之地，士马精强，若称兵传檄，帝业可成，奈何以一纸制书自投虎口乎！"掌书记洛阳桑维翰曰："主上初即位，明公入朝，主上岂不知蛟龙不可纵之深渊邪？然卒以河东复授公，此乃天意假公以利器。明宗遗爱在人，主上以庶孽代之，群情不附。公明宗之爱婿，今主上以反逆见待，此非首谢可免，但力为自全之计。契丹素与明宗约为兄弟，今部落近在云、应，公诚能推心屈节事之，万一有急，朝呼夕至，何患无成。"敬瑭意遂决。

【译文】

甲午（初六），末帝任命建雄节度使张敬达为西北蕃汉马步都部署，催石敬瑭赶赴郓州。石敬瑭又疑惑又害怕，便与他的将佐计议说："我第二次来河东时，主上当面答应我终身不派别人接替我；现在忽然来了这样的命令，莫不是像今年过千春节时，主上同公主所说的那样吗？我如果不起兵，朝廷先发制人，怎么能束手被擒，死于道路之间呢！今天暂且上表说有病，以此观察朝廷对我的意向，如果他对我宽容，我就以臣子之礼对他；如果他对我用兵，那我就要另做打算了。"幕僚段希尧极力反对，石敬瑭因为段希尧为人直率，没有责怪他。节度判官华阴人赵莹劝石敬瑭赶赴郓州；观察判官平遥人薛融说："我是个书生，不懂得带兵作战的事。"都押牙刘知远说："明公您长期统率兵将，受到士兵的拥护；现在占据着有利的地方，人马都很精锐强悍，如果起兵，传发檄文宣示各道，可以完成帝王大业，怎么能只为一道朝廷制令便自投虎口呢！"掌书记洛阳人桑维翰说："主上当初即位的时候，明公您入京朝贺，主上岂能不知道蛟龙不可放归深渊的道理？然而最后还是把河东再次交给您，这是天意要借一把快刀给您。先帝明宗把遗爱留给了后人，主上却用旁支的庶子取代大位，众人心里是不愿依附他的。您是明宗的爱婿，可是现在主上却把您当作叛逆看待，这不是仅仅靠表示低头服从就能取得宽免的，为保全自己只能努力想办法了。契丹向来同明宗协约做兄弟之邦，现在，他们的部落近在云州、应州，您如果能推心置腹地曲意讨好他们，万一有急事，早上叫他晚上就能到，还担心不能成功吗？"石敬瑭于是下了反叛的决心。

末帝催石敬瑭赶赴郓州，石敬瑭与他的将佐计议。

【原文】

戊戌，昭义节度使皇甫立奏敬瑭反。敬瑭表："帝养子，不应承祀，请传位许王。"帝手裂其表抵地，以诏答之曰："卿于鄂王固非疏远，卫州之事，天下皆知；许王之言，何人肯信！"壬寅，制削夺敬瑭官爵。乙巳，以张敬达兼太原四面排陈使，河阳节度使张彦琪为马步军都指挥使，以安国节度使安审琦为马军都指挥使，以保义节度使相里金为步军都指挥使，以右监门上将军武廷翰为壕寨使。丙午，以张敬达为太原四面兵马都部署，以义武节度使杨光远为副部署。丁未，又以张敬达知太原行府事，以前彰武节度使高行周为太原四面招抚、排陈等使。光远既行，定州军乱，牙将千乘方太讨平之。

【译文】

戊戌（初十），昭义节度使皇甫立奏报石敬瑭叛乱。石敬瑭上表说："皇帝是养子，不应继承帝位，请把皇位传给许王李从益。"末帝把石敬瑭的表章撕碎扔在地上，用诏书回答他说："你与鄂王李从厚本来并不疏远，卫州的事情，天下人都知道；许王的话，谁能相信！"壬寅（十四日），末帝下制令，削夺石敬瑭的官爵。乙巳（十七日），任命张敬达兼太原四面排陈使，河阳节度使张彦琪为马步军都指挥使，任命安国节度使安审琦为马军都指挥使，任命保义节度使相里金为步军都指挥使，任命右监门上将军武廷翰为壕寨使。丙午（十八日），任命张敬达为

末帝下制令，削夺石敬瑭的官爵。

太原四面兵马都部署，任命义武节度使杨光远为副部署。丁未（十九日），又任命张敬达主管太原行府事，任命前彰武节度使高行周为太原四面招抚、排陈等使。杨光远离任后，定州军作乱，牙将千乘县人方太讨伐平定了定州军的叛乱。

【原文】

石敬瑭遣间使求救于契丹，令桑维翰草表称臣于契丹主，且请以父礼事之，约事捷之日，割卢龙一道及雁门关以北诸州与之。刘知远谏曰："称臣可矣，以父事之太过。厚以金帛赂之，自足致其兵，不必许以土田，恐异日大为中国之患，悔之无及。"敬瑭不从。表至契丹，契丹主大喜，白其母曰："儿比梦石郎遣使来，今果然，此天意也。"乃为复书，许俟仲秋倾国赴援。

【译文】

石敬瑭派使者向契丹求救，让桑维翰草拟表章向契丹主称臣，并请求用对待父亲的礼节来侍奉他，约定事情成功之日，划割卢龙一道及雁门关以北诸州给契丹。刘知远劝谏他说："称臣就可以了，用父亲的礼节对待他就太过分了。用丰厚的金银财宝贿赂他，就足以达到让他们出兵的目的了，不必许诺割给他土地，恐怕那样以后要成中原的大患，后悔就来不及了。"石敬瑭不听。表章送到契丹，契丹国主耶律德光非常高兴，告诉他的母亲说："孩儿最近梦见石郎派遣使者来，现在果然来了，这真是天意啊。"于是给石敬瑭写了回信，答应等到仲秋时节，发动所有人马去支援他。

【原文】

九月，契丹主将五万骑，号三十万，自扬武谷而南，旌旗不绝五十余里。代州刺史张朗、忻州刺史丁审琦婴城自守，虏骑过城下，亦不诱胁。

【译文】

九月，契丹主耶律德光率领五万骑兵，号称三十万，从代州扬武谷向南进发，旌旗连绵不断达五十余里。代州刺史张朗、忻州刺史丁审琦绕城自守，敌人骑兵经过城下时，也不引诱恐吓。

契丹主耶律德光领兵从代州扬武谷向南进发。

【原文】

辛丑，契丹主至晋阳，陈于汾北之虎北口。先遣人谓敬瑭曰："吾欲今日即破贼可乎？"敬瑭遣人驰告曰："南军甚厚，不可轻，请俟明日议战未晚也。"使者未至，契丹已与唐骑将高行周、符彦卿合战，敬瑭乃遣刘知远出兵助之。张敬达、杨光远、安审琦以步兵陈于城西北山下，契丹遣轻骑三千，不被甲，直犯其陈。唐兵见其羸，争逐之，至汾曲，契丹涉水而去。唐兵循岸而进，契丹伏兵自东北起，冲唐兵断而为二，步兵在北者多为契丹所杀，骑兵在南者引归晋安寨。契丹纵兵乘之，唐兵大败，步兵死者近万人，骑兵独全。敬达等收余众保晋安，契丹亦引兵归虎北口。敬瑭得唐降兵千余人，刘知远劝敬瑭尽杀之。

【译文】

辛丑（十五日），契丹主率军到达晋阳，把兵马分布在汾北的虎北口。先派人对石敬瑭说："我打算今天攻打贼兵，可以吗？"石敬瑭派人立刻告诉他说："南军力量很雄厚，不可以轻敌，请等到明天商议好再开战也不晚。”使者还没到达契丹军营，契丹兵已经同后唐骑将高行周、符彦卿打了起来，石敬瑭便派刘知远出兵协同契丹作战。张敬达、杨光远、安审琦用步兵在城西北山下列阵，契丹派轻骑兵三千人，不披铠甲，直冲后唐兵阵列。后唐兵看到契丹兵单薄，争相驱赶，到了汾水西折处，契丹兵涉水逃跑。后唐兵沿着河岸追击，契丹伏兵从东北冲出来，把后唐兵冲截为两段，在北面的步兵大多被契丹所杀，在南面的骑兵退回到晋安营寨。契丹放开兵马乘乱攻击，后唐兵大败，步兵死亡近万人，只有骑兵保全了。张敬达等收集余众退保晋安，契丹也率兵返回虎北口。石敬瑭俘获后唐降兵一千余人，刘知远劝石敬瑭把他们都杀了。

契丹主率军到达晋阳。

【原文】

是夕，敬瑭出北门，见契丹主。契丹主执敬瑭手，恨相见之晚。敬瑭问曰：“皇帝远来，士马疲倦，遽与唐战而大胜，何也？”契丹主曰：“始吾自北来，谓唐必断雁门诸路，伏兵险要，则吾不可得进矣。使人侦视，皆无之，吾是以长驱深入，知大事必济也。兵既相接，我气方锐，彼气方沮，若不乘此急击之，旷日持久，则胜负未可知矣。此吾所以亟战而胜，不可以劳逸常理论也。”敬瑭甚叹伏。

【译文】

这天晚上，石敬瑭出北门，会见契丹主。契丹主握住石敬瑭的手，只恨相见晚了。石敬瑭问道：“皇帝远道而来，兵马疲倦，仓促之间同后唐兵作战却获大胜，这是什么原因？”契丹主说：“开始我从北面来，以为后唐兵一定会切断雁门的各条道路，埋伏兵众在险要之地，那样我就不能顺利前进了。我使人侦察，发现断路和埋伏都没有，我才得以长驱直入，知道大事必然成功。兵马相接以后，我方气势正旺盛，对方却是意志消沉，如果不乘此时

契丹伏兵从东北冲出来，把后唐兵冲截为两段。

急速攻击他，时间拖得久了，那谁胜谁负就不知道了。这就是我之所以速战而胜的道理，不能用谁紧张谁安逸的通常道理来衡量了。”石敬瑭很是叹服。

石敬瑭会见契丹主，契丹主握住石敬瑭的手表示友好。

【原文】

壬寅，敬瑭引兵会契丹围晋安寨，置营于晋安之南，长百余里，厚五十里，多设铃索吠犬，人跬步不能过。敬达等士卒犹五万人，马万匹，四顾无所之。甲辰，敬达遣使告败于唐，自是声问不复通。唐主大惧，遣彰圣都指挥使符彦饶将洛阳步骑兵屯河阳，诏天雄节度使兼中书令范延光将魏州兵二万由青山趣榆次，卢龙节度使、东北面招讨使兼中书令北平王赵德钧将幽州兵出契丹军后，耀州防御使潘环纠合西路戍兵，由晋、绛两乳岭出慈、隰，共救晋安寨。契丹主移帐于柳林，游骑过石会关，不见唐兵。

【译文】

壬寅（十六日），石敬瑭率领兵马会合契丹包围晋安寨，在晋安的南面安营扎寨，长一百多里，宽五十里，密布带铃索善叫的狗，人们连半步也不能过去。张敬达等率领的士兵尚有五万人，马有万匹，四面张望不知往哪里去好。甲辰（十八日），张敬达派出使者把打败仗的经过向后唐朝廷报告，此后再没通音讯。末帝极为恐惧，派彰圣都指挥使符彦饶率洛阳的步兵、骑兵屯扎在河阳，末帝下诏命天雄节度使兼中书令范延光率领魏州兵两万从邢州青山赶奔榆次，卢龙节度使、东北面招讨使兼中书令北平王赵德钧率领幽州兵从契丹军后面出击，耀州防御使潘环会合西路守戍的兵士从晋州、绛州间的两乳岭出兵慈州、隰州，共同营救晋安寨。契丹主把军帐移到柳林，流动的骑兵过了石会关，没有遇到后唐兵。

【原文】

丁未，唐主下诏亲征。雍王重美曰：“陛下目疾未平，未可远涉风沙；臣虽童稚，愿代陛下北行。”帝意本不欲行，闻之，颇悦。张延朗、刘延皓及宣徽南院使刘延朗皆劝帝行，帝不得已，戊申，发洛阳，谓卢文纪曰：“朕雅闻卿有相业，故排众议首用卿，今祸难如此，卿嘉谋皆安在乎？”文纪但拜谢，不能对。己酉，遣刘延朗监侍卫步军都指挥使符彦饶军赴潞州，为大军后援。诸军自凤翔推戴以来，骄悍不为用，彦饶恐其为乱，不敢束之以法。

【译文】

丁未（二十一日），末帝下诏宣布亲征。雍王李重美说：“陛下眼疾还没有好，不能长途跋涉到风沙之地，为臣虽然尚在童稚之年，愿意代替陛下去北方征讨。”末帝心里本来不想北行，听了这些话，颇为高兴。张延朗、刘延皓和宣徽南院使刘延朗都劝末帝亲征，末帝不得已，戊申（二十二日），从洛阳出发，对卢文纪说：“朕向来听说你有宰相才干，所以排除众议首先任用你，现在遭到如此祸难，你的好谋略都在哪里呢？”卢文纪只是拜谢，不能回答。己酉（二十三日），末帝命刘延朗监督侍卫步军都指挥使符彦饶的部队开赴潞州，为前线晋安寨的大军做后援。诸路军马自从凤翔推戴李从珂以来，日益骄悍不听指挥，符彦饶害怕他们作乱，不敢用法纪来约束他们。

雍王李重美劝末帝不要亲征。

【原文】

帝至河阳，心惮北行，召宰相、枢密使议进取方略，卢文纪希帝旨，言“国家根本，太半在河南。胡兵倏来忽往，不能久留；晋安大寨甚固，况已发三道兵救之。河阳天下津要，车驾宜留此镇抚南北，且遣近臣往督战，苟不能解围，进亦未晚。”张延朗欲因事令赵延寿得解枢务，因曰：“文纪言是也。”帝访于余人，无敢异言者。泽州刺史刘遂凝鄩之子也，潜自通于石敬瑭，表称车驾不可逾太行。帝议近臣可使北行者，张延朗与翰林学士须昌和凝等皆曰：“赵延寿父德钧以卢龙兵来赴难，宜遣延寿会之。”庚戌，遣枢密使、忠武节度使、随驾诸军都部署、兼侍中赵延寿将兵二万如潞州。辛亥，帝如怀州。以右神武统军康思立为北面行营马军都指挥使，帅扈从骑兵赴团柏谷。思立，晋阳胡人也。

【译文】

末帝到了河阳，心里害怕北行，召集宰相、枢密使讨论进攻的方法与谋略，卢文纪迎合末帝的想法，说：“国家的根本，大半在黄河之南。契丹军来去迅速，不能久留；晋安的大寨非常坚固，况且已经派出范延光、赵德钧、潘环三路兵马救援那里。河阳是天下的津渡要路，主上的车驾应该留在这里镇守，安抚南方和北方。可以暂且派近臣前去督战，如果不能解围，再向前进发也不晚。”张延朗想借个因由使赵延寿解除枢府的政务，便说：“文纪的意见是对的。”末帝向其他的人询问，没有敢讲不同意见的。泽州刺史刘遂凝，是刘鄩的儿子，暗中和石敬瑭有来往，上表言称车驾不可越过太行山。末帝同他们商议近臣中可派去北边的人。张延朗与翰林学士须昌人和凝等人都说：“赵延寿的父

末帝召集宰相、枢密使讨论进攻的方法与谋略。

亲赵德钧带着卢龙兵马来勤王赴难，应该派赵延寿去与他会合。”庚戌（二十四日），末帝派枢密使、忠武节度使、随驾诸军都部署、兼侍中赵延寿率兵二万人开赴潞州。辛亥（二十五日），末帝到怀州。任命右神武统军康思立为北面行营马军都指挥使，率随从骑兵开赴团柏谷。康思立是晋阳的胡人。

【原文】

帝以晋安为忧，问策于群臣，吏部侍郎永清龙敏请立李赞华为契丹主，令天雄、卢龙两镇分兵送之，自幽州趣西楼，朝廷露檄言之，契丹主必有内顾之忧，然后选募军中精锐以击之，此亦解围之一策也。帝深以为然，而执政恐其无成，议竟不决。

【译文】

末帝忧虑晋安的形势，向群臣询问对策，吏部侍郎永清人龙敏建议立李赞华为契丹国主，命天雄、卢龙二镇分兵送他归国，从幽州到西楼，朝廷透露了檄文讲出这件事情，契丹主必有内顾不安的忧虑，然后选拔募集军中的精锐之兵攻击他，这也是解围的一种办法。末帝认为这个意见可行，而执政诸人担心不能成功，只是议论竟然作不出决定。

末帝向群臣询问对策。

【原文】

帝忧沮形于神色，但日夕酣饮悲歌。群臣或劝其北行，则曰：“卿勿言，石郎使我心胆堕地！”

冬，十月壬戌，诏大括天下将吏及民间马；又发民为兵，每七户出征夫一人，自备铠仗，谓之“义军”，期以十一月俱集，命陈州刺史郎万金教以战陈，用张延朗之谋也。凡得马二千余匹，征夫五千人，实无益于用，而民间大扰。

【译文】

末帝的忧愁沮丧在神色上表现出来，从早到晚只是酣饮悲歌。群臣有人劝他北行，末帝却说：“你不要说了，石朗已经使我的心胆掉落在地上了！”

冬季，十月壬戌（初七），下诏大力搜求天下将吏以及民间的马匹，又发动百姓当兵，每七户出一个征夫，自己准备铠甲兵器，称作“义军”，定期在十一月全部集中，命令陈州刺史郎万金训练他们作战的阵势，这是采用张延朗的谋划。结果只得到马二千余匹，征夫五千人，实在没有多大用处，但民间却因此受到很大骚扰。

【原文】

初，赵德钧阴蓄异志，欲因乱取中原，自请救晋安寨。唐主命自飞狐踵契丹后，钞其部落，德钧请将银鞍契丹直三千骑，由土门路西入，帝许之。赵州刺史、北面行营都指挥使刘在明先将兵戍易州，德钧过易州，命在明以其众自随。在明，幽州人也。德钧至镇州，以董温琪领招讨副使，邀与偕行，又表称兵少，须合泽潞兵；乃自吴儿谷趣潞州，癸酉，至乱柳。时范延光受诏将部兵二万屯辽州，德钧又请与魏博军合；延光知德钧合诸军，志取难测，表称魏博兵已入贼境，无容南行数百里与德钧合，乃止。

【译文】

起初，赵德钧暗中怀有异志，想乘乱夺取中原，自己请求去救援晋安寨。末帝命他从飞狐道出代州，绕到契丹后面，抄袭其部落，赵德钧请求率领银鞍契丹直三千骑兵，从土门路向西进军，末帝同意了。赵州刺史、北面行营都指挥使刘在明原先领兵戍守易州，赵德钧过易州，命令刘在明带着自己的兵马跟随他。刘在明是幽州人。赵德钧到了镇州，任用董温琪为招讨副使，邀他一起行动。又上表朝廷说自己兵少，要同泽潞的兵力会合；于是从吴儿谷向潞州进发，癸酉（十八日），到达乱柳。当时范延光受诏命率领所属兵士二万人屯驻在辽州，赵德钧又请求与魏博军会合；范延光知道赵德钧会合诸军，其意图难于测料，便上表称魏博的军马已经进入贼境，不能再向南行军数百里与赵德钧会合，赵德钧便停止会合的打算。

【原文】

十一月，以赵德钧为诸道行营都统，依前东北面行营招讨使。以赵延寿为河东道南面行营招讨使，以翰林学士张砺为判官。庚寅，以范延光为河东道东南面行营招讨使，以宣武节度使、同平章事李周副之。辛卯，以刘延朗为河东道南面行营招讨副使。赵延寿遇赵德钧于西汤，悉以兵属德钧。唐主遣吕琦赐德钧敕告，且犒军。德钧志在并范延光军，逗留不进，诏书屡趣之，德钧乃引兵北屯团柏谷口。

【译文】

十一月，末帝任命赵德钧为诸道行营都统，依旧任东北面行营招讨使。任命赵延寿为河东道南面行营招讨使，任用翰林学士张砺为判官。庚寅（初五），任用范延光为河东道东南面行营招讨使，任命宣武节度使、同平章事李周为副使。辛卯（初六），任用刘延朗为河东道南面行营招讨副使。赵延寿在西汤遇到赵德钧，把所统领的兵马全部交给赵德钧。末帝派吕琦赐给赵德钧敕告，并且犒赏军队。赵德钧的意图是要兼并范延光的军队，逗留不肯前进，末帝屡次下达诏书催促他，赵德钧于是率领部队向北屯扎在团柏谷口。

【原文】

契丹主谓石敬瑭曰："吾三千里赴难，必有成功。观汝器貌识量，真中原之主也。吾欲立汝为天子。"敬瑭辞让者数四，将吏复劝进，乃许之。契丹主作册书，命敬瑭为大晋皇帝，自解衣冠授之，筑坛于柳林，是日，即皇帝位。割幽、蓟、瀛、莫、涿、檀、顺、新、妫、儒、武、云、应、寰、朔、蔚十六州以与契丹，仍许岁输帛三十万匹。己亥，制改长兴七年为天福元年，大赦；敕命法制，皆遵明宗之旧。以节度判官赵莹为翰林学士承旨、户部侍郎、知河东军府事，掌书记桑维翰为翰林学士、

赵德钧率领部队向北屯扎在团柏谷口。

礼部侍郎、权知枢密使事，观察判官薛融为侍御史知杂事，节度推官白水窦贞固为翰林学士，军城都巡检使刘知远为侍卫马军都指挥使，客将景延广为步军都指挥使。延广，陕州人也。立晋国长公主为皇后。

【译文】

契丹主对石敬瑭说："我南下三千里帮助你解决危难，必然会成功。看你的器宇容貌和见识气量，真是中原的国主啊。我想立你做天子。"石敬瑭假意辞让了好几次，将吏又反复劝他进大位，于是便答应了。契丹主制作册封的文书，命石敬瑭为大晋皇帝，解下衣服冠冕亲自授给他，在柳林搭筑坛台，就在这一天，即了皇帝之位。割让幽、蓟、瀛、莫、涿、檀、顺、新、妫、儒、武、云、应、寰、朔、蔚十六个州给予契丹，仍答应每年输送帛三十万匹与契丹。己亥（十四日），石敬瑭下制令更改长兴七年为天福元年，实行大赦；敕命各种法制都遵守明宗时的旧规。任命节度判官赵莹为翰林学士承旨、户部侍郎、知河东军府事，掌书记桑维翰为翰林学士、礼部侍郎、权知枢密使事，观察判官薛融为侍御史知杂事，节度推官白水人窦贞固为翰林学士，军城都巡检使刘知远为侍卫马军都指挥使，客将景延广为步军都指挥使。景延广是陕州人。立晋国长公主为皇后。

石敬瑭即大晋皇帝之位。

后汉纪

严酷之政

【导语】

公元947年，刘知远在太原正式称帝。刘知远称帝后，立即下令清除境内的契丹势力。

位居邺都留守的杜重威打了败仗后，在契丹引诱下遣使送表，屈膝投降。刘知远称帝后，不惜亲自出征率军进行讨伐，兵临邺都城下逼杜重威归顺。对这位反复无常、生性难驯的邺都叛帅，刘知远在临终前还不时提醒左右"善防重威"，并授意将其诛杀。

刘知远来自相对野蛮的沙陀部族，长期生活在军旅之中，既无礼义仁爱之心，更无治国安邦之能。因此，在他统治时期，中原地区政治腐败，社会黑暗，兵灾不止，人民生活在水深火热之中。

【原文】

逢吉为人，文深好杀。在河东幕府，帝尝令静狱以祈福，逢吉尽杀狱囚还报。及为相，朝廷草创，帝悉以军旅之事委杨邠、郭威，百司庶务委逢吉及苏禹珪。二相决事，皆出胸臆，不拘旧制。虽事无留滞，而用舍黜陟，惟其所欲。帝方倚信之，无敢言者。逢吉尤贪诈，公求货财，无所顾避。继母死，不为服；庶兄自外至，不白逢吉而见诸子，逢吉怒，密语郭威，以他事杖杀之。

苏逢吉用法苛严，喜好杀戮。

初，帝与吏部尚书窦贞固俱事晋高祖，雅相知重，及即位，欲以为相，问苏逢吉："其次谁可相者？"逢吉与翰林学士李涛善，因荐之，曰："昔涛乞斩张彦泽，陛下在太原，尝重之，此可相也。"

会高行周、慕容彦超共讨杜重威于邺都，彦超欲急攻城，行周欲缓之以待其弊。行周女为重威子妇，彦超扬言："行周以女故，爱贼不攻。"由是二将不协。帝恐生他变，欲自将击重威，意未决。涛上疏请亲征。帝大悦，以涛有宰相器。九月，甲戌，加逢吉左仆射兼门下侍郎，苏禹珪右仆射兼中书侍郎，贞固司空兼门下侍郎，涛户部尚书兼中书侍郎，并同平章事。

【译文】

苏逢吉为人，用法苛严，喜好杀戮。在河东幕府时，后汉高祖曾经命他"静狱"来祈求福祐，苏逢吉将狱中囚犯都杀死后回来报告。等苏逢吉做到宰相时，朝廷才刚刚建立，高祖将一切军务都委交给杨邠、郭威，各部的事务委交给苏逢吉和苏禹珪。这两位宰相决断事务，都根据自己的想法，不拘泥于旧有的典章制度；虽然事情没有被耽搁滞留，但他们的任用舍弃、罢免升迁，只是随心所欲而已。当时高祖正依靠、信任他们，没有人敢说他们。苏逢吉尤其贪婪奸诈，公开索取钱财，毫无顾忌避讳。他的继母死后，他不为继母服丧；他的异母哥哥从外地归来，没禀报他就去看各个侄子，苏逢吉十分恼怒，私下告诉郭威，以其他事由将哥哥用杖打死。

当初，后汉高祖和吏部尚书窦贞固都在后晋高祖处供职，他们互相了解并敬重对方，等到后汉高祖当了皇帝，想任命窦贞固为宰相，就问苏逢吉道："除了你之外，还有谁能做宰相呢？"苏逢吉和翰林学士李涛交好，于是就推荐李涛，说："过去李涛请求斩掉张彦泽，陛下在太原时，曾经看重他，此人可以做宰相。"

正好高行周、慕容彦超到邺都共同讨伐杜重威，慕容彦超想要加紧攻城，但是高行周想要放慢进攻来等待敌人的漏洞。高行周的女儿是杜重威的儿媳，慕容彦超扬言道："高行周是因为他女儿的缘故，所以爱护敌人而不发动进攻。"从此他们二人不和。高祖怕生出别的变故，就想亲自去攻打杜重威，但是还没拿定主意。李涛上疏请求皇帝御驾亲征。高祖十分高兴，认为李涛有宰相的才器。九月甲戌（二十三日），苏逢吉加官为左仆射兼门下侍郎，苏禹珪加官为右仆射兼中书侍郎，窦贞固加官为司空兼门下侍郎，李涛加官为户部尚书兼中书侍郎，都为同平章事。

【原文】

戊戌，帝至邺都城下，舍于高行周营。行周言于帝曰："城中食未尽，急攻，徒杀士卒，未易克也。不若缓之，彼食尽自溃。"帝然之。慕容彦超数因事陵轹行周，行周泣诉于执政，掏粪壤实其口，苏逢吉、杨邠密以白帝。帝深知彦超之曲，犹命二臣和解之。又召彦超于帐中责之，且使诣行周谢。

杜重威声言车驾至即降，帝遣给事中陈观往谕指，重威复闭门拒之。城中食浸竭，将士多出降者。慕容彦超固请攻城，帝从之。丙午，亲督诸将攻城，自寅至辰，士卒伤者万余人，死者千余人，不克而止。彦超乃不敢复言。

初，契丹留幽州兵千五百人戍大梁。帝入大梁，或告幽州兵将为变，帝尽杀之于繁台之下。乃围邺都，张琏将幽州兵二千助重威拒守，帝屡遣人招谕，许以不死。琏曰："繁台之卒，何罪而戮？今守此，以死为期耳。"由是城久不下。十一月，丙辰，内殿直韩训献攻城之具，帝曰："城之所恃者，众心耳。众心苟离，城无所保，用此何为！"

杜重威之叛，观察判官金乡王敏屡泣谏，不听。及食竭力尽，甲戌，遣敏奉表出降。乙亥，重威子弘琏来见；丙子，妻石氏来见。石氏，即晋之宋国长公主也，帝复遣入城。丁丑，重威开门出降，城中馁死者什七八，存者皆尪瘠无人状。张琏先邀朝廷信誓，诏许以归乡里。及出降，杀琏等将校数十人，纵其士卒北归。将出境，大掠而去。

郭威请杀重威牙将百余人，并重威家赀籍之以赏战士，从之。以重威为太傅兼中书令、楚国公。重威每出入，路人往往掷瓦砾诟之。

臣光曰：汉高祖杀幽州无辜千五百人，非仁也；诱张琏而诛之，非信也；杜重威罪大而赦之，非刑也。仁

高祖将在繁台下面所有幽州兵都杀死。

以合众，信以行令，刑以惩奸，失此三者，何以守国！其祚运之不延也，宜哉！

【译文】

戊戌（十七日），高祖来到邺都城下，在高行周的军营中住了下来。高行周对高祖说："城中粮食未尽，现在猛攻，只是白白地损失士卒，不容易攻克城池，不如慢慢围困它，城中粮食吃光了，敌人自然就会溃败的。"后汉高祖认为他说得对。慕容彦超屡次寻找事端凌辱高行周，高行周向执政大臣哭诉，慕容彦超将粪土塞进他的嘴里，苏逢吉、杨邠将这个情况密报给了高祖。高祖深知慕容彦超理屈，但仍然命令两位大臣和解；高祖又把慕容彦超召到营帐里责备，并让他去向高行周道歉。

杜重威曾声称后汉高祖的车驾到达就投降，高祖派遣事中陈观前去宣布旨意，杜重威却又关闭城门拒绝投降。城中粮食渐渐被吃光了，将士多有出城投降的。慕容彦超坚持请求攻城，后汉高祖同意了他的请求。丙午（二十五日），高祖亲自监督众将攻城，从寅时攻到辰时，士卒伤了一万多人，死了一千多人，却仍然未能攻下城池，后汉高祖收兵。慕容彦超于是不敢再说攻城。

当初，契丹留下幽州兵一千五百人守卫大梁。高祖进入大梁后，有人密报说幽州兵将要发动兵变，高祖将在繁台下面的所有幽州兵都杀死了。等到如今围困邺都，张琏率领幽州兵两千人帮助杜重威拒守，后汉高祖屡次派人劝谕招降，许诺不杀他们。张琏说："繁台下面的幽州士兵，有什么罪而要遭到杀戮呢？现在坚守此城，只求一死。"因此城池久攻不下。十一月丙辰（初六），内殿直韩训进献攻城的器械，高祖说："守城所倚仗的，不过是众人的心罢了。如果众人离心离德，城池就没有人保卫了，还用这些器械干什么啊！"

杜重威背叛后汉，观察判官金乡人王敏屡次哭泣劝谏，杜重威不听从他的话。等到粮食吃光、气力用尽时，甲戌（二十四日），杜重威派王敏出城奉上降表。乙亥（二十五日），杜重威的儿子杜弘琏前来朝见；丙子（二十六日），杜重威的妻子石氏前来朝见。石氏就是后晋的宋国长公主。后汉高祖再次派人将他们送回城中。丁丑（二十七日），杜重威大开城门，出城投降，这时，城中十有七八的人都饿死了，活着的也都骨瘦如柴没有人样。张琏先要求朝廷遵守信用发誓，后汉高祖下诏令允许士兵返归家乡，等到出去投降以后，高祖杀死了张琏等将领军校几十人；释放其他士兵北归家乡，那些幽州兵将要离开魏州地界时，大肆抢掠而去。

郭威请求杀死杜重威的一百多名牙将，并抄没杜重威家中的资财赏给战士们，高祖同意了他的请求。高祖任命杜重威为太傅兼中书令、楚国公。杜重威每次出入，路上的人经常向他扔碎砖烂瓦诟骂他。

臣司马光说：后汉高祖杀害无辜的幽州士卒一千五百人，这是不讲仁义；引诱张琏投降而又杀死他，这是不讲信用；杜重威罪刑严重却赦免了他，这是不讲刑罚。仁义是用来团结大众的，信用是用来执行命令的，刑罚是用来惩罚奸佞的。失掉这三者，还凭借什么守卫朝廷！他的皇位不能够延续，也是应该的啊！

后周纪

世宗征淮南

【导语】

周世宗柴荣是五代第一明君，他为政英明练达，果敢敏捷，言谈开明，薛居正监修的《五代史》(《旧五代史》)谓柴荣："神武雄略，乃一代之英主也。"

欧阳修《五代史记》称柴荣："世宗区区五六年间，取秦陇，平淮右，复三关，威武之声震慑夷夏；而方内延儒学文章之士，考制度、修《通礼》、定《正乐》、议《刑统》，其制作之法皆可施于后世。其为人明达英果，论议伟然。"

司马光也对周世宗厚加褒赞，在《通鉴》中评论："若周世宗，可谓仁矣！不爱其身而爱民；若周世宗，可谓明矣！不以无益废有益。"世宗未登皇位时，韬光养晦，人们不知其能。继位后，破高平北汉、契丹联军，人们始知其英武。他治军严，号令明，人不敢稍有违犯。对敌攻城，矢石纷落，左右皆恐惧失色，他却声色不动。他又勤于治国，百司簿籍过目不忘；他识忠辨奸，聪明如神。闲暇时则召儒者读前史，论大义，不喜声色珍玩奢侈。使群臣能各尽其能。群臣有功则厚赏之，有过则面责之，服过则赦免之。故臣下无不畏其明察而怀其恩惠。

周世宗是位志在四方、有能力统一河山的军事家，更是目光远大、胆识过人的政治家和改革家。他自幼生活在社会底层，深知民间疾苦。他希望能做三十年皇帝："以十年开拓天下，十年养百姓，十年致太平。"他以务实的态度、宏大的魄力，革故鼎新，所进行的改革卓有成效、影响深远。只是他去世太早，很多事情都没能够完成，但很多事业在北宋初期都沿袭了下去。征讨淮南是世宗统一大业的一部分。

柴荣的人生很短暂，他在位只有五年半，去世时也只有三十九岁。但就是这短短的的五年半时间，柴荣却深深震撼了历史。史称，柴荣采纳王朴《平边策》，"先易后难"，开始了"平天下"的艰难进程，连续三年三次率兵亲征南唐，并创建水军，占领了战略位置非常重要的南唐江北、淮南十四州，为日后北宋统一江东打下了坚实的基础。

后周和南唐的这场战争胜败之势非常明显，后周拥有极大的优势，这一点也同样出现在后来北宋征伐南唐的过程中。

【原文】

显德二年（乙卯，公元955年）

上谓宰相曰："朕每思致治之方，未得其要，寝令不忘。又自唐、晋以来，吴、蜀、幽、并皆阻声教，未能混壹，宜命近臣著《为君难为臣不易论》及《开边策》各一篇，朕将览焉。"

【译文】

显德二年（乙卯，公元955年）

世宗对宰相说："朕常常思考达到大治的方略，没有得到它的要领，以致睡觉吃饭都不能忘记。又从后唐、后晋以来，吴地、蜀地、幽州、并州都被隔断

后周世宗与宰相议政。

了政令教化，不能统一，应该命令左右大臣撰写《为君难为臣不易论》和《开边策》各一篇，朕将一一阅览。”

比部郎中王朴进献策略。

【原文】

比部郎中王朴献策，以为：“中国之失吴、蜀、幽、并，皆由失道。今必先观所以失之之原，然后知所以取之之术。其始失之也，莫不以君暗臣邪，兵骄民困，奸党内炽，武夫外横，因小致大，积微成著。今欲取之，莫若反其所为而已。夫进贤退不肖，所以收其才也；恩隐诚信，所以结其心也；赏功罚罪，所以尽其力也；去奢节用，所以丰其财也；时使薄敛，所以阜其民也。俟群才既集，政事既治，财用既充，士民既附，然后举而用之，功无不成矣！彼之人观我有必取之势，则知其情状者愿为间谍，知其山川者愿为向导，民心既归，天意必从矣。

“凡攻取之道，必先其易者。唐与吾接境几两千里，其势易扰也。扰之当以无备之处为始，备东则扰西，备西则扰东，彼必奔走而救之。奔走之间，可以知其虚实强弱，然后避实击虚，避强击弱。未须大举，且以轻兵扰之。南人懦怯，闻小有警，必悉师以救之。师数动则民疲而财竭，不悉师则我可以乘虚取之。如此，江北诸州将悉为我有。既得江北，则用彼之民，行我之法，江南亦易取也。得江南则岭南、巴蜀可传檄而定。南方既定，则燕地必望风内附；若其不至，移兵攻之，席卷可平矣。惟河东必死之寇，不可以恩信诱，当以强兵制之，然彼自高平之败，力竭气沮，必未能为边患，宜且以为后图，俟天下既平，然后伺间，一举可擒也。今士卒精练，甲兵有备，群下畏法，诸将效力，期年之后可以出师，宜自夏秋蓄积实边矣。”

【译文】

比部郎中王朴进献策略，认为：“中原朝廷丧失吴地、蜀地、幽州、并州，都是由于丧失了治国之道。现在一定要先考察所以丧失土地的原因，然后才能知晓收取失地的方法。当初丧失国土时，没有不是因为君主昏庸臣子奸邪，军队骄横百姓穷困，奸人乱党在朝内气焰高涨，强将武夫在外面横行霸道，由小到大，积微成著。如今要收复失地，只不过是反其道而行罢了。选用贤人罢免庸人，是收罗人才的办法；讲恩惠信用，是团结人心的办法；奖赏功劳惩罚罪过，是鼓励大家尽力做事的办法；革除奢侈节约费用，是增加财富的办法；按时来使用民力，减少赋税，是使百姓富足的办法。等到群贤毕集，政事得到治理，财用充足，士民归附，到那时起兵而使用他们，千秋功业没有不成功的！对方的人看到我方有必定取胜的势头，到那时知道情况的愿为我们当间谍，熟悉山川地理的愿为我们当向导，民心已经归附，那么天意必然会顺从了。

“大凡进攻夺取的方法，必定先从容易的地方下手。南唐与我们接壤的地方将近二千里，这样就很利于我们骚扰对方。骚扰对方应当从没有防备的地方下手，南唐防备东面我们就骚扰西面，防备西面我们就骚扰它的东面，对方必定东奔西走去救援。敌方东奔西走的时候，我们就可以探明对方的虚实强弱，然后避实击虚，避强击弱。不须大举出兵，暂且用小部队骚扰他们。南方人生性懦弱胆小，听说有小小的警报，必定会出动全部军队去救援。军队频繁出动就会使百姓疲劳财物耗竭，如果不出动全国的军队去救援，我们就可以乘其空虚夺取土地。像这样，长江以北各州将全部归我们所有。既得长江以北，就可以用他们的百姓，实行我们的办法，那长江以南也容易夺取了。取得江南，那么岭南、巴蜀之地不待出兵，只要用一纸文书就可以平定了。南方既已平定，那燕地必定望风归附中原；倘若它不归附，就调动军队进攻它，犹如卷席子那样很快就可以平定。只有河东北汉是必然要拼死一战的敌人，不能用恩惠信义使之屈服，应当用强大的军队制伏它，但是，北汉自从高平失败以后，国力空虚士气沮丧，一定不会再起边患，应当暂且等以后再谋取它，等待天下已经平定，然后利用时机，一举就可以擒获。如今士兵精干，武器齐全，部下畏服军法，众将愿意效力，一年以后可以出师，应当从夏秋季开始积蓄粮草来充实边疆了。”

【原文】

上欣然纳之。时群臣多守常偷安，所对少有可取者，惟朴神峻气劲，有谋能断，凡所规画，皆称上意，上由是重其气识，未几，迁左谏议大夫，知开封府事。

【译文】

世宗欣然接受了王朴的建议。当时群臣大多墨守常规，苟且偷安，所对策略很少有可取的，只有王朴神情峻逸，气势刚劲，有智谋能决断，凡是他所谋划的，都合乎世宗的心意，世宗因此看重王朴的气质胆识，不久，升迁他为左谏议大夫，主持开封府政务。

【原文】

唐主性和柔，好文章，而喜人佞己，由是谄谀之臣多进用，政事日乱。既克建州，破湖南，益骄，有吞天下之志。李守贞、慕容彦超之叛，皆为之出师，遥为声援，又遣使自海道通契丹及北汉，约共图中国；值中国多事，未暇与之校。

南唐主喜好文采辞章。

【译文】

南唐主生性温和柔顺，喜好文采辞章，而且喜欢人奉承自己，于是那些善于花言巧语、献媚取宠的臣子大多晋升任用，政事日益混乱。既已攻克建州，击破湖南，就更加骄傲，大有吞并天下的志向。李守贞、慕容彦超叛乱，南唐都为之出兵，远远地作为声援，又派遣使者从海道联络契丹和北汉，约定共同图谋中原。后周正值中原多事，没有时间与南唐计较。

【原文】

先是，每冬淮水浅涸，唐人常发兵戍守，谓之“把浅”，寿州监军吴廷绍以为疆场无事，坐费资粮，悉罢之。清淮节度使刘仁赡上表固争，不能得。十一月乙未朔，帝以李榖为淮南道前军行营都部署兼知庐、寿等行府事，以忠武节度使王彦超副之，督侍卫马军都指挥使韩令坤等十二将以伐唐。

汴水自唐末溃决，自埇桥东南悉为污泽。上谋击唐，先命武宁节度使武行德发民夫，因故堤疏导之，东至泗上。议者皆以为难成，上曰：“数年之后，必获其利。”

【译文】

从前，每年冬天淮河水浅干涸，南唐经常发兵戍守，称作“把浅”。寿州监军吴廷绍认为边境平安，戍守淮河白费钱粮，把戍守的军队全部撤回。清淮节度使刘仁赡上表一再坚持争辩，最终也没有什么结果。十一月乙未朔（初一），世宗任命李穀为淮南道前军行营都部署兼知庐州、寿州等行府事务，任命忠武节度使王彦超为行营副都部署，督领侍卫马军都指挥使韩令坤等十二名将领攻伐南唐。

汴水自唐朝末年溃堤决口以来，自埇桥东南全都成为污泥沼泽。世宗谋划攻击南唐，先命令武宁节度使武行德征发民夫，顺着原来的河堤疏通引水，东面一直到泗水。议事的人都认为难以成功，世宗说："数年以后，一定能得到好处。"

【原文】

唐人闻周兵将至而惧。刘仁赡神气自若，部分守御，无异平日，众情稍安。唐主以神武统军刘彦贞为北面行营都部署，将兵二万趣寿州，奉化节度使、同平章事皇甫晖为应援使，常州团练使姚凤为应援都监，将兵三万屯定远。召镇南节度使宋齐丘还金陵，谋国难，以翰林承旨、户部尚书殷崇义为吏部尚书、知枢密院。

【译文】

南唐听说后周军队即将到来大为恐惧。刘仁赡神态自若，部署军队守卫抵御，与平日没有两样，大家的情绪稍稍安稳了些。南唐主任命神武统军刘彦贞为北面行营都部署，率领二万人马赶往寿州，奉化节度使、同平章事皇甫晖为应援使，常州团练使姚凤为应援都监，率兵三万屯驻定远。征召镇南节度使宋齐丘返回金陵，商讨应付国难，任命翰林承旨、户部尚书殷崇义为吏部尚书、知枢密院。

南唐人闻周兵将至而惧。

【原文】

李穀等为浮梁，自正阳济淮。十二月甲戌，穀奏王彦超败唐兵二千余人于寿州城下。己卯，又奏先锋都指挥使白延遇败唐兵千余人于山口镇。

帝以诏谕弘俶，使出兵击唐。

【译文】

李穀等架设浮桥，从正阳渡过淮河。十二月甲戌（初十），李穀奏报王彦超在寿州城下击败南唐军二千余人。己卯（十五日），又奏报先锋都指挥使白延遇在山口镇击败南唐军一千余人。

李穀等架设浮桥，从正阳渡过淮河。

世宗赐诏书安抚钱弘俶，让他

出兵进攻南唐。

【原文】

显德三年（丙辰，公元956年）

丁酉，李穀奏败唐兵千余人于上窑。

戊戌，发开封府、曹、滑、郑州之民十余万筑大梁外城。

庚子，帝下诏亲征淮南，以宣徽南院使、镇安节度使向训权东京留守，端明殿学士王朴副之，彰信节度使韩通权点检侍卫司及在京内外都巡检。命侍卫都指挥使、归德节度使李重进将兵先赴正阳，河阳节度使白重赞将亲兵三千屯颍上。壬寅，帝发大梁。

【译文】

显德三年（丙辰，公元956年）

丁酉（初三），李穀奏报在上窑击败南唐军一千余人。

戊戌（初四），后周征发开封府、曹州、滑州、郑州的百姓十多万人修筑大梁外城。

庚子（初六），世宗颁下诏书亲自出征淮南，任命宣徽南院使、镇安节度使向训暂且代理东京留守，端明殿学士王朴为副留守，彰信节度使韩通暂且代理点检侍卫司以及在京内外都巡检。命令侍卫都指挥使、归德节度使李重进率兵先赶赴正阳，河阳节度使白重赞率领随身亲兵三千驻扎在颍上。壬寅（初八），世宗从大梁出发。

【原文】

李穀攻寿州，久不克；唐刘彦贞引兵救之，至来远镇，距寿州二百里，又以战舰数百艘趣正阳，为攻浮梁之势。李穀畏之，召将佐谋曰："我军不能水战，若贼断浮梁，则腹背受敌，皆不归矣！不如退守浮梁以待车驾。"上至圉镇，闻其谋，亟遣中使乘驿止之。比至，已焚刍粮，退保正阳。丁未，帝至陈州，亟遣李重进引兵趣淮上。

【译文】

李穀攻打寿州，很久没攻下；南唐刘彦贞领兵救援，到达来远镇，距离寿州二百里，又派数百艘战舰赶赴正阳，做出要攻打浮梁的架势。李穀畏惧南唐水军，召集将领僚佐商量说："我军不善水战，倘若敌人截断浮桥，那么我们就会腹背受敌，都回不去了！不如退守浮桥等待陛下到来。"世宗到达圉镇，听到李穀的计划，立即派朝廷使臣乘驿马前去阻止他。等使者到达时，李穀已将粮草焚毁，退守正阳浮桥。丁未（十三日），世宗到达陈州，立刻派李重进领兵赶赴淮上。

【原文】

辛亥，李穀："奏贼舰中流而进，弩炮所不能及，若浮梁不守，则众心动摇，须至退军。今贼舰日进，淮水日涨，若车驾亲临，万一粮道阻绝，其危不测。愿陛下且驻跸陈、颍，俟李重进至，臣与之共度贼舰可御，浮梁可完，立具奏闻。但若厉兵秣马，春去冬来，足使贼中疲弊，取之未晚。"帝览奏，不悦。

【译文】

辛亥（十七日），李穀上奏说："敌军的战船在淮河中央行进，弓弩石炮都射不到，如果浮桥守不住，就会军心动摇，势必要退兵。如今敌船一天天逼进，淮水一天天上涨，如果陛下大驾亲临，万一粮道断了，那危险是难以预测的。希望陛下暂且驻在陈、颍一带，等李重进到了，臣下与他共同商量如何抵御敌军战船，浮桥可以保证完好，立即陈奏报告。如果我军厉兵秣马做好准备，春去冬来等待时机，足以使敌人疲惫不堪，到那时再作战也不晚。"世宗看到奏章，很不高兴。

【原文】

刘彦贞素骄贵，无才略，不习兵，所历藩镇，专为贪暴，积财巨亿，以赂权要，由是魏岑等争誉之，以为治民如龚、黄，用兵如韩、彭，故周师至，唐主首用之。其裨将咸师朗等皆勇而无谋，闻李毂退，喜，引兵直抵正阳，旌旗辎重数百里，刘仁赡及池州刺史张全约固止之。仁赡曰："公军未至而敌人先遁，是畏公之威声也，安用速战！万一失利，则大事去矣！"彦贞不从。既行，仁赡曰："果遇，必败。"乃益兵乘城为备。李重进渡淮，逆战于正阳东，大破之，斩彦贞，生擒咸师朗等，斩首万余级，伏尸三十里，收军资器械三十余万。是时江、淮久安，民不习战，彦贞既败，唐人大恐，张全约收余众奔寿州，刘仁赡表全约为马步左厢都指挥使。皇甫晖、姚凤退保清流关。滁州刺史王绍颜委城走。

【译文】

刘彦贞向来骄横宠贵，没有什么才能谋略，不熟悉军事，在历次藩镇任上专行贪污暴虐，积累了巨亿资财，用来贿赂当权要人，因此魏岑等权臣争相称誉他，说他治理百姓如龚遂、黄霸，用兵打仗如韩信、彭越，所以周师来到，南唐主首先就起用他。刘彦贞的副将咸师朗等人都有勇无谋，听说李毂退兵，大喜，领兵直抵正阳，各色旗帜、军需运输前后长达数百里，刘仁赡和池州刺史张全约坚决阻止刘彦贞这样做。刘仁赡说："你的军队未到而敌人先逃，这是畏惧你的声威，怎么能用速战速决的办法！万一失利的话，大事就完了。"刘彦贞不听。他已经出行，刘仁赡说："如果真的遇到敌军，必定失败。"于是增加兵员登上城楼，做好准备。李重进渡过淮河，在正阳东面迎战刘彦贞，大破南唐军，斩杀刘彦贞，生擒咸师朗等人，斩首万余级，躺伏地上的尸体长达三十里，缴获军用物资器材三十多万件。当时江淮一带长久平安无事，百姓不习惯打仗，刘彦贞败了以后，南唐人大为惊恐，张全约收集残余的部众投奔寿州，刘仁赡上表荐举张全约为马步左厢都指挥使。皇甫晖、姚凤退保清流关。滁州刺史王绍颜弃城逃走。

【原文】

壬子，帝至永宁镇，谓侍臣曰："闻寿州围解，农民多归村落，今闻大军至，必复入城。怜其聚为饿殍，宜先遣使存抚，各令安业。"甲寅，帝至正阳，以李重进代李毂为淮南道行营都招讨使，以毂判寿州行府事。丙辰，帝至寿州城下，营于淝水之阳，命诸军围寿州，徙正阳浮梁于下蔡镇。丁巳，征宋、亳、陈、颍、徐、宿、许、蔡等州丁夫数十万以攻城，昼夜不息。唐兵万余人维舟于淮，营于涂山之下。庚申，帝命太祖击之，太祖皇帝遣百余骑薄其营而伪遁，伏兵邀之，大败唐兵于涡口，斩其都监何延锡等，夺战舰五十余艘。

【译文】

壬子（十八日），世宗到达永宁镇，他对侍臣说："听说寿州围困解除，农民大多回村落去了，如今听说大军到了，必定再次入城。可怜他们聚到城中就会饿死，应先派使者安抚，让他们各

世宗要求官员安抚百姓，使百姓各安其业。

安其业。”甲寅（二十日），世宗到达正阳，任命李重进代替李榖为淮南道行营都招讨使，任命李榖兼理寿州行府政务。丙辰（二十二日），世宗到达寿州城下，在淝水北面扎营，命令各军包围寿州，将正阳浮桥迁移到下蔡镇。丁巳（二十三日），征发宋、亳、陈、颍、徐、宿、许、蔡等州壮丁数十万攻城，昼夜不停。南唐一万多人将船只拴在淮河边，在涂山脚下宿营。庚申（二十六日），世宗命令太祖赵匡胤出战，赵匡胤派出百余骑兵靠近南唐军营后假装逃走，埋伏的部队乘机拦击南唐追兵，在涡口大败南唐军，斩杀南唐都监何延锡等人，夺得战船五十多艘。

【原文】

诏以武平节度使兼中书令王逵为南面行营都统，使攻唐之鄂州。逵引兵过岳州，岳州团练使潘叔嗣厚具燕犒，奉事甚谨。逵左右求取无厌，不满望者谮叔嗣于逵，云其谋叛，逵怒形于词色，叔嗣由是惧而不自安。

【译文】

世宗下诏任命武平节度使兼中书令王逵为南面行营都统，命他进攻南唐的鄂州。王逵率兵经过岳州，岳州团练使潘叔嗣准备丰厚的酒食来慰劳，招待非常恭敬。王逵手下的人贪得无厌，不满足而抱怨的人在王逵面前说潘叔嗣的坏话，说他谋划叛变，王逵忿怒溢于言表，潘叔嗣因此感到恐惧而不能自安。

【原文】

唐主闻湖南兵将至，命武昌节度使何敬洙徙民入城，为固守之计。敬洙不从，使除地为战场，曰：“敌至，则与军民俱死于此耳！”唐主善之。

【译文】

南唐主听说湖南军队将要到达，命令武昌节度使何敬洙将百姓都迁移到城里，筹划固守鄂州之计。何敬洙没有听从，他让百姓清理地方作为战场，说：“敌军到达，就和军民一齐战死在这里！”南唐主对他的做法很赞赏。

【原文】

二月丙寅，下蔡浮梁成，上自往视之。

戊辰，庐、寿、光、黄巡检使司超奏败唐兵三千余人于盛唐，擒都监高弼等，获战舰四十余艘。

上命太祖皇帝倍道袭清流关。皇甫晖等陈于山下，方与前锋战，太祖皇帝引兵出山后。晖等大惊，走入滁州，欲断桥自守，太祖皇帝跃马麾兵涉水，直抵城下。晖曰：“人各为其主，愿容成列而战。”太祖皇帝笑而许之。晖整众而出，太祖皇帝拥马颈突陈而入，大呼曰：“吾止取皇甫晖，他人非吾敌也！”手剑击晖，中脑，生擒之，并擒姚凤，遂克滁州。后数日，宣祖皇帝为马军副都指挥使，引兵夜半至滁州城下，传呼开门。太祖皇帝曰：“父子虽至亲，城门王事也，不敢奉命。”

【译文】

二月丙寅（初三），下蔡镇的浮桥建成，世宗亲自前往视察。

戊辰（初五），庐、寿、光、黄巡检使司超上奏说在盛唐大败唐兵三千余人，活捉都监高弼等人，缴获战船四十余艘。

世宗命太祖赵匡胤兼程袭取清流关。皇甫晖等在山下列阵，正与后周前锋部队交战，赵匡胤领兵从山后出来。皇甫晖等大惊，逃入滁州城中，打算毁断桥坚守，赵匡胤跃马指挥士兵渡河，直抵城下。皇甫晖说：“人都各自为自己的主子效力，希望容我排好队列再战。”赵匡胤笑着答应了。皇甫晖整理好军队率众而出，赵匡胤抓住马颈突然驰入敌阵，大喊道："我只取皇甫晖，别人都不是我的敌人！"手持长剑攻击皇甫晖，击中头部，生擒了他，并擒获姚凤，于是攻克滁州。数日以后，赵匡胤的父亲宋宣祖为马军副都指挥使，半夜带兵到了滁州城下，传令呼喊开门。赵匡胤说："父子虽是至亲，但城门开启是王朝大事，不敢随便从命。"

【原文】

上遣翰林学士窦仪籍滁州帑藏，太祖皇帝遣亲吏取藏中绢。仪曰："公初克城时，虽倾藏取之，无伤也。今既籍为官物，非有诏书，不可得也。"太祖皇帝由是重仪。诏左金吾卫将军马崇祚知滁州。

初，永兴节度使刘词遗表荐其幕僚蓟人赵普有才可用。会滁州平，范质荐普为滁州军事判官，太祖皇帝与语，悦之。时获盗百余人，皆应死，普请先讯鞫然后决，所活十七八。太祖皇帝益奇之。

【译文】

世宗派翰林学士窦仪前往滁州清点登记府库财务，赵匡胤派心腹官吏提取库藏绢帛。窦仪说："若是太尉刚打下州城之时，即使把库中东西取光，也无妨碍。如今已经登记造册为官府物资，没有诏书命令，是不可提取的。"赵匡胤因此器重窦仪。世宗诏令左金吾卫将军马崇祚主持滁州政务。

当初，永兴节度使刘词送表书举荐他的幕僚蓟州人赵普有才能可以重用。适逢滁州平定，范质推荐赵普为滁州军事判官，赵匡胤和他交谈，很喜欢他。当时捕获强盗一百余人，都应处死，赵普请求先审讯然后处决，结果活下来的占十分之七八。赵匡胤愈发认为他是个奇才。

【原文】

唐主遣泗州牙将王知朗赍书抵徐州，称："唐皇帝奉书大周皇帝，请息兵修好，愿以兄事帝，岁输货财以助军费。"甲戌，徐州以闻；帝不答。戊寅，命前武胜节度使侯章等攻寿州水寨，决其壕之西北隅，导壕水入于淝。

【译文】

南唐主派泗州牙将王知朗携带书信到徐州，称："唐皇帝奉上书信致大周皇帝，请求休战讲和，愿把皇帝当作兄长来侍奉，每年贡献货物财宝来资助军用。"甲戌（十一日），徐州将书信奏报；世宗没作回答。戊寅（十五日），世宗命令前武胜节度使侯章等人进攻寿州水寨，在护城河的西北角打开决口，将护城河水引入淝水。

【原文】

帝诇知扬州无备，己卯，命韩令坤等将兵袭之，戒以毋得残民；其李氏陵寝，遣人与李氏人共守护之。

【译文】

世宗探知扬州没有防备，己卯（十六日），命令韩令坤等率兵袭击扬州，告诫他们不得残害百姓；并派人与李氏族人共同守卫看护那里的李氏陵墓寝庙。

【原文】

唐主兵屡败，惧亡，乃遣翰林学士、户部侍郎钟谟，工部侍郎、文理院学士李德明奉表称臣，来请平，献御服、汤药及金器千两，银器五千两，缯锦二千匹，犒军牛五百头，酒二千斛，壬午，至寿州城下。谟、德明素辩口，上知其欲游说，盛陈甲兵而见之，曰："尔主自谓唐室苗裔，宜知礼义，异于他国。与朕止隔一水，未尝遣一介修好，惟泛海通契丹，舍华事夷，礼义安在？且汝欲说我令罢兵邪？我非六国愚主，岂汝口舌所能移邪！可归语汝主：亟来见朕，再拜谢过，则无事矣。不然，朕欲观金陵城，借府库以劳军，汝君臣得无悔乎！”谟、德明战栗不敢言。

世宗命全副武装的士兵严整列队接见钟谟、李德明。

【译文】

由于战事屡遭败绩，南唐主惧怕南唐灭亡，于是派翰林学士、户部侍郎钟谟，工部侍郎、文理院学士李德明奉持表书称臣，前来请求和平，进献皇帝专用的服装、汤药以及金器一千两，银器五千两，缯帛锦缎二千匹，犒劳军队五百头牛，酒二千斛，壬午（十九日），到达寿州城下。钟谟、李德明一向能说善辩，世宗知道他们打算游说，命全副武装的士兵严整列队接见他们，说：“你们君主自称是唐皇室的后裔，应该懂得礼义，同别的国家有区别。与朕只有一水之隔，未曾派过一位使者来与我们建立友好关系，反而漂洋过海去勾结契丹，舍弃华夏而臣事蛮夷，礼义在哪里呢？再说你们准备向我游说，是想让我休战吗？我不是战国时代六国那样的愚蠢君主，岂是你们用口舌就能改变我的主意呢！你们可以回去告诉你们的国君，马上来见朕，下跪再拜认罪谢过，那就没事了。不然的话，朕打算看看金陵城，借用金陵国库来慰劳军队，到那时你们君臣可不要后悔啊！”钟谟、李德明全身发抖不敢说话。

【原文】

吴越王弘俶遣兵屯境上以俟周命。苏州营田指挥使陈满言于丞相吴程曰：“周师南征，唐举国惊扰，常州无备，易取也。”会唐主有诏抚安江阴吏民，满告程云：“周诏书已至。”程为之言于弘俶，请亟发兵从其策。丞相元德昭曰：“唐大国，未可轻也。若我入唐境而周师不至，谁与并力，能无危乎！请姑俟之。”程固争，以为时不可失，弘俶卒从程议。癸未，遣程督衢州刺史鲍修让、中直都指挥使罗晟趣常州。程谓将士曰：“元丞相不欲出师。”将士怒，流言欲击德昭。弘俶匿德昭于府中，令捕言者，叹曰：“方出师而士卒欲击丞相，不祥甚哉！”

【译文】

吴越王钱弘俶派军队驻扎在边境上等待后周的命令。苏州营田指挥使陈满向丞相吴程进言说：“后周军队南下征伐，南唐举国震惊骚乱，常州没有防备，很容易攻取的。”适逢南唐主有诏书安抚江阴官吏百姓，陈满禀告吴程说：“后周诏书已到。”吴程为此向钱弘俶进言，请求采用陈满的计策立即发兵。丞相元德昭说：“南唐是大国，不可轻视。倘若我军进入南唐境内而周兵没到，谁来与我们合力作战，能没有危险吗！请暂且等一下。”吴程再三争辩，认为时机不可错过，钱弘俶最后听从了吴程的建议。癸未（二十日），钱弘俶派吴程督领衢州刺史鲍修让、中直都指挥使罗晟奔赴常州。吴程对将士们说：“元丞相不想出兵。”将士们恼怒，有流言说要袭击元德昭。钱弘俶把元德昭藏匿在府中，下令抓捕散布流言的人，叹道：“正要出兵而士卒却要袭击丞相，不吉利得很呀！”

【原文】

乙酉，韩令坤奄至扬州；平旦，先遣白延遇以数百骑驰入城，城中不之觉。令坤继至，唐

韩令坤慰问安抚扬州百姓。

东都营屯使贾崇焚官府民舍，弃城南走，副留守工部侍郎冯延鲁髡发被僧服，匿于佛寺，军士执之。令坤慰抚其民，使皆安堵。

庚寅，王逵奏拔鄂州长山寨，执其将陈泽等，献之。

【译文】

乙酉（二十二日），韩令坤突然到达扬州；天大亮，先派白延遇率数百骑兵奔驰入城，城中没有发觉。韩令坤接着到达，南唐东都营屯使贾崇焚烧官邸和百姓房屋，弃城往南逃奔，副留守工部侍郎冯延鲁剃光头发披上僧服，藏进佛寺，军士抓获了他。韩令坤慰问安抚扬州百姓，让他们都安居乐业。

庚寅（二十七日），王逵奏报攻破鄂州长山寨，抓获南唐将领陈泽等人献上。

【原文】

辛卯，太祖皇帝奏唐天长制置使耿谦降，获刍粮二十余万。

韩令坤攻唐泰州，拔之，刺史方讷奔金陵。

唐主遣人以蜡丸求救于契丹。壬辰，静安军使何继筠获而献之。

【译文】

辛卯（二十八日），赵匡胤奏报南唐天长制置使耿谦投降，缴获粮草二十多万。

韩令坤等进攻泰州，占领泰州，刺史方讷逃奔金陵。

南唐主派人拿着封有书信的蜡丸向契丹求救。壬辰（二十九日），静安军使何继筠截获后献给世宗。

【原文】

三月甲午朔，上行视水寨，至淝桥，自取一石，马上持之至寨以供炮，从官过桥者人赍一石。太祖皇帝乘皮船入寿春壕中，城上发连弩射之，矢大如屋椽。牙将馆陶张琼遽以身蔽之，矢中琼髀，死而复苏。镞着骨不可出，琼饮酒一大卮，令人破骨出之，流血数升，神色自若。

【译文】

三月甲午朔（初一），世宗巡视水寨，到了淝桥，自己取了一块石头，骑在马上拿着到寨中供炮使用，过桥的随从官员每人也携带一块石头。赵匡胤乘坐牛皮船进入寿春的护城河中，城上发连弩射击，箭矢像房屋的椽子那样粗。牙将馆陶人张琼立即用身体遮挡，箭射中张琼的大腿，昏死过去又苏醒过来。箭头射入骨头不能拔出，张琼喝下一大杯酒，命令人敲破骨头取出箭头，流血好几升，神色仍从容自如。

【原文】

丁酉，行舒州刺史郭令图拔舒州，唐蕲州将李福杀其知州王承巂，举州来降。遣六宅使齐藏珍攻黄州。

秦、凤之平也，上赦所俘蜀兵以隶军籍，从征淮南，复亡降于唐。癸卯，唐主表献百五十人。上悉命斩之。

丙午，孙晟等至上所。庚戌，上遣中使以孙晟诣寿春城下，示刘仁赡，且招谕之。仁赡见晟，戎服拜于城上。晟谓仁赡曰："君受国厚恩，不可开门纳寇。"上闻之，甚怒，晟曰："臣为唐宰相，岂可教节度使外叛邪！"上乃释之。

【译文】

丁酉（初四），行舒州刺史郭令图攻克舒州，南唐蕲州将领李福杀死知州王承巂，率领蕲州所有的人前来投降。世宗派六宅使齐藏珍进攻黄州。

秦州、凤州平定时，世宗赦免所俘获的后蜀士兵，将他们编入军籍，跟随征伐淮南，他们又逃亡投向南唐。癸卯（初十），南唐主上表献出降卒一百五十人，世宗命令将他们全部斩首。

丙午（十三日），孙晟等人到了世宗所在之处。庚戌（十七日），世宗派朝廷使者带孙晟到寿春城下，并且让他招降南唐守将。刘仁赡见到孙晟，身着戎装在城上行拜礼。孙晟对刘仁赡说："您受到国君深厚的恩泽，不可打开城门迎纳敌寇。"世宗听说后，十分恼怒，孙晟说："臣下身为南唐宰相，岂能教唆节度使叛变投敌呢！"世宗于是放了他。

【原文】

唐主使李德明、孙晟言于上，请去帝号，割寿、濠、泗、楚、光、海六州之地。仍岁输金帛百万以求罢兵。上以淮南之地已半为周有，诸将捷奏日至，欲尽得江北之地，不许。德明见周兵日进，奏称："唐主不知陛下兵力如此之盛，愿宽臣五日之诛，得归白唐主，尽献江北之地。"上乃许之。晟因奏遣王崇质与德明俱归。上遣供奉官安弘道送德明等归金陵，赐唐主书，其略曰："但存帝号，何爽岁寒！傥坚事大之心，终不迫人于险。"又曰："俟诸郡之悉来，即大军之立罢。言尽于此，更不烦云；苟曰未然，请从兹绝。"又赐其将相书，使熟议而来。唐主复上表谢。

【译文】

唐主派李德明、孙晟见世宗说，请求废除帝号，割让寿、濠、泗、楚、光、海六州之地，并且每年送金帛百万以求休兵停战。世宗认为淮南之地已经一半归后周占有，诸将的捷报连日到达，想要得到所有长江以北的地方，不肯答应唐主所请。李德明眼看后周军队日益推进，上奏称述："唐主不知道陛下的兵力如此强盛，希望给臣下五日不作讨伐的宽限，使臣下得以返回禀告唐主，献出长江以北全部地区。"于是世宗准许了。孙晟奏请派王崇质与李德明一道回去。世宗派供奉官安弘道送李德明等人返回金陵，赐南唐主书信，信中大致说："只管保存帝号，为什么要失去松柏不怕天寒地冻依旧郁郁葱葱的品格！倘若能坚定自己侍奉大周的信念，终究不会被人逼入危险的困难境地。"又说："等到江北各州全部献来，我的大军立即休战。话已在此说尽，不再赘述；倘若说还不行，请从此决绝。"又赐给南唐将相书信，让他们好好商议后再来。南唐主又上表道谢。

【原文】

夏，四月甲子，以侍卫新军都指挥使、归德节度使李重进为庐、寿等州招讨使，以武宁节度使武行德为濠州城下都部署。

唐右卫将军陆孟俊自常州将兵万余人趣泰州，周兵遁去，孟俊复取之，遣陈德诚戍泰州。孟俊进攻扬州，屯于蜀冈，韩令坤弃扬州走。帝遣张永德将兵救之，令坤复入扬州。帝又遣太祖皇帝将兵屯六合。太祖皇帝令曰:“扬州兵有过六合者，折其足!”令坤始有固守之志。

帝自至寿春以来，命诸军昼夜攻城，久不克；会大雨，营中水深数尺，攻具及士卒失亡颇多，粮运不继，李德明失期不至，乃议旋师。或劝帝东幸濠州，声言寿州已破；从之。己巳，帝自寿春循淮而东，乙亥，至濠州。

韩令坤败唐兵于城东，擒陆孟俊。

世宗命令各军昼夜攻城。

【译文】

夏季，四月甲子（初二），世宗任命侍卫亲军都指挥使、归德节度使李重进为庐、寿等州招讨使，任命武宁节度使武行德为濠州城下都部署。

南唐右卫将军陆孟俊领兵一万多从常州赶赴泰州，后周军逃走，陆孟俊收复泰州，派陈德诚守卫泰州。陆孟俊进攻扬州，屯兵于蜀冈，韩令坤丢弃扬州逃跑。世宗派张永德率兵救援，韩令坤再入扬州。世宗又派赵匡胤领兵屯驻六合。赵匡胤下令说:“扬州士兵有过六合的，折断他的脚!”韩令坤这才有固守的决心。

世宗自从到了寿春以来，命令各军昼夜攻城，长久未能攻克；适逢大雨，军营中水深数尺，攻城器具以及士兵损失逃亡很多，粮草运输接不上，李德明超过约定的期限仍没有到达，于是商议回师。有人劝说世宗往东巡视濠州，声称寿州已经攻破；世宗听从了。己巳（初七），世宗自寿春沿着淮河东进，乙亥（十三日），到达濠州。

韩令坤在扬州城东击败南唐军队，活捉了陆孟俊。

【原文】

初，孟俊之废马希萼立希崇也，灭故舒州刺史杨昭恽之族而取其财，杨氏有女美，献于希崇。令坤入扬州，希崇以杨氏遗令坤，令坤嬖之。既获孟俊，将械送帝所；杨氏在帘下，忽抚膺恸哭，令坤惊问之，对曰:“孟俊昔在潭州，杀妾家二百口，今日见之，请复其冤。”令坤乃杀之。

唐齐王景达将兵二万自瓜步济江，距六合二十余里，设栅不进。诸将欲击之，太祖皇帝曰:“彼设栅自固，惧我也。今吾众不满二千，若往击之，则彼见吾众寡矣；不如俟其来而击之，破之必矣!”居数日，唐出兵趣六合，太祖皇帝奋击，大破之，杀获近五千人，余众尚万余，走渡江，争舟溺死者甚众，于是唐之精卒尽矣。

【译文】

当初，陆孟俊废黜马希萼拥立马希崇，诛灭原舒州刺史杨昭恽全家而取得杨家财产，杨家有个女儿长得美丽，陆孟俊把她献给马希崇。韩令坤进入扬州，马希崇把杨氏送给韩令坤，韩令坤宠爱她。既已抓获陆孟俊，于是给他带上刑具准备押送到世宗所在之处；杨氏站在竹帘下，突然捶胸痛哭，韩令坤感到惊讶，问她为什么痛哭，回答说:“陆孟俊昔日在潭州，杀死妾家人二百口，今日见到陆孟俊被擒获，请报冤仇。”韩令坤就杀了陆孟俊。

南唐齐王李景达率二万人马从瓜步渡过长江，在距离六合二十余里的地方不再前进，设置栅栏防守。后周诸将想出战攻打李景达，赵匡胤说:“敌人设栅防守，是害怕我们。如今我军部众不满二千，倘若去攻打李景达，那么敌军就会看出我们人数的多少了；不如等他们来进攻时再出战迎击，到那时一定能够打败他们！”过了几天，后唐军出兵奔赴六合，赵匡胤带兵奋力出击，大破后唐军，杀死抓获近五千人，余下的南唐军还有一万多，逃奔渡江，争船淹死的很多，于是南唐的精锐部队丧尽。

【原文】

甲申，以太祖皇帝为定国节度使兼殿前都指挥使。太祖皇帝表渭州军事判官赵普为节度推官。

张永德与李重进不相悦，永德密表重进有二心，帝不之信。时二将各拥重兵，众心忧恐。重进一日单骑诣永德营，从容宴饮，谓永德曰：“吾与公幸以肺腑俱为将帅，奚相疑若此之深邪？”永德意乃解，众心亦安。唐主闻之，以蜡丸遗重进，诱以厚利，其书皆谤毁及反间之语；重进奏之。

【译文】

甲申（二十五日），世宗任命赵匡胤为定国节度使兼殿前都指挥使。赵匡胤表举渭州军事判官赵普为节度推官。

张永德和李重进关系不和，张永德秘密上表说李重进有外心，世宗不相信这话。当时两位将领各自拥有重兵，众人心里担忧恐惧。李重进有一天单人匹马到张永德的营帐，从容自如地欢宴饮酒，对张永德说：“我和您有幸成为皇上的心腹都做将帅，为什么相互疑忌如此之深呢？”张永德的敌意就消除了，众人心里也踏实了。南唐主听到后，派人将封有书信的蜡丸带给李重进，以高官厚禄引诱他，书信中都是毁谤朝廷和策反离间的话；李重进将来信奏报世宗。

【原文】

初，唐使者孙晟、钟谟从帝至大梁，帝待之甚厚，每朝会，班于中书省官之后，时召见，饮以醇酒，问以唐事。晟但言“唐主畏陛下神武，事陛下无二心。”及得唐蜡书，帝大怒，召晟，责以所对不实。晟正色抗辞，请死而已。问以唐虚实，默不对。十一月乙巳，帝命都承旨曹翰送晟于右军巡院，更以帝意问之；翰与之饮酒数行，从容问之，晟终不言。翰乃谓曰：“有敕，赐相公死。”晟神色怡然，索袍笏，整衣冠，南向拜曰：“臣谨以死报国。”乃就刑。并从者百余人皆杀之，贬钟谟耀州司马。既而帝怜晟忠节，悔杀之，召谟，拜卫尉少卿。

【译文】

当初，南唐使者孙晟、钟谟跟随世宗到大梁，世宗待他们很优厚，每次朝会，让他们排在中书省官员的后面，时常召见，给他们美酒喝，询问南唐的情况。孙晟只说：“唐主畏服陛下神武，侍奉陛下没有二心。”等到获得南唐蜡丸中的书信，世宗勃然大怒，召见孙晟，斥责他回答的不是实情。孙晟神色庄重言辞激昂，只求一死。再问南唐国中虚实，缄口不答。十一月乙巳（十七日），世宗命令都承旨曹翰送孙晟到右军巡院，再按世宗意思问他。曹翰与他饮酒，酒过几巡后，和言悦色地问他，孙晟始终不说。曹翰于是对他说：“我有敕书，赐相公自杀。”孙晟神色安详，寻找朝袍朝笏，整理衣帽，向南叩拜说：“臣下谨以死报效朝廷。”于是赴刑。连同随从一百多人都杀死，钟谟贬为耀州司马。事后世宗怜惜孙晟的忠诚节操，后悔杀了他，召回钟谟，授予卫尉少卿。

【原文】

十二月壬申，以张永德为殿前都点检。

分命中使发陈、蔡、宋、亳、颍、兖、曹、单等州丁夫数万城下蔡。

周兵围寿春，连年未下，城中食尽。齐王景达自濠州遣应援使、永安节度使许文稹，都军使边镐、北面招讨使朱元将兵数万，溯淮救之，军于紫金山，列十余寨如连珠，与城中烽火晨夕相应，又筑甬道抵寿春，欲运粮以馈之，绵亘数十里。将及寿春，李重进邀击，大破之，死者五千人，夺其二寨。丁未，重进以闻。戊申，诏以来月幸淮上。

【译文】

十二月壬申（十四日），世宗任命张永德为殿前都检点。

世宗分别命令宫中使者征发陈州、蔡州、宋州、亳州、颍州、兖州、曹州、单州等地壮丁民夫修筑下蔡城。

后周军围攻寿春，连年没有攻下，城中粮食吃光了。齐王李景达从濠州派应援使、永安节度使许文稹和都军使边镐、北面招讨使朱元领兵数万，沿淮水救援寿春，军马驻扎在紫金山，排列的十几个营寨如同串连起来的珠子，与城中的烽火早晚相呼应，又修筑两旁有墙的通道直达寿春，准备运粮来供应城中，绵延不断长达几十里。通道快修到寿春城下时，李重进截击，大败南唐军，南唐军死的有五千人，夺得南唐军两个营寨。丁未（十九日），李重进奏报。戊申（二十日），世宗下诏说下月亲临淮水。

【原文】

议者以唐援兵尚强，多请罢兵，帝疑之。李穀寝疾在第，二月丙寅，帝使范质、王溥就与之谋，穀上疏，以为："寿春危困，破在旦夕，若銮驾亲征，则将士争奋，援兵震恐，城中知亡，必可下矣！"上悦。

世宗决定御驾亲征。

【译文】

议事的人认为南唐援军还很强，多数人请求撤兵，世宗怀疑所议。李穀卧病在家，二月丙寅（初八），世宗派范质、王溥前去与他商议，李穀上疏，认为："寿春危急困穷，朝夕之间可以攻破，倘若皇上亲自出征，将士就会奋勇争先，南唐援军震惊恐慌，城中守军知道危亡，就必定可以攻下了！"世宗很高兴。

【原文】

乙亥，帝发大梁。先是周与唐战，唐水军锐敏，周人无以敌之，帝每以为恨。返自寿春，于大梁城西汴水侧造战舰数百艘，命唐降卒教北人水战，数月之后，纵横出没，殆胜唐兵。至是命右骁卫大将军王环将水军数千自闵河沿颍入淮，唐人见之大惊。

【译文】

乙亥（十七日），世宗从大梁出发。在这之前后周与南唐交战，南唐水军精锐敏捷，后周无法同它抗衡，世宗常以此为恨。从寿春返回后，在大梁城西汴水岸边制造战船数百艘，命令南唐投降的士卒教北方兵水战，几个月后，后周水军纵横江湖，出没水中，大概能胜过南唐水军了。到这时，世宗命令右骁卫大将军王环率领水军数千人从闵河沿颍水进淮水，南唐军见了大为震惊。

【原文】

乙酉，帝至下蔡；三月己丑夜，帝渡淮，抵寿春城下。庚寅旦，躬擐甲胄，军于紫金山南，命太祖皇帝击唐先锋寨及山北一寨，皆破之，斩获三千余级，断其甬道，由是唐兵首尾不能相救。至暮，帝分兵守诸寨，还下蔡。

【译文】

乙酉（二十七日），世宗到了下蔡；三月己丑（初二）夜晚，世宗渡过淮水，抵达寿春城下。庚寅（初三）早晨，世宗穿上盔甲亲自指挥，大军驻扎在紫金山南面，命令赵匡胤攻击南唐先锋寨以及山北营寨，二寨全都被击破，斩获首级三千多，切断南唐军通道，于是南唐军队首尾无法相互救援。到了傍晚，世宗诏令分兵把守各个营寨，然后返回了下蔡。

【原文】

帝虑其余众沿流东溃，遽命虎捷左厢都指挥使赵晁将水军数千沿淮而下。壬辰旦，帝军于赵步，诸将击唐紫金山寨，大破之，杀获万余人，擒许文稹、边镐、杨守忠。余众果沿淮东走，帝自赵步将骑数百循北岸追之，诸将以步骑循南岸追之，水军自中流而下，唐兵战溺死及降者殆四万人，获船舰粮仗以十万数。

【译文】

世宗担心南唐其余部众会顺流而下向东逃跑，立刻命令虎捷左厢都指挥使赵晁带领数千水军沿淮水而下。壬辰（初五）早晨，世宗的军马驻扎在赵步，众将攻击南唐紫金山营寨，大败唐军，杀死俘获一万多人，活捉许文稹、边镐、杨守忠。其余人马果然沿着淮水向东逃跑，世宗从赵步率领数百骑兵沿淮水北岸追击败军，众将率步兵、骑兵沿南岸追赶，水军从淮水中流而下，南唐军队战死淹死及投降的大概四万人，缴获船舰粮食兵器数以十万计。

【原文】

甲午，发近县丁夫数千城镇淮军，为二城，夹淮水，徙下蔡浮梁于其间，扼濠、寿应援之路。会淮水涨，唐濠州都监彭城郭廷谓以水军溯淮，欲掩不备，焚浮梁；右龙武统军赵匡赞觇知之，伏兵邀击，破之。

【译文】

甲午（初七），后周征发附近州县壮丁民夫修筑镇淮军城，建成两座城，中夹淮水，将下蔡浮桥迁移到两城之间，控制濠州、寿州接应救援的道路。适逢淮水上涨，南唐濠州都监彭城人郭廷谓率水军沿淮水逆水而上，想乘后周军不备之时突然袭击，焚毁浮桥；右龙武统军赵匡赞窥察知道了这一情况，于是埋伏军队拦击，打败了南唐军。

【原文】

唐齐王景达及陈觉皆自濠州奔归金陵，惟静江指挥使陈德诚全军而还。

戊戌，以淮南节度使向训为武宁节度使、淮南道行营都监，将兵戍镇淮军。

【译文】

南唐齐王李景达和陈觉都从濠州逃回金陵，只有静江指挥使陈德诚全军而还。

戊戌（十一日），世宗任命淮南节度使向训为武宁节度使、淮南道行营都监，领兵戍守镇淮军。

【原文】

甲辰，帝耀兵于寿春城北。唐清淮节度使兼侍中刘仁赡病甚，不知人。丙午，监军使周廷构、营田副使孙羽等作仁赡表，遣使奉之来降。丁未，帝赐仁赡诏，遣閤门使万年张保续入城宣谕，仁赡子崇让复出谢罪。戊申，帝大陈甲兵，受降于寿春城北，廷构等舁仁赡出城，仁赡卧不能起，帝慰劳赐赉，复令入城养疾。

【译文】

世宗在寿春城北显示兵力。

甲辰（十七日），世宗在寿春城北显示兵力。南唐清淮节度使兼侍中刘仁赡病得很重，不省人事，丙午（十九日），监军使周廷构、营田副使孙羽等以刘仁赡的名义起草表书，派使者拿着表书前来投降。丁未（二十日），世宗赐刘仁赡诏书，派阁门使万年人张保续入城宣布命令，刘仁赡儿子刘崇让又出城告罪。戊申（二十一日），世宗命军马隆重列队，在寿春城北面接受投降，周廷构等抬着刘仁赡出城，刘仁赡躺着不能起来，世宗慰劳赏赐后，又让他进城养病。

【原文】

壬申，帝发大梁；十一月丙戌，至镇淮军，是夜五鼓，济淮；丁亥，至濠州城西。濠州东北十八里有滩，唐人栅于其上，环水自固，谓周兵必不能涉。戊子，帝自攻之，命内殿直康保裔帅甲士数百，乘橐驼涉水，太祖皇帝帅骑兵继之，遂拔之。李重进破濠州南关城。癸巳，帝自攻濠州，王审琦拔其水寨。唐人屯战船数百于城北，又植巨木于淮水以限周兵。帝命水军攻之，拔其木，焚战船七十余艘，斩首二千余级，又攻拔其羊马城，城中震恐。丙申夜，唐濠州团练使郭廷谓上表言："臣家在江南，今若遽降，恐为唐所种族，请先遣使诣金陵禀命，然后出降。"帝许之。辛丑，帝闻唐有战船数百艘在涣水东，欲救濠州，自将兵夜发水陆击之。癸卯，大破唐兵于洞口，斩首五千余级，降卒二千余人，因鼓行而东，所至皆下。乙巳，至泗州城下，太祖皇帝先攻其南，因焚城门，破水寨及月城。帝居于月城楼，督将士攻城。

【译文】

壬申（十九日），世宗从大梁出发。十一月丙戌（初四），到达镇淮军，当夜五更，渡过淮水。丁亥（初五），到达濠州城西。濠州东北十八里的地方有个滩，南唐人在滩上设置栅栏，四周环水据以固守，认为后周军队必定无法渡河。戊子（初六），世宗亲自攻打，命令内殿直康保裔率领全副武装的士兵数百人，乘着骆驼涉水，赵匡胤率领骑兵随后，于是夺取滩上的据点。李重进攻破濠州南关城。癸巳（十一日），世宗亲自率军进攻濠州，王审琦夺取了南唐军水寨。南唐军队在城北聚集数百艘战船，又在淮水中竖起大木头来阻挡后周军队。世宗命令水军向濠州城北进攻，拔掉大木头，烧毁战船七十多艘，斩首二千多级，又攻破南唐羊马城，城中震动恐慌。丙申（十四日）夜晚，南唐濠州团练使郭廷谓上表给世宗说："臣下家在江南，现在倘若马上投降，恐怕被南唐诛灭全族，请先派遣使者到金陵请命，然后出城投降。"世宗答应了他。辛丑（十九日），世宗听说南唐有数百艘战船在涣水东面，准备救援濠州，便亲自领兵趁夜晚从水陆同时进攻。癸卯（二十一日），在洞口大败南唐军队，斩首五千余级，投降的士卒有二千多人，后周军队乘势击鼓向东行进，所到之处都被攻克。乙巳（二十三日），到达泗州城下，赵匡胤先攻城南，乘势焚烧城门，攻破水寨和月城。世宗在月城楼上，监督将士攻打泗州城。

【原文】

十二月乙卯，唐泗州守将范再遇举城降，以再遇为宿州团练使。上自至泗州城下，禁军中刍荛者毋得犯民田，民皆感悦，争献刍粟；既克泗州，无一卒敢擅入城者。帝闻唐战船数百艘泊洞口，遣骑诇之，唐兵退保清口。

【译文】

十二月乙卯（初三），南唐泗州守将范再遇率全城的人投降，世宗任命范再遇为宿州团练使。世宗亲自到泗州城下，下令军中割草打柴的人不得侵犯农民田地，农民都感激喜悦，争相献送粮草；攻克泗州以后，没一个敢擅自入城的人。世宗闻悉南唐数百艘战船停泊在洞口，派骑兵侦察，南唐军队退守清口。

【原文】

戊午，上自将亲军自淮北进，命太祖皇帝将步骑自淮南进，诸将以水军自中流进，共追唐兵。时淮滨久无行人，葭苇如织，多泥淖沟堑，士卒乘胜气芨涉争进，皆忘其劳。庚申，追及唐兵，且战且行，金鼓声闻数十里。辛酉，至楚州西北，大破之。唐兵有沿淮东下者，帝自追之，太祖皇帝为前锋，行六十里，擒其保义节度使、濠泗楚海都应援使陈承昭以归。所获战船烧沉之余得三百余艘，士卒杀溺之余得七千余人。唐之战船在淮上者，于是尽矣。

【译文】

戊午（初六），世宗亲自率领身边的随从护卫从淮水北岸进发，命令赵匡胤率步兵、骑兵从淮水南岸进发，众将率水军从淮水中流进发，共同追击南唐军队。当时淮水之滨长久没有行人，芦苇茂密如织，到处是沼泽沟坑，士兵凭借胜利的气势跋涉泥泞争相前进，都忘却了劳累。庚申（初八），追上南唐军，边打边向前推进，金鼓的声音传到周围数十里。辛酉（初九），到达楚州西北，大败南唐军。南唐军队有沿淮水向东而下的，世宗亲自率军追赶，赵匡胤担任前锋，追了六十里，擒获南唐保义节度使、濠、泗、楚、海都应援使陈承昭后返回。所缴获的战船除去烧毁沉没之外共得三百多艘，士兵除斩杀淹死之外共俘获七千多人，南唐人在淮水上的战船，全在这场战斗中毁灭了。

【原文】

郭廷谓使者自金陵还，知唐不能救，命录事参军鄱阳李延邹草降表。延邹责以忠义，廷谓以兵临之，延邹掷笔曰："大丈夫终不负国为叛臣作降表！"廷谓斩之，举濠州降，得兵万人，粮数万斛。唐主赏李延邹之子以官。

【译文】

郭廷谓的使者从金陵回来，得知南唐朝廷不能救援，便命录事参军鄱阳人李延邹起草投降书。李延邹用忠义来斥责郭廷谓，郭廷谓用兵器相逼，李延邹扔掉笔说："大丈夫最终决不辜负国家而为叛臣写投降书！"郭廷谓杀了他，率濠州全城的人投降，后周得到降兵一万人，粮食数万斛。南唐主用官位赏赐李延邹的儿子。

【原文】

壬戌，帝济淮，至楚州，营于城西北。

乙丑，唐雄武军使、知涟水县事崔万迪降。

戊辰，帝攻楚州，克其月城。

庚午，郭廷谓见于行宫，帝曰："朕南征以来，江南诸将败亡相继，独卿能断涡口浮梁，破定远寨，所以报国足矣。濠州小城，使李璟自守，能守之乎！"使将濠州兵攻天长。帝遣铁骑左厢都指挥使武守琦将骑数百趋扬州，至高邮；唐人悉焚扬州官府民居，驱其人南渡江，后数日，周兵至，城中余癃病十余人而已，癸酉，守琦以闻。

帝闻泰州无备，遣兵袭之，丁丑，拔泰州。

郭廷谓率濠州全城的人投降。

【译文】

壬戌（初十），世宗渡过淮水，到达楚州，在城西北安下营寨。

乙丑（十三日），南唐雄武军使、知涟水县事崔万迪投降。

戊辰（十六日），世宗进攻楚州，攻克城外的月城。

庚午（十八日），郭廷谓在行宫拜见世宗，世宗说：“朕南下征伐以来，江南众将相继战败逃亡，只有你能切断涡口浮桥，击破定远寨，用以报答国家的战功足够了。濠州是个小城，让李璟自己把守，能守得住吧！”派郭廷谓率领濠州军马攻打天长。世宗派铁骑左厢都指挥使武守琦率数百骑奔赴扬州，到达高邮；南唐人烧毁扬州所有官府民宅，驱赶扬州百姓向南渡过长江，几天后，后周军队到达，城中只剩下十几个癃病患者，癸酉（二十一日），武守琦将情况向世宗报告。

世宗闻悉泰州没有防备，派兵袭击。丁丑（二十五日），夺取泰州。

【原文】

上欲引战舰自淮入江，阻北神堰，不得渡；欲凿楚州西北鹳水以通其道，遣使行视，还言地形不便，计功甚多。上自往视之，授以规画，发楚州民夫浚之，旬日而成，用功甚省，巨舰百艘皆达于江，唐人大惊，以为神。

【译文】

世宗打算率领战舰从淮水进入长江，受到北神堰阻挡，没法渡过，打算开凿楚州西北的鹳水来通淮水、长江的河道。派使者巡视，回来说地形条件不便利，预计费工很多。世宗亲自去视察，教导他们如何规划，征发楚州民夫疏通河道，十天便完成了，花费工日很少，数百艘巨大战舰都直接到达长江，南唐人大为惊讶，觉得这事太神奇了。

【原文】

壬辰，拔静海军，始通吴越之路。先是帝遣左谏议大夫长安尹日就等使吴越，语之曰：“卿今去虽泛海，比还，淮南已平，当陆归耳。”已而果然。

【译文】

壬辰（初十），后周攻取静海军，开始打通与吴越的道路。在这之前世宗曾派左谏议大夫长安人尹日就等人出使吴越，对他们说：“你们此去虽然还要泛舟过海，但等到回来时，淮南已经平定，当从陆上返回了。”后来果然如此。

【原文】

周兵攻楚州，逾四旬，唐楚州防御使张彦卿固守不下。乙巳，帝自督诸将攻之，宿于城下，丁未，克之。彦卿与都监郑昭业犹帅众拒战，矢刃皆尽，彦卿举绳床以斗而死，所部千余人，至死无一人降者。

【译文】

后周军队进攻楚州，超过四十天，南唐楚州防御使张彦卿坚守无法攻下。乙巳（二十三日），世宗亲自监督众将攻城，世宗住在城下，丁未（二十五日），攻克楚州。张彦卿与都监郑昭业仍率领部众抵抗，弓箭都用光了，张彦卿举起折椅搏斗而死，所部一千多人，至死没有一人投降。

【原文】

辛卯，上如迎銮镇，屡至江口，遣水军击唐兵，破之。上闻唐战舰数百艘泊东洋沛州，将趣海口扼苏、杭路，遣殿前都虞候慕容延钊将步骑，右神武统军宋延渥将水军，循江而下。甲午，延钊奏大破唐兵于东沛州；上遣李重进将兵趣庐州。

【译文】

辛卯（初十），世宗到迎銮镇，多次到长江口，派水军攻击南唐军队，打败南唐军。世宗听说南唐数百艘战舰停泊在东沛州，将要赶赴入海口扼守通往苏州、杭州的路，便派殿前都虞候慕容延钊率领步兵和骑兵，右神武统军宋延渥率领水军，沿江而下。甲午（十三日），慕容延钊奏报在东沛州大败南唐军；世宗派李重进率军赶赴庐州。

【原文】

唐主闻上在江上，恐遂南渡，又耻降号称籓，乃遣兵部侍郎陈觉奉表，请传位于太子弘冀，使听命于中国。时淮南惟庐、舒、蕲、黄未下，丙申，觉至迎銮，见周兵之盛，白上，请遣人渡江取表，献四州之地，画江为境，以求息兵，辞指甚哀。上曰："朕本兴师止取江北，今尔主能举国内附，朕复何求！"觉拜谢而退。丁酉，觉请遣其属阁门承旨刘承遇如金陵，上赐唐主书，称"皇帝恭问江南国主"，慰纳之。

世宗派水军攻击南唐军队。

【译文】

南唐主听说世宗在长江岸，恐怕就要南下渡江，又耻于降帝号改称藩臣，于是派兵部侍郎陈觉上表，请求传位给太子李弘冀，让他听从后周的命令。当时淮南只有庐州、舒州、蕲州、黄州没有攻下。丙申（十五日），陈觉到达迎銮镇，看到后周军队的盛状，向世宗禀报，请求派人渡过长江取表章，进献四州土地，划江为界，以此求得休战，言词和所要表达的内容非常悲哀。世宗说："朕兴师出兵本只为取得江北之地，现在你的君主能率国归附，朕还要求什么呢！"陈觉叩拜道谢后退下。丁酉（十六日），陈觉请求派他的属官阁门承旨刘承遇到金陵，世宗赐给南唐主书信，说"皇帝恭问江南国主"，安慰接纳他。

【原文】

唐主复遣刘承遇奉表称唐国主，请献江北四州，岁输贡物数十万。于是江北悉平，得州十四，县六十。

壬寅，上自迎銮复如扬州。

【译文】

南唐主再次派刘承遇上表自称唐国主，请求献出长江以北的庐、舒、蕲、黄四州，每年献送贡品数十万。于是长江以北全部平定，得到十四个州、六十个县。

壬寅（二十一日），世宗从迎銮镇再次到扬州。

【原文】

癸卯，诏吴越、荆南军各归本道。

夏，四月乙卯，帝自扬州北还。

诏赏劳南征士卒及淮南新附之民。

【译文】

癸卯（二十二日），世宗诏令吴越、荆南的军队各自返回本地。

夏季，四月乙卯（初四），世宗从扬州北上返回。

世宗颁诏赏赐南征的士兵和淮南新归附的百姓。